李天綱 主編

浦東歷代要籍選刊編纂委員會
上海市浦東新區地方志辦公室 編

張文虎集 一

〔清〕張文虎 著
王瑾 顔敏翔 整理

復旦大學出版社

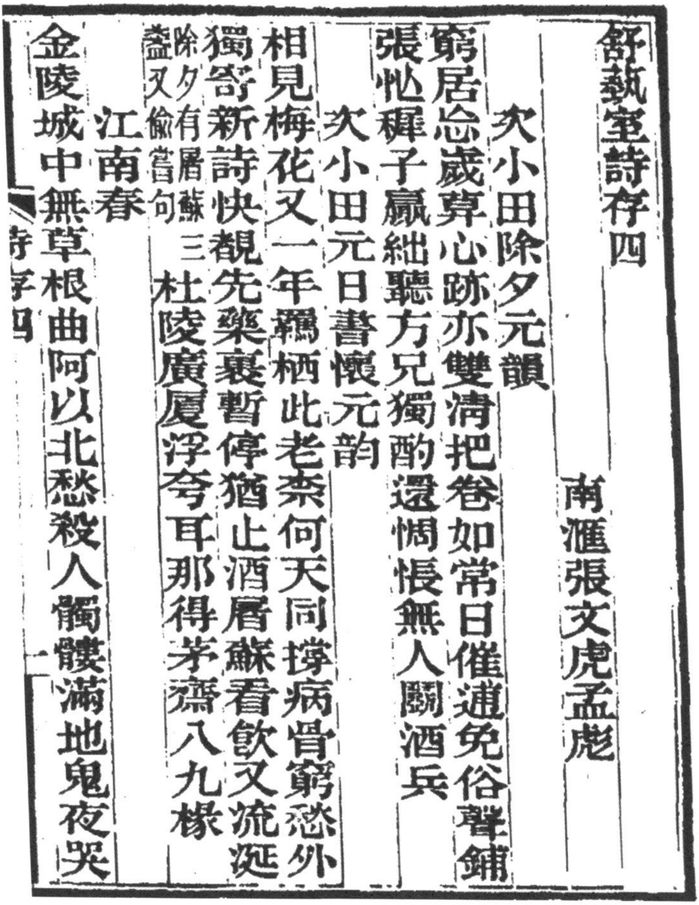
舒蓺室詩存四

南滙張文虎孟彪

次小田除夕元韻

窮居忘歲莫心跡亦雙清把卷如常日催逋免俗聲鋪張怭稺子贏絀聽方兄獨酌還惆悵無人鬭酒兵

次小田元日書懷元韻

相見梅花又一年羈栖此老柰何天同撐病骨窮愁外獨寄新詩快覩先藥裹暫停猶止酒屠蘇看飲又流涎（除夕有屠蘇三盞又偸嘗句）杜陵廣厦浮夸耳那得茅齋八九椽

江南春

金陵城中無草根曲阿以北愁殺人髑髏滿地鬼夜哭

詩存四　一

清光緒刻本《舒蓺室詩存》書影

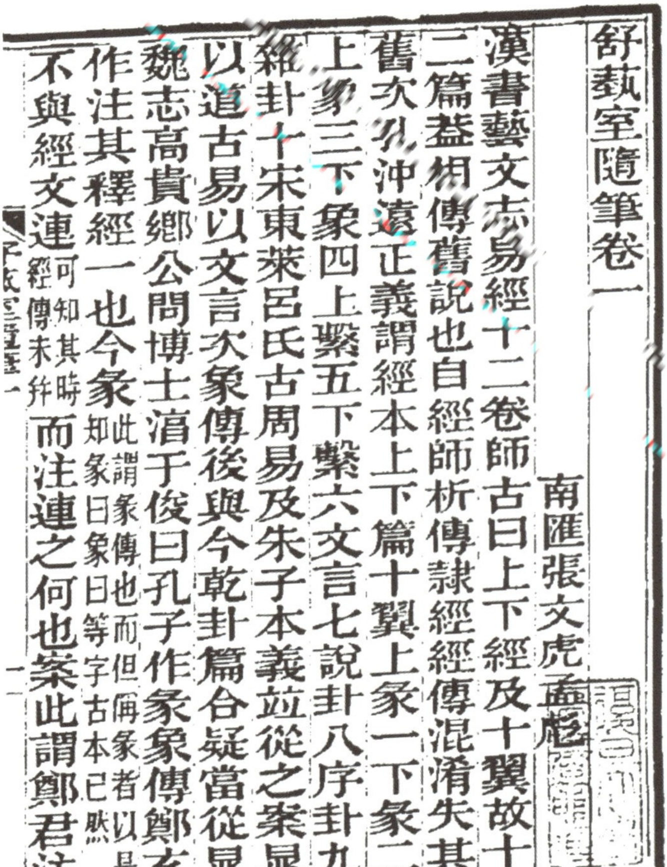

舒藝室隨筆卷一

南匯張文虎孟彪

漢書藝文志易經十二卷師古曰上下經及十翼故十二篇蓋相傳舊說也自經師析傳隸經經傳混淆失其舊次孔沖遠正義謂經本上下篇十翼上彖一下彖二上象三下象四上繫五下繫六文言七說卦八序卦九雜卦十宋東萊呂氏古周易及朱子本義竝從之案晁以道古易以文言次彖傳後與今乾卦篇合疑當從晁

魏志高貴鄉公問博士淳于俊曰孔子作彖象傳鄭玄作注其釋經一也今彖（此謂彖傳也而但偁彖者以是知彖曰象曰等字古本已然）不與經文連（可知其時經傳未幷）而注連之何也案此謂鄭君注

舒藝室隨筆一　　一

清同治十三年金陵冶城賓館刻本《舒埶室隨筆》書影

浦東歷代要籍選刊　編纂委員會

上海市浦東新區地方志辦公室　編

主　編　李天綱

副主編　楊　雋　金達輝　陳長華

總序

葛劍雄

改革開放以來，浦東以新區的設立和其日新月異的發展面貌聞名於世，而此前還只是一個附屬於上海的地名。但這並不等於浦東的歷史是從二十世紀九十年代纔開始的，更不意味着此前的浦東没有自己的文化積纍。

由於今上海市一帶至遲在西元十世紀已將河流稱爲「浦」，如使上海得名的那條河即爲「上海浦」，一條河的東面就能被稱爲「浦東」。因而「浦東」可以不止一個，但只有其中依托於比較大的、重要的「浦」而得名的「浦東」，方能成爲一個專用地名，並且能長期使用和流傳。這個「浦」自然非黄浦莫屬。

廣義的浦東是指黄浦江以東的地域，自然得名於黄浦江形成之後，但它在兩千多年前的秦漢時期已經開始成陸，此後不斷擴大。黄浦這一名稱始見於南宋紹興二十八年（一一五八），是指吴淞江南岸的一條曾被稱爲東江的支流。此後河面漸寬，到明初已被稱爲大黄浦。永樂年間經夏元吉疏浚，黄浦水道折向西北，在今吴淞口流入長江。正德十六年（一五二一），經疏浚後的吴淞江下游河道流入黄浦，此後，原在黄浦以東的吴淞江故道逐漸堙没，吴淞江成爲黄浦的支流，而黄浦成了上海地區最大河流。

南宋以降，相當於此後黄浦以東的地區屬兩浙路華亭縣。元至元二十九年（一二九二）析華亭縣置上海縣，此地大部改屬上海縣，南部仍屬華亭縣，北部一小塊自南宋嘉定十五年（一二一七）起屬嘉定縣。在明代黄浦下游河道形成後，黄浦以東地區的隸屬關係並無變化。清雍正三年（一七二五）寶山縣設立，黄浦東原屬嘉定縣的北端改屬寶山。雍正四年，黄浦以東地區的大部分設置了奉賢縣和南匯縣。嘉慶十五年（一八一〇），以上海縣東部濱海和南匯北部置川沙撫民廳（簡稱川沙廳），民國元年（一九一二）建川沙縣。但上海縣的轄境始終有一塊在黄浦之東，寶山縣也有一小塊轄境處於高橋以西至黄浦以東，故狹義的浦東往往專指這兩處。

一八四三年上海開埠後，租界與華界逐漸連成一片，形成大都市。一九二七年上海設特别市，至一九三〇年改上海市，其轄境均包括黄浦江以東部分，一般所稱浦東即此。一九五八年至一九六一年一度設縣，即以浦東爲名。川沙、南匯二縣雖屬江蘇，但與上海市區關係密切，故仍被視爲浦東，或稱浦東川沙、浦東南匯。一九五八年二縣由江蘇劃歸上海市後更是如此。

改革開放後，浦東新區於一九九二年成立，轄有南市、黄浦、楊浦三區黄浦江以東地及上海縣三林鄉，川沙縣撤銷後全部併入。至二〇〇九年五月，南匯區也撤銷併入浦東新區，則浦東已臻名實相符。

故浦東雖仍有上海市域最年輕的土地，且每年續有增加，但其歷史文化仍可追溯一千多年。特别是上海建鎮、設縣以後，浦東地屬江南富裕地區，經濟發達，文教昌隆，自宋至清産生進士一百多名，以及衆多舉人、貢生和秀才，留下大量著作和詩文。上海開埠和設市後，浦東作爲都市近鄰，頗得風氣之先，出現了具有全國影響的人物和著作。

據專家調查，浦東地區一九三七年前的人物傳世著作共有一千三百八十九種，其中收入四庫全書者十二種，列入四庫全書存目者十餘種，在小説、詩文、經學和醫學中均不乏一流作品。但其中部分已成孤本秘笈，本地久無收藏。大多問世後迄未再版，有失傳之虞。由於長期未進行搜集匯總，專業研究人員也難窺全貌，公衆不易查閲瞭解，外界更鮮爲人知。

浦東新區政府珍惜本地歷史文化，重視文化建設，滿足公衆精神需求，支持政協委員提案，決定由新區政協文史資料委員會和地方志辦公室聯合編纂浦東歷代要籍選刊。計劃以至少三年時間，選取整理宋代至民國初年浦東人著作一百種，近千萬字，分數十册出版。此舉不僅使浦東鄉邦文獻得以永續傳承，也使新老浦東人得以瞭解本地歷史和傳統文化，並使世人更全面認識浦東新區，理解浦東實施改革開放的內因和前景。

長期以來，流傳着西方人的到來使上海從一個小漁村變成了大都會的錯誤説法，完全掩蓋了此前上海由一聚落而成大鎮、由鎮而縣、由縣而設置國家江海關的歷史。這固然是外人蓄意誤導的結果，也是本地人對自己的歷史和文化瞭解不够、傳播更少所致。浦東自改革開放以來，外界也往往只見其高新技術産業密集於昔日農舍田疇，巨型建築崛起於荒野灘塗，而忽視了此前已存在的千年歷史和鬱鬱人文。況新浦東人不少來自外地和海外，又多科研、理工、財經、企管、行政專業人士，使他們全面深入瞭解浦東的歷史文化，更具現實和長遠的意義。

我自浦西移居浦東十餘年，目睹發展巨變，享受優美環境，今又躬逢浦東歷代要籍選刊編纂出版之盛事，曷其幸哉！是爲序。

二〇一四年六月於浦東康橋寓所

主編序

地名浦東之淵源

李天綱

「浦東」，現在作爲一個「開發區」的概念，留在世人的印象中。一九九〇年代，「浦東」是國内外媒體上出現頻率最高的詞之一。一九九三年一月成立上海市政府直屬地方銀行，以「浦東發展銀行」命名，可見當代「浦東」之於上海的重要性。一九九二年十月，上海市政府執行國家「浦東開發」戰略，以川沙縣全境爲主體，將上海縣位於浦東的三林鄉，當年曾劃歸楊浦、黄浦、南市等市區管理的「浦東」部分合併，設立「浦東新區」。二〇〇九年，上海市政府又決定將地處黄浦江以東的南匯區（縣）全境劃入，成爲一個轄境一千四百二十九點六七平方公里的副省級行政單位，高於上海的一般區縣。「浦東」，作爲一個獨立的行政區劃概念，以强勢的面貌，出現於當代，爲世界所矚目。

「浦東」一詞出現得晚，但絶不是没有來歷。浦東和古老的上海、松江及江南一起發展，已經有了上千年的歷史。固然，浦東新區全境都在三千年前形成的古岡身帶以東；所有陸地都是由長江、錢塘江攜帶的泥沙，與東海海潮的沖頂推湧，在唐代以後纔形成的。上海博物館的考古隊，没有在浦東地區找到明以前的豪華墓葬。但是，這裏的土地、人物和歷史，與上海縣、松江府和江蘇省相聯繫，是江南地區吴越文明的繁衍與延伸。經過唐、宋時期的墾殖、開發和耕耘，浦東地區的經濟、社會和文化在明、清兩代登峰造極。川沙、周浦、横沔、新場這樣的鄉鎮日臻發達，絶非舊時的一句「斥鹵之地」所能輕視。

浦東新區由原屬上海市位於黄浦江東部的數縣，包括了川沙、南匯和上海縣部分鄉鎮，重組而成。從行政統屬來看，浦東新區原屬各縣設立較晚。清代雍正四年（一七二六），從上海縣析出長人鄉，設立南匯縣；嘉慶十五年（一八一〇），由上海縣析出高昌鄉，南匯縣析出長人鄉，加上八、九兩團，合併設立川沙撫民廳，簡稱川沙廳。開埠以後，租界及鄰近地區合併發展，迅速成爲「大上海」，上海、寶山、川沙等縣份受「洋場」影響，捲入現代都市圈。南匯縣則因爲離市區較遠，和川沙仍皆隸屬於江蘇省松江府。一九一一年中華民國建立後，廢除州、府、廳建制，南匯縣歸江蘇省管轄，川沙廳改稱川沙縣，亦直屬江蘇省。一九二八年，國民政府在上海設立特别市，浦東地區原屬寶山、川沙縣的鄉鎮高橋、高行、陸行、洋涇、塘橋、楊思等劃入市區。一九三七年以後，日僞建立上海市大道政府、上海特别市政府，將川沙、南匯從江蘇省劃出，隸於「大上海市」。一九四五年抗戰勝利以後，國民政府恢復一九一一年建置，川沙、南匯仍然隸於江蘇省。一九五〇年，中華人民共和國公布省、市建置，以上海、寶山兩縣舊境設立上海直轄市；浦東地區的川沙、南匯兩縣，歸由江蘇省松江專員行政公署管轄。一九五八年十月，中華人民共和國國務院將浦東的川沙、南匯兩縣及江蘇省所轄松江、青浦、奉賢、金山、崇明等五縣一起，併入上海直轄市。此前，一九五八年一月，江蘇省嘉定縣已先期劃歸上海市管理。

「浦東新區」之前，已經有過用「浦東」命名的行政區劃，此即一九五八年到一九六一年設置的「浦東縣」。一九五八年，爲「大躍進」發展的需要，上海市政府在原川沙縣西北臨近黄浦江地區，設立「浦東縣」，躍躍欲試地要跨江發展，開發浦東。「浦東縣」政府設在浦東南路，轄高橋、洋涇、楊思三個鎮，共十一個公社，六個街道。一九六一年一月，因工業化遭遇重大挫折，上海市政府在「三年自然災害」中撤銷了「浦東縣」，把東部農業型「東郊」區域的洋涇、楊思、高橋等鄉鎮，劃歸川沙縣管理。沿黄浦江的「東昌」狹長工業地帶，則由對岸的老市區楊浦區、黄浦區、南市區接手管轄。「浦東縣」在上海歷史上雖然只存在了三年，却顯示了上海人的一貫志向——即使在一九五〇年代的極端困難條件下，仍然懷揣着「開發浦東」的百年夢想，只要有機會，就想幹一下。

現代的「大上海」，原來是從上海、寶山兩縣的土地上生長起來的。明代以前，上海、寶山仍以吴淞江（後稱「蘇州河」）劃界。吴淞江以北的「淞北」，屬寶山縣；吴淞江以南的「淞南」，屬上海縣。吴淞江是松江府之源，「松江」原名就是「淞江」，「府因以名」。按明正德松江府志的説法，「吴淞江，後以水災，去水从松，亦曰松陵江」。水克火，木生火，「淞江」去「水」，从「木」爲「松江」，上海果然「火」了。清代以前，上海士人寫的方志、筆記、小説，以及他們的堂號室名，都用「吴淞」、「淞南」作爲郡望。一六〇七年，徐光啓和利瑪竇合譯幾何原本，在北京刊刻，便是署名「泰西利瑪竇口譯，吴淞徐光啓筆受」，自稱「吴淞」人。另外，清嘉慶年間上海南匯人楊光輔編淞南樂府，光緒年間南匯人黄式權編淞南夢影録，昆山寓滬文人王韜（一八二八—一八九七）作淞隱漫録、淞濱瑣話，採用「淞南」、「吴淞」之名説上海，可見明、清文人學士，都用吴淞江作爲上海的標誌。吴淞江是上海的母親河，而「黄浦江是母親河」，只是一九八〇年代以後冒出的無知説法。

明清時期的黄浦是一條大河，却不是首要的幹流。方志裏的「水道圖」，都把「吴淞江」置於「黄浦」之前。「黄浦」，一説「黄歇浦」的簡稱，僅是一「浦」，並不稱「江」。在上海方言中，「浦」大於河，小於江，如周浦、桃浦、月浦、上海浦、下海浦……黄浦流經太湖流域，水流較清，經閔行、烏泥涇、龍華等鎮，匯入吴淞江。吴淞江受到長江泥沙的影響，水流較濁，淤泥沉澱，元代以後逐漸堰塞。於是，原來較爲窄小的黃浦不斷受流，成爲松江府「南境巨川」。明代永樂元年（一四〇三），上海人葉宗行建議開鑿范家浜，引黃浦水入吳淞江，共赴長江。從此，江浦合流，黃浦占用了吳淞江下游河道。黃浦江的受水量和徑流量，大約在明代已經超過吳淞江了。但是在人們的觀念中，黃浦江仍然没有吳淞江重要，經濟、交通和人文價值還不及後者。康熙上海縣志的「水道圖」，仍然把吳淞江和黃浦畫得一樣寬大。從地名遺跡來看，地處吳淞江下游的江灣，並非黃浦之灣，而是吳淞江之灣。同理，今天黃浦江的入口，並不稱爲「黃浦口」，依然是「吳淞口」。

黃浦江以東地區在唐代成陸，大規模的土地開發則是在宋代開始，於明代興盛。宋、元兩代，浦東地區產業以鹽田爲主，屬華亭縣的「下砂鹽場」。從南匯的杭州灣，到川沙的長江口，「大團」到「九團」一字排開，團中間還有各「竈」的開設。聯繫各「竈」，設立爲「場」，爲當年的曬鹽場，「大團」、「六竈」、「新場」的地名沿用至今。隨着海水不斷退却，海岸不斷東移，鹽業衰落，明代以後浦東地區便繼之以大規模的圍海造田，農業墾殖。早期的浦東開發，在泥濘中築堤、圍墾、挖河、開渠、種植，異常艱辛。爲了鼓勵浦東開發，元代至元年間的松江知府張之翰向中央申請減税，他描寫浦東人的苦惱，詩曰：「黃浦春風正怒號，扁舟一葉渡驚濤。諸君來問民間苦，何用潮頭幾丈高。」算是一位瞭解民間疾苦、懂得讓利培本的地方官。

隨着浦東的早期開發，以及浦東人的財富積纍，「浦東」以獨特的形象登上了歷史舞臺。「黄浦江」的概念在清末變得重要起來，上海人的地理觀念由此也經歷了從「淞南—淞北」到「浦東—浦西」的轉變。至晚在明中葉，「浦東」一詞已經在上海人的日常生活中使用。萬曆上海縣志載：「由閘江而下，若鹽鐵塘、沈家莊，若周浦，若三林塘，若楊淄樓，此爲浦東之水也。」「閘江」，即後之「閘港」，在南匯境内；「鹽鐵塘」、「沈家莊」，今天已不傳，地域在南匯、川沙交界處；「周浦」、「三林塘」在川沙境内；「楊淄樓」在今「楊家渡」附近。「浦東」，顧名思義是東海之内、黄浦以東的廣大地區，是泛稱，非確指。明清時，因爲黄浦到楊樹浦、周家嘴匯入吴淞江，故「浦東」只指南匯、川沙地區，還没有包括當時在吴淞江對岸、屬寶山縣的高橋地區。歷史上的「浦東」一詞，只是方位，並非地名。同治上海縣志卷首「上海縣南境水道圖」中解釋：「是圖南起黄浦中界蒲匯塘，而浦東、西之支水在南境者並屬焉。」這裏的「浦東」，仍然僅僅是指示方位。通觀清代文獻，「浦東」一詞並没有作爲地名，在自然地理、行政地理的叙述中使用。

時至清末，黄浦的重要性終於超過吴淞江，同治上海縣志説：「（松江）一郡之要害在上海，上海之要害在黄浦，黄浦之要害在吴淞所。」黄浦取得了地理上的重要性，主要是它成爲中外貿易的要道，近代上海是從黄浦江上崛起的。一八四三年，上海開埠以後，華界的南市（十六鋪）和英租界（外灘）、法租界（洋涇浜）、美租界（虹口）連爲一體，在幾十年間迅速崛起，這一段河

道，只屬於黃浦，不屬於吴淞江。更致命的是，一八四八年上海道臺麟桂和英國領事阿禮國修訂上海租地章程的時候，英語中把「吴淞江」翻譯成了「蘇州河」(Soo Choo River)，作爲英租界的北界。蘇州河以外灘爲終點，從此以後，吴淞江下游包括提籃橋、楊樹浦、軍工路、吴淞鎮的岸線，在現代上海人的心目中就專屬黃浦，黃浦由此升格爲「黃浦江」。囊括上海、寶山、川沙三縣的「大上海」，也正式地分爲「浦東」和「浦西」。「後殖民理論」的批評者，可以指責英國殖民者用「蘇州河」取代「吴淞江」，還揑造出一條「黃浦江」。但是，我們的解釋原則是既尊重歷史，也承認現實。從自然地理來看，原來用東西向的吴淞江，把上海分爲「淞南」、「淞北」，是一個局促的概念，確實不及用南北向的黃浦江分爲「浦西」、「浦東」更爲大氣與合理。地理上的重新區分，順應了上海的空間發展，以及上海人的觀念演化，更反映了上海的「近代化」。

認同浦東之人文

浦東的地理，順着吴淞江、黃浦江東擴；浦東的人文，自然也是上海、寶山地區生活方式的延續與傳承。「開發浦東」是長江三角洲移民運動的結果。明清時期的上海，已經是一個移民導入地區，北方人、南方人來此營生的比比皆是。但是，當時的「浦東開發」，基本上是上海人民的自主行爲，具有主體性。四百多年前，歷史上最爲傑出的上海人徐光啓，就是浦東開發的先驅。徐光啓是上海城裏人，中國天主教會領袖，編農政全書，號召國人農墾。話説有一位姓張的北京人，是帝都裏最早的天主教徒，他「由利瑪竇手領洗，後來徐光啓領他到上海，在徐宅服務。不久，即在黄浦江邊墾種新漲出之地，因而居留焉」。京城的張姓移民，在徐光啓的幫助下站住脚跟，歸化爲上海人。徐光啓後裔徐宗澤在中國天主教傳教史概論中説，這塊灘地，就是現在浦東的「張家樓」。

元代黄巖人陶宗儀，因家鄉動亂，移民上海，「避兵三吴間，有田一廛，家於淞南，作勞之暇，每以筆墨自隨」，遂作南村輟耕録。松江府華亭（上海）一帶果然是逃避戰亂、修生養息、耕讀傳家的好地方。上海的一個神奇之處，就在於這一片魚米之鄉，還總有灘地從江邊、海邊生長出來，而且平坦肥沃，風調雨順，易於開墾。願意吃苦的本地人、外地人，都很容易在浦東獲得更多的土地，過上好日子。子孫繁衍，數代之後就成爲占據了整村、整鎮的大家族。朱、張、顧、陸，史稱江東大族，浦東的衆姓分佈也是如此。南匯縣周浦鎮朱氏，以萬曆年間朱永泰一族的事跡最堪稱道。徐光啓没有及第之前，永泰曾請他來浦東教授自家私塾。徐光啓位居相位之後，召他兒子入京辦事，永泰居然婉拒。直到順治十六年（一六五九），永泰的孫子朱錦在南京一舉考取南榜會元，選爲庶吉士。朱錦秉承家風，「決意仕途，優遊林下」（閲世編），淡泊利禄，不久就致仕回浦東，讀書自怡，專心著述。浦東士人，因爲生活優裕，方能富而好禮。

浦東張氏，舉新場鎮張元始家族爲例。張元始爲崇禎元年（一六二八）進士，曾爲户部侍郎。滿洲入侵的關頭，他回到松江、蘇州地區，爲支用短缺的崇禎皇帝籌集軍餉，調運大批錢糧，北上抗清。東林黨爭，他「彈劾不避權貴」（閱世編），「性方嚴，不妄交遊，留心經濟」（光緒南匯縣志）。浦東籍的士人，多有耿直性格。浦東顧氏，舉合慶鎮顧彰爲例。江南顧氏，傳説是西漢封王顧余侯之後，川沙顧氏則是明代弘治十八年（一五〇五）狀元顧鼎臣家族傳人。顧鼎臣（一四七三—一五四〇），昆山人，位居禮部尚書，任武英殿大學士，明中葉以後家族繁衍，散佈在昆山、嘉定、寶山、川沙一帶。太平天國戰亂之後，江南經濟恢復，川沙人顧彰在村裏開設一家店鋪，額爲「顧合慶」。生意成功，周圍店家不斷開設，數年之内，幡招林立，成了市鎮，人稱「合慶鎮」。顧彰「開發浦東」有功，兩江總督端方請朝廷賞了顧彰的長子懿淵一個五品頭銜，顧彰的孫子占魁也被録取爲縣庠生。浦東陸氏，我們更可以舉出富有傳奇的陸深家族爲例。陸深（一四七七—一五四四），松江府上海縣人，高祖陸餘慶以上世居馬橋鎮，元季喪亂，曾祖德衡遷居黄浦岸邊的洋涇鎮。這樣一户普通的陸姓人家，纍三世之耕讀，到陸深時已經成爲浦東的文教之家。弘治十四年（一五〇一），陸家院内的一棵從不開花的牡丹忽然開出百朵鮮花，當年陸深在南京鄉試中便一舉奪得解元。後來大名鼎鼎的昆山狀元顧鼎臣和陸深同榜，這次却被他壓在下面。陸深點了翰林,做過國子監祭酒,也給嘉靖皇帝做過經筵講官,但接下來的官運却遠遠不及顧鼎臣,只在山西、浙江、四川外放了幾次布政使。陸深去世後,嘉靖皇帝懷念上課時的快樂時光,也只給他加贈了一個禮部侍郎的副部級頭銜。不過,陸深給上海留下了一個大名頭——陸家宅邸、園林和墳塋地塊,在黄浦江和吴淞江的交界處,尖尖的一喙,清代以後,人稱「陸家嘴」。

浦東地區的南匯、川沙,原屬上海縣,這裏和江南的其他地區一樣,物產豐富,人物鼎盛,文教繁榮,產生了許許多多的世家大族。朱、張、顧、陸的繁衍,是浦東本地著名大姓的例子。事實上,外來移民只要肯融入上海,即使孤身一人,也能在浦東成家立業,樹立自己的家族。無錫華氏家族,元代末年有一位華嶽(字太行),因戰亂離散,來到上海,在浦東横沔鎮蘇家入贅。按本地習俗稱爲「招女婿」,近似於「打工仔」。然而,華嶽一表人才,並不見外,奮身於鄉里,他「風姿英爽,遇事周詳,一鄉倚以爲重」(轉引自吴仁安明清時期上海地區的著姓望族)。這位「引進人才」在蘇家積極工作,耕地開店,帶領全村發家致富,族人居然允許他自立門户,用華氏名義傳宗接代。乾隆初年,華氏子孫「增建市房,廛舍相望」(南匯縣志疆域邑鎮)。這就是浦東名鎮「横沔鎮」的起源。管窺蠡測,我們在浦東横沔鎮華氏家族的復興故事中,看到了明清時期上海社會接納外來移民的良性模式。寄居浦東,入籍上海,認同江南,融入本土社會,這是外來者成功的關鍵。「海納百川」，是上海本地人的博大胸襟；「融入本土」，則更應該是外來移民的必要自覺。浦東人講：「吃哪里嗒飯，做哪里嗒事體，講哪里嗒閒話。」熱愛鄉土，服務當地民衆福祉，維護地方文化認同，如天經地義一般重要。

南匯、川沙原來都屬於上海縣，清代雍正、嘉慶年間剛剛分別設邑，爲什麽會在清末就有一個和上海浦西相對應的「浦東人」的認同發生？這是值得思考的問題。「浦東人」，就是明清時期的「上海人」，他們在近代歷史上形成了一個子認同（sub-identity）。二十世紀開始，「浦東人」和黃浦江對岸的「大上海」既有聯繫，又有分別，大致可以用文化理論中的「子認同」來描述。十九、二十世紀中，浦東的地方語言，和上海市區方言差距拉大；浦東的農耕生活，和市區的大工業、大商業有些不同。儘管朱其昂、張文虎、賈步緯、楊斯盛、陶桂松、李平書、黃炎培、葉惠鈞、穆藕初、杜月笙等一大批川沙、南匯籍人士活躍於上海，但是「浦東」是他們口中念念的家鄉，「上海」是他們心中一個異樣的「洋場」，因爲「大上海」的文化認同更加寬泛。

清末民初時期，占人口約百分之十的上海本地人，接納了約百分之九十的外地人、外國人，這裏熔鑄出一種新型的文化。「華洋雜居，五方雜處」，現代上海人的認同要素中，不但包括了蘇州、寧波、蘇北、廣東、福建、南京、杭州、安徽、山東人帶來的文化因數，還有很多英國、法國、美國、德國、日本的文化因數。「阿拉上海人」，是一個較大範圍的城市文化認同（identity）；「我侃浦東人」，則是一個區域性的自我身份(status)。熟悉上海歷史的人都知道，兩者之間確有一些微妙的差異。但是，這種不同，互相補充，互爲激蕩，屬於同一個文化整體。這種差異性，正説明上海文化的內部，自身也充滿了各種「多樣性」(diversity)，並非一個專制體。文化，是拿來欣賞的，不是用作統治的。上海的「新文化」，有過一種文化上的均勢，曾經對「五方」、「華洋」的不同文化加以欣賞。在這個過程中，浦東地區保存的本土傳統生活方式，是「大上海」的母體文化支撐了一種新文明。無論浦東文化是如何迅速地變異和動盪，變得不像過去那樣傳統，但它却真的曾以「壁立千仞，海納百川」的胸襟，接納過世界各地來的移民。它是上海近代文化(俗所謂「海派文化」)的淵源，我們應該加倍地尊重和珍視纔是。

傳承浦東之著述

直到明清及中華民國的初期，江南士人的身份意識仍然是按照鄉、鎮、縣、府、省的單位，一級一級，自然而然，由下往上地漸次建立起來的。日常生活中，江南士人都主動或被動以自己的地望作爲身份，如「徐上海」、「錢常熟」、「顧昆山」地交際應酬，不會只用一個「中國人」的表面身份來隱藏自己。只有當公車顛沛，到了「帝都魏闕」，或厠身擠進了「午門大閱」，沾上些許皇帝的虚驕，纔會偶爾感到自己是個「中國人」。儒家推崇由近及遠、由裏而外、漸次推廣的傳統人際關係，有相當的合理性。在此過程中，不同地域的人群學會了尊重各自的方言、禮節、習俗、飲食和價值觀念，在一個「多樣性」的社會下生存。今天，「多元文化觀」在「國家主義」盛行的二十世紀，以及「全球化」横掃的二十一世紀，面臨着巨大的困窘。如何在當今社會發掘傳統，面對危機，重建認同，是一件很重要的事情。

二十世紀在現代化「大上海」的崛起中，上海地區的學者和出版家，一直努力將江南學術的優秀傳統，匯入「國際大都市」的文化建設，出版地方性的文獻叢書便是一種做法。一九三六年，負責編寫上海通志的上海通社整理刊刻了上海掌故叢書第一集十四種，後因「抗戰」、「内戰」發生，没有延續。一九八七年，華東師範大學出版社編輯影印了上海文獻叢書，共五種。一九八九年，上海古籍出版社標點排印了上海灘與上海人叢書，共二十三種。縣區一級的文獻叢書，有松江文獻系列叢書（上海社會科學院出版社，二〇〇〇年），共十二種；嘉定歷史文獻叢書（中華書局，二〇〇六年），線裝，二輯。在基層文化遺産保護前景堪憂的大局勢下，地方傳統文獻的整理出版工作倒是在各地區有識之士的堅持下，努力從事。上海浦東新區地方志辦公室的同仁們，亟願爲浦東文化留下一份遺産，編輯一套浦東歷代要籍選刊。復旦大學出版社憑借獨有的學術組織能力和編輯實力，積極參與這一出版使命。這樣的工作，對開掘浦東的傳統内涵，維護當地的生活方式，發展自己的文化認同，都具有重要意義，無疑應該各盡其力，加以支持。

編纂浦東歷代要籍選刊，首要問題是如何釐定作者的本籍，將上海地區的「浦東人」作者挑選出來。清代中葉之前，現在浦東新區範圍内的土地和人民並不自立，當時並没有「浦東人」。但是，明、清時期江南地區的鄉鎮社會異常發達，大部分讀書人的籍貫往往可以追究到鎮一級。爲此，我們在確定明清時期的浦東籍作者時，都以鎮屬爲依據。那些或出生，或原居，或移居，或寓居在現在浦東地區鄉鎮的作者，儘管著述都以「上海縣」、「華亭縣」、「嘉定縣」標署，但隨着清代初年「南匯縣」、「川沙縣」，以及後來「浦東縣」、「浦東新區」的設立，理應歸入「浦東」籍。

例如：高橋籍舉人孫元化（一五八一—一六三二）追隨徐光啓，有著作幾何體用、幾何演算法、泰西算要等傳世。當時的高橋鎮在黄浦東岸，屬嘉定縣，孫元化的籍貫當然是嘉定。清代雍正二年（一七二四），嘉定縣析出寶山縣，孫元化曾被視爲寶山人。一九二八年，高橋鎮劃入上海特别市的浦東部分，從此孫元化可以被認定爲「浦東人」。陸深的浦東籍貫身份，也可以如此確定。明史本傳稱：「陸深，字子淵，上海人。」按葉夢珠閱世編門祚記載，陸深科舉成功後曾移居上海城裏，居東門，稱「東門陸氏」。然而，陸深的祖居地及其墳塋，均在浦東陸家嘴，理當被視爲「浦東人」。相對於原本就出生在浦東地區的陸深、孫元化而言，黄體仁自陳「黄氏世爲上海人」(曾大父汝洪公曾大母任氏行實，收入黃體仁集)，進士及第爲官後，即在城裏南門内擴建宅邸，黃家里巷命名爲黃家弄(黃家路)。另外，黃體仁的父母去世後，也安葬在西門外周涇(西藏南路)的黃家祖塋(參見先考中山府君先妣瞿孺人繼妣沈孺人行實)，是地地道道的上海人。黃體仁之所以被認定爲浦東人，是因爲他在九歲的時候，爲躲避倭寇劫掠，曾隨祖母和母親在浦東避難，並占用金山衛學的學額，考取秀才，進而中舉、及第。科場得意以後，他纔回到上海城裏，終老於斯。明代之浦東，屬於上海縣，他甚至不能算是「流寓」川沙。然而，從黃體仁的曲折經歷，以及後來的行政劃分來看，他在川沙居住很久，確實也可以被劃爲「浦東人」。

選擇什麼樣的作者，將哪一些的著述列入出版，這是編纂浦東歷代要籍選刊的第二個難點。唐宋以前，浦東地區尚未開發，撰人和著述很少，可以不論。到了明清時期，浦東地區開發有年，文教大族紛紛湧現，人才輩出，著述繁盛，堪稱「海濱鄒魯」，絶非中原學人所謂「斥鹵之地」可以藐視。按復旦大學古籍整理研究所近年來數篇博士論文的收集和研究，明清時期上海浦東地區的著者人數，不亞於松江府、蘇州府其他各縣。據初步研究統計，清代中前期有著作存世的松江府作者人數共五百二十五人，其中華亭縣(府城)一百四十七人，上海縣一百二十三人，婁縣六十五人，青浦縣六十人，金山縣五十一人，南匯縣三十一人，奉賢縣二十二人，川沙縣二人，未詳二人。這其中，南匯、川沙屬於今天浦東新區，都是剛剛從上海縣劃分出來的。以南匯縣本籍作者三十一人爲例，加上列在上海縣的不少浦東籍作者，這個新建邑城境内的文風一點不比其他縣份遜色。此項統計，可參見復旦大學杜怡順博士論文上海清代中前期著述研究。

明代天啓、崇禎年間，以松江地區爲中心，有「復社」、「幾社」的建立。那幾年，江南士人的文章風流和人物氣節，盡在蘇、松、太一帶。經歷了清代順治、康熙年間的高壓窒息，到乾隆、嘉慶年間，上海地區的文風又有恢復。順應蘇州、松江地區的「樸學」發展，「家家許鄭，人人賈馬」，這裏做考據學問的人也越來越多。因此，浦東學者也和其他江南學者一樣，在經、史、子、集的研究上下過功夫。易、書、詩、禮、樂、春秋的「經學」，二十四史之「史學」，天文、地理、曆算、農、醫、兵、雜、小説，詩文詞曲，釋、道教，「三教九流」的學問都有人做。在這樣豐富的人物著述中，挑選和編輯浦東歷代要籍選刊，是綽綽有餘，裕付自如。

浦東地區設縣（南匯、川沙）之後的二百年間，各類學者層出不窮。以清末學者爲例，周浦鎮人張文虎（一八〇八—一八八五）以諸生出身，專研經學，學力深厚，卓然成家。道光年間，他幫助金山縣藏書家錢熙祚校刻守山閣叢書，一舉成名。一八七一年，張文虎受邀進入曾國藩幕府，破格録用，負責「同光中興」中的文教事業。他刊刻船山遺書，管理江南官書局，最後還擔任南菁書院山長。張文虎學貫四部，天文、算學、經學、音韻學，樣樣精通。按當代南匯縣志的統計，他著有舒藝室雜著、鼠壤餘蔬、周初朔望考、懷舊雜記、索笑詞、舒藝室隨筆、古今樂律考、春秋朔閏考、駁義餘編、湖樓校書記和詩存、詩續存、尺牘偶存等著作，實在是清末「西學」普及之前少見的「經世」型學者。

一八四三年，上海開埠以後，浦東地區的學者得風氣之先，來上海學習「西學」，成爲中國最早的一批精通西方學術的學者。李杕（一八四〇—一九一一），名浩然，字問漁，幼年在川沙鎮從鎮人莊松樓經師學習儒家經學。一八五一年，李杕來上海，入徐家匯依納爵公學，學習法文、文學和科學。一八六二年加入耶穌會，一八七二年爲神父，一九〇六年繼馬相伯之後，擔任震旦學院哲學教授和教務長。李杕創辦和主編益聞報、格致彙報、聖心報等現代刊物，傳播西方科學、哲學和神學，著有理窟、古文拾級、新經譯義、宗徒大事録等，還編輯有徐文定公集、墨井集等。這樣一位貫通中西的複合型學者，在清末只有他的同班同學馬相伯等寥寥數人堪與之比。如果説明清時期的浦東士人還是在追步江南，與蘇、松、太、杭、嘉、湖學風「和其光，同其塵」的話，那開埠以後的浦東學者在「西學」方面確是脱穎而出，顯山露水。

「且頑老人」李平書（一八五四—一九二七）是高橋鎮人，父親爲寶山縣諸生，太平天國占領江蘇時以難民身份逃到上海。十七八歲時，纔獲得本邑學生資格，進入龍門書院學習。這位浦東學子聰明好學，進步神速，不久就擔任字林報、滬報主筆，在城廂内外宣導「改良」，開設自來水廠。一八八五年，經清廷考試，破格録用他爲知縣，在廣東、臺灣、湖北等地爲張之洞辦理洋務，樣樣「事體」做得出色，且一心維護清朝利益。李鴻章遇見他後，酸溜溜地説「君從上海來，不像上海人」，算是對他的肯定與表揚。李平書確是少見的洋務人才，他奉行「中體西用」，一手創建了上海城廂工程局、警察局、救火會、醫院、陳列所等。最後，他還從張之洞手中要到了「地方自治權」，擔任上海自治公所的總董（市長）。李平書在一九一一年辛亥革命高潮中轉而支持革命黨，可見「且頑老人」是一位深明大義的上海人——浦東人。在仍然提倡士宦合一、知行合一的清末，李平書也有重要著述，他的新加坡風土記、且頑老人七十自述、上海自治志都是上海社會變革的佐證。

浦東地區的文人士大夫，經歷了明清易代，又看到了清朝覆滅，還親手創建了中華民國，所謂「歷代」，愈來愈精彩，浦東人參與的歷史也愈來愈重要。孫元化、陳于階（康橋鎮百曲村）等浦東人，爲抗禦清朝獻出生命；李平書、黄炎培、穆湘玥一代浦東人，參與締造了中華民國；黄自、傅雷這樣的浦東人，爲中國的現代藝術做出了獨特貢獻；還有像張聞天、宋慶齡這樣的浦東人，厠身於中國的共産主義運動。這些浦東人都有著述存世，品類繁多，卷帙浩瀚，選擇起來頗費斟酌。我們以爲，刊印浦東歷代要籍選刊應該本着「厚古薄今」的原則，對那些本來數量不多，且又較少流傳的古籍，包括在上海圖書館、復旦大學圖書館收藏的刻本、稿本和鈔本，盡可能地借此機會搶救和印製出來，以饗讀者。至於在民國期間，直到現在，經常用平裝書、精裝書形式大量出版的近現代浦東人的著作，則選擇性收入。

出版一部完善的地方文獻叢書，還會遇到很多諸如資金、體例、版式、字體、設計等人力、物力方面的問題。好在有浦東新區政協文史委員會和地方志辦公室的鼎力支持，復旦大學出版社的精心組織，加上全國和復旦大學歷年畢業的學者，以及相關專業的博士後、博士生的積極參與，浦東歷代要籍選刊一定能圓滿完成。受浦東新區政協文史委員會和地方志辦公室，以及復旦大學出版社的邀請，由我擔任本叢書主編，感到榮幸的同時，也覺得有不少責任。因教學、研究事務繁鉅，不能從事更多工作，但一定會承擔相應的策劃、遴選、審讀、校看和復核任務，做出一部能够流傳、方便使用的文獻集刊，傳承浦東精神，接續上海文化。

二〇一四年八月十五日

暑假，於上海徐匯陽光新景寓所

張文虎集目録

舒蓺室詩存

舒藝室詩存序

雲間詩派，振藻楚蘭，馳情漢佩。衣六銖而乘月，機九張而織雲。晁采玢斑，春華蒨絢，胎息二俊，膚浸六朝。意摇體骨，辭動魂識。故步兵高逸，小史致其流連；黄門方雅，豔婦形諸歌詠。普爲甄録，略可臚陳。汎濫勝朝，搏總昭代。沿波討源，含宫嚼徵。夢召彩雀，懷握靈蛇。蔚乎挺此翹材，鬱然成其文棟。且夫詩之言持主張乎風化。詩以見志，涵泳其性情。開金石，感鬼神，銘刻山川，沐浴日月。萬里而遥，有如對面；百世之下，猶爲動心。其思深，其力綿，恢恢有餘，永永無極。使惟絺章繪句，鍊月鍛句，已誇鼎之舉，其龍文即謂劍之衝乎牛斗，近是，非是，其然豈然。雖世目之見推，亦余心所不概。及讀嘯山張君之詩，瀏然以清，戛然以長，不探蔡邕之異書，不學揚雄之奇字。氣彌亘于宙合，意牢籠乎區方。劾念官邪，抗誦春陵之作；欻傷時變，默存梁父之吟。雖坐席三經，陳書一篋。而詼笑常聞，嘯歌不廢，則沖襟可挹。蹞步即幾于千里，雅詠所被，攄辭自安；于六義湔祓舊俗，導引新機，非君而誰也。方今泰運豐亨，師行霞熠。黑山青犢之衆，輒肆蜂屯，黄巾白騎之群，敢逞螳拒。君筆下成章，詩出爲史。弭盜可示諸掌，擊賊非徒以口，乃夙抱智略，甘同隱淪。康成既謝，生徒草茁，書帶表聖，不事官職。管憑松枝，鄉人依以爲居，邑里藉之引重。居有暇日，學不曠功。荀勗精審音律，樂詳推步三五，然後知君實通才，詩猶餘事也。若僕者儒真一孔，文非七依。因出門而論交，乃升堂而結分。放意所好，開心見誠。造殷深源「談食常至冷」，與沈休文「坐時不覺移」，辱示篇章，謬加評隲，才優于天下。湖海氣豪，品絶於人中。椒蘭馨逸，言超言表，而言立詩在詩外而詩成，若大鍾儀之操，土風夏統之唱，小海豈足爲君道哉？·咸豐丙辰仲夏吴江董兆熊夢蘭甫謹序。

舒蓺室詩存一

善哉行

六龍挽車，西没東出。長繩亘天，難繫白日。一解。方春向榮，桃李相依。情隨事遷，肚游日非。二解。寧飲濁河，莫飲清濟。衆人皆醒，而我獨醉。三解。三尺之桐，中含五音。七絃不調，孰知其心。四解。雄劍高飛，雌劍挂壁。仰天而歌，聲裂金石。五解。

即事留别

相逢纔把袂，臨别又沾襟。努力式明德，敢忘嘉木陰。滄波知己淚，春草感恩心。揮手竟無語，南雲入望深。

雁

十里沙汀長緑蕪，驚寒何處又銜蘆。危枝漫效營巢鵲，静樹徒憐反哺烏。遥夜呼群殘月墮，晴空顧影片雲孤。高飛莫爲虚弦誤，任取人間認乙鳧。

病卧仿佛山房

夜静百境寂，荒村交犬鳴。樹聲風作陣，鐙影鼠窺檠。浪跡枝駢拇，孤蹤木寄生。枕前多少地，雙淚屢縱横。

雜感

日夜迴腸轉轆轤，强將談笑代悲呼。天涯兄弟飄蓬散，海畔風霜弔影孤。倉卒肯爲巢幕燕，危疑猶似聽冰狐。傷心不忍頻東望，黯淡寒雲萬木枯。

築塘行

怒潮倒蹴金山根，塘前齧齧增沙痕。長官催呼役夫急，萬指齊集如雲屯。分班起號作邪許，千槌雷動聲崩奔。手胼足胝汗流血，長官督責還相嗔。爾曹里居悉瀕海，扞築慎勿辭艱辛。年年畚挶訖無補，此過自要官民分。下塘挦土上塘築，雖有禁令誰能遵。剜肉醫創暫收效，一旦泛溢愁湮淪。方今制府重籌海，飭下各屬毋因循。爾曹受賞宜努力，上累官長非良民。民拜稽首敢勿勤，民官赤子官民親。怠頑不僅累官長，鞭撻亦自歸民身。君不聞昔年尹相公。築塘不惜殫心力，屹然賭柱如崇墉。三千八百五十丈，潮頭雖獮無由攻。此邦戴德今百載，父老稱説猶忡忡。頻年海上多大風，塘傾復築築復圮。奉行故事難爲功，烏乎，君不見廟中龍神享血食，低首無言待竣工。

題黔滇苗圖

其一

馬郎十六能擲刀，頭插雞羽錦束腰。蘆笙嗚嗚來跳月，同年拍手還相招。男女欣欣踹堂舞，報草殷勤歲云莫。明廷干羽播遐荒，安樂年年祭盤瓠。苗。

其二

長裾綵綬樓初下，學唱喁于其心寫。妾家父母重錢刀，玉雪嬌兒換牛馬。昨夜前溪銅鼓聲，還將雞骨卜陰晴。木棉花發紅如火，青布纏頭陌上行。狆家。

其三

牂柯直下程番府，八帥屯軍遂分土。姹女齊矜細摺裙，丁男慣擊長腰鼓。圍爐厝火一覺眠，風吹翠袖不知寒。曉聞處處椎塘響，姊杵晨炊妹鍤田。八番子。

其四

趿履持鏢獨來往，南詔之東勁無兩。古郡犍爲自漢封，諸營莫笑降王長。羅帕封頤金耳環，氈衫綵幅銀連錢。郎鼓琵琶妾吹篾，篾聲自應琵琶弦。僰。

其五

陽春三月花漫漫，曠野人家戲鬼竿。鬔鴉翻作狗耳髻，釵鳳偏宜馬鐙冠。長簪裊裊當雲髮，一片霓裳白於雪。莫恥貧家荆布妝，明珠薏苡誰能别。龍家。

其六

打牙翦髮俗最奇，平地架木如羊栖。剁牛召衆做吹鬼，桶裙五色紛離披。身披褚袍兩髻秃，隊小隨行跣雙足。谿峝雲深射黑獐，山田日出驅黄犢。犵狫。

其七

金環約臂腰挾弩，深目長身鬬如虎。言語兜離狀窅停，猙獰欲作天魔舞。健兒本是水西羅，跣脚吹笙自唱歌。長刀斫地孰敢近，掉尾斷頭柰爾何。玀玀。

菊

金飆振百卉，幽菊獨不驚。擢秀寒圃内，能使秋氣清。顔色非不佳，豈與凡豔争。採菊菊味苦，君莫餐菊英。

歲莫

鐙盡還燒燭，寒帷耿不眠。風聲添夜雨，客思入殘年。愛静翻成僻，緣愁轉自憐。寒潮與歸夢，東注問誰先。

公無渡河 戒友訟也。

公有劓犀劍，莫斬蛟與鯨。公有拔山力，莫與天吴争。河波撼天天欲傾。公胡爲兮臨流，獨立而屏營。屏翳扇風，洪濤四起。老狐聽冰，載疐其尾。盤渦轉轂，千里一曲。赤龍張須，神螭睒目。輕身試一擲，爲餌苦不足。烏乎！公無渡河。公渡河，掉頭長往如公何。我將召河伯，呼蓬婆，駕白黿，乘靈鼉。蹩躄勸公歸，坎坎聽我箜篌歌。

松溪舟次

垂柳綠毿毿，往歲停舟處。獨鳥隨人來，悠然渡江去。

潮聲

犬吠遥邨夢乍回，空江夜静片帆開。透窗一綫朦朧月，萬斛潮聲擁枕來。

寄周堅伯墉。客潮州

其一

揮手淩雲賦遠遊，海天飛夢落暹洲。蠻山瘴嶺嵯峨甚，萬樹桄榔是越陬。

其二

龍性從來未易馴，相逢萍水忽相親。黄荃畫本陽冰篆，豪客多材數彦倫。

其三

澤國蒼茫足寄居，幾回登眺自公餘。自來越嶠推奇勝，天馬横雲定不如。

其四

金城石室儘幽尋，嘯傲當風效越吟。莫爲好奇頻命駕，鳳溪東去鱷溪深。

其五

登高望遠一徘徊，潮落珠江去復回。親舍白雲行不遠，何緣飛到嶺南來。

其六

幕府風流樂事多，潮童進酒蜑娘歌。離人自憶江南曲，不是魂銷爲越娥。

其七

潮陽自古番禺地，蜃蛤魚鹽盡素封。三百荔枝憑飽噉，何須染指阿芙蓉。

其八

知交薵落悵年來，矯首雲天羨霸才。欲把歸期訂遊子，客窗記取木棉開。

題姚古然丈前樞。孤篷聽雨圖

其一

牢落江干短櫂横，濃雲壓岸莫潮平。漁燈伐鼓參差裏，屈指天涯第幾程。

其二

點滴疏篷攪睡遲，江湖載酒欲何之。故山迢遞難尋夢，坐憶床床屋漏時。

題紅林禽館詩草送古然丈之嶺南並寄堅伯

三年作客遊於越，濯足龍湫訪石梁。雁蕩峰巔一拍手，浩歌夢落仙人鄉。天台桃花粲如錦，戲劙石壁呼劉郎。西浮嚴江略贛水，筍輿往往淩青蒼。歸來津吏搜行裝，先生笑指古錦囊。刻畫奇觀出奇語，山水精靈此中貯。百丈寒潭不起波，時有蛟龍作雲雨。讀君詩筆轉澂清，知君作詩用意精。卻媿窮年事章句，苦吟浪學秋蟲聲。雄才信得江山助，仙骨難將學力争。比聞又將南渡海，此别徑須更幾載。蠻煙瘴雨感慨多，摇筆淋漓倍光采。海豐東去古瀛洲，予有平生故人在。寄語豪懷近若何，壯遊陸賈志蹉跎。粵王臺畔如延佇，爲我題詩弔尉佗。

贈别陳大章。

酌酒洗愁心，心摧舌逾巧。煮雪誑飢腸，腸寒腹不飽。誰使眼中人，相看半枯槁。憶昔聞汝名，知汝能文藻。江海有計生，渤。自謂與汝好。誦汝冬聲詩，出語驚奇矯。何爲七尺軀，及今尚潦倒。邂逅一相逢，頗恨聚日少。男兒貴功名，作達苦不早。且復立斯須，蓬門豈終老。

願爲孤飛鴻，莫作投林鳥。君行見計生，爲我陳懷抱。

敏航守風

艇子泊江隈，篷窗面面開。亂帆分渡落，悍水潑天來。沙岸生春草，煙村見晚梅。爰居余亦暫，鷗鷺莫相猜。

寄懷趙星甫紀勳。省親京口

其一

得失豈無命，孰云吾道非。暴腮魚暫退，養翮鶴終飛。風雨鳴寒劍，星霜閱敝衣。聖恩偏浩蕩，猶賜一氈歸。

其二

歸心向吴會，舉手别燕京。驛路三千里，崎嶇匹馬行。關山羈旅客，桑梓故園情。話舊一尊酒，相逢爲爾傾。

其三

孰意君歸日，余猶滯柘鄉。逮予旋故里，君又向朱方。遊子顔如昔，衰翁鬢欲蒼。五年違定省，暫得侍高堂。

其四

京口推形勝，東南控上關。無雙今國士，第一古江山。得句群峰外，相思落日間。投詩向揚子，流寄鯉魚還。

送孫汝璧。歸魯山

君言男兒負此六尺軀，風塵奔走徒區區。我謂風塵奔走計亦得，閉門家食真非夫。願作神鷹，拏攫九天上。不願效寒鴟，口拾腐鼠誇鵷雛。鵷雛長苦飢，寒鴟長苦飽。跐跋向征途，流年暗中老。君才固非易，君鬢良未斑。我曹生世豈無用，一第何必憂天慳。送君歸車班，班君家迺在，汝州城南百里間。堯孫劉累昔居此，至今父老呼堯山，此山遥連魯陽關。魯陽日莫戰酣處，三雅之水流潺潺。君不見，龍可馴，日可止，壯士豪情有如此，莫把雄心擲江水。

憫農詞

少小住市廛，不辨農與圃。朅來居海隅，農工始親睹。寒耕復熱耘，胼胝難悉數。赤日灼肌膚，四體嗟似剖。方武切。盡室事西疇，尚恐爲榛莽。莫補切。況聞海塘圮，桑田憂斥鹵。城市多游閑，側目笑村父。一日飯三餐，幾費耕作苦。入春多雨水，霉雨尤瀰瀰。一雨既帀月，苦晴復繼之。十日趈趪風，河水吹成泥。高田生黄埃，下田龜兆岐。野老呼牛來，爲我聊推移。日午牛步蹇，野老憐牛飢。餧牛牛不食，牛卧人亦疲。人牛力俱盡，豈忍加鞭箠。仰天淚潸墮，嗟怨安得辭。

我歌憫農詞，重爲農夫策。晴雨固有時，且復勤汝責。黑豬昨渡河，天意似可格。詰旦陰雲生，霖雨在兹夕。炎風一以吹，朝日仍赫赫。四野聞農歌，焦殺情孔迫。儒生恣空談，無補飢與溺。誰能排九閽，爲之請甘澤。

錢武肅王龍簡歌爲錢瀨鄉椒。作

明崇禎十七年，吳中亢旱，居民於太湖底掘得銀簡重二十兩，縱五寸，奇衡三寸奇。周刻一龍上雲下水。文云：「大道弟子、天下都元帥、尚父、守中書令、吳越國王錢鏐，年七十七歲。二月十六日生。自統制河山，主臨吳越。民安俗阜，道泰時康。市物平和，遐邇清晏。仰自蒼昊，降祐大道垂恩。今則特詣洞府名山，遍投龍簡，恭陳醮謝，上荅元恩。伏願合具告祈，兼乞鏐壬申行年四時履歷，壽齡遐遠，眼目光明，家國興隆，子孫繁盛。志祈元貺，允協投誠。謹詣太湖水府金龍驛傳於吳越國蘇州府吳縣洞庭鄉東皋里太湖水府告文。寶正三年歲在戊子三月丁未朔二十六日壬申。」凡十行百七十有九字。

國朝雍正間，吳江沈拙齋吏部嘗假搨數十本。翁徵君廣平。得之，以遺武康徐典簿。熊飛。徐以轉贈武肅二十六世孫。椒。予按鄭坤洞庭記，葉弈苞金石録補，皆載有吳越投水金銀簡，與此互異。嘉定錢少詹謂其時投簡非一次，葉所見本，不言年號，疑非武肅物。此說固然。然吳志伊十國春秋注竟以葉見本定屬文穆，則未有據也。續吳江縣志載此簡，「今」下脱「則」字，壬申行年譌作庚申，寶正三年譌作二年，「歲在」譌作「太歲」。太湖備考亦承其誤。豈均未睹此簡耶？瀨鄉以此簡裝潢成册，郵示索題，因作長句寄之。

商横攝提歲孟冬，叩闕尺素來何從。篁山山人好事者，寄我古簡蟠雲龍。硬黄瘦搨仿宋製，押尾款識題重重。百七十九字完好，波磔秀拔神春容。錢王當日起草莽，提三尺劍殲妖兇。瓜分疆宇息征伐，民無疹癘邊無烽。投文告天歷洞府，願國永享時熙雍。上言大道弟子某，列銜猶是朱梁封。寶正三年在戊子，爾時帝者唐明宗。天成三年。紀元不加吴越字，恐失事大遭乘墉。靈德王碑寶石制，書例與此相于喁。自戊迄辛越三載，若合符節無疑悰。武康豐山靈德王廟碑題「寶正六年重光單閼歲」，歐史載寶石山制稱「寶正六年辛卯」，與此簡歲次正合。何人紀事失徵考，誤以柔兆當閼逢。余公綽閩王事跡謂梁同光元年，策錢鏐爲尚父。來年改寶正元年。考同光元年係癸未，來年乃甲申，與金石所書年次不應。通鑑考異糾之是也。方今嗜古得君輩，恍住深谷聞跫跫。惜哉荒傖不解事，千年古物輕銷鎔。聞此簡今已鎔廢。願君持此弆篋笥，如寶白璧珍黄琮。傳聞既渺史傳闕，訪古猶得尋遺蹤。殘宵披簡一再讀，忽忽逸氣飛横縱。洞庭水府足金石，誓當與君把臂胥母峰。

衡山禹碑

衡山之高，四千一十丈。五方並峙，遥對泰岱嵩華恒。昔夏王禹帝命承曰：「汝不伐，亦不矜，作司空職，惟汝勝。」下者陂，高者陵。隨山刊木四載乘，岷山導江越南紀。智營形折懷春冰。血白馬以祭德，動天鑒香始升。乃夢元夷使者乘飛軨，金簡玉字祕緑縢。禱黄帝巖禹乃登，稽首頓首心兢兢。檢以元都印，書以南和繒。壽之萬萬古，刻石垂雲仍。天吴帝江鶩且殑，暨巫支祈罔不懲。元圭告成錫爾礽，天柱紫蓋何崚嶒。七十二峰環相絙，宇宙大文神所憑。逾三千年見未曾。昌黎韓退之，好古勤擔簦。祝融峰頭，欲上不得上，千搜萬索，歎息愁撫膺。何時螺書龍畫忽出世，坐使仰屋著書之輩争誇譝。夔門觀中，七十二字今已佚。嶽麓院本，較多五字誰所增？郎瑛。楊慎。諸譯見各别，歷年久遠，孰辨淄與澠。或釋咨爲嗟，或讀永爲蒸。子雲希馮世無有，蝌文鳥篆可想不可徵。東柳陶生何處得，一紙字跡完好無侵淩。體勢如鳥翾飛翾，或蟠結似螣蛇螣。口欲雒誦不敢滕，筆欲仿象目遽瞢，以手摸之疑有楞。我聞昆明、成都、長沙、西安、紹興盡拓本，當時真跡乃在岣嶁之洞。封以雲層層，安能裹餱糧，足躡虓與䲢。墨松滋紙剡藤，方羊石壁間，仰卧曲兩肱。天帝六丁毋我憎，宣此苞符之祕開蒙顮，攜歸以之詫十朋，復恐下士大笑聲如蠅。

元祐黨籍碑

元祐舊臣如贅疣，一綱打盡今無憂。臣京載筆志諸石，大書深刻垂千秋。没者追官奪封謚，存者降斥窮荒投。朝廷從此亂黑白，毒逋四海天爲愁。不三十年時事變，陸沈痛哭嗟神州。老奸竄逐死奚惜，蒙塵之慘君何尤。否終則傾易所誡，要當未雨先綢繆。爾時哲宗固英主，背憎噂沓誰爲謀。群姦切齒睨政府，退居詎肯忘私讎。協恭補救方未暇，一室底事操戈矛。攻蘇發難自賈易，孰意酷禍連同儔。臣工專己主孤立，目之以黨非無由。爝火焚林漫莫辨，搢紳何幸隨清流。此碑列名三百九，僉壬附驥占包羞。鳳皇之群百鳥游，此中那得容鵂鶹。五都市物罔不收，頑石豈許儕琳璆。曾布。章惇。楊畏。李清臣。慎勿喜，公論自解分薰蕕。

早起

曉聞好鳥鳴，乃在嘉樹顛。清露晨未晞，山花夜初然。性情得所契，與物皆安便。擁書北窗下，緑草何芊綿。衆籟自喧寂，我心渺無緣。忽悟彭澤令，固在羲皇前。

張氏梅林訪十女殉節處

其一

膩粉零脂委劫塵，玉梅千樹表貞珉。月明環佩歸來後，仍爲癯仙作主人。

其二

靈芬何處薦疏麻，樹古池平舊跡賒。猶有存亡家國恨，夜深彈淚與梅花。

後築塘行

前年築塘海潮大，十丈潮頭決塘過。去年築塘多海風，風沙捲地潮連空。民財已竭工猶蕩，督部陳情聖恩廣。白提粲粲黄紙封，今歲修塘是官帑。監司來，太守來，七邑聚議塘工開。塘工開，插旗打鼓船巍巍，郡符辨料如霆雷。高飛精衛何爲哉？西山木石空成堆。將雛秋燕渡海去，曷不海外銜泥回。内塘泥盡塘工促，卻向灘前取泥築。三百青銅五斗泥，不耐潮魚一翻覆。督工大令慘不肥，肩輿傔從行如飛。槌聲丁丁起塘下，萬夫併力妃呼豨。妃呼豨，聲不住，輿中大令顔色豫。里胥乾没役除頭，日借塘工樂且醵。昨夜迴瀾到半塘，勢挾金山向西去。君不見，年年扞海海愈狂，官司蹙頞丁夫忙。安得一勞永逸無彷徨，恨天不生俞海防。明年八月秋潮漲，更斂民捐募築塘。

酬姚水北丈 汭。

伯勞飛燕鳴春風，五昔城邊逢髯翁。切雲之冠佩長劍，虬鬚虎眉方兩瞳。祝融燒天火織紅，朵雲墮地來郵筒。一卷培塿亦何有，品題乃比羅浮峰。君不見，羅浮峰，峰峰矗立青芙蓉。仙裙化作五色蝶，滿身香霧游花叢。讀君新詩知自道，筆妙欲使天無功。片辭莫贊幸勿訝，長城敢以偏師攻。嫩涼七月秋宇空，停車草堂訪盧鴻。浮粱酒熟勸我飲，縱談八極開鴻濛。丈夫通經貴致用，何爲蹀躞蓬蒿中。金馬承明夢不到，寸莛莫扣豐山鐘。才名嚇鬼鬼翻笑，君從兄蘇卿丈嘗題君詩稿云：「才名嚇鬼徒欺世，詩句驚人欲問天。」坐使二豎乘詩窮。别來五月書兩通，停雲北望心忡忡。千言脱手劍出匣，彼病魔敢攖君鋒。周柱史，漢赤松，安得四方上下長相從。幅巾倘踐當時約，待爾山前緑玉筇。

岳忠武王名印歌爲王徵君作之佐。

十二金牌三字獄，風波亭畔冤魂哭。滄桑瞥眼小朝庭，那及忠臣一方玉。玉高徑寸廣九分，斑駁或作雲雷文。女丁婦壬蹻舌退，劫火雖烈何由焚。鞭箠伊誰妙鐫刻，兩字昭然辨波磔。隱約芝泥慘不鮮，當時血濺萇宏碧。湘水沉淪六百年，著録未入金陀編。王郎展轉偶得此，已去復返容非天。吁嗟乎！忠武功名滿人口，一印存亡亦何有。惟有淒凉慕古心，歎息摩挲屢搔首。君不見，痛飲黄龍語豈誣，姓名曾作辟兵符。聞聲早使烏珠遁，膽落金兵不敢呼。

由周莊至桐里

際曉東風急，輕舠縱所如。湖光浮遠碧，帆影墮晴虛。隔岸聞津鼓，連村響水車。望霖情正苦，雲意故徐徐。

過芙蓉湖

夕陽影裏片帆遒，無際煙波淡不收。嵐氣晚含千樹潤，水風涼蕩一湖秋。尊前碧玉窺歌扇，郭外青簾認酒樓。料得九龍應齒冷，逢山如此未句留。

丹陽道中

下流襟帶控朱方，水遞悤悤驛吏忙。百里郊原連秫穄，六朝陵寢散牛羊。長隄峻岸疑穿峽，小隊觭輪半馱糧。恰喜西南風解事，片帆容易過雲陽。

翠微亭

下山復上山，躡葉陟高嶺。群峰羅蒼茫，合沓亂光景。孤煙何處起，倏忽滿山頂。有時露雙鬟，華妝愈窗靚。人投遠林樹，鳥没寒空影。長江一衣帶，詎辨濤萬頃。金陵十萬户，稊米不可省。坐收金粉地，盡入清涼境。思遥語已忘，目極情爲騁。引袖挹長風，白雲四山冷。

雨花臺

仄徑緣梅岡，巖椒望來久。螺旋凡幾折，力憊屢抖擻。山顛反平夷，其廣無半畒。荒臺存故址，斑剥苔錢厚。雲物媚千巒，煙霞挾兩肘。群山如聽法，拱揖紛左右。想當誦經時，一一皆點首。天風吹曼陀，繽紛著林阜。豈知諸有相，彼相實無有。雨花花非花，不浄亦不垢。一勺乞南宗，歸吟悟苕帚。

方正學祠

叔父非元聖，皇輿誤太孫。九原真可質，十族竟何論。鐵案存心史，麻衣裹血痕。景公祠不遠，風雨泣忠魂。

石城山

遠接鍾山勢，巉巉氣鬱森。伏龍曾至此，駐馬一登臨。建業降旛亂，長江鐵鎖沉。石頭頑未解，虎踞到如今。

登燕子磯

磴道捫蘿上，疏鐘曉正撞。風帆迴絶壁，人語落空江。樹密雲遲度，濤洶石不降。蟠龍王氣在，南望翠崆峴。

觀音山尋三台洞

崇山當大江，巖嶂立積鐵。幽探約朋輩，冥搜性所結。上台豁窈窱，仙源踞巀嶭。金鼇及玉笥，靈境相頏頡。延緣坎窞穿，噴薄蒙泉渫。披榛塗屢窘，附葛石共揭。縣厓削青蒼，仰望慮一跌。有洞窅而深，有潭寒且洌。肌膚痒生粟，疑貯太古雪。左顧何庨然，一洞復斗絶。盤旋折而上，十指闇難別。跋前足幾頓，疐後手相掣。須臾睹光明，一綫頂上裂。層層巧嵌空，歷歷孰彫劂。極知渾沌初，拔地止巉屼。老拳六丁撐，利齒應龍齧。自從七竅鑿，勿乃元氣泄。雲荒怪鳥聚，境邃山魈竊。誓將告真宰，重使地户閉。「入」大笑顧同儕，吾言得非褻。

游九龍山欲望太湖遇雨卻返

九龍乘雲戲東極，罡風吹落具區側。罡風一吹雲化石，九龍衙衙飛不得。怒捲湖波噴（去）寒碧，伏冰洞口源始通，倒縣屈注圓池中。下池出山分二派，灌溉萬頃資農功。雙河南，梁谿東，涓涓一尺水，即有七年之旱天難窮。自從陸羽誇泉品，文士清談拾餘瀋。詎知利賴在居民，但解紛紛論茶飲。我來策杖當秋陰，入庭古木涼森森。石闌迴合水清泚，對此不覺消塵襟。山僧苦邀上高閣，空翠冥濛來衆壑。魚眼初圓雀舌新，定州花瓷試斟酌。或言太湖三萬六千頃，盍向山巔眺溟涬。我聞其言心勃然，便欲芒鞋登絶頂。山靈妬我游興豪，松風逐客鳴調刁。雨意已壓長林梢，挈侶且復歸吴舠。回望青山渺何處，浮雲漫漫如柳絮。漸没山腰没山樹，恰疑嶺阜盡成雲，依舊隨龍上天去。

乍浦

濱海此雄鎮，復看全盛時。異方争雜處，市舶炫珍奇。自昔遭倭寇，民生數困疲。承平今已久，誰更憶瘡痍。

陳山弔李介節故居

千古龍湫水，傷心不起波。艱難貞士淚，濩落采薇歌。遺籍新梨棗，所著𡏖園集、九山游草、忘機社月令詩、梅花百詠、九山志俱先後刊行。荒居老薜蘿。九峰煙雨裏，山鬼在巖阿。

錢夢廬天樹。當湖老名士也以嗜古好客貧其家性喜竹仿竹裏煎茶圖寄予云欲令知我者題之勿泥圖意賦此以答

清波一片蕩湘雲，緑映鬚眉對此君。室有圖書供遣日，座餘賓客快論文。茶鐺藥臼憐中

歲，漁婢樵青數舊聞。猜作元真渾不是，東湖西塞聽人分。

雜感

其一

去年陰雨多，累月方未已。魚鼈皆乘堙，濈濈亂於螘。良田無高下，禾頭盡生耳。巍巍大令堂，鄉民至者幾。觳觫偁報荒，官曰爾誤矣。爾實自惰農，歲饑罪亦抵。偁荒爾誠得，催科我何以。不見鄰邑侯，動則加責捶。我仁爾毋溷，我亦姑貸爾。爾歸整官糧，我將事徵比。

其二

鄉農七八口，生事多憂煎。如何加餐食，偏在饑饉年。日夕鬻雙弓，鵠面誠可憐。兩日五升米，三百青銅錢。斗糧加正秏，不啻倍蓰焉。東家作胥吏，邂逅官衙前。洋洋擁裘馬，昨夜倡樓眠。西家游手郎，作隸何翩翩。怒我完納遲，輒欲飽老拳。惶恐脱我衣，衣破不掩肩。質銀供子醉，酒薄毋我愆。歸家視兒女，兒女號飢寒。吁嗟乎耕夫，不如耕石田。

其三

民窮易爲非，法縱實滋盜。云何枯朽骨，乃亦遭劫暴。劫暴夫何爲，官曰爾自貽。土厝久不葬，爾罪誠可治。前村何富室，三世遺孀孤。强梁忽排闥，戈杖紛相挐。爾衣盍開箱，爾金盍蓋篋。憐汝寡且弱，我行弗汝狎。昨聞東門外，姑老媳亦孀。遇賊向賊拜，聲出刃已傷。官曰賊無罪，慢藏與治容。爾傷我視爾，全體毋許蒙。婦聞驚且慚，請官幸勿究。官曰姑舍之，小竊固可宥。官廉境無盜，瀆訴何喧喧。明歲且大計，上考當遷官。

南湖望煙雨樓

倚蓬重賦舊鴛鴦，六載南湖别夢長。敗柳摇秋樓半圮，更無煙雨但斜陽。

由孤山背重至放鶴亭訪巢居閣是夕夢至其處恍惚得一絶

放鶴亭西小閣東，平橋流水夕陽紅。梅花萬樹失歸路，獨立亂山寒翠中。

雲林道中

但逐流泉入，不知山已深。泉聲有時遠，山氣忽成陰。杉徑雜松徑，桑林連竹林。兩高峰夾路，空翠撲衣襟。

飛來峰

一巖千百峰，一峰數十孔。一孔易一形，譎詭殊可悚。嵌空縣石腳，墮地忽曳踵。橫坡方委蛇，作勢忽上涌。仰視或一隙，如鳥卻在籠。張口氣鬱森，側足石巃嵸。魚貫慎傴僂，蛇行敢曲踊。睹茲皺瘦透，餘山覺臃腫。想其在西竺，頗厭佛法冗。攬勝煙水窟，拔地此孤聳。不然飛來時，豈不苦凝重。彼哉諸梵天，劖刻誰作俑。惡詩及劣字，留題復堪唪。剝膚已無完，毋乃大傝𥓹。乾坤固非窄，有翅胡不掇。重飛向海濱，洗滌除種種。握手三千年，人世一蠛蠓。撫石笑且歌，群岫若飛動。我欲呼老猨潭，潭白雲蓊。

冷泉亭

白石鑿鑿泉泠泠，衆山如笏朝一亭。片時坐對心骨冷，無柰山僧不愛聽。

越捫壁嶺至雲棲塢

其一

怪石何巉巉，敻絶不可上。布襪青行纏，逐此流泉響。流泉忽不聞，山勢愈漭泱。衆峰互鉤連，突兀似争長。絶壑鳴松濤，一落駴千丈。人跡所不至，或有夔魍魎。十步五步憩，登頓勞俯仰。安得飛空仙，贈我九節杖。

其二

西亭曰碧松，東亭曰望仙。兩亭屹相對，矗立山之巔。延袤下山路，曲折如蝸旋。蒙茸雜竹樹，夾路青翛然。深溪多亂石，絡以涓涓泉。村莊數十家，籬落交炊煙。陶陶太古風，雞犬静不喧。昔有武陵人，誤入桃花源。此境在人世，誠哉非寓言。

其三

夕照銜深林，山容漸葱蒨。人行濃緑中，途轉景屢變。陗壁罥藤蘿，猨臂庶能牽。去叢篁不知遠，樵路通一綫。隔塢竹雞啼，松鼠有時見。前行方逶迤，後顧有餘戀。蒼然暮靄合，暝色忽已遍。浩歌山石詩，玆游吾豈殿。

晨起踰五雲山沿九溪十八澗至理安寺

其一

奇峰鬱崔巍，山僧指相語。窈窕幽篁中，五雲從此去。朝陽散林薄，野鳥出深樹。拾級身漸高，寒雲襲芒屨。江光忽離合，苔磴聊可駐。四顧煙蒼茫，我來定何處。

其二

縈紆盡山麓，細路緣江頭。平波浄如練，一一青螺浮。且行舍之去，曲澗隨人流。白石紛可數，石上群魚游。溪聲斷還續，日夜無時休。不知深潭中，容得蛟龍不。

其三

松杉漸蒙密，不覺山深深。深深若無路，彌望皆清陰。苦莽亂於薺，碧葉交蕭森。想當春和時，香滿游人衿。枯藤絡奇石，古樹懸修岑。山罅出迴湍，激激金石音。

其四

逢公背伏虎，栖息於南山。群峰競朝拱，草木羅芊綿。鑿石起高閣，縹緲青松巔。我來一憑眺，毛髮皆清寒。老僧頗解事，飲我法雨泉。坐聞江濤聲，鞺鞳几席間。

于忠肅公墓

旌功祠畔拜松楸，痛哭廷争信老謀。居守目夷緣社稷，生歸晋惠是俘囚。南宫兵仗紅燈暗，東市朝衣碧血流。買鐵何當鑄徐石，千年長跽墓門秋。

石門道中

寒風淅淅水潺潺，夢落西湖幾處山。濁酒半醒燈半灺，一篷疏雨石門灣。

東坡生日同人集井眉居分賦

岷峨山空髯翁死，八百年來一人耳。男兒墮地六尺軀，嶽降崧生有如此。人間帝主不愛才，朝登玉堂暮瓊雷。詎知榮顯在身後，南箕北斗何爲哉。冬十二月窮陰頽，窮陰釀雪霏皚皚。春風一扇雪忽霽，蕭齋此日瓊筵開。羹不必牛尾貍，餚不必花豬肉。不必蒲萄酒千斛，松風颼颼一甌緑。東坡先生睡初足，三生赤壁寄精魂，萬古青山並芳躅。荔枝丹兮和蕉黄，爲公介壽齊彭殤。先生掀髯默無語，不飲輒復觀酒狂。願公且勿笑酒狂，羈愁歲晚天茫茫。命宫我亦同磨蝎，欲把奇懷問大荒。予生辰依泰西穆尼閣法推算，命宫正在磨蝎。

讀姚蘇卿先生清華。弦詩塾集即酬見贈之作並問近疾效集中體

其一

杜陵不可作，此老信吾師。大澤有神物，喬松無醜枝。群兒弄鉛槧，幾輩畫胭脂。砥柱先生筆，橫流滄海時。

其二

昔歲曾相訪，題詩舊草堂。替人慚録録，知己感茫茫。庚寅人日奉訪見贈，有「君從意外逢知己，我幸生前見替人」之句。謬託蒹葭倚，重親翰墨光。班荆餘涕淚，鄰笛起山陽。謂伯舅古然先生。

其三

兀兀弦詩叟，靈光獨巋然。英雄餘白髮，手稿積殘年。我乏畫眉筆，君遺卻扇篇。初昏夕見贈卻扇篇。平生傾倒意，小集拜蘇仙。十九日同集井眉居。

亦有神仙福，酣吟樂歲終。摧眉嗟李白，塌額訝盧同。先生以失足傷額。勝事每留憾，微痾溷乃公。得詩應一笑，且任碧翁翁。

舒蓺室詩存二

釋覺堂。 畫竹歌

白頭老僧狂不死，萬箇琅玕一彈指。世人畫角與描頭，笑殺癡蠅鑽故紙。阿師寫竹能寫神，交柯亂葉皆天真。子規夜啼秋雨泣，雲旗恍惚湘夫人。有時枯腸得酒生芒角，逸勢横斜隨意作。一竿突兀忽淩空，鸞尾翛翛瘦於鶴。江湖放浪不自持，三絶自方禪月師。佛亦可呵祖可罵，肉眼不識疑爲癡。烏乎！六神通，八解脱，何者是佛乾矢橛？平生不解口頭禪，但有英雄一腔血。熱血淋漓寄此君，蒼茫潑墨成煙雲。胸中奇氣自蟠鬱，渭川千畝烏足云。君不見，當窗寫出從人看，節節枝枝都未算。安得鵝溪三丈絹，請公放筆爲直幹。

芳草

菁菁此芳草，目之爲留荑。託根嘉樹陰，生意何離披。炎歊固云免，雨露亦已稀。山中有奇樹，直上情無依。嚴霜不加損，赤日誰能欺。君子當自立，小人獨雞栖。感彼廡下春，荏苒將奚爲。

簳山道中

窅渺寒波穩放舟，霜林幾樹隔船頭。自然名士貪高隱，時訪何丈書田。遂遣詩人結勝游。水郭山村平八畫，漁莊蟹舍野宜秋。興來更鼓青溪櫂，多謝東風阻石尤。將歸郡城，以風阻，因赴青浦。

寄熊露蕤丈昂碧。

十年前讀君詩稿，健筆清才近來少。力翻滄海注毫端，狂摘冰蟾入懷抱。詩人自古例窮餓，蓬巷誰憐守枯槁。忽將槖筆尋舊游，露宿風餐走燕趙。劉買城邊古意多，韓王山下吟情好。

富貴豈能酬志願，江山信足雄文藻。吾生好游百不遂，仰屋書空似殷浩。有時哦詠學秋蠅，敢把啁啾鬥春鳥。感君書中遥勖我，努力群經事孠討。神交空復悵停雲，望遠無繇寄瑶草。秋風催客賦驪駒，一路關山送晴昊。舉手纔辭簡子城，回頭已隔吾兒堡。十二年來客況非，三千里外人歸早。吾家外氏君故友，久歷風塵厭憧擾。聞説相如今倦游，三徑蒿萊爲君埽。殘冬銷寒苦無俚，笠屐圖陳奉糕棗。社賢未許闕陶公，雅集同期拜坡老。槃敦應推執牛耳，雪泥詎惜留鴻爪。詩成一笑驚髯翁，舊雨新知共傾倒。君不見，文章有神交有道。

題折枝梅花

昨夜東風吐碧蕤，一枝寒玉瘦垂垂。道人立盡黄昏月，雪滿空山欲寄誰。

飲酒

其一

殘臘方未艾，忽已回陽春。無衣復無褐，天意矜窮民。西鄰枯槁士，被服百結鶉。開軒讀我書，埶我烏角巾。催租并無吏，有酒且滿尊。嚴冬得奇遇，樂此春風温。歲除雷熠熠，元日雷殷殷。

其二

殷殷聲不絶，始雨俄成雪。昨日雪没脛，今朝雪没膝。虚空忽粉碎，六合同一潔。頗疑東皇公，投壺誤蹉跌。天公笑開口，玉女灑璚屑。誰知人間世，縮頸寒氣冽。酒星不畏寒，醉覺雙眼纈。但爲袁安卧，不學蘇武齧。

其三

悠悠杯中物，可以除囂陵。時復一中之，勿爲憂患乘。陰陽固有變，人事求其恒。迂儒論慾伏，瑣碎安足憑。不見六出花，早獻休祥徵。書生求醉飽，此外非所勝。呼童買村醪，獨酌無須朋。一醉不知曉，紅日東方升。

下塘河舟中同錢熙泰。

百里石門道，煙波溯下塘。愚民争佞佛，隙地遍栽桑。理楫看漁暇，投林任鳥忙。臨平好山色，一半夕陽黄。

謁林處士祠兼禮姜白石像

荒祠當嶼曲，三徑半榛蕪。白石宜爲友，青山自不孤。梅花高士夢，鶴氅老仙圖。秋菊誰同薦，游船滿後湖。

游紫雲金鼓二洞因至雲岫庵嬾雲窩

結伴尋桃溪，羊腸繞脩坂。嵒嵒烏石峰，卓立氣蕭散。秋晴炫密樹，紅緑紛滿眼。陰壑生迴風，陽厓走連巘。覓徑方嶇嶔，入洞轉平坦。舊游聊記憶，坐覺煙景晚。荒庵森竹掩，壞壁藤蘿綰。出岫雲無心，不出雲更嬾。野鶴嬾於雲，飛來竟忘返。金鼓洞前鶴林道院壁嵌石刻「飛來野鶴」四字，傳是吕仙書。

護國寺壁見釋祖觀。詩有懷卻寄

偶印鴻泥世不知，蒲團想見獨吟時。滿山殘葉月如水，只有蒼猨解聽詩。

移寓十三間樓志壁在寶石山大佛寺右。東坡守杭時，每治事於此。廢爲彌勒院，近郡人瞿世瑛重葺樓三楹，仍其舊額。

一席香龕許暫同，置身真在畫圖中。十三間廢今陳跡，七百年前此寓公。無恙湖光晴愈好，有靈詞客感何窮。開窗看放孤山鶴，萬古逋仙共髯翁。

八月十五夜對月

良宵久坐意悠然，一鏡秋空分外圓。明月亦貪仙世界，好山都結佛因緣。當窗獨樹伴清影，臨水數燈知酒船。玉宇高寒天放夜，醉呼奎宿下星躔。

微雨來瀑亭間坐

寂寂游客散，蕭蕭疏雨零。潺潺石門磵，落落翠微亭。雜樹暝初合，連峰晚更青。無言饒冷趣，非瀑亦非聽。

送胡竹村農部培翬。之涇

禮經十七篇，舌撟韓昌黎。無怪枵腹士，掩卷不敢睎。歷宋元明朝，僅一李寶之。自餘楊敖輩，强作解事兒。朅來通儒出，脱誤稍已治。卓哉淩教授，次仲氏。綜貫脈與支。一一析條例，淩氏著有禮經釋例。奚翅斧以斯。大綱既已挈，細目因可推。農部早入室，農部爲教授入室弟子。健筆雄文辭。說經何紛綸，如抽獨繭絲。音刊茅蒐合，室證燕寢西。橛闑辨異名，庪縣釋群疑。眼明穿奧窔，意愜争毫氂。即以辭章論，於世蓋已希。精心作義疏，近作儀禮正義。衆說探其微。文參古今異，義補鄭賈遺。視彼孫淵如氏著尚書古今文注疏。焦里堂氏著孟子正義。邵，二雲氏著爾雅正義。各足建鼓旗。罷官勤著述，喜謝塵網羈。東行歷吳會，小住明湖湄。恰遇素心人，匡鼎善說詩。農部與長洲陳碩甫明經同寓湖上，陳君方著詩毛傳疏。湖隄多囂塵，車馬紛且馳。誰知一樓上，聚此雙經師。邂逅天禄閣，與農部初遇於文瀾閣。一見如故知。滔滔懸河口，縱論忘勞疲。示我釋官篇，家學固有基。見贈令祖樸齋氏所著儀禮釋官。我郡侈浮藻，經訓嗟久紕。得君策蹇駑，君時主講雲間書院。變易情庶幾。青山曉嶙峋，碧水揚瀾漪。秋風吹我心，送君往涇溪。佇當占德星，早踐明春期。約以明年二月至雲間。

宿法相寺贈釋智一。

涼秋夜窗寂，風竹摇娟娟。以我山水癖，參君文字禪。佛光和月定，茶夢入詩圓。坐聽流泉細，因之忘俗緣。

龍翱洞

洞僻游人少，幽奇類鬼工。窺天一竅漏，鑿石四圍空。故志收難遍，西湖諸志失載。寒雲路欲窮。從來訪遺佚，易忽草萊中。

南高峰

夕照遥明仙照壇，崇岡疊巘路團團。回頭地與江河窄，絶頂風生箭栝寒。佛去巖阿空有跡，龍歸潭水欲成瀾。榮枯愁絶華光主，南北二峰並有華光藏主廟，即俗所謂財神也。然南峰香火寥寥，殿宇傾圮，不及北峰遠甚。付與山靈冷眼看。

坐雨無聊雜記所歷

其一

葉聲晴亦雨，嵐翠晝常陰。正苦煩襟畷，涼秋此已深。天然圖畫閣。

其二

不爲郭令公，便作廣成子。一萬八千年，笑倒蘇學士。歲寒巖。

其三

屈蠖固求伸，神物豈終閟。何日起風雷，放君出頭地。鐵窗櫺。

其四

句曲風流在，名山擁墓門。玉鉤橋畔月，夜夜照吟魂。靈石塢。

其五

世俗誇龍井，誰知有上池。尋幽溯林樾，空憶辨才師。方圓庵。

其六

山色與林光，彙此一亭緑。瞑坐聽泉聲，淙淙韻琴筑。清涼亭。

其七

山裏闢田園，時聞雞犬喧。子孫常聚族，不識有桃源。翁家山。

其八

古柏誰刳腹，於中種石楠。干雲同直上，各自葉鬖鬖。心庵異柏。

其九

臺榭新秋草，斜陽舊壑庵。池荷悵無主，紅過石橋南。小有天園。

其十

煙雲幻奇葩，根底竟何託。歲歲發秋風，無人見開落。蓮花峰。

雨中泛舟游湖心亭回至白隄飲雨奇晴好樓薄醉入望湖亭啜茗

晴湖不如游雨湖，扁舟落手偕我徒。蘋花點綴碧玉碎，水色蕩漾琉璃鋪。群山周遭近可攬，遠者化作雲模糊。中流指顧畫南北，突兀恰對雙浮屠。小閣孤撑石闌圮，題壁往往濃鴉塗。

湖山勝概聚几席，濁醪恨未攜千觚。霏霏絲雨有時密，回船急覓黄公壚。南窗大開樓額好，妙句絶倒眉山蘇。眼前風景侑酒物，斫膾何必腥臊汙。錢趙偏安一瞬息，況乃局外談榮枯。時坐客有言秋試事者。一杯我自勸我飲，君輩向壁空咿唔。粲然西子顧我笑，薄醉不用兒童扶。水亭坐試苦苧緑，殘荷數朵擎紅跗。清香入鼻意逾静，鷗夢正熟無人呼。煙痕漸消天欲霽，山石犖确尋歸途，耳邊猶唤提壺盧。

餘杭曉發

舍舟命肩輿，辨色先鳥起。飽飯出荒城，直入萬山裏。登登煙篠中，亂石摩足底。一綫澗泉流，前溪竹簰檥。

石塢嶺

連岡勢委佗，詰屈上鼇背。怪峰撑硤角，壓頂争一隘。其下當大溪，雷轉喧急瀨。輿夫喘且噤，并力如敵愾。路曲輿自直，一一分足垂外。息肩已無地，進退隨爾輩。出險稍慰存，揮汗坐相對。笑指兩目雲，離離互鉤帶。

壺盧嶺

蜿蟺不覺高，漸已陟林杪。欻吸交長松，修纖引叢篠。俛窺愁緣猱，仰望絶飛鳥。下輿逞腰腳，相顧若麃麌。千巖夾蒼蒼，一綫懸裊裊。直下九地底，立足翻戰掉。前徒行壁上，後侶出雲表。艱苦作長游，此意知者少。

由西天目東北峰度朱陀嶺

衆峰團團如列障，一峰超然屼相向。争先鼓勇登峰巔，更有群峰壓其上。旋螺愈高山愈深，雨淅淅兮雲沉沉。山田高下稻初穫，飛泉百道穿長林。泉聲忽焉急水到，中池下池接上池。壁立不可上，匹練横飛數十丈。白龍呑月月輪仰，片片龍鱗觸山響。君乎君乎，何不坐卧於格思之亭，乃向黄茅白葦重行行。那知山靈弄狡獪，故作才窮賺人退。一步轉，一曲通，别開仙境。青濛濛，巉巉怪石欲擘空，參天離立皆虬松。行來松盡處，左右絲杉繞千樹。游人長嘯松杉中，石梯滑澾支瘦笻。雨花橋外禪源寺，微露紅牆一角紅。

禪源寺坐雨戲示錢熙泰。

天涯行路始知難，暫向叢林學借單。群岫風回雲滅沒，一樓寒重雨瀰漫。鏗鐘伐鼓驚晨夢，翦燭談詩坐夜闌。我本無心君亦偶，何勞高座祝旃檀。

九日冒雨出禪源寺至千丈厓登高

癡雲入窗白縷縷，此度重陽柰何許。樓前樓後樹濛濛，吞吐千山萬山雨。我思冒雨尋好秋，健步何用坐竹篼。或者天公有意幻奇境，巧借雲煙寫山景。畏縮恐惹山靈嗤，勇往能教雨師屏。君聞我言偁大佳，出寺徑縛椶皮鞋。初行清澗曲，萬木蔽天天亦緑。繼至獨樂亭，竹光濃染眉山青。亭後一橋名仰止，轉轂驚雷石齒齒。石齒齒，雲冥冥，横拖即栗仙骨輕。水從群壑來，瀉落斜坡平。跳珠漱玉日夜鳴，佇立不覺心神清。前行戀此屢回顧，數步迷離墮煙霧。爾時看山心轉愁，此身漸登雲上頭。飛空擬隨黄鶴舉，汗漫自接盧敖游。雲來面前倏在背，誰結茅庵住雲外。半山有一峰雲外庵。庵西下上觀音巖，盤盤巨石窮彫劖。松杉十圍高百尺，老龍人立鬐毿毿。忽然一峰獨昂首，道人答云獅子口。獅子巖在千丈厓，上俗統名獅子口。口開噴雲雲氣厚，我戴我頭口中走。黄面闍黎笑啓門，今日乃有狂游人。煎茶爲我剥新栗，飣盤雜劣山僧貧。懸厓一望形神改，下界茫茫竟何在。虚空粉碎入風輪，大地平沉變雲海。撒手真疑近太荒，推胸便欲呼真宰。飄飄靈雨雨溼衣，天公天公詎我欺。兹游登高故不負，反慮晴日無斯奇。流泉淙淙不知處，别僧更向雲中去。

元通巖

石内喧泉聲，仄徑緣石罅。納級駥扶寸，縮趾不敢下。蛟涎久猶腥，鼠穴出自訝。高高削千尋，滚滚争一瀉。隘巷中迸裂，峭壁四無籍。仙斧巨靈擘，神工富媪謝。草庵峙孤標，石塔巧搆架。西方庵前有天生石龕。翳此荒寒區，習静庶可借。願從夔魖游，請返俗士駕。

出上觀音巖至東塢坪

畫山難畫雲，繪水難繪聲。我從雲中下，忽見略彴横。石怒闖然立，水激無時平。千折萬折逆，七曲八曲并。掀騰海潮沸，噴薄雄雷鳴。而我踏磵石，緩逐流雲行。我前雲裴褭，我後泉砰訇。回瞻樹已失，遥望途仍冥。依依修竹竿，雨濯琅玕青。竹間闢荆扉，塔院纔三楹。玉琳國師塔院。雲收水亦遠，我息僧來迎。

入九鎖山

東南渡泠溪，數里入九鎖。岡巒氣迴薄，雲日態媟婐。罘罳展重重，菡萏開朵朵。或如鸞翮振，或作龍尾拖。七峰近鉤連，兩大遥岌峨。大滌天柱。樹古莓苔攢，道狹嵐翠墮。一塢聚雲仍，千家散煙火。翻水碓聲急，登穀人語夥。誰繪桃源圖，何必笠澤舸。籃輿猨鶴訝，竹枝婦孺歌。萬个緑檀欒，中間獨行我。

大滌洞天歌

撐天一柱摩蒼穹，雲霞出没真靈宫。乘風御氣倏來往，華陽林屋潛相通。元封以來二千載，神仙中人幾人在。年年龍簡寄沉淵，有似泥牛入東海。我生好游不好仙，來尋三十四洞天。

黄冠導我穿竹徑，雙屐踏破巖扉煙。巖煙霏微炬火緑，石鼓彭鏗震厓谷。旋螺屢轉粟生肌，兩壁題名鏤蒼玉。仙乎仙乎梳髻鬟，亭亭背立不可攀。深處有天生洞，仙像宛然背立。奇峰倒挂窅無路，換骨何處求金丹。姜真人，郭文舉，圖志荒唐柰何汝？碧樹飛來擣藥禽，玉芝銜出長生鼠。隱士逃名偶託辭，君王媚道即貪癡。興衰轉眼青山笑，鼇足誰將八柱支。

宿洞霄宫明日雨甚不能游遂出山用東坡韻

神仙格是忌疏頑，故弄秋聲到枕間。曉起俄看雙闕暗，愁來空對一庵間。遥知西洞寒雲隔，且聽南湖急。雨翻。多謝山靈能送客，依依一路緑孱顔。

留别陳碩甫明經奂。

其一

羇旅明湖側，相逢意也消。談經忘永晝，聽雨入深宵。有志身非隱，無成客任嘲。同岑愁録别，日暮段家橋。

其二

許氏遺文在，毛公古義明。一編窮典籍，卅載淡功名。絶學思同輩，謂王文簡引之、戴尚書敦元、胡觀察承珙、金文學鶚等。忘年侶後生。晨星今有幾，那不動離情。

題瑞竹軒雅集圖

瑞竹軒在嘉定城内，元集仙宫道士孫應元嘗於軒前倒插竹一枝，已而得活，遂以名軒。吴君企賢集其鄉之賢大夫士錢少詹、大昕。教授、塘。州判、坫。上舍、東壁。司訓、東墪。金文學、曰追。陳進士、詩庭。湯布衣、文雋。沈明經、啓天。毛上舍、際盛。吴文學、震原。程明經、鸞。張明經焱。暨其族祖明經，凌雲。凡十九人，爲圖以志，企慕嚴君肅。爲之徵題。

瑞竹之瑞何足神，天生名賢瑞乃真。一軒聚此十九人，以人爲主竹作賓。鴻儒碩學推大醇，群賢翼輔咸彬彬。鉤稽經史極討論，精孯六書證説文。辭章雜藝源流分，要以心得隨所臻。或父子嗣或弟昆，相觀而善友誼敦。一時辨説相齗齗，飛有鳳皇走有麟。至今巋然二老存，錢司訓沈明經。竹林繼起竹有孫。繪圖敬誌追後塵，風流弈弈常如新。見者企慕藏者珍，竹亦附驥垂千春，瑞竹之瑞非無因。

得繆徵甲。書卻寄

其一

魚素迢迢遠寄緘，知君與俗異酸鹹。武陵秋老貪乘蹻，京口風高憶挂帆。刖足幾人憐白璧，掉頭何地泣青衫。旁觀又動無窮感，自愧名心總未芟。

其二

八年別恨遥相悉，近境崎嶇亦可歎。黄髮尚欣三世見，青氈無異一官難。中流自作盤渦石，重載偏逢逆水灘。多少朱門珠履客，馮驩長鋏不勝彈。

其三

風雨雞鳴感喟頻，年來心事爲君陳。文章何必求諧俗，富貴原非待救貧。立腳茫茫愁涉世，讀書草草敢臨民。功名莫恨儒冠誤，只恐功名更誤人。

其四

端策何煩更卜居，邯鄲夢好任蘧蘧。百錢挂杖情無盡，一室研經意有餘。佳境每思良友共，奇文可惜賞心虛。數行遠報平安字，除卻尋山便讀書。

元夕月蝕而雪蘇卿先生作詩見示走筆賦答

上元忽現羅睺星，幺麼爬挲薄太清。老兔逡巡玉龍怒，欻起敵此蝦蟆精。封姨揚袂振桴鼓，驂逐萬里飛瓊霙。六街燈火光黯淡，玉樓舞罷歌停聲。是時天地亦變色，寒氣奰屭同雲傾。玉川先生夜不寐，擁鼻忍凍行中庭。一年明月此弟一，那許怪物緣青冥。援弓雖乏庭氏矢，尚有健筆驅六丁。仰天歌烏金石裂，白虹上貫金蟆驚。龍公戰勝天宇闢，姮娥解佩羞娉婷。鯫生醉卧夢乍醒，忽訝虛白來窗櫺。起看七星正當户，水鏡照徹瑶臺明。

貓

本以陰柔質，徒存猛厲形。主方憂鼠秏，爾自羨魚腥。竊食時翻几，眠花亂入庭。一朝酬豢養，猶是望含靈。

題計渤。孱守居小草後次張澹。韻

燈窗把卷憶迂辛，撩倒秋風烏角巾。無術致身兼致富，與君憂道莫憂貧。誰從酒社推龍虎，能向荒洲識鳳麟。具眼只今惟叔夏，溯洄我欲訪伊人。

暴雨

暴雨不終日，連朝何未停。忽兼風力横，時挾海氛腥。積潦平溝澮，餘聲撼户庭。將軍方待旦，愁絶枕戈聽。時陳軍門防海寶山口，寢處行帳中，與士卒同辛苦。

井眉居同堅香先生姚鐵琴伯舅之桐。送張叔未丈廷濟。歸新篁里九言聯句用朱椒堂侍郎爲弼。題八磚精舍韻

金石之學首宋歐呂輩，虎。明誠著録始及陽朔磚。迄元明至近世乃更盛，堅。旁搜博考一一羅成編。剖析篆籀準以六書法，鐵。譬食庢蜜甘味無中邊。鉤稽經史證合歸致確，叔。嘯堂復齋疏漏殊天淵。我宗先生雄才冠兩浙，虎。文采有若初日芙蓉鮮。心輕頭銜七尺若敝屣，堅。好古乃過二洪翟耆年。王公昶。阮公元。相繼有述作，謂金石萃編及積古齋鐘鼎款識。鐵。莫爲之後雖盛何能傳。我生何幸與二公接武，叔。著書等身啓後兼承先。八磚精舍聚列古彝器，虎。每尋殘碑斷甃淩荒煙。龐眉古貌手曳緑玉杖，堅。此老意氣固在秦漢前。八分繆篆行楷兼衆妙，鐵。僉謂濡染大筆揮如椽。老生自慚衰老腕力弱，叔。那知世人錯愕窮摩研。旁逮詩文雜著數餘技，虎。亦異俗子月露風雲篇。蝸廬昔至恍隔三十載，堅。重來忽若海上逢成連。年過古稀談笑健如舊，鐵。差喜不材樗櫟全其天。靈光巋然一笑自來去，叔。周柱下史骨相真神仙。長虹貫月照此書畫舫，虎。酒酣送君支枕篷窗眠。堅。

庚子秋偕錢熙泰。重寓十三間樓

采藥前劉阮，重來訪嬾殘。禪扉深擁翠，佛閣夐流丹。時大悲閣新落成。雨入雲山，暗秋生草榻寒。倚窗成一笑，先喜竹平安。

雜詩

其一

雨絲風片作新愁，忽放輕晴慰客游。帶笑煙鬟齊卻扇，老奴狂態似前秋。

其二

疏筍僧寮總舊因，招邀勝侶此良辰。九日趙次閑布衣梁春塍别駕，徐問蘧、葉古潭兩文學並至十三間樓登高。依然桑苧煎茶約，便倩東坡作主人。

其三

揚子江頭一櫂過，記曾遥望鬱嵯峨。不知風雨飛騰夜，兩點金焦賸幾何。院僧道生自高明寺回，言七月中金、焦二山各崩數處。

其四

立竿見影影非竿，直到竿頭始見端。定慧圓明參了義，漫從荀孟借儒冠。從仁和馮醒香借閲，汪縉石室偶存。昔讀汪子文集，繩荀、準孟等篇嫌其不了，不如此書之直截。

其五

西窗盡日意蕭寥，水墨山容入望淆。一陣雨來風竹亂，坐看松鼠度林梢。

其六

望湖樓前秋水清，望湖亭畔夕陽明。玉簫吹遠畫船去，歸聽山齋梵唄聲。

其七

問渡西興舊約慳，千巖萬壑夢迴環。神飛説劍談經口，一晌清游述吼山。邵陽魏源自浙東來，盛述犬亭之游。魏君湛深經術，兼善談兵，有城守篇、防苗諸作。

其八

半山紅葉喚秋鶯，間拂莓苔坐晚晴。青嶂緑波看不了，肩輿何事太忙生。

其九

水仙配食假耶真，俊殺梅花也效顰。孤鶴不歸游客笑，歲寒巖畔祀錢神。孤山林處士祠前有西泠福主廟，署其神曰「宋靖安明王」，其配曰「梅隱夫人」，香火頗盛。杭俗之可笑如此。

其十

一片愁雲葛嶺前，岳祠東去拜忠宣。早知君相甘和議，雪窖何妨竟百年。

其十一

古刹重遷址僅存，荒龕斑駁漬苔痕。參寥老去清泉濁，始信山靈佛自尊。智果寺。

由法華山至西溪

其一

拏舟古蕩里，路轉秦亭西。人影在秋水，櫓聲通別溪。柿林晴聚鳥，桑畛晏鳴雞。何處好山至，數峰眉黛低。

其二

長松似迎客，稽首碧霞君。道士蒼玉佩，村姬青練裙。神靈間赫赫，禱祀日紛紛。無事問盃珓，前溪看活雲。

其三

季秋行夏令，赤日汗沾襟。數里入花塢，四山皆竹陰。細泉隨徑曲，幽磬答山深。空谷自來往，跫然此足音。

其四

勝國有遺民，茅庵此隱淪。茅庵今半廢，況乃庵中人。猨鶴存餘感，松篁得古春。桃源遠塵世，山鬼莫含顰。

其五

沿流數迴轉，櫂入菰蘆叢。晴雪暎斜日，微波生晚風。扣船思舊約，回首見飛鴻。己亥秋與陳碩甫有西溪觀蘆之約，因雨不果。天末伊人在，蒼蒼滿望中。

曉渡錢唐江

急裝草草出新門，細雨連江霧氣昏。雜客喧呼争曉渡，中流晻靄上朝暾。回頭秀巘青千疊，潑眼寒潮白一痕。十里西興裁瞬息，布帆安穩慰詩魂。

宿智度寺聯句

村舍數家初掩扉，虎。夕陽欲没人行稀。小橋當寺老僧立，泰。客子入門蝙蝠飛。幡影動摇佛火暗，虎。漏聲沉寂星光微。酒酣深坐夜過午，泰。白鳥嚼人時隔衣。虎。

蕺山晚眺

雨過亂雲浮，亭皋一縱眸。蒼茫全越勢，颯沓萬峰秋。城郭生寒色，江山入古愁。荒祠遺像在，涕泣拜王劉。山上有王右軍、劉忠端二祠。

禹陵窆石聯句

豐碑首圓空，冢人共其器。虎。穿綷以下棺，葬即壙中閉。泰。後人漸崇飾，氏族或以紀。虎。

踵事及動閥，相沿遂成例。泰。圖經記窆石，贊寧述禹志。虎。巖巖會稽山，劍脊隱靈閟。泰。其高近六尺，圍廣五尺既。虎。如權上穿孔，似柱中屼峙。泰。太璞貴不彫，神碑竟没字。虎。乃知明德遠，無取銘與誌。泰。吾聞禹南巡，規模效虞帝。虎。同律度量衡，先後若合契。泰。柰何苗山民，復隕蒼梧涕。虎。桐棺與葦槨，猶秉卑宫意。泰。延袤一畝冢，百物無改列。虎。想當縣棺初，有司執斧涖。泰。功德之在人，上下極天地。虎。遍鐫南山石，豈足殫巨細。泰。渾然此一拳，負不煩奰屓。虎。古光黝而澤，敬慕迄萬世。泰。自漢永建來，劖刻多附驥。虎。遺文既漫漶，名姓半隱翳。泰。下士蟣蝨臣，再拜絶思議。虎。遐哉四千載，貞石孰敢比。泰。俯視商銅盤，品已落第二。虎。匪徒發幽情，兼可訂遺制。泰。誰續三禮圖，請補聶崇義。虎。

越城懷古 道光庚子十月。

其一

一柱天南此最雄，會稽長鎮浙江東。萬方玉帛開王會，四海龍蛇識禹功。配食自應尊掌火，型塘山有益廟。行誅未許恕防風。天威特示塗山戮，群醜休彎反射弓。

其二

甲楯倉皇理舊盟，未乾口血更行成。山中莫問陳音射，江上徒支石買兵。采葴與誰同習苦，種麻悔不及承平。伍胥未死夫差在，寄語良弓暫掩檠。

其三

閉門節度亦奚論，富貴優游儘及身。備位已經兼將相，竭忠誰復計君臣。徒思奥援求行密，漫惑讒言失董真。愁絶五雲門外路，駢羅金帛屬何人。

其四

古雷門外長秋蕪，海氣蒼茫望有無。劉韐近聞擒佛母，素卿元本冒倭奴。姚江東去連蛟窟，節相西來剖虎符。自昔越城形勝地，咽喉善策蔽全吴。

泊婁家塢夢見蘭亭在山椒下當大溪溪聲如巨雷跨溪爲橋四山圍合雲煙杳冥有古衣冠數人杖策自遠至予方擬趨問冬青穴訪唐義士瘞宋陵骨處忽矍然寤以語錢君及心源上人談笑間記此

婁公埠前夜泊舟，入夢先作蘭亭游。一亭乃在山之幽，山顛峰迴水倒流。厓崩路絶飛瀑遒，石橋横跨當靈湫。神君仙人遠揮策，豈無當年修禊客。若非内史王會稽，定是東山謝安石。昭陵玉匣歸杳冥，流泉嗚咽悲空亭。唐義士夢中詩：昭陵玉匣走天涯，金粟堆寒起暮鴉。水到蘭亭轉嗚咽，不知真帖落誰家。鳳巢龍穴不知處，但聞杜宇啼冬青。霏煙噴霧朝百靈，指顧忽送愁魂醒。人生所過皆陳跡，晋宋茫茫争一擲。夢中作夢能幾時，既覺何如今視昔。錢郎堅言夢覺空，真境實在非虚蹤。阿師笑指篷窗曙，遥聽天章寺裏鐘。

既游蘭亭乃不如所夢復作此解嘲

我行胡蜨灣，望見孤亭紅。圯橋渡清溪，忽至瓦礫叢。曲沼亦已没，切切啼寒蛩。荒亭餘四角，仰望天宇空。可憐内史祠，寂寞蒿艾蓬。當時觴詠處，久矣隨飄風。後人慕前賢，裝點非不工。柰何滄桑變，今古將毋同。君試登茲亭，山景羅鴻濛。茂林與修竹，四面交青葱。名區固非妄，勝跡自有窮。安知真蘭亭，不在我夢中。

山陰道中

秋風片席鏡湖還，最好從容應接閒。一路烏篷兼白舫，四圍紅樹暎青山。重重雉堞從新築，時以防海修城。歷歷鷗波自在閑。寄語梁生如避地，但隨煙水逐魚蠻。

柯亭

夕照亭皋水滿陂，求賢一疏淚空垂。琅玕結響荒祠在，村笛無腔盡日吹。

病婦

病婦支門户，驕兒索棗梨。欲歸先有夢，惜别轉成迷。楊柳遮烏舫，芙蓉滿白隄。應憐近游者，祇在浙東西。

别陳碩甫

碧水潛修鱗，秋風振羈羽。我去君始來，湖山滿離緒。落葉送歸人，孤帆挂疏雨。明歲春波生，重温别時語。

夏儼山履泰。寄示病中自輓詩惓惓促和蓋其志傷矣率復四律以廣其意

其一

青氈況味一生酸，皓首猶吟苜蓿盤。伏櫪幾曾伸驥足，豢人終是爲豬肝。三秋小示維摩疾，八口誰憐范叔寒。只有詩筒堪作使，因風替報竹平安。

其二

辨色當秋見急風，中醫翻笑藥無功。何妨篤疾如元晏，已喜傳薪有小同。世局幾經寒暑

換，陸放翁詩：「吾年七十七，寒暑凡幾換。」道樞旋覺是非空。半生半死根株在，身似龍門百尺桐。

其三

九天何處寄牢愁，一笑花開水自流。遮莫垂楊生左肘，幾多病樹在前頭。傳登孝友名何忝，謚擬宣明壽已優。彈指古今同夢夢，那論胡蝶與莊周。

其四

五岳平時塊壘除，消磨殘歲意何如。閑中著述圍棋賦，老去經綸種樹書。君善弈兼善種植。莫歎處堂都似燕，可知同穴本非鵌。從今便作支離叟，我我周旋味有餘。

珊媛

珊媛姓石，寧波倡也。年十七，嫁水師營卒崔。兩月，英吉里寇定海，崔没於陳，珊媛赴甬江死，時道光二十年夏六月也。

甬之江兮悠悠，望不見兮敵舟。不得報兮君讎，妾獨立兮江中流。昔盟君兮春之暮，松柏與貞兮金石與固。予出淤泥兮君不疑，願生死兮長相隨。君朝弁兮從戎，妾勸君兮勉始終。妾以義兮君以忠，顧巾幗兮妾不敢從。駤陽侯兮潛海，若嗟游魂兮肆瀺。澼帥既奔兮衆以卻，君不歸兮妾安託。江之波兮沄沄，願爲魚兮告龍。君擊鼉鼓兮駕鼇雲，命吞舟兮滅彝氛。滅彝氛兮期有待，化精衛兮填滄海。

訪熊露荏丈信宿齋中拉雜成篇

其一

荒城大如斗，瓠落一詩人。空榻常留客，蓬門不覺春。誰言買山計，老作諸侯賓。去去遠游倦，依然原憲貧。

其二

昔別記丁酉，重逢恰五年。酒懷仍未減，詩卷欲成編。往事宜歌哭，游蹤數後先。夜闌猶翦燭，爲我語綿綿。

其三

人生固有命，遇合總難量。斷梗纔閩越，飄萍忽晉陽。新知添嘯詠，舊跡喜迴翔。小住剛三載，歸來鬢漸霜。

其四

擬學梁鴻隱，何圖夢臼炊。入門無健婦，善病有癡兒。風鶴心長怵，虀鹽手自持。從來生計拙，杜老況憂時。

其五

聞道潢池警，天兵下粵東。樓船命楊僕，驃騎將劉隆。細柳嚴擐甲，扶桑蚤挂弓。彝氛嗟久熾，拭目貳師雄。

其六

此地濱滄海，彈丸寄一城。民疲難作氣，治久已忘兵。東望吴淞口，西連乍浦營。白頭窮老在，所願祝承平。

其七

挂壁悲雄劍，相知付後賢。拍張懷壯日，信宿話鐙前。元靖栖山志，初平叱石仙。茲游如見憶，寄我白雲篇。時丈方擬金華之行。

周礮

金陵校場掘得鐵礮數百，倈列各海口。礮自百餘觔至五百大小不等，識周某年月鑄，必張士誠物。案金陵非士誠地，又士誠僭號後即僞改元天祐，茲何以但著國號？然可無論也。

許賈釋旝字，抛石蓋昉古。宋人作手炮，實始咸平五。洎乎咸淳世，製造遍諸部。紛紛鑄銅鐵，巧式效西土。以視霹靂車，十倍勝精固。前賢思未周，後世適以補。此礮誌年月，輕重釐可數。得毋熊天瑞，作此拒明祖。一朝欃槍埽，迤邐棄草莽。繡澀苔花斑，神奇欲朽腐。爾來四百載，忽復爲世睹。吾聞張九四，萌孽由斥鹵。鯨鯢吴越間，受爵仍跋扈。請降旋豕突，少縱輒狼顧。明兵下姑蘇，猶自怒螳斧。當時木石盡，毀改及牖户。可憐同産弟，張目徇城堵。金盤進仙桃，礮至身已仆。時爾在何處，曾未聞禦侮。師直乃順天，爲逆豈受祜。利器雖莫當，奚能衛豺虎。方今聖仁主，播德干羽舞。威獻昆吾刀，誠貢肅慎楛。蠢兹西北彝，狂藥肆毒蠱。敢以吐火術，幻作五里霧。飢來飽即颺，桀傲不受撫。又如賦芧狙，憎喜易朝暮。寇態今昔同，始服終更怙。頻年逞鬼蜮，致千宵旰怒。桓桓命將軍，赫赫開武庫。武成與紅衣，聞響裂肺腑。皇朝禮器圖，武成永固大將軍礮，自三千六百觔至七千觔。紅衣礮自一千五百觔至五千觔。爾礮形幺麽，何足參佐輔。想其踐土久，頗亦感神武。漸消頑梗習，力欲策駘駑。將如金躍冶，滅彼魚游釜。海堧方戒嚴，用爾備營伍。爾當藉天威，萬敵殲一鼓。助順以討逆，一洗舊染汙。

風峪華嚴經搨本

風峪在山西太原縣，或曰風洞□□神居之。有司歲以三月祀經，爲北齊天保間□智通妻宋十娘、許五娘、許三娘等所鐫。朱竹垞檢討嘗親至其地，偁所刻佛經石柱百二十有六，惜皆掩其三面。通志乃云穴中三柱，四壁鐫經，殆承譌也。金石萃編載搨本百二十四紙。王蘭泉少寇謂顯係一柱一紙，柱搨一面，特少其二耳洞，多豺狼蛇蝎，倉卒不可入。同州張蘭沚方伯澧中。飭吏先以爆竹繼積柴焚之，始命工往拓，猶僅得六十紙，其難如此。露翁時客方伯幕，亦拓一本，因出示余爲述緣起，并索詩。

北朝崇釋氏，不恤智力殫。寫經覬邀福，并欲藏名山。想見諸婦女，咿嚶典簪環。嵯峨立百柱，一一施彫刊。花嚴周四面，卷弟題班班。雖非鴻都經，其意相追攀。柰何象教力，適足資神姦。跳踉各引類，群醜日以繁。八部森翊衛，畏葸不敢攔。徒令嗜奇客，側足愁艱難。張侯經濟才，從容理晋藩。公餘不廢學，訪古巖阿間。惡此豺虎區，與衆謀鋤删。震霆萬礟動，烈火千巖翻。誓將燼窟穴，豈復遺榛菅。鵂鶹羽毛脱，猰貐牙爪燔。腸糜肥遺死，首落雄虺鰥。罔兩懼焦灼，顛踣號深寃。封姨恃妖媚，驚奔墮煙鬟。廓然一洗滌，法界清且閑。不知天龍輩，相對何容顏。我公信神勇，此義固有關。非徒好古懷，充類宜無孱。迄今撫滇南，何以靖庶頑。登高望遠海，按劍空長歎。

雨中訪趙星甫

昨日故人約，今朝酒一尊。雨風窗外急，笑語室中温。俗訝寒儒陋，吾憐古誼敦。廿年兄事久，洒淚憶師門。君於予爲十年之長，而與先師姚東渠先生爲總角交。

敝廬

風兮雨兮，淒其以吹。吾廬破兮，吾親傷悲。一畝之田，則不可推。五寸之椁，窀穸無期。悠悠蒼天，予身爲誰。父兮母兮，何以子爲。

田園雜興 道光辛丑冬作。

其一

數頃田園傍曲塘，半栽桃李半栽桑。春風野蛺時成陣，暖日游蜂慣趁香。越陌有人憂饉歲，荷蓧爲客話斜陽。劇憐菜把無多許，只費園官摘取忙。

其二

婢織奴耕問所知，經營辛苦付場師。蟲因蟄聚殲炎火，鳥慮飢颺餌別枝。插槿編籬非小補，占晴課雨在先時。原田忽聽輿人誦，蕪穢南山孰主持。

其三

秋風昨夜破籬樊，牧豎村童幾度喧。瓜蔓夭斜連北郭，樹根顛倒委南園。浪憑鵝鴨侵同畔，旋見牛羊入短垣。多謝野花能獻笑，諸傭努力負朝暄。

其四

西鄰雞犬日相聞，聞道鄰翁督課勤。耕穫計疏勞指畫，胼胝力盡厲心熏。陂塘水漲魚登陸，枳棘陰深鳥喚群。不信村墟成弔古，去年此地稼如雲。

冬暖

造物資生意，陽和氣獨偏。非時雷震震，累月雨綿綿。已蟄蟲翻振，將腓草更鮮。嚴寒當有待，爾輩莫貪天。

雪

陰雲廿日不曾開，墮地銀花一丈堆。海上寒風悲畫角，帳前春色勸深杯。山容凍雀彝歌樂，雪滿征騶越使來。聞道相公籌入蔡，將星三月照蘇臺。

嫂撫叔

嫂撫叔，美滿洲節婦王依孺人也。孺人適瓜勒嘉氏，夫曰圖斡恰，納需次筆帖式。早卒，無子，孺人力勸翁娶，得嗣而翁卒，苦節撫叔。叔曰觀成，長成，舉於鄉，迨爲縣令。時孺人没矣。乃請旌於朝，回已所受官階及封，與兄嫂復作詩告哀。貴筑張曉瞻臬使日晸。爲之作傳。

郎不禄，妾無夫。翁再娶，妾有姑。妾有姑，喜誕育，妾身無子妾有叔。吁嗟鬼伯何太酷，兩世煢煢悲寡鵠。視媳如妹姑淚滋，撫叔如子妾敢辭。一脈不絕垂如絲，妾心所期天亦知。叔長成，嫂力竭。叔居官，嫂已殁。秋風白楊根，隨兄，弔寒月。嫂恩如親銜，没齒欲報之。德詩一紙貞石。皇皇表天子，瓜勒嘉婦王依氏。

舒蓺室詩存三

復過露茎丈

又隨春燕到君堂，但把新詩子細商。莫向尊前論平世事，海風吹雨忽蒼茫。

官軍收復乍浦

群虜翻然去，奚煩一矢加。全城瀕斷火，幾輩尚完家。白骨羞横草，紅顔慘落花。流亡何日復，況未斬長蛇。

紀事

其一

森嚴壁壘甲光寒，蹌口頻年靜逆湍。豈謂軍中來魏絳，翻令隴上失陳安。長城兩浙錢刀貴，獨木三吴砥柱難。見説捷音争瞬息，至今父老涕汍瀾。

其二

三年設險重紆籌，要害何人撤上游。駭礮頻驚黄歇浦，憑城蚤具趙嬰舟。鯨鯢有窟行逾肆，雞犬亡家竟孰投。怊悵流離諸雁户，可能無意稻粱謀。

其三

五昔城内少炊煙，巷陌蕭條鞅韐鮮。罵座深宵猶擊柱，分曹白晝競攤錢。往來負殻蝸潛槁，剥啄空倉雀亦憐。寄語嗷嘈多戍卒，彝氛較遠但安便。

其四

市舶更番集懋遷，當關封豕久垂涎。憑誰更覆盤中劫，竟欲平分海外天。忍棄雄城如破甑，狂思擊楫效先鞭。同仇只有袁公壘，不獨當時恨水仙。

南城晚步

笠屐閑登眺，昏昏海氣横。笙歌何院落，前日是空城。

訪釋妙塵。不值題壁

其一

曲折朱闌粉壁遮，團瓢雖小亦風華。鐘魚寂静佛無語，門對一溪紅藕花。

其二

一劍難酬國士知，春愁剗盡緑楊絲。空花滿眼休相著，吟到風清月曉時。

天馬山下人家

山家纔百室，結屋近陂塘。避地饒遷客，擕鋤獨老甿。妖氛連泖浦，妙舞自村莊。漁父休迷路，桃源未足方。

郡城雜感

幸未罹烽燹，熙娭復舊觀。親朋驚聚散，里巷雜悲歡。減賦由明主，催科在長官。無良群盜賊，莫更起兵端。

重九後一日招露荃丈郭福衡。游横雲天馬諸山

春秋佳日無不有，何必登高定重九。登高客散我輩來，扁舟只與山徘徊。持螯把酒老狂發，柘澤便築糟丘臺。郭郎不飲亦舉盃，麴生詫爾真奇才。横雲如雲嬾不起，絶倒平原好兄弟。彝餘昨犯泖湖濱，尚有餘氛涴煙水。縱火豈患無東風，一炬信足成奇功。長鯨掉尾自出入，小哉赤壁羞英雄。我欲排空蹴天馬，頑石難鞭衆山啞。平津遇合空爾爲，蘚没干將不堪把。劃然長嘯青松林，天風吹作鸞鳳音。一弓明月照歸櫂，醉聽兩岸秋蟲吟。

贈郭福衡。

瘦郭多才思，聰明我獨憐。拈毫渾得意，脱口即能傳。境窄心仍泰，神凝道乃全。春華易爲好，落實在秋天。

虎丘

木葉蕭蕭下劍池，千人石上坐移時。山塘盡日無游客，弔古荒寒自詠詩。

滄浪亭去秋揚威將軍駐此。

城隅勝地闢林泉，駐節征西憶去年。緑酒紅燈能幾度，荒灣野水故依然。風雲易幻真如戲，魚鳥忘機別有天。醉倒亭中蘇學士，清纓濁足任諸賢。

潛園

竹石亭臺古意存，灌園微旨屬兒孫。西風作雨群芳歇，寒菜一畦香到根。

題姚以煌。梅屋祭詩圖

殘臘欲盡東風知，淑氣散作瓊瑤枝。蘇髯祭罷司命醉，喚賣不去惟詩癡。窮年嘔盡錦囊血，酬功合以金屈巵。長江舊例自可仿，蘸筆試擬迎神詞。仙耶聖耶逮妖鬼，取長捨短皆吾師。偊觴鞠䐁奠椒醑，酸寒不顧臛仙嗤。野蔌山殽諒無怒，朱門粱肉神所辭。嘲風弄月造物忌，懺悔或仗神扶持。但願年年好天日，佳句倍穫枯腸思。夢中授我五色筆，更乞贉錦如丘遲。低頭默禱神不語，香篆靄結雲絲絲。催逋有客笑門外，散福先索梅花詩。

由拳東園曹慈山詩所謂舊業溪東五畝居者也

產鶴亭在焉，今園屬汪氏。癸卯仲夏，偶游有感。叢蘭無語竹傷神，慈山工寫蘭竹。文采風流孰寫真。含笑蜀葵階下立，薰風盡日醉汪倫。主人沉湎於酒。

紅牆黯淡小山隈，山下平池一鑑開。昨夜微風蓮葉動，半亭涼月鶴歸來。

彗孛長一類也西學謂火氣爲太陽天所攝結而爲旱散而爲風道光癸卯二月長星出西方累月已而大風大旱是歲饑黄河再決斯其占與作詩以識

長星本彗屬地上乾熱氣。攝於太陽天，兩火烛相濟。曄曄夜有光，如星在空際。旱魃豈曰能，感召自有義。散入冷帶中，颶風更爲厲。此論或不誣，創自泰西利。五行與天文，史臣志災異。徒令占驗家，紛紛引成例。頻年太白動，兵頓吴越地。有司急征調，誅求到骨髓。盜賊晝攫人，不敢聞大吏。時時風鶴警，身家等兒戲。遠彝尚知恩，帖耳遵撫議。今歲滄波平，稍稍安活計。辛苦望西成，誰知竟虚器。兵凶固相因，民生已凋敝。比聞中牟河，横決若鼎沸。没者勿復論，存者堪悲涕。天道遠難測，人事宜調劑。上當振綱維，下則除宿弊。去莠良自安，崇賢佞斯廢。大和所翔洽，足以消沴戾。保章爾何官，入告慎毋替。

吴涣。招同堅香先生泛鶯脰湖登平波臺

白蘋紅蓼裏，著此數閑鷗。小艇漁師長，平臺水國秋。菱歌魚解聽，茶話佛能留。蓑笠吾家事，天隨亦舊儔。

通濟庵贈祖觀。

其一

一角小圓庵，迴與塵市隔。聞道梅花時，時來聽琴客。

其二

詩僧厭哦詩，風竹自成籟。清晝一蒲團，遥山静相對。

月河女

娉婷月河女，絜白好容華。侵晨整梳裹，高髻堆黄花。擔水向遠邨，水溼襪頭鴉。淘米煮早餐，攜鋤耕暮霞。俗儉事操作，豈必皆貧家。陌頭多大風，觭輪動咿啞。君看車中婦，滿面吹塵沙。

挽船謡

河底一尺水，河面萬斛舟。十夫力推挽，轆轤轉船頭。三日候潮潮不起，昨行一里今半里。昨日東北風，今日東北風，天公雖厚意，失勢淤泥中。窗中官人坐，歎息躁罵榜。師不用力。榜師沽酒迴勸客：君不見，江潮連天離咫尺。

由焦山門進泊金山下

海潮入江江水渾，東來直走焦山門。兩厓夾峙争一束，水石怒激雄濤奔。長江鐵鎖鎖不得，片帆劃破蒼煙痕。乘風忽已抵浮玉，金碧晃蕩明朝暾。桅檣如薺遍南岸，銀山鐵瓮遥相蹲。波瀾漲空天地合，日月倒影魚龍吞。東南形勢此最勝，釜底那使潛游魂。雄姿英發浪淘盡，劫灰餘燼今猶存。欲言往事舌莫捫，白鷗飛起蘆花根。

獨游江天寺戲題

江水瀉不盡，天花開曼陀。全山都入寺，片石獨淩波。謂石簰山。樓閣空中現，風濤定裏多。蒲團此何地，無處著東坡。

再游江天寺訪朝陽洞

霽色初開散午齋，重尋僻徑騁幽懷。路通巖竇中間窄，山到樓臺缺處佳。盡日洪濤喧亂石，千年古柏立寒厓。昆明習戰當時事，莫放江波更入淮。洞左即操江樓。

韓蘄王祠

威容千古肅江濱，桴鼓當年轉戰頻。玉帶紅袍逃虜帥，白波青嶂笑王臣。渠通老鸛天疑醉，夢醒騎驢事豈真。回首英雄餘恨在，清涼居士此前身。

露筋烈女祠

荒洲數畝遍漁家，隄畔靈旗集暮鴉。四面寒波緑楊柳，寸心明月白蓮花。消磨不盡身常在，宛轉須臾玉有瑕。知否千秋如一夕，腥臊無事薦魚蝦。

皂河曉發

前車出深林，後車駐林外。月落大河横，繁霜滿騾背。

下邳懷古

擊秦嗟一蹶，亡命欲何之。能悟老人意，遂爲王者師。臨機宜早赴，强忍莫先時。我亦步游客，長吟白也詩。

車中偶成

蓋圓以象天，軫方以象地。而人居其中，局蹐百無計。南土多淤泥，況值雪新霽。陷淖輪初揿，遇坎杌復縶。有時九天升，有時深谷墜。過涉頂欲滅，濡尾汔始濟。我烏如穅秕，顛簸不可避。南人便舟楫，車馬非所暨。平生習安閑，口腹恣無藝。連朝事征途，坐覺百體敝。五更冒霜寒，卯酒遑復忌。朔風懍毛髮，强效新婦閉。逐逐塵沙間，終日如夢寐。晚投土舍宿，硬餅及矗糲。舉箸喊已作，腥穢雜諸氣。舉以畀車夫，甘若噉異味。人生何能否，但眡夙所契。服勤漸忘辛，逸豫每自蔽。古人戒虛車，毋以勞自貰。

自邳州至礀頭山行有作

渡江千里不見山，眼明忽睹雙雲鬟。冒寒侵曉輟帷幕，相望所惜難躋攀。輿夫慰我看山目，得得驅騾向山麓。初行犖确滯車輪，旋覺嶀嶅礙騾足。一山過處一山横，入耳不絶鏗訇聲。尻輪顛簸髀骨痛，反恨壘塊何時平。近山始識真山面，禿鬜頽然何足羡。愛山轉復厭山多，君不見，翻覆人情日千變。

騾車謡

鐸郎當，車轣轆，一程過，一程續。隴坂長，人心速，日暮天寒鞭影促。騾兮騾兮蝸負殻，來牛去馬交路隅。利名牽絆亦類渠，而我兩者皆弗如。胡乃僕僕同馳驅，郎當轣轆騾亦吁。

東阿道中

煙暝雨微茫，歸鴉笑客忙。鈴聲催下阪，鞭影度高岡。衆岫旋迴合，寒林轉鬱蒼。蹇騾休駐足，前路欲昏黄。

河間獻王祠

漢家十世多驕王，淮南好道猶危亡。夫惟大雅故卓爾，一代學術開天潢。秦灰乍燼衆儒出，各守師説徒張皇。王也大開獻書路，蒐羅善本遍四方。首爲毛左立博士，遠勝齊魯韓公羊。七十子亡大義在，六埶散佚賴表彰。雍容禮樂務實事，斥絶浮辯紛披猖。當其來朝獻雅樂，意與雅頌同鏗鏘。二十四卷記親定，再傳所惜無能詳。三雍之對亦已眇，古制既闕疇津梁。楚元傳詩僅先導，後啓沛輔東平蒼。經明行修號儒者，於聖豈特云升堂。大行議謚謚曰獻，易名典故殊尋常。宗室諸王奉儀表，世澤尚及來孫良。此間四縣户數萬，學道應比弦歌鄉。日華宫中聚賢俊，想見郁郁群冠裳。千秋廟貌肅崇祀，赤芾金舄輝文章。晚風驅馬一回首，六星東壁遥騰光。

扁鵲墓

扁鵲有名言，治病及腠理。非能生死人，當生能使起。所以醫國手，毋使入骨髓。方其游歷國，手到病輒已。後來孔孟徒，栖栖莫奏技。古今六不治，自謂勿藥喜。旁觀偶相誡，憂天笑如杞。諱疾疾漸深，扁鵲亦逃矣。術高鬼所瞰，機隱衆難擬。李謐誠知君，毒謀試一匕。斯世無斯人，咨嗟過蒿里。

曲溝客夜

斷夢迷離記不清，殘鐙影裏數寒更。長嘶櫪馬如相語，明日京華止一程。

固安道中

薄酒微醺又著鞭，朦朧淡日沍林煙。雲垂廣漠將成雪，馬蹴黄沙欲上天。在道忽驚三節届，卸裝應及一陽先。飢鷹側翅緣何事，腐鼠寒鴟滿野田。

十一月十五夜對月

薄霧冥蒙朔氣團，天高北極斗闌干。京師北極出地較江蘇幾高九度。三千里外同垂照，十二回圓近小寒。是歲閏七月。凍合空庭簾半捲，霜濃梵宇漏將殘。南鴻到日春歸未，更向窗前望玉盤。

都城雜詩

其一

京師萬人海，風雪一茅庵。車馬前門盛，笙歌北里酣。寓近前門，左右多優伶倡家。近游安健步，宴笑劇清談。磨滅懷中刺，君知七不堪。

其二

朱門當大道，轂擊人肩摩。亦有巷無馬，居然雀可羅。菀枯隨轉燭，憎喜衆焚和。見説將軍樹，新來又斧柯。

其三

爕理資元老，承宣在百僚。押班春賀節，待漏曉趨朝。暇日銀臺静，微風玉佩摇。太平欣有象，氛祲況全銷。

其四

委蛇初退食，聲色暫忘機。浮世同今古，登場孰是非。諸郎魁菊部，公子慕萊衣。把盞休辭醉，當筵禮數稀。

其五

禄利趨朝市，群材共躍鱗。濫吹原屬命，投暗漫尤人。落魄黄金盡，栖遲白眼嗔。相逢下車揖，回首六街塵。

其六

借問長安道，清閑得幾人。無才甘寂寞，壯志久因循。醉後時留佩，歸來偶折巾。金吾漫相詰，爛漫恕天真。

其七

我愛長安好，隨宜百物便。肥牛初出炙，白菜不論錢。但飲中山酒，毋吟寶劍篇。誰云居未易，直爲利名牽。

其八

一院三弓地，能容恰數人。飽歸鷹妥樹，習熟犬迎賓。白紙糊窗密，黄泥蓋屋新。御冬堪卒歲，況已入新春。

其九

舊聞燕地冷，氣暖獨今年。日轉娵觜次，冰消澤腹堅。西山待游屐，北口倚吟鞭。爲訂探奇客，春風在馬前。

其十

世事真難定，吾悲錢仲文。錢通守熙祚以甲辰正月病故。長途赴京國，一夢幻燕雲。修短非無命，幽明此遽分。同來如朔雁，怊悵忽離群。

其十一

歲晏遲游興，春來興已闌。存亡歸計決，進退客程難。事至人情出，思窮友誼安。寢門重躑躅，痛定一汍瀾。

其十二

暫住非濡滯，歸期得少留。尋春聊遣日，對景忽如秋。遠見西山色，翻添北渚愁。槐黄忙舉子，漸欲事車溝。

其十三

時平人意樂，歲美物華新。爆竹連元夕，風箏值數緡。乘軒看過鶴，行地盡成麟。咤歎溝中脊，飢寒并一呻。

其十四

四月都城住，臨岐動别愁。抵家過孟夏，來日記深秋。鎩羽悲黄鵠，無心信白鷗。强臺誰直上，潞水向南流。

贈别淩厚堂堃。

九衢車馬日紛紛，誰向經師片席分。抉摘苞符通漢易，研覃緯候撥秦焚。更無徐淑知秦掾，君前室安孺人璿珠佐君注易，并爲君所撰德隅子作注。喜有桓譚識子雲。君極口錢通守所輯守山閣叢書，恨未一見，作文祭之，并作小傳。相約秋風餞歸計，君將歸湖州。扁舟苕霅好尋君。

有寄

請劍風裁迥軼群，平生恨未識朱雲。白鷗浩蕩黄塵遠，鱸膾香中夢見君。

放鼈

阻風夏津道，一日三泊船。鄉村陋且僻，無物充晨餐。庖人持鼈至，團團大如盤。其甲雜青黄，而首巨且斑。得非河伯使，魚服遭網搴。衛河瀉千里，遠自蘇門泉。中合滏洹淇，二漳同一湍。東北趨渤海，汝也隨其間。想當鼓洪流，濆沫成波瀾。長驅浴漻潩，詎復知魴鰥。一朝落人手，那免炰與燔。憑依恃外物，失勢徒蹣跚。不見雲中龍，噫氣同往還。自謀苟能臧，豈至遺後患。張目首頻舉，似亦通人言。老饕顧之笑，觳觫殊可憐。趣命捨渠去，逆流返其原。不然化黄能，遯跡清泠淵。慎勿觸豫且，入夢誤宋元。庖人叉手語，舟師復忻然。或云兩裙肥，所惜得此難。或云放生德，回風庶由天。一笑且呼酒，尚有魚尾鮮。

臨清道中

彎環沙岸又斜陽，難得東風片席張。錯壤晉齊原屬衛，交流汶御勢兼漳。聯鑣宴笑銜殘雪，歸櫂淒迷遍緑楊。此去長河更千曲，那堪尊酒入迴腸。

臨清新城文昌祠後殿祀下有明方元焕三忠殿碑記三忠者蜀漢關武安唐李西平宋岳忠武也今殿改祀文昌先世按張惡子史傳無徵俗重文昌祀惟司禄一事乃妄撰十七世化身始末混人鬼爲天神又廢古祠以崇淫祀詭比於啓聖何其悖耶慨之以詩

天神人鬼詎相當，謬亞尼山祀戴匡。文士但知司禄貴，星精未免閲人忙。孤忠先後齊關岳，再造功名冠李唐。世系何從徵惡子，殘碑無語殿除旁。

阿城别有感

安民在知人，忠佞豈難曉。應機不立斷，事過神反擾。吾愛齊威王，勇决千古少。一鳴信驚人，去惡如折槁。檥舟古阿城，故跡訴遺老。濟水此伏流，舊井封碧草。鉤吻充黄精，雁鼎世共寶。良無洗眼泉，瀆辨徒自嬲。未聞渾河流，能以寸膠了。

蚩尤冢

京觀荒涼土一坏，凶黎絶轡應龍回。乘時風雨同妖亂，失勢兵戈盡劫灰。鬱鬱喬山明德遠，悠悠汶水白波來。銅頭鐵額成何事，絳帛奚煩論眚災。去春長星見，有指爲蚩尤旗者。

泛蜀山湖

野寺依卷石，清流淺可划。游情紛柳絮，客思冷蘋花。勃屑村姬拜，嘔啞惡少譁。遥山堪矚眺，入耳任箏琶。

登任城太白酒樓放歌

滔滔汶水東南流，西風吹船泊濟州。夕陽欲落猶未落，褰衣徑上城南樓。城中當年寄酒星，時時攜酒游南城。危樓崛起高百尺，隔河遥對青山青。老龍分水樓邊戲，告我地形南北異。若從南旺踞高岡，尚見樓岑在平地。舊測南旺分水處，平地與此樓岑齊。林森森兮緑玉環，水漠漠兮沙鷗間。雲車風馬恍惚而來下，極目疑是徂徠山。徂徠之山不可度，萬象旁羅迴薄莫。修眉一一浮遠天，錯落翔鸞駐煙霧。東飛一鶴去不回，千年接跡誰尊罍。閭閻佳氣自葱鬱，下顧俗世真塵埃。樓前何處射戟臺，抨弓一發呼如雷，迄今故跡成蒿萊。仙人仙人兮笑口開。英雄豎子皆庸才。金波任城酒名。之酒初醱醅，與君一醉三百杯，纖阿蚤跨冰輪來。

發濟寧至韓莊雜記

其一

守牐憶柳林，祛愁陟隴阜。舉目見遥山，出没雜蒼黝。一髮尤纖微，令我凝睇久。舟行小長溝，螺髻堆左右。有如寤寐交，一見成故友。偕我過任城，時時勸尊酒。昨行在我前，今忽在我後。又如同心人，臨別意逾厚。安得夸娥子，隨人挈之走。迎面忽煙巒，當船復探首。

其二

爰過任城牐，今作「在城牌」，字形相近而譌。有元俞時中任城東牐記可證。山色何離離。其東浣筆泉，泉自任城牐東南二里入運河。南會洗硯池。魯橋牐下有宣聖墨池，俗名硯瓦溝。墨花所灌注，漕運亦以資。大哉聖人力，濟物真無私。言至仲家淺，頫首仲子祠。農桑安孝養，負米風未漓。五里抵師莊，云是顓孫遺。何爲鴛鴦冢，師莊有梁山伯、祝英臺墓，蓋附會小説。豔傳連理枝。聖門豈有是，俗説殊堪嗤。不如對遥嵐，有酒斟酌之。

其三

導沂自尼山，導泗自陪尾。合流兖城東，入運魯橋底。潎潎赴南陽，百愁寬一喜。昭陽葦冥冥，獨山波瀰瀰。岸北白鳳凰，東西互偎倚。獨山湖北岸有白山、鳳凰山、東山、西山。遥瞻滕嶧間，參差衆峰起。窅靄鬱森林，微茫隔煙水。好風自東來，行行若相抵。邅迴慊凝望，惟恐此景徙。辛苦負舟人，邪許聲不已。

其四

昭陽既踣涔，獨山漸沮洳。沙河入彭口，外盛中已淤。具文眂冬挑，巽漲民其魚。向晚郗山邨，恰值雷雨餘。群峰如美人，膏沐相軒渠。臨風倚廣袖，白雲時卷舒。巨浸浩無涯，歷滕嶧沛徐。兖曹十州縣，衆水此所瀦。微山湖界滕、嶧、徐、沛之中，周百八十里。受鄆城、嘉祥、魚臺、金鄉城、武曹州、定陶、壽張、曹、單各州縣之水。微山峙中流，卓絶宜幽居。留侯既仙去，蜕骨存遺墟。黄石與赤松，望古徒褰裾。

其五

曉發抵韓莊，面面環疊嶂。偃蹇牛服箱，嚴肅馬立仗。避人遮便面，窺客設步障。鵠跱若傲睨，雁行如退讓。聯綿顯殊態，雜沓出詭狀。秀色入篷窗，拭目疲眺望。長河挾衆水，建瓴勢絶亢。牐隘風阻之，急溜争一放。水師力牽挽，絶叫聊自壯。神駒脱銜靮，飛騁不可防。去聲。柰何非鐵舟，底與沙石抗。稍定失群山，兩岸屹相向。客愁來無端，徒聞榜人唱。

中河道中讀靳文襄治河方略偶題

更鑿中河接阜河，飛芻從此定風波。朝廷專任時非偶，前席虛衷好豈阿。漕轉會通韓尹重，功成戴壩白英多。憑他衆口騰疑謗，千古遺書已不磨。

淮陰侯祠

六尺飢軀寄食難，從容胯下市人看。千金淚洒王孫飯，一劍雄飛上將壇。震主奇功鍾室禍，封侯幻夢釣臺寒。不知漂母祠前路，過客於今孰似韓。

毛惜惜祠

惜惜，宋營妓。紹興時，高郵守城别將榮全以城叛降金，惜惜責以大義。不聽，罵賊被殺。土人祀之南城，爲英烈夫人。

此亦青泥不染身，露筋祠外又真真。龍騰百寶將軍劍，不殺金人殺美人。

呈儀徵相國

其一

瓣香卅載切欽遲，眉宇初忻見紫芝。夾袋人才真宰相，還山面目舊經師。團團霽月明無極，藹藹春風坐不知。好學崇儒猶昔日，進修三復衛公詩。

其二

滇池越嶠久封疆，投老黃扉鬢已霜。早歲功名傾海國，莫年懷抱異江鄉。感邀明詔時存問，忍乞閒身便退藏。聞道雙松泉石相國所居齋名。畔，蒼生猶自費平章。

其三

通儒名世兩兼難，鉅集煌煌幾續刊。手訂尚將新稿易，人間久作古書看。傳經四世天倫樂，歷仕三朝政績安。遠溯文貞安溪相國。近文正，大興相國。他年青史庶齊觀。

其四

鴻雁隨人爲稻粱，荒蕪舊業待更張。辭華學業期徵實，文苑儒林漫較量。精舍頻年瞻許鄭，選樓今日訪蕭梁。雲亭問字平生志，敢向門牆署末行。

毗陵訪繆徵甲。不值寄懷時君客淮陰。

一星僂指數離懷，勞燕何期信又乖。心似閑雲歸不得，更隨江水溯長淮。

秋暑

秋暑方憂旱勢張，夜聞風雨更愁腸。人間正有無衣客，未要天公剗地涼。

十月

小雪已過大雪來，南風三日桃李開。今年天旱寡零雨，十月雹光鳴鉅雷。寢覺被池苦潮溼，坐聞簷溜相横去。催。蟲聲薨薨爾何事，得意似喜陽春回。

奉和儀徵相國北湖萬柳堂别業原韻

其一

草堂偶襲野雲名，大勝紅塵紫陌行。無恙煙波温舊夢，忘機鷗鷺狎人聲。從來水國宜清夏，公有湖莊清夏圖硯，貯堂之定香亭有定香亭清夏詩。況此漁鄉樂太平。地爲宋淮南東路江都縣太平鄉。三十六陂圖畫裏，火城回首不勝情。公京師萬柳堂詩有「火城闌不住」之句。

如水臣心不起波，歸耕樂事付謳歌。和風曉長千畦稻，好雨時翻萬葉荷。趙松雪盧疏齋集萬柳堂歌驟雨打新荷曲。黄鳥亦知岑蔚止，珠湖草堂舊有黄鳥隅，今竟有鶯巢。游魚還聚緑陰多。依然贊化調元手，能使群材自濯磨。

其二

畫入耆英誰得似，鬚眉漫託柳漁圖。公以清湘道人柳漁小幅爲柳湖第四圖。通經足用真才出，絶學將微大雅扶。四海蒼生思碩輔，五車著述彙群儒。潞公壽考温公望，謝傅奚論邵伯湖。地與邵伯埭相對。

其三

此間真有滄洲趣，見趙松雪題萬柳園圖。飯稻羹魚更看花。嫩緑千絲疑列幄，鬧紅一舸豈浮家。先憂後樂瞻風度，頤性延齡頌日華。公八十歲，御書「頤性延齡」四字賜壽。尺幅清湘聊寄意，幽情漫擬竹中茶。

送淩厚堂歸吴興

其一

春風酒一盃，送我别燕臺。爲道苕溪月，唤君歸去來。青山偕隱計，白首著書才。真踐扁舟約，杏花今又開。

其二

山館孤燈裏，相逢話舊深。許身千古事，知己九原心。謂錢通守。壯氣消長劍，遥懷入短吟。東華車馬客，不解鳥投林。論我何蹤跡，知應笑子陽。途窮難去住，道合重商量。敝篋龍韜毁，名山蠹簡香。刺船從爾往，漁釣水雲鄉。

其三

春水碧如雲，停杯且送君。湖山遲後約，風雨惜離群。自昔通儒重，於今世議紛。麟經如卒業，異義幸相聞。君著學春秋理辨五十餘卷，未寫定。

秋夜宿式古居

多謝青燈意，深宵尚炫然。孤蛩鳴斷甃，黠鼠嚙殘編。寂歷新涼味，淒清八月天。未須鄰笛起，已自不成眠。

奉和儀徵相國點蒼山畫仙歌

大理石出雲南點蒼中峰，明李日華六硯齋二筆始載之，近世遂盛行。相國督黔滇，時得奇畫尤多，各爲題品。撰石畫記四卷，板毁於火。乙巳夏，鄄示屬校重刊，輒和卷中畫仙歌寄呈點蒼山。或云即水經注「阿難降天魔波旬於耆闍崛」者是也。

君不見，耆闍崛山一卷石，三百年前未開闢。天公欲試畫仙才，故遺南荒顯靈跡。香巖馥郁中峰連，觀者是佛畫者仙。丹青水墨定何物，慘憺寫出壺中天。古來畫家非一手，北派南宗異窠臼。仙人妙想契化工，濃淡平奇無不有。仙人之名不可知，仙人之像自畫之。有點蒼山畫仙像一石，甚奇。荆關董巨慳一見，應呼石丈還相師。煙雲爲筆石爲幛，幅幅屏山各殊狀。鬱蒸靈氣有時升，倒印奇峰滿天上。擲筆忽作雄雷聲，此時石破天亦驚。波旬讋服菩薩笑，妙香散落花冥冥。紫府真人上清宰，大興朱文正公嘗謂相國爲紫府真人。手把芙蓉泣滇海。巖穴搜材聚一編，玉軸瑶函露光彩。點蒼青入斗牛墟，看畫題詩畫不如。石中倘有仙人降，來讀瑯嬛未見書。相國舊有瑯嬛仙館，爲藏書之所。

送郭福衡。之徐州

其一

孤蓬正摇落，鸑鳥野踟躕。拔劍出門去，關河風雪俱。良無妻子累，豈爲利名驅。策馬重回首，平安憶守株。

其二

若過淮陰市，相逢慎帶刀。艱難窮士淚，意氣少年豪。日落黄河凍，雲飛芒碭高。衙齋應折節，今古幾綈袍。

偕偉甫訪黄鶴樓金臺。熊其光。還訪顧誕朝。留飲有感各志以詩

其一

吾宗老廣文，好客時命駕。先施予未能，既來亦往謝。相約詣黄公，高名播江夏。駢辭盧

駱匹，麗句陰何亞。訪舊五昔城，扁舟昨方卸。鴻才夙昔欽，龍性中年化。開圖索題句，屬題扁舟訪友圖。意氣抑然下。吾聞交有道，去莠滋者稼。獨學寡見聞，道廣多假借。書生濫朋從，標榜求聲價。志得須臾間，相傾事虞詐。平生縞紵懷，於此頗醞藉。三復結交行，狂奴幸無詫。

其二

吾黨熊安生，奇氣横九州。高才志絶學，博覽兼冥搜。胸羅四部書，屬目無全牛。老矣姚武功，君近從姚丈春木游。乃遇賈長頭。賞奇析所疑，雄辨張雙眸。下士惡聞道，衆口多悠悠。吾聞學在己，外物非所求。毁譽兩俱忘，乃足增姱修。勿以腐鼠嚇，輕試吴王鉤。

其三

顧君狷介人，守身如執玉。久疏尊酒歡，勸我試新醁。僂指數交游，當時頗徵逐。今日成晨星，各自殊軌躅。誰云口相同，乃有嗜昌歜。蘭以膏自煎，魚亦我所欲。方寸苟自存，急流能立足。廿載負儒冠，何以振習俗。把盞一愀然，感舊同棖觸。願保歲寒心，無爲交道辱。

題高三祝。軟紅集即送入都

其一

十年著述溯周官，君著春秋職官考略，用功最久。脱稿新書幾個看。笑逐槐黄跨驢去，詩名一日遍長安。

其二

代飛燕雁太悤悤，甲辰春，君會試入都，予適束裝回南。回首前塵似夢中。此去春明春正好，酒旗吹滿柳花風。

小住南村小園留别程文榮。用少陵重過何氏山林韻

其一

十畝南村地，幽棲好著書。精心蒐卷軸，曠志託籧廬。君自題門云，吾今舍此。樹古宜巢鶴，池寬

始育魚。乾坤本高厚，清福豈難居。

其二

老屋同居隘，喬柯昔歲移。好音鶯喚侣，學舞燕將兒。列架花爲壁，通波水滿陂。卜鄰應鄭重，餘事及藩籬。

其三

微茫求古意，癖嗜孰同時。定武蘭亭帖，昌黎石鼓詩。殘書珍妙墨，僞跡辨游絲。獨有覃溪老，君論帖最服膺大興翁閣學。心香是所期。

其四

十日黄梅雨，昏昏晝更長。提壺倦杯杓，瀹茗試旗槍。户牖多荆棘，江湖自稻粱。西窗聊坐話，暫得傲羲皇。

其五

著述期千古，成書尚少年。儲藏擬清閟，結構效平泉。俗眼憎金穴，人情作聖田。感君能好客，此別意惘然。

偕錢叔保熙哲。寓禾城幻居庵坐雨不得出李善闌。孫融。楊韻。于源。何昌治。朱大令緒曾。輒相過話雨觀所藏明季諸賢分寫華嚴經墨跡雜記以詩用少陵重過何氏山林韻時陳碩甫明經自杭至禾客大令署予至之三日訪之則前一日去矣故末章及之

其一

得閑聊作客，借雨好觀書。地僻宜僧舍，身安即我廬。落花驚垤蟻，投餌出池魚。多謝諸君意，逢人問幻居。

其二

南湖臨水閣，近局一尊移。柳密鳩呼婦，沙圓鴨聚兒。薄晴喧午市，久雨漲橫陂。物候戎葵準，嫣紅見隔籬。

其三

舊雨兼今雨，聯歡此一時。禪鋒儒入墨，景語畫中詩。握筴登經席，李君精究中西算術，近從碩甫受經。栽花鄙繭絲。大令宰嘉邑，尤培植士類。秋風遲後約，白水誓心期。

其四

華嚴真法海，妙集衆賢長。雷煥雙龍劍，哥舒半段槍。諸賢墨跡，有兩人合書者，有殘缺者。墨花空色相，有一卷女僧書。眼福飫膏粱。佛力能逃劫，慈悲信覺皇。

其五

久別思陳俠，星離又十年。暫停鴛水櫂，厭飲虎林泉。碩甫客杭最久，時歸長洲。著述窮詩藪，所著詩毛傳疏，已梓成。菑畬老碩田。代飛成燕雁，交臂悵茫然。

華嚴墨海歌

明季諸賢華嚴墨跡本青鎮寶閣僧道琳所集，其後乃移於禾城幻居庵。擇石齋，有正味齋兩集，皆有詩。叔保既觀是跡，以爲雪泥鴻爪，不負此游，將繪圖以誌其事，屬先爲長歌。

幻居非幻居非居，人生蹤跡鴻泥如。鴻飛冥冥爪跡在，誰爲真實誰空虛。小庵下榻偶三宿，岑寂恰喜城東隅。老僧手啓祕密藏，墨花璀璨雲霞舒。經八十卷行願一，昔存寶閣今移儲。我聞道琳發弘願，托鉢分乞名人書。正如善財參法界，遍歷國土忘勤劬。十方種種善知識，脩證各異精誠胥。或宰官身或居士，平等亦有僧尼俱。悉以如來智慧力，乃至字句無齟齬。一點畫間現佛相，身雲遍覆青芙蕖。華藏世界各具足，中懸大寶光明珠。照見當時寫經者，一一捧筆神歡愉。而我開函敬瞻禮，亦見膜手軒眉鬚。妙莊嚴海即此是，何必禮足求文殊。諸公逝世二百載，古今相望徒唏歔。節概風流尚可想，遺墨寶似千璚琚。從來法性本常住，豈與世變爲乘除。福緣會合幸相值，宿根或者前生餘。安知天宫説法際，諦聽不有君與余。長歌聊以識萍水，漫冀泡影留須臾。

水災行

皇帝二十九年，太歲己酉。大人占之，乞漿得酒，何爲春夏間，日中見斗。一解。三月雨瀰瀰，四月不見晴。踆烏晝長匿，魄兔罷夜明。二解。維仲夏，月在午。日夕沱滂，昏黑莫睹。女媧鍊石不敢補，商羊嬉嬉跳而舞。三解。風從東來，風從西來。風從南來，風從北來。癡雲漫天吹不開，但聞紞紞萬鼓聲喧豗。四解。昨日潮來，水長三尺。今日潮來，水長六尺。潮來不來，城中水，大於澤。五解。城中水高，壞壁倒牆。城外水浩浩，潮神退而望洋。六解。爰求低田，低田已成江河。爰求高田，帆檣歷歷田中過。七解。耕無田，居無屋。身舟流，家壞木，兒飢牙牙向母哭。語兒勿哭，行與爾葬魚腹。八解。魚腹脹欲死，起逐烏鵲游。蛙黽飽殘惠，一躍登樹頭。樹下誰家墳，磷磷白骨隨波流。九解。鄉民訩訩，匍匐哀告太守及大令。願陳災荒，下救民命，詳大府，達天聽。十解。太守大令，相顧而視，爲爾祈晴雨當止。斷屠禁鮮薨，何況羊與豕。邏役如虎狼，索錢遍街市。十一解。一雨累兩旬，餓死多良民。莠民不死，聚衆何侁侁，朝行搜索倉困，莫行入室殺主人。十二解。

再題蔡梅茵鵬飛。詩稿次見贈韻

其一

歲晷飛騰駛急湍，一編猶自付申韓。君如鷙羽秋來健，我似低棋局外看。飯顆有山嘲杜甫，蓬門無客卧袁安。平生不入雲間社，肯效鮎魚上竹竿。

其二

瀾翻筆舌拄迴湍，楊陸之間溯孟韓。世路平陂隨境換，山容向背任人看。轉圜頓覺千言溢，入險難争一字安。到此始知詩律細，麤疏故技欲投竿。

送蔣敦復。回寶山即效其體

嶔崎歷落可笑人，蔣生所苦不在貧。廿年浪跡牛馬走，醉來燒卻頭上巾。出門十事九坎坷，故態狂奴無一可。號寒已是可憐蟲，自謂鳳皇不如我。朱門長揖座客驚，拂衰笑倒曹丘生。

登臺袞袞世亦有，視子骨相非公卿。别來七年重識面，示我新詩更屢變。美人香草不勝情，託意微茫幾人見。拔劍斫地歌復歌，知音者誰柰爾何。黑風吹海海水立，幺弦迸入商聲多。烏乎！丈夫窮達何足問，閉户讀書良不恨。他年出處未可期，且著君家萬機論。

送何昌霖。應試白下兼寄令兄昌治、昌焕。時咸豐紀元元年

陽烏吐燄燒天紅，何郎觸暑何匆匆。紀元首需時雨功，欲以三鳳鳴咸豐。尊中有酒清若空，酒酣贈别忘蘊隆。看山一路東南風，江濤八月秋正中。枚乘妙筆兄弟同，我畏鞭策如嬾龍，看君去作摩天鴻。

紡績行爲千節婦作

金山千金粟婦金氏，節孝撫孤，勤於紡績。道光壬寅，婦年七十三，子皆娶婦生子矣，績仍不輟。謂其子曰：「自吾爲汝家婦，手紡木棉以兩計者幾五萬矣。」越一年卒。啓其笥，惟斷縷零紅鋌森森耳。平湖陸錫智。爲之傳。先以乙未冬，有司題請綽楔，同時被旌者

有盧勝來妻沈德華。妻皆干氏，爲婦兄妐云。

婦姓金，本士族。適干氏，諱金粟。學何劬，算則促。黄口在室，白頭在堂。年未三十，夫竟亡。夫亡不亡妾身在，上無飢寒下無餒。吉貝之白如妾心，日出而作至夜深。千條萬條手不斷，千緒萬緒心不亂。貧家有書讀不成，母也紡績兒治生。五十年來五萬兩，翁姑已葬孫已長。傳家母訓更無多，滿篋遺縑意堪想。烏乎！黄道湊，丁娘子，清節留名類如此。君不見，沈盧兩婦旌表同，金粟之姊婦女妐。

題畫册六首送青浦錢明府德承。爲胡庶常履吉。作

其一

清霜灑百草，秋氣方含辛。使君單騎來，闔境回陽春。習俗無醇漓，轉變由仁人。數言問疾苦，民志固已申。下車安撫。

其二

軍興迨三年，賦税豈不急。柰此饑饉遺，敲扑嗟何及。官倉十石儲，編户千人泣。豐稔亦

有期，流亡庶幾集。請命緩征。

其三

邑宰親民官，要在別良莠。莠除良未安，賴我慈父母。念茲創痍深，煦嫗一何厚。官心即民心，非徒恃粱糗。撫恤災黎。

其四

扞衛非具文，寇燄猶未熄。身家爾宜籌，守土我盡職。消彼獷悍心，作其忠義色。忠義誰則無，感君激勸力。團練鄉兵。

其五

士者冠四民，爲治首所係。豈曰兵燹餘，文教姑緩計。人生誦詩書，所貴明大義。悠哉養士心，亦以靖民氣。重興文教。

其六

九峰鬱蔥蔥，泖水清且漣。慈雲孕膏澤，覆育方期年。霖雨不我私，欲去彌海堧。安得駐雲車，長此青溪邊。青溪祖道。

楊烇。祖母九十壽詩甲寅重九日。

月亦九，日亦九。松子糕，菊花酒，阿孫捧觴爲母壽。母年今九十，康健勝阿婦。食不噎，背不僂，其天全者其福厚。當時隨阿翁，歷官浙左右。阿翁性豪邁，施予遍戚友。母也脱簪珥，親操井與臼。堂前宴客，室内紡績不停手。翁没三十年，田廬無一畝。阿孫傭書苦奔走。受恩者何人？報德者誰某？阿母喟然歎，往事吾何有？吾年今九十，閱歷頗已久。榮華烜赫凡幾家，白衣紛紛變蒼狗。但願爾曹讀書知禮法，世德相傳堪不朽。貧賤何足云？賢達必有後。含飴撫重孫，啞啞笑開口。阿孫鞠跽三頓首，請歌此詩獻一斗。

乙卯新正雜感

其一

平安又喜入新年，一串春聲爆竹連。循例衣冠聊謁拜，娱情金鼓遽喧填。市頭菜價高於肉，牆角梅魂瘦似煙。見説三朝逢雨水，昭蘇或冀轉低田。

其二

頻年愁潦忽愁乾，望雨終虚雪亦難。拔木衹聞風拗怒，放晴旋見霰闌珊。人間薺麥無遺種，天上星辰有列官。如火縣符催折色，新正石價又加寬。

其三

紅巾到處竄游魂，此輩幺麽久處褌。浮海水仙終漏網，跨江山賊尚當門。傾家助餉鄉民願，計産書捐大吏恩。又是上元燈火近，可無良策取崑崙。

其四

萬事紛紛付一杯，殘書數卷北窗開。酒龍我自空山卧，風鶴人憑越境猜。老去心情惟習靜，醉餘詩句不成裁。癡頑絶倒問兒女，奪釆讙呼鼎甲來。

嘉興雜詩乙卯九月偕錢叔保再寓幻居庵。

其一

每到南湖聽雨忙，者番喜見夕陽黄。菱歌漁唱都休歇，杯茗悤悤勸買糖。

其二

七載饑荒小劫愁，沙灘曾記繫扁舟。幾行疏柳楊家閣，悄立西風認舊鷗。楊韻水閣昔曾游之，今易主矣。

其三

淺水平橋訪幻居，老僧迎客笑軒渠。憑闌又動濠梁興，梵唄聲中看飯魚。

其四

行李蕭然兩故吾，又從蘭若借團蒲。明賢墨寶渾無恙，先喜斯遊定不孤。

其五

秋樹蕭騷景不同，夫容幾朵學春紅。遊魚也解枯禪意，一任酡顔映水空。

其六

物我原無執見存，一花一蟻佛同恩。刹那共證華藏海，五十三參總鈍根。

其七

昨從長史墳邊過，今向杉青牐畔遊。試上落帆亭子望，敗荷殘柳一般秋。

其八

大僕祠邊看舞蛟，森然頭角儼騰捎。更無人舉蛇蟠字，漫仿青蓮賦解嘲。徐太僕祠舞蛟石，朱竹垞太史改名蛇蟠。自謂擬太白更九子山例，壁詩紀之，然今人但知舞蛟耳。

其九

爲愛幽居嬾出門，佛香經卷數晨昏。談詩讀畫無爲子，謂楊韻。風雨時來共酒樽。

其十

一鶴東飛無短李，李善蘭壬叔昔館禾城，今遊滬瀆。孫郎閉户學維摩。孫融久病不出。少年别有陳驚座，陳鴻誥曼壽。肯逐閑鷗日至麽。

其十一

寶匵莊嚴結勝因，妙香薰遍絶纖塵。十年願力能堅固，此即如來不退輪。叔保昔嘗發願作一匵，以貯明賢所寫華嚴經，至此始成。

其十二

廿日茆庵坐嘯歌，不知人境有干戈。歸橈暫向溪橋泊，爭説城廂盜賊多。

病瘧驟羸作此自嘲亦自解也

東坡嗜花豬，未免食肉相。我生本老饕，舉箸必滿量。鶴背苦太豐，豕腹得無脹。宜遭西士嗤，君輩豈襄樣。子與尚之壬叔皆體肥。英吉里士人艾約瑟嘗曰：「吾西國爲算學者多瘦，君輩何獨不爾？」冬來痎且痁，見食輒惆悵。俗説多顧忌，鮮肥遂久曠。胃弱腸亦枯，納少神不旺。臞然此皮骨，畏與枕席抗。攬鏡長咨嗟，面目何大喪。痁鬼旁揶揄，斯語殊孟浪。世人貴錢刀，君獨游澹蕩。世人競功名，君獨高自放。何用貌團團，真面毋乃忘。爲君易毛髓，離彼塵土狀。長齏亦可飽，野蔌亦可餉。要令絶腥臊，洗剔到中藏。庶幾冰雪腸，勿受五濁障。聞言謝二竪，藥石惟汝仗。一笑熱已除，我疾固无妄。

和黃小田儀部富民。吳江道中遇雪九言

憶我去年秋九遊嘉禾，天時尚暖雨少晴日多。誰知歸舟遽遭二豎侮，四閱弦望痁疾猶未瘥。蹇向墐户有如蟄蟲蟄，滿冀新正氣轉回陽和。不風即雨不雨即大雪，助鬼爲虐天意毋乃苛。忽聞故人正在玉山道，扁舟襆被柰此嚴寒何。二十六日清晨叩門急，山陰返櫂特地來經過。披衣出見相視各大笑，是翁矍鑠不飲顏自酡。蘇臺小住卻復遊檇李，渡湖冒雪擊楫還高歌。盤空硬語詩骨一何健，少陵奇句幾欲銷沉痾。瑶天玉戲似爲乃公設，要使篷窗破寂資吟哦。山村水郭盡入水精域，平林遠樹錯落皆瓊柯。洞庭煙鬟隱隱七十二，遥知此際亦復頭俱皤。便欲與翁同舟作李郭，洞天林屋攬勝搴藤蘿。武陵桃源或者在人境，一竿垂釣戴笠披漁蓑。日對茫洋三萬六千頃，蕩滌心目耳不聞干戈。不然潛師入蔡學李愬，軍聲殺雜那辨鴨與鵝。短兵隘巷但見髑髏墮，熱血洒地白雪成紅波。然犀燭水誓令魑魅絶，溯流直上鞭策龍黿鼉。雪銷凍解還我諸郡邑，肅清楚粵乃至江淮河。樓船鼓吹送君返姑孰，君本當塗籍，居蕪湖避寇來此。坐看青山白苧仍嵯峨。圖書金石檢點各無恙，失喜紛紛衆説皆傳訛。譫言囈語陽氣見大宅，拔劍斫地眼已無幺麽。翁聞我言起立長太息，書生習氣往往同臼科。須臾客去依舊擁衾卧，夜闌

覓句病眼還摩挲。隆隆大聲忽發在西北，盤旋乃若巨磓𩎟磋磨。是夕所聞如是或見有星如斗，自東南墮西北云。或云天狗隕地賊氣盡，震雷一擊指日摧群魔。快然放筆遂效郢人和，尖叉險韻無力追東坡。

和小田訪楊韻。元韻

長塗風雪峭寒天，訪友南湖路渺然。一塔瘦如拳鷺立，幾家深住白鷗邊。便逢野店同酣飲，絶勝孤篷獨醉眠。畫入吴綾堪易酒，何須更問杖頭錢。楊君工六法。

丙辰春莫僑屋張溪小田來見予壁間自撰聯睡起笑捫王猛蝨狂來驚走葉公龍句遂足成一律見貽次韻答之

一室惟求膝可容，荒園儘我種杉松。論才未敢窺袁豹，把臂何嘗許董龍。千萬買鄰徒結願，三年作客去奚從。小田客此已三年。莫言彼此同蝨睫，猶勝梁君廡下舂。

詠史一首四沓前韻

一疏危言聖主容，黄茅白葦見孤松。争營月窟憐毚兔，獨向天門效燭龍。是否空談終有補，依然法語得無從。徙薪曲突須臾事，早遣資糧辨宿舂。

病甚戲作自輓五沓前韻

先秋蒲柳見衰容，駐景難求五粒松。豈有文章如虎豹，或憂太歲在蛇龍。何煩北斗名重注，便往西方意未從。衹是湖山清夢孰，連夕夢至西湖。叢巖坐聽玉泉舂。

病勢漸疏而天氣久旱有涸轍之虞六沓前韻寄小田

未教奪席主夫容，還伴人間竹柏松。起死有方來扁鵲，時服何昌治方。呼天無術捕乖龍。詩壇暑暍降旛竪，以前詩三首寄小田，未見和，故激之。酒壘秋高執弭從。只恨相如猶病渴，鳴檐那得夜泉舂。

和小田望雨不得八沓前韻

抗疏何人效孟容，唐貞元十九年夏，大旱，給事中許孟容疏論時政。只愁枯槁到雲松。泥塗枉自勞秧馬，酒脯羞看享土龍。舊雨不來風可訟，晨星易落月虛從。自今日午初至明日午正月，離於畢，在下弦後日加辰月方過中也。林泉向羨山居樂，見說連朝斷水舂。

和小田生朝志感次原韻

雪入吟髭又數莖，老來佳句勝陰鏗。年隨逝水奔騰去，詩共窮愁宛轉生。家國音書供殢酒，雲霓望眼夢銷兵。呼兄且受荷花拜，俗以六月二十四日爲荷花生日。原詩有「笑先荷花一日生」句。暫借篇杯祝太平。

雜得近報感賦十沓前韻

纔聞寇騎退句容，警報傳來又獨松。獨松關在安吉州，爲通廣德要道。有日燎毛殲豕蝨，何人探睡取驪龍。捐輸計口憑要挾，盜賊平心半脅從。四載可憐吳楚地，沿江邨落罷炊舂。

七月十三夜雷雨不及刻無以救旱小田用梅都官苦熱詩韻索和因即其韻答之

殷雷起南山，女魃宵遯逃。滂沱不周刻，忽復屯其膏。長官急催科，指摘窮吹毛。吁嗟蒼生血，涕泣空沾袍。天時及人事，感應争釐毫。朱猒與肥蟦，同惡相輩曹。誰能挽天河，令若洊見搔。晨興看雨景，赤日東方高。

復旱仍用梅都官韻

秋旱甚於夏，酷烈無所逃。天公慳雨澤，金石徒流膏。田禾苦焦灼，赤地生長毛。地生毛如人髮，有黑白紅三色。蝨蠅鬨晝夜，絺綌如緼袍。夜露雖繁滋，所及能幾毫。屏翳與豐隆，上界尸官曹。農聲雜歌哭，入耳首屢搔。舉頭望天畢，又見殘蟾高。前月二十六、七兩日，月離於畢，今又轉終矣。

和小田書悶用前韻

醉鄉自有樂，匪託昏冥逃。廢耳且黜聰，不食嗟雉膏。腹菜不踏羊，葫蘆聊去毛。閉門卧索句，久已忘韡袍。跌蕩萬古心，禿盡千兔毫。雖爲異鄉客，差勝隨馬曹。祇餘塊壘胸，耿耿難爬搔。誰謂杜季良，不如龍伯高。

和小田感事用前韻

吾欲謁仙闕，放杖歌董逃。白兔擣神藥，煉此續骨膏。救彼下土人，辟穀身生毛。遥見雲中君，顛倒赤霜袍。舉手摘天錢，析利窮纖毫。道聞雷公死，舌撟諸仙曹。猶然蔡經背，妄想麻姑搔。東海已揚塵，何處尋琴高。

勖子用前韻

爾年過志學，勿效村童逃。要思古之人，繼晷還焚膏。讀書恃天資，所得終皮毛。有如衷敗絮，裹以宫錦袍。舉筆動輸人，所挫豈一毫。不憤亦不啓，此正謂汝曹。温故乃知新，紬繹毋憚搔。不見蕉有心，日夜能自高。

閑居用前韻

閑居學灌園，避跡如藏逃。營營鮑魚肆，那得婆律膏。欽鴉冒鳳皇，不如烏鵲毛。蛛絲織單縠，不如麤布袍。良無背後眼，敢現眉間毫。吾齒漸衰朽，無力隨兒曹。病餘膚體弱，塵垢滿一搔。殘書甘送老，敞户非鳴高。

小田見過留宿夜話次韻

其一

不嫌三徑半榛蕪，坐有黄公興不孤。得句無煩八叉手，憂時又白數莖須。幾多老伴成蛩蟨，一輩英年自俊廚。往復聯吟聊適意，憑他衆口論王盧。

其二

清風明月助宵談，世味何如酒味甘。洞腹容人寧止百，枯腸舉醆不勝三。有時嬉笑還當哭，未免嗔癡但絶貪。老去子雲能解事，年來冷暖已深諳。

送何昌治。之郡用梅都官韻

閉門即深山，何必虛空逃。芳蘭茍善匿，誰得煎其膏。文鳥困雕籠，豈不由羽毛。古人知此意，肆志輕冠袍。壯士萬金劍，才人五色毫。長村各乘運，録録非其曹。溪干送君别，心癢不可搔。閑雲莫出岫，木落秋巖高。

次小田偶成韻

擾擾物情安所營，乘機彼亦一時榮。青蟲作繭圖速化，小草拔心甘倖生。貴賤何常金享帚，江河日下公慚卿。漁樵與汝訂偕隱，不願世人知姓名。

張鴻卓。用龍字韻見贈仍沓韻訓之

老去依然有睟容，風裁真是後凋松。到來幸未門題鳳，前次見訪不值。相見何當劍合龍。檢點楹書傳犬子，君孫犬兒頗能讀書。消磨宦興託牛從。懷人更動空山想，見懷詞有「掔經捹坐空山老」句。擊節高吟應牘春。

沓韻訓董兆熊。

殘花病葉作秋容，偃蹇空庭獨撫松。節序遷流忙燕雁，天心曼衍戲魚龍。兵荒滿目徒咨歎，風雨懷人孰過從。時君在玉峰。何物書生消俊福，雙弓連日煮新春。

題耐寒圖

其一

一片危磯一釣竿，乾坤如夢正嚴寒。閑鷗宿鷺都無跡，只付漁翁醉眼看。

其二

小閣圍爐獸炭紅，高齋榾柮樂冬烘。誰知鐵笛扁舟夜，月滿江天雪滿篷。

問小田疾

去年九月吾始病，問疾勞君心怲怲。可憐二百六十日，乍似麏麚脱機穽。今年九月君復然，屈指殘冬歲將竟。雖聞廉頗飯差健，無柰左師足難掌。知君初起僅脾泄，過服寒涼患乃更。病非徒瘇又類辟，酒本傷中下歸胻。我淹郡城近九旬，痁鬼復來時苦清。說文：「清，寒也。」呂氏春秋：「清有餘也。」注：「清，寒。蓋即冬溫夏清之清。」今素問諸清字亦並從水，疑古通用。或言要務在戒口，叵耐老饕不改性。中年以往體就衰，那得飛揚比强盛。護持猶慮元氣薄，斲削何堪外邪併。已令羅服冒人參，又向粗工託性命。有如唐宋在中葉，根本已虛無善政。宦官煽惑方鎮驕，盜賊群飛敵國橫。庸奴泄沓效模稜，姦慝紛更竊魁柄。斯時誰爲醫國手，材德庶幾綱與晟。內安鴆毒外聽讒，用舍乖方終不競。我年五十君過十，嗜好酸鹹頗季孟。崔楊倡和附松陵，元白聯吟號長慶。爾來契濶頻寄書，調攝異宜每相諍。麴生來謁姑請辭，麥末雖甘暫當屏。必郢切。豈能結習忘筆硯，慎勿深宵對燈檠。破除抑塞先治心，調劑温涼在持平。皮命切。一枝且自寄鷦鷯，兩角看渠鬥梟獍。近傳賊勢漸解攜，武漢同收楚氛浄。長圍兩載城郭空，巽二威神施號令。何當吹入江左右，猛士長驅大風勁。沉疴一起百痏消，我汗涊然君亦輕。牽正切。作詩火速馳報君，掀髯去聲。還應嗤瘦硬。

舒蓺室詩存四

次小田除夕元韻

窮居忘歲莫，心跡亦雙清。把卷如常日，催逋免俗聲。鋪張忙稺子，贏絀聽方兄。獨酌還惆悵，無人鬥酒兵。

次小田元日書懷元韻

相見梅花又一年，羈栖此老柰何天。同撑病骨窮愁外，獨寄新詩快睹先。藥裹暫停猶止酒，屠蘇看飲又流涎。除夕有「屠蘇三盞又偷嘗」句。杜陵廣厦浮夸耳，那得茅齋八九椽。

江南春

金陵城中無草根，曲阿以北愁殺人。髑髏滿地鬼夜哭，東風吹作江南春。江南春色復何有，松柏爲薪況桃柳。賊來賊去官不知，但向民間索升斗。民間升斗亦已空，去秋大旱多蝗蟲。春來十日九風雨，麥苗爛盡愁飢鴻。愁飢鴻飢鴻待誰，哺富翁無錢難自顧。官差如虎捉樂輸，望餉不來軍卒怒。

訪小田郡城新居

漫嗟家具少於車，患難隨身幾卷書。我賀淮王真拔宅，人憐陶令乍移居。先鶯出谷春猶早，爲鶴謀糧望轉虛。賸有古梅花滿壁，一觴相酹劫灰餘。羅兩峰梅花大横卷，從兵燹中挈出。城隅帶水近湖莊，郡城西南隅西湖莊，明徐文貞别墅。一樣蕭條感異鄉。君居蕪湖南城宅爲賊毁。荆棘荒煙宿鸞鳳，江山故宅窟豺狼。尋詩獨自成惆悵，對酒憑誰話慨慷。憶否秦陽風景好，濃春十里菜花香。

戲詠蠣殼窗

其一

午格交疏暎淺廊，罷施帷幕愛晨光。鱗鱗密綴雲千片，棱棱分填月一方。鑽到癡蠅無日破，舐來鄰女不須防。憑他風雨庭前急，差免年年故紙忙。

其二

邊幅消除試翦裁，刮磨曾費幾徘徊。前身海月光明性，此地風塵保障才。但使周方勤補葺，何愁窺隙惹疑猜。玻璃雲母休相耀，遍閱蛟煙蜃氣來。

秋日懷人詩

其一

萬卷殘書付劫灰，烽煙回首尚驚猜。西湖收拾閑風月，珍重瑶編遠寄來。朱郡丞緒曾君在浙得祕籍，輒以寄示。

其二

四壁蕭然舊使君，草亭寂寞著元文。金陀園畔多遊客，誰向斜橋訪子雲。畢子筠華珍時僑居嘉興郡城。

其三

湖樓一别二十載，屈指先生年古稀。聞道逢人常問訊，雞鳴風雨輒依依。碩甫。

其四

論詩肯祖西江社，山谷精深自有真。如此高才兼勝地，可憐韡板走風塵。江湜時需次浙江。

其五

投筆高歌鋏漫彈，羞他鄧禹早登壇。歸來一笑從軍樂，依舊天涯行路難。金華。

其六

博覽無涯好古心，費才争肯事閒吟。一編稽極今劉焯，不數通經孔仲深。顧觀光。

其七

江南秋老不勝哀，左右詩囊與酒杯。憑把鄉心寄征雁，菊花休向戰場開。小田。

其八

亡書辨别删梅賾，古注蒐羅證服虔。無事閉門常對卷，金閶車馬自喧闐。席元章。

其九

幾何九卷析毫釐，重學精微更出奇。但解買珠能棄櫝，何曾絶詣限華夷。李善蘭。

其十

詩腸文膽冠同時，海國茫茫悵所之。俠氣柔情消不盡，一齊分付竹山詞。蔣敦復。

其十一

奔馳底事爲紛華，客裏光陰道勝家。幾輩名流愛交結，春風何處不狂花。張鴻卓。

其十二

組織華詞挹古香，輸君此體繼齊梁。即今楓落吴江夜，説餅遥知效叔庠。董兆熊。

其十三

人嫌才少患君多，俗本難醫柰世何。愁殺庭荆近憔悴，神方好與起沉痾。何昌治。

其十四

病鶴褵褷困不支，别材偏遇道林師。成巢此去青松頂，滿眼荆榛莫踏枝。郭福衡君窮不能自振，李小湖學使獨賞異之，延入幕。

其十五

卅載京華本賣文，還山更作出山雲。魏收老死龔生夭，君與魏默深源、龔定菴鞏祚最相善，文名亦相埒。別後顛顱白幾分。厚堂。

和小田移居六言元韻

其一

結鄰何必宋呂，窺徑只許羊求。適意誰非樂土，題詩且頌愚丘。

其二

三揖禮拜石丈，四千直酬青桐。差喜明窗浄几，免憂上雨旁風。

其三

湫隘竟無服馬，零落尚存賜書。漫道東山安石，聊比南陽草廬。

其四

芝蘭有時近肆，枳棘不妨暫栖。有客高談抵掌，看我説詩解頤。

其五

拜賜自臺僕僕，應官聽鼓闐闐。攜孫踏青郊外，歸來一笑悠然。

其六

人情水中撈月，世事霧裏看花。夸娥難徙王屋，游俠欲傳朱家。

其七

吟心四愁五噫，客思三泖九峰。誰訂張南周北，憑渠馬巽盧仝。

其八

致富誰云有術，買山畢竟無貲。萬間廣厦安得，一枝深林可棲。

其九

作樓擬黃岡竹，學圃憶范村梅。何處説十七史，姑且飲三百杯。

其十

人訝王融寂寂，我憐李志厭厭。鄭欽姑效吏隱，顏駟本自郎潛。

顧韋人作偉。招同人花朝小集適以事阻不往賦此報謝時同人擬爲君六十補祝。

先生丁巳生，今歲再戊午。閒身頗矍鑠，對酒尤力努。才豪易揮灑，不覺吟詩苦。家近讀書堆，拈髭常攬古。華胄溯黃門，式訓繼名父。有田供饘鬻，有孫繩祖武。阿兄擅法書，從子工樂府。交游遍江鄉，一見傾肺腑。得錢便揮霍，白眼笑阿堵。高談徹晝夜，那復省更鼓。倔强忘忌諱，時亦遭狎侮。平生山水癖，勝地頻仰俯。策蹇弔青山，驅車走東魯。猶恨長安遠，未踏軟紅土。飛騰入莫景，閱歷異聞睹。風流幾老輩，溘逝不忍數。世事往復還，空歎五雜組。卧榻生荊榛，動足皆網罟。莫問籠中鵝，居然市有虎。屈指二十年，蘭茝成宿莽。朝聞銅山崩，夕報金穴擄。衛足不如葵，批根縱尋斧。樊籬昔已撤，今且及牖户。悲來一揮涕，拔劍忽起舞。浮雲何足論，回首徒自憮。何如約朋舊，閑鷗聚三五。請傾十年釀，開懷樂樽俎。況此春正中，淑氣滿芳圃。海棠將破萼，殘梅尚妍嫵。録事倩花神，深杯酌鸚鵡。鯫生本老饕，聞召卜空肚。六張連五角，良會每錯迕。伯勞與飛燕，東西失儔伍。飲啄固由天，人定或可睹。終當選佳日，挈伴命舟艣。訪君養福齋，無酒應更酤。借君勸客觴，介壽爲君補。主賓盡一醉，不者出童羖。只恐顧逋翁，欲效畢吏部。

壽張理堂進。七十

服食煉氣求延齡，矯揉造作徒傷生。先生行年今七十，不知製朮餐黄精。十里五里腰腳健，食穀噉肉身愈輕。雲煙過眼晚境蹙，掉頭一笑心無攖。雞蟲得失兒女事，此與老子何虧成。旁人交口偁作達，我獨謂否君試評。當君年少時，跳蕩衆所驚。蝦蟆食月天柱折，欲以瘦骨强支撑。一跌失卻鄧林杖，渴思飲海騎長鯨。可憐書生惡心性，力不天助空目瞠。額塌沙土垂兩翅，壯志漸逐滄波平。滄波雖平灰未溺，無桼耳目猶聰明。豈能聞見學聾聵，污濁在膈忍不傾。

朝作秋蟲聲，暮作秋蟲聲。掐擢胃腎鉤物情，致死尚與天公争。海山兜率皆仙京，虚左待作新宫銘。或，言此獠太倔强，窮老未許雲軿迎。要令三見蓬萊水，清淺鶴書再召山元卿。

苦雨次小田韻

漫計他時旱，農占四月多雨主夏旱。先憂此日霖。石頑難補漏，民病不勝鍼。逐婦鳩何急，呼晴鵲久瘖。舟車在人事，未敢測天心。

夜聞秋蟲雜鳴感而有作

梅雨斷復續，空庭晚蕭蕭。繁蟲促秋響，夜氣增寂寥。赤帝正司令，何爲感金飆。坐覺單袷寒，清愁酒難澆。頗聞青溪寇，欲射錢唐潮。彝使達直沽，爾虜非天驕。大道有時屈，氣數中或淆。幺麽此草蟲，非時遂喓喓。物理適遷變，倚伏寧一朝。念往既有然，思來悵無憀。所媿賢達人，歌舞娱中宵。

陳節母詩

節母海鹽夏氏女，幼失父母，寄食鄰母汪。年二十七，嫁陳某，生一女。屋火，夫旋卒。叔利兄遺，謀嫁嫂，急負女遁，仍依汪。積勤葬夫，僦破屋居之。復遭土匪，火，還歸汪。數年女長，嫁徐生，迎養母。咸豐元年，旌表如例。

堅金有時鑠，直木有時摧。誰謂弱婦女，百折心不回。孤露當幼年，寄食淹摽梅。嫁夫有恒業，山雪期同皚。鬱攸爾何讎，使我家室積。豈徒家室積，寡鵠鳴悲哀。原上有鶚鴿，化爲狼與豺。出門負穉女，中路重徘徊。仍感鄰母賢，相倚無嫌猜。篝燈事紡績，刀尺勤縫裁。不恤十指裂，始得營一坏。辛苦定新巢，忽復成飛灰。仰天叫無辜，抗我何酷哉。愴然眄舊枝，戢羽還重來。堅金竟弗鑠，直木竟弗摧。半生墮風波，波静雲亦開。雛鸞欻長成，擇壻多藝材。生女勝得男，奉養同南陔。回首四十年，過眼如煙霾。榮旌表綽楔，節母猶傷懷。節母幸母苦，天道栽者培。

遣暑雜題

其一

數年暑月久無此，今夏驕陽何太驕。南風亦自畏炎熱，藏在樹頭不敢摇。

其二

動摇忙殺蒲葵扇，纔欲翻書汗已淋。第一可憎蝨最黠，但窺人隙便相侵。

其三

具體纖微毒嚌膚，那能一炬便教無。細思物理輾然笑，此亦飛鳴食肉徒。

其四

江南江北賊未平，浙東浙西多戍兵。諸軍且效河朔飲，六月戎車罷戰争。

其五

灌畦起早午微倦，何計消磨此日長。蟛蜞螯肥黄蟹瘦，酩酊一壺生晝涼。

其六

小院牆高闌檻静，晚風默坐百慮芟。不知明月已東上，花影參差來葛衫。

其七

北斗南箕柰爾何，王良策馬車騎多。牽牛織女正愁絶，幾箇流星飛渡河。

其八

雜種園蔬無隙地，豆棚瓜架還縱横。夜闌夢醒滿窗月，間聽高低絡緯聲。

其九

布襪棕鞋吾自適，韡袍襛襶客何勞。須臾客去更赤脚，籬角梧桐今漸高。

其十

連朝急雨入新秋，便覺齋居事事幽。數朵蕭疏綻深碧，一襟涼思在牽牛。

其十一

園中有瓜青且黃，引蔓草根深自藏。誰令蛇虺實汝腹，毒蝕汝心徒括囊。

其十二

虎耳草能瘳耳疾，射千花解療咽喉。棄捐階砌閒無用，付與詩人聊寫愁。

題獨坐撫琴圖

未有琴，先有音。音何在，琴之心。空齋蕭然坐正襟，爐煙自浮心自沉。太古非古今非今，松風翏翏不可尋。山高高，海深深，琴無琴，心無心。

七月十六夜對月同錫卣韻是夜月蝕。

銀漢當空斗柄西，高寒何物犯璇題。瑕瑜於世一瞬息，盈闕在天無黍圭。依舊冰輪縣碧落，忽聞風篴度前溪。流離幾輩思鄉淚，此夕悲歡總不齊。

有寄沓前韻

鶺鴒東飛燕燕西，衡茅幾輩羨榱題。當時捧檄方毛義，別後移文任穉圭。名士盡求句漏令，落花都出武陵溪。計功謀利今誰是，衆楚紛紛笑一齊。

又沓前韻一首

恩威久播夜郎西，航海來朝又白題。奉使誰爲曹利用，上書應有范如圭。藩籬自昔區中外，藴藻於今竭澗溪。狼虎無親況相忌，伐謀無策問秦齊。

遣興沓前韻

敢比東屯與瀼西，門邊凡鳥任誰題。年華漸釀雪雙鬢，墨水不肥田一圭。差免笑人煩智叟，屋前土壟甚高，不能爲愚公之移也。何妨因我號愚溪。地本古張涇堰，俗遂名張溪。三杯秫酒陶然醉，始信南華物可齊。

雜詠園中草木

其一

烏棱免斧斤，徒以枝葉盛。乃知姑息心，愛材亦一病。烏棱果本劣，又花而不實。以其高茂，意不忍伐，然未秋先落，枝葉已童然。

其二

殘暑見秋花，幽碧固非惡。引蔓一何深，暗中敗籬落。牽牛花。

其三

當時競春色，相賞不曾疏。花落實已摘，誰憐此樹枯。梅桃。

其四

石榴苦遭蠹，夏盡不知春。主人久相棄，猶作敗紅巾。

其五

柏樹瘦且孤，硬葉羞衆緑。留待嚴寒時，青青自成獨。

其六

亂草除難盡，耰耡枉自勞。連秋幾宵雨，長與樹争高。

其七

此薇豔而雅，態不作炎涼。夏盛秋逾好，繁華特久長。

其八

漫託忘憂貌，徒成不義名。何如學蝴蝶，栩栩逐莊生。龍爪類，萱花，葉不相見，謂之不義。草鳶尾似高良。薑俗名蝴蝶花。

其九

種竹裁數竿，静對劇有意。蕭然君子風，自與凡俗異。

其十

叢蘭倚石根，無花葉亦好。惟恐肉眼多，芟夷或同草。

其十一

去年種梧桐，芭蕉甲纔坼。蕉葉今蔽庭，梧桐僅逾尺。

其十二

裊裊女蘿枝，幽豔勝菊婢。扁豆亦有絲，花妍實更美。

其十三

裝飾淵明菊，看成兒女花。存真非我嬾，籬畔任横斜。

其十四

橘蠹化爲蜨，蜨子復成蠹。蠹蜨自循環，焉知橘心苦。

其十五

桂樹何連蜷，相期在岩穴。俗論重科名，還將累秋月。

其十六

秋風弄奇巧，有意鬥春妍。老入花叢裏，群芳應粲然。雁來紅，有西風錦、漢宫秋諸名，總名老少年。

其十七

溪光映高柳，紅掌柳根踏。安得置我園，憑闌聽鴨鴨。壁間適挂王禮，秋言畫柳鴨意境極空闊。

和小田三子詩

俗占人家蓄蜂鴿，無故飛去，竹忽枯死，皆敗。徵謂之三子。小田作詩意，有所諷，因推廣之。

昔當周德衰，龍漦化爲黿。朝陽絶鳴鳳，高岡桐不繁。物性無大小，怪變自有源。鴿固鳥之靈，歸出群飛翻。蜂知君臣義，釀蜜不憚煩。竹筍尤易生，戢戢俄滿園。凡兹本天成，字育人所援。物亦借人力，一氣同寒暄。氣乖物秏散，和則皆孳蕃。枯菀匪自天，相應如風旛。我讀角弓詩，三復義勿諼。兄弟及昏姻，曷爲使偏反。反騎既不顧，教猱豈云寃。蜾蠃空負子，脊令悲在原。韡韡常棣花，忘憂不如萲。乃有烏啄屋，乃有犢破轅。乃有蠹蝕木，乃有蠅止樊。乃有荆棘叢，縱横敗籬藩。乃有澤中槐，出火以自燔。八龍與三鳳，腐鼠徒嚇鵷。喬木風蕭蕭，憩者何敢言。乖氣實使之，欲輊誰能軒。我欲竟此曲，此曲鬱以怨。和君三子詠，尚慎耳屬垣。

小園偶作

灌罷園蔬負手行，晚寒籬落半陰晴。經冬宿草青如此，霜雪年來亦世情。

喜雪用禁體寄小田

重陽得晴冬苦旱，正恐來歲無麥苗。天公有意弄狡獪，忽變陰雨連昏朝。頻年入臘久無雪，滕六老嬾蒙譏嘲。奮然補過初試手，瓦溝未積先已消。北風作氣一再鼓，臥聞徹夜鳴調刁。晨興失喜日穿牖，啓視但覺寒光揺。庭階高下混一色，雜樹不辨誰枝條。簷頭微溜漸滴瀝，空外餘勢猶翩飄。恰疑杵臼細舂擣，倍穫特示天田饒。揭來僂指見三白，快意已足忘飢枵。平時畏冷户不出，輒思著屐陵山椒。涪翁詩骨老且瘦，棱棱獨與松後凋。此時聳肩煨榾柮，呵凍何以酬黄嬌。歐陽有例禁寸鐵，曳白請勿辭三蕉。

新正遣興

幾家爆仗二字見武林舊事。作春聲，草草年華忽又更。紙閣蘆簾聊位置，蠟梅天燭也縱横。人情傎倒屠蘇酒，世味糊塗骨董羹。差喜叩門無賀客，擁書消受滿窗晴。

雨水後又雪適小田和予禁體詩見寄倒押前韻酬之

先生詩思如剥蕉，老幹恥作春芳嬌。空山偃蹇冷花發，霜雪雖盛無由凋。釣筒浮潮寄尺素，不惜箘桂酬申椒。上元燈後過三日，羲馭昨已離元枵。天公薄相亦善戲，特鼓餘勇誇豐饒。似憐此老太枯寂，催詩又遣繁英飄。東風入樹了無跡，但覺四野空蕭條。狐裘貂帽安且吉，重裔河上方消摇。凍蠅不出苦鑽紙，餓虎欲突嚴鳴刁。感時空自酒腸熱，見晛那得妖氛消。癡龍磐姍屢起舞，豈慮蝘蜓還相嘲。請君洗盞歌上瑞，山谷詩東皇賦：「上瑞來寧黄屋憂。」杲杲日出曦晨朝。皇仁柔遠布春澤，行見干羽馴頑苗。

小田以祀竈夕復雪詩見示别有會同韻戲作

風雨殘寒迫送神，朝天歸路盡如銀。黄羊索祭期金屋，白鳳前驅洒玉塵。上界看來花似霧，平時知否桂爲薪。膴婁兩目公乎醉，聊報豐年慰主人。

讀漢書五行志書後

春秋紀周正，三月實歲首。雨雪書庚辰，雷電先癸酉。相距八日間，氣應何雜糅。陰陽互相乘，失序迺其偶。漢運當元成，災異歲頻有。劉生説洪範，一一論休咎。要其寓規諫，用意亦良厚。俗儒昧天人，古傳幾覆瓿。天變誠難知，人謀果臧否。毋謂斷爛文，此藥不龜手。掩卷一涕洟，嗟哉隱公九。

詠虞美人

大王風亦解温存，婀娜柔枝泫露痕。小草遂關亡國恨，名花生合美人魂。翻因豔極疑妖冶，獨殿春餘似感恩。我效楚歌卿楚舞，霸圖殘夢付芳樽。

董夢蘭兆熊。哀詞

其一

此病何名止積勞，誰令觸暑事征舠。可能抄撮歸天庾，其柰追呼甚石壕。狐竟作威知虎猛，鷙皆争食聽鴻嗷。煩冤一片桐溪水，生是儒酸鬼不豪。

其二

一别春風事變遷，碧梧翠竹君居停處齋名。兩蕭然。等身著作誰千古，所著有樊榭詩注、朱子門人考、明儒事實詩、古文、駢體詩餘集、南宋文録凡若干卷。畢世交情只九年。共命忽驚賢婦後，君婦後君九十日卒。修文早夢故人先。沈孝廉曰富錢，廣文、熙泰俱前君卒，君嘗夢與同被召。豺狼滿地何時滅，閶闔排雲好問天。

雜詩

其一

此心本無營，漸與閒逸親。匪曰託高尚，聊以全吾神。飢寒分所宜，暫免豈得頻。資生我何術，乃欲辭窮民。世事有反覆，歲月多因循。俄焉松菊秋，俄焉桃李春。桃李非不榮，吾愛松菊真。

其二

種菊東籬下，衆草蕪且蕃。灌菊草亦滋，刈草傷菊根。釋此雨不事，草長充籬藩。菊葉漸黃落，莖幹亦僅存。夜露不及濡，風雨徒攀翻。微蟲彼何知，齕齧肯少憐。人事既鹵莽，焉能覬天全。

其三

不以人廢言，聽者宜用恕。質諸立言心，此論寧自據。空文取巍科，華詞博聲譽。亦託義與仁，娓娓垂述著。玉卮既無當，畫餅豈堪飫。其言或一然，於己復何異。清夜聞鳴鐘，汗下每至曙。

其四

秋蟲與春鳥，時至聊一鳴。此聲真化工，天籟無俗情。文人囿結習，懷抱或自傾。抒寫亦偶然，詎曰非心聲。豚蹄祝甌窶，乃覬千載名。千載即可傳，其意已不誠。蟲鳥我所師，唱和同嚶嚶。

其五

我家素貧賤，久已廢儒業。我幼喜讀書，我父任所習。傷哉五載間，三喪祖母、父、母。痛焉戢。兩弟穉且魯，治生冀速立。長妹適窶人，三十死未及。次妹歸鄉農，饔飧常不給。依人我一身，奔走時汲汲。屈指卅餘年，百注恃一挹。骨肉各異方，大海萍兩葉。罔極何所酬，空然淚承睫。

其六

少年恃捷悟，章句寡所親。過目輒了了，自謂記憶真。誰知中年後，開編怳如新。得筌每失魚，餔糟或遺醇。臨文將有作，詰籥苦不伸。根本固未立，枝葉何由振。今人吾孰如，況乃思古人。愧彼萬牛毛，誰爲獨角麟。

其七

烏蠋形醜惡，復抱蜂蠆資。遺種在草間，所過成瘡痍。中庭有嘉植，緑葉無孑遺。逞其饕餮性，豈特桑與葵。一朝忽蜕去，鼓翅垂雙蕤。翩然見文彩，遑記前身誰。拚飛觸蛛網，欲脱焉能揮。本無淩霄質，易形空爾爲。昔爲人所惡，今爲人所悲。

其八

伏雌引衆雛，冊冊來庭前。見食常相呼，小大無所偏。衆雛亦殷殷，成行儼隨肩。昨日毛羽成，飛走能自便。奪食輒相啄，稍强乃爲先。不念離鷇初，一氣同所天。老雌無柰何，啄草牆陰邊。吁嗟彼物爾，物爾人豈然。

其九

抱甕晨灌畦，抱甕夕灌畦。畦中多黄葉，枝上無緑荑。有叟前致詞，物理君未識。灌漑徒自勞，豈能繁其植。燥溼物異性，肥磽物異宜。性宜順所適，蚤晚亦有時。已溼勿復濡，已肥勿添壅。宜風不可翳，宜疏不可冗。冬日夏則畏，時雨恒則傷。天道本好生，太過爲物殃。君今學灌畦，未習灌畦理。灌畦且不能，其他可知矣。

其十

客從何方來，貽我一紙書。上言金陵賊，首逆潛蕪湖。西江幾肅清，今復遭翦屠。捻匪竄山左，道路皆萑蒲。故人入京師，北上此要途。下言暨陽城，衆士方曳裾。揚鬐望禹門，戚戚爲龍魚。開函再三讀，俯仰增豪歔。阿稽市酒回，引醆南窗虛。脱粟炊作飯，野菜烹作葅。書中何所言，醉後庸憶諸。

課花軒雜感

其一

瞰室探囊兩不驚，課花軒相傳有鬼，然予常獨居此，初無見異。道光己酉夏，盜至不入室，并不聞聲。今春盜又至，予先於其日行矣。蕭然行李夢魂清。叩關無客出門嬾，坐卧一龕心太平。

其二

古柏盆傾蔓草牽，凋零柏幹折霜煙。荒庭棄擲無人惜，曾費栽培數十年。

其三

一叢天竹近牆隅，鳥雀啁啾日覬覦。啄到髡枝無可啄，還來苔磴覓遺珠。

其四

塊壘難憑濁酒澆，當年空笑蓋寬饒。元規塵涴劉輿膩，早使人間熱血消。

其五

入時花樣鏡中看，人道先生骨相寒。已是襟裾到牛馬，何妨從此溺儒冠。

其六

辟穀辭家便入林，燒丹兼要煉黃金。傾身障簏緣何事，無限春蠶未死心。

其七

不學瞿曇不學仙，率真惟任性中天。次宗已入白蓮社，謂席晦甫。五柳先生只醉眠。

其八

海鷗相聚兩無猜，二老風流自往來。郡城中時相聚者，惟小田一人。落落乾坤供一醉，蒼茫懷抱入深杯。

贈陸日愛。

君住松陵上，天隨慕昔賢。放懷觀世故，刻意事詩篇。所勖在千古，神交今數年。元真吾敢望，相約刺漁船。

悼楊烇。

書記乍翩翩，龔生竟夭年。病牽妻子累，貧賴故人憐。一世詩爲命，千場酒亦仙。海山魂夢在，或者證身前。病篤時有所夢云。

歲暮

歲暮寒深且閉關，茅柴酒薄易酡顔。暫拋書卷兒童喜，稍遠虞羅鳥雀閒。野渚風多荷作屋，平原障少雪爲山。護羌充國今無恙，數載屯田鬢亦斑。

寄江湜。杭州

草檄書生事，何嫌祿仕卑。乾坤空按劍，雨雪獨登陴。小劫湖山黯，春寒草木萎。賦詩能退敵，殘寇莫相窺。

春雨久困喜小田至

入春遂陰霖，忽忽過上巳。南窗闇如漆，冷氣颯破紙。桑柳澀未稊，何況蘭蕙芷。日光如曇花，一現不及視。句芒實司令，生長方自始。冬暖春凝寒，天紀亦稍弛。沿江竄窮寇，七載困封豕。巖巖諸將帥，坐鎮雄鼎峙。張羅待焦明，出柙憑虎兕。比者廣德陷，烏合聲更哆。杭湖已被兵，禾郡連尺咫。紛紛計遷徙，傳説遍廛市。蘇垣亦戒嚴，徵兵守樓雉。官符急捉船，舟楫斷江涘。似聞呼號聲，蹀躞亂屐齒。無策安一方，庸愞良自恥。閉門擁敗絮，弄筆僵十指。何期風雪中，故人忽來此。坐定述所聞，委曲略相似。因數癸丑年，避難别桑梓。萍泊寄此邦，千里遥祭祀。草賊豈久存，枯朽當易阤。誰知事不然，河清復安俟。兹鄉比桃源，農氓頗樂只。今當事東作，將見錢鎛庤。一朝遇瘡痍，那得顧耒耜。鯨鯢翻大海，鰕魱擾溪沚。城郭不可居，鄉村亦難恃。天涯遍荆棘，何處容足趾。嗚呼彼草竊，蠢動等蟲豸。向值乾嘉朝，寧足勞一矢。所恨承平久，專閫乏任使。指揮既無具，進退徒窳呰。因循豢寇讎，狂瀾孰能砥。邅迍命所值，詎獨吾與子。天人理相通，災沴徵昔史。浮雲漫太空，雨勢正未止。油薹早零落，麥苗半爛死。即使賊不來，亦恐病耕耔。萬事姑聽天，戚戚慚達士。君言載酒來，開甕香且泚。中廚燃溼薪，餚蔌雜乾胏。傾觴語中宵，屢翦燭花紫。酒渴且勿憂，鳴檐足泉水。

三月十一夜大雪明日晴得小田書卻寄

咸豐歲庚申，清明三月節。前三日乙亥，寒氣尤懍冽。風從東北來，薄暮乃大雪。飛揚若自喜，作勢故沏迭。初看瓦縫平，旋見苔磴凸。積雨每浹旬，餘澤猶可擷。天公富膏脂，不似民易竭。去冬久晴暵，草木潛已茁。寒温忽易候，毋乃有夭折。不寤造物心，何爲弄奇譎。黄昏聽淅瀝，欲飲無麴櫱。瑟縮展布衾，著體如裹鐵。卻憶諸健兒，連營戍西浙。嚴更數刁斗，冰連鬢須結。奇兵固難用，防患慮應切。此正努力時，壯氣慎勿茶。安得酒千斛，澆爾腸内熱。或者種與胥，忠憤無所泄。怒翻錢唐潮，飛灑作玉屑。空中萬鱗甲，凍此醜類絶。窮思聊快意，入夢聞寇滅。寒光透重帷，未曙先皎潔。侵晨畏披衣，有若蟹戀蛣。荒圃忽改觀，瓊瑶儼林列。朝陽漸開駮，如馬初脱紲。急溜聲淙淙，消鑠真一瞥。故人寄我書，將軍信英傑。杭城昨已復，殘寇今涸轍。行當鼓餘勇，次弟埽群蠥。亂匪降自天，嗟哉下民孽。但願陰陽調，春風解幽閉。方結切。宇内同昭蘇，康樂登耄耋。明日當踏青，秦山酒同挈。

九洑洲

弔張副帥國樑。也。副帥攻復九洑洲，江寧賊窮，驅飢民填壕衝破大營，兵潰，副帥退至丹陽戰死，時咸豐庚申閏月也。

失我九洑洲，餓賊不死壯士羞。復我九洑洲，斷賊接濟智士憂。金陵城中困獸怒，抉藩一出勢莫收。飢民前驅賊後頭，墜坑落塹後者蹂。狼嗥豕突天地愁，閏春立夏如暮秋。桓桓張將軍，裂眥揮兩矛。七日七夜戰不休，明月照地積雪流，馬蹄蹋破萬髑髏。援兵四潰裹絶餱，墮馬復上氣愈遒。烏呼！失九洑，復九洑，九洑再失何時復？金陵城頭賊鼓腹，雲陽城邊戰魂哭。

朱涇東林寺贈符葆森。

廣陵有窮士，避寇船子灘。病足行步澀，拳跼屋兩間。大兒阻江北，音問頗復難。獨攜無母雛，一僕戇且頑。終朝對筆研，垂白興未闌。編詩繼吳興，君選國朝詩正雅以繼沈文愨別裁。一一淫哇删。相慕幾帀歲，今始識子顔。少坐頻蹙頞，夜夜夢故山。蘇城又見告，豺虎踰吾園。偪側此一隅，何能離人寰，劫成固非偶，禍至徒慨歎。東南久奢靡，淫巧亦已殫。即如揚與蘇，民俗偁最孱。百金縫一襦，千萬治一環。富者競夸尚，中人竭躋攀。司牧本爲民，此義忘伐檀。借公事誅求，搜剔遍草菅。所期囊橐充，軍國置等閑。尺籍多虚名，軍興餉尤艱。濫招乞索徒，强使長弓彎。自從大營失，全勢毋乃翻。潰兵非不多，持節誰抵攔。破竹遂南驅，未可測後患。兹里實邑治，咫尺連郡垣。遷林遁栖禽，避繳來窮翰。鵲巢鳩暫居，誰謂鴻漸磐。側聞曾尚書，授鉞方登壇。去此千里遥，轉戰經重關。鞭長馬腹遠，得不蹂籬樊。蒼生吾與君，蕭然兩儒酸。家累苟可遣，便作管幼安。念此長咨嗟，胸臆徒往還。姚合我舊姻，餽我餚滿盤。妻兄姚燕穀杏士以酒餚饋。君出所藏酒，舉醆聊共歡。此室昔所寓，比已十載寬。卻數當日事，滄桑感無端。道光己酉、庚戌間，予嘗以他事寓此。一家尚爾爾，世變深可原。世變且勿慮，慮子瓶中乾。

胥江

胥江帶水接嘉禾，四月腥風捲蜃波。吴地山川思遜抗，中朝人物見王何。夜郎遂啓僬僥國，壯士誰收曳落河。一樣東南脣齒倚，流離蒿目不成歌。

狂寇

其一

狂寇遂南竄，風聲不可聞。刀磨三泖水，火照九峰雲。借面狐嗥晝，焚巢鳥失群。七年叨蔽扞，空憶向將軍。咸豐三年春，賊陷江寧，即欲下竄蘇抗。適總統向軍門榮踵至，乃絀其謀。

其二

越騎敢先鳴，扲渠賊亦驚。先有黄衣賊目，騎馬衝郡城，爲鄉勇扲斬。幾人張怒氣，一戰背空城。都尉身家重，詞臣節義輕。臨危誰致命，只有卞忠貞。婁令卞乃譝戰敗死之。

秋懷

其一

從來秋士例悲秋，家世偁詩況四愁。碧落銀河天莽莽，美人香草思悠悠。星沉玉帳哀猨鶴，風折牙旗走馬牛。千古鴟夷靈爽在，五湖無恙一漁舟。

其二

寂寂葺城晝夜開，無因消息問蘇臺。百川到海江先注，群燕辭巢鴈未回。入市金笳吹曉月，驚天礮火響晴雷。退飛忽見西風鷁，又報烽煙自浙來。

其三

浦江風雨作秋聲，潮去潮來自不平。回紇可能終助順，吐蕃聞説又渝盟。飆輪激水飛艘過，畫檻陵空廣廈成。勝絶偏隅真樂國，未妨談笑俟河清。

其四

參商希見況晨星，大海從漂兩葉萍。往日歡遊皆醉夢，一時朋舊半凋零。人間豈有王官谷，詩句渾慚野史亭。爲謝空山反招隱，只愁無地抱遺經。

題蔣樹本。種花圖并謝贈蘭

花各有性情，種者謹其始。培溉量所宜，正與毓材似。寒暄與燥溼，失度判生死。裁翦頗賴人，豈徒天工恃。蔣君志風雅，妙理契花史。庭宇無冬春，芳葩爛紅紫。客來但驚咤，悦目競夸侈。豈知費辛勤，朝夕勞撫視。嗟予晚學圃，餘事亦喜此。竹樹連瓜畦，雜花覆苔圯。横斜任開落，嬾拙還自恥。君應笑荒蕪，健僕特走使。饋我雙白璧，碧葉紛繞指。恰如蓬葦中，入座得佳士。無言趣已遠，不待啓脣齒。世路方荆榛，君心自蘭芷。作圖寄所適，亦足觀意恉。蕭艾争充幃，滔滔彼誰子。

緗桃盛開東小田

荒園碧桃昨日開，老翁愛花何不來。侵晨微雨急走看，那管履襪黏青苔。皎如積玉出元圃，錯落閒以紅玫瑰。翩如舞鶴炫毛羽，縞衣丹頂光裴褢。白雲片片暎朝日，群仙遊戲金銀臺。卻疑花妖弄狡獪，一樹并合杏與梅。可憐此屋久扃閟，五載棄擲隨蒿萊。芭苴過牆海棠短，山櫻結實纏枯藁。嗟爾神采獨秀發，俛視別種皆輿儓。斯人精靈或未滅，謂梅生。玉樹不自甘長埋。攀枝欲折忽歎息，曉露厭浥如啼哀。繁花似錦不及賞，付與後世知誰栽。呼兒洗瓶速汲水，供向棐几晴窗隈。因招詩老暇過我，惜有粗茗無良醅。

錫卣成婚書此以示

草草成婚禮，干戈正沸騰。亂離疏節目，憂喜累親朋。回首年時事，傷心涕淚增。予婚時，孤露已數年。雙親老猶健，此福爾偏承。

紀事

其一

享罷爰居忽大風，總戎米興朝，統兵赴浙防堵。瓦山戍卒一時空。開關禦敵軍誠壯，間道潛師內已訌。乍浦副都統錫齡阿公出城禦敵，而賊已因内應間道入城。兩鬢秋霜身報國，九峰雲氣海朝東。浙西門户連城峙，失陷何堪此日同。乍浦失守，副統戰死，平湖城同日再陷。

其二

妖鴟闌入大姚村，婦孺驚啼盡室奔。桑下昔曾三宿戀，桃源今有幾家存。田廬接畛人煙絶，風雨連朝日月昏。聞道健兒能殺賊，賊頗畏長籠船。不知何意縱游魂。

其三

陷淖沾泥溝水頭，嚴妝當日坐紅樓。容身漫計生何託，破卵難期室尚留。幾姓萍逢同草舍，一家蓬轉付扁舟。琴書几席歸無恙，等是逃亡我已優。

其四

金穴銅山半劫灰，白雲黄鶴幾時回。天錢可摘登無路，海市誰通債有臺。佩犢少年扛鼎力，爛羊都尉治兵才。不愁谿壑填難滿，大令廉明善理財。

寄小田避居南滙

其一

吾邑南沙路，相思水一方。有生皆寓客，何處定他鄉。喜此寇氛遠，憐余歸夢長。黄昏看北斗，河漢又斜行。

其二

寂寞復寂寞，鄉居何所親。扶笻村犬吠，問路野人嗔。詩就教孫子，月來成主賓。無勞饋藜藿，原憲故長貧。

倉卒避亂至周浦小田以布絮寄贈感而有作

出門無襆被，避難一何迫。故人憐我寒，寄我以絮帛。遊子歸故鄉，而我反爲客。親朋偶相見，問訊腕徒扼。平時行路難，何況當兵革。

鬼語行

八月十八夜大雨，浦東浦北聞鬼語。忽焉在空中，忽焉在庭宇。雨聲悽絶鬼更哀，如泣如訴何爲哉？子孫逃亡不得食，若敖之鬼紛俱來。不然賊氛將至鬼先懼，結侶呼群相率去。或言國殤之魄爲鬼雄，鬼車鬼馬旋鬼風。積冤深憤盡一發，長驅鬼兵摧賊鋒。烏乎！人謀不臧鬼徒決，不如停聲歸鬼穴。君不見，鬼伯開筵飲人血，地下笙歌看明月。

德勇行

皁旗忽至何紛紛，殘月未上日已昏。沿街闔市横索人，鞭撾扣户刀斫門。炊飯飯我酒滿樽，牛羊鵝鴨魚雞豚。闖然入室搜錢緡，簪環傳珥纏臂銀。衣裳縑帛雜組紃，芙蓉之膏錦繡茵。有或不供火伴嗔，盤頭大辮腰紅巾。撫軍親軍勇且尊，見敵未近毋數奔，功成畫像圖麒麟。

述懷一首

窮鳥得一枝，營巢大非易。明知近鷹鸇，力小艱轉徙。僦屋傍張涇，感我死友意。梅生嘗訂同居。及予遷張堰，梅生先一年死矣。老屋八九間，足以資偃憩。前園添竹梅，雜花亦時蓺。後圃種菜蔬，瓜蓏粗可繼。編籬中界畫，培土深壅蔽。晨朝學抱甕，勞苦違自貰。小來愛書史，善本心所係。積聚三十年，萬卷親審諦。槃薄一室間，羅列供獺祭。每於思議窮，撫景一凝睇。悠然與物化，所得無滯義。至今六閱歲，譬若蟬在翳。小人享清福，遂爲造物忌。仲秋月初四，其日雨新霽。喧傳浙寇來，指顧見賊騎。我戚新移居，姚杏士自鄉間遷至。有舟勸同濟。事出倉黄間，身外皆所棄。一舟十五人，坐卧不復計。東行適何方，欲往遲鼓枻。但見煙燄騰，人聲四如沸。經過數郵市，傳說多同異。遷延至澧溪，宛轉託親誼。積雨地庳溼，且幸得所庇。毋爲蝸角争，差作蟭螟寄。遥憐抱甕居，正在兵火際。家具不滿車，狼藉何足記。庭柯十餘樹，那得辭斬刈。所惜萬卷書，蹴蹋同敝屣。猶憶四月初，聞警遷近地。離家五六日，啓鐍頗喪氣。蛛絲縈几榻，塵土遍篋笥。新竹橫穿牆，亂草高過砌。常時所畜貓，骨出尾還曳。見我如驚麕，向暗急竄避。當時賊未至，此景已堪涕。貓今應餓死，屋則爲賊敝。即使幸西還，留遺復餘幾。曲突苟蚤圖，仲弟於四月初力勸東遷。賄遷或能冀。因循久不決，後悔焉可厲。況今大帥策，未定戰守議。嗷嘈諸練勇，執戟如兒戲。西南多要隘，得不謀重閉。澧溪我故閭，親舊半衰替。非無先人廬，鵲巢鳩自肄。可憐幕上烏，蹙蹙靡所戾。已矣勿復言，飢寒日憔悴。

此後

此後都無策，餘生一贅民。亂離妻子散，貧賤弟兄親。獨立吟諸將，忘言念古人。何須論經世，已拙是謀身。

滬城雜感

其一

城郭都非故，不至滬已十年。真疑化鶴遊。滄桑經小劫，鼓角動新愁。海氣易成市，神仙偏好樓。袁公有遺壘，無處問荒洲。

其二

一浦環三面，蒼茫接海流。朝廷天北極，節鉞古諸侯。醉夢魚龍戲，繁華燕雀秋。平生鄙黄歇，到此賴鴻溝。

由周浦避賊走至百曲邨咸豐辛酉十二月十七日。

夜半傳賊來，披衣起摸索。兒女啼烏烏，鄰里皆已作。出門四顧望，冷氣入齒腭。踏屐泥淖中，人聲犬聲錯。野行昧途路，幸未攜囊橐。苦月憐人窮，久照不忍落。

宿陳家邨聞賊近走至浦邊十二月二十一日。

茅屋多風霜，蒙被效拳鷺。邨人呼速起，惘惘即行路。殘月升未高，昏昏暎寒霧。前夕月尚皎，今夕月已微。正如避難人，勢蹙日漸非。神龍潛深淵，黄鵠遊海嶠。奔走求生全，能毋壯士笑。

滬城晤楊葆光十二月二十六日。

相對真如夢，重逢滬瀆城。豺狼方接跡，雨雪此孤征。慘目兵戈劫，傷心骨肉情。東南天宇窄，何處託浮生。

與錢鼎卿學博熙輔。夜話

風雪暮停舟，殘寒問舊遊。冬來已三至滬城。子猷今訪戴，王粲故依劉。叢爵驚相集，城狐隱共憂。翦燈聊説鬼，且未訴離愁。

連日大雪歲除始止寒甚有感

倒海作瓊瑶，昏昏大雪飄。貞元當此際，來復始今朝。距立春七日。已睹堅冰至，何時見晛消。人心與天道，我欲問參寥。

酬楊葆光。除夕之作

雪後樓臺望最佳，風光其柰入愁懷。驚聞菜價根難咬，怕問妻孥淚自揩。客館寒燈人度歲，胡笳銅鼓鬼巡街。宵闌把酒還相勸，猶幸淒涼與子偕。

同治元年新正有紀

晴開八表物同春，此日朝廷氣象新。四罪亟聞明四目，重華更見月重輪。恩施狐兔寬天網，威懾蛟蛇肅海濱。郡城浦東連獲大勝。臘尾況深三尺雪，豐年無待祀蝗神。

雜紀

其一

雄城踞浦江，海舶達遼左。南通粵與閩，百物繁且夥。西夷越重洋，引類如螺蠃。自從廿年來，樓閣增砐硪。郊坰成街衢，遂闢北門鎖。滔滔慕利徒，有若蛾赴火。三年困紅巾，屯難亦已頗。如何創痍平，轉更長驕惰。即今寇氛逼，所患非瘯蠡。靦然罔聞知，直恃夷衛我。比户笙歌喧，摩肩青紫拖。百萬擲樗蒱，千金贈婀娜。南城多餓殍，載道呼荷荷。誰能捐勺糜，旦夕延亦可。忍哉擁厚貲，作繭深自裹。頃聞賊勢衰，兵威漸能播。厭亂或天心，人實未悔禍。

其二

丘墟北門外，冢墓何嵔峷。轉瞬二十年，蜃氣成樓台。闤闠左右列，馳道中央開。市肆集五方，奇巧無不該。卷髮碧兩瞳，黄鬚繞其腮。白布縫作巾，袴褶縛韎韋。持杖走扶人，側目不敢咍。亦有紅罽衣，面色如煤炱。像真如達摩，云自佛國來。朝出西郭門，午奪雞羊回。彼美嬋媛子，輕紗暎蛾眉。帖地拖長裙，壓首繁花堆。蹀躞遊廣場，道路光徘徊。鴂舌言兜離，窄袖衣短裁。甘心變於夷，獨非吾民哉。華夷互雜沓，街衢背相推。車驅馬且馳，過處惟塵埃。下有陳死人，白骨同飛灰。

其三

十緡賃一椽，百金賃一室。棄彼華膴居，卷踢入蓬篳。自從金陵陷，淪胥至今日。約略全吴人，蟻附此一垤。去冬紹寧破，杭郡亦隨失。亡命得浮家，長物所未恤。紛紛投樂郊，縮地苦無術。嗟此逋逃藪，户版如比櫛。遂令土木工，日夜不暫逸。杜老眼中屋，廣厦何崒嵂。碧檻盤虚空，槅廊繞堂密。其中居何人，嘲哳不可詰。豐蔀易所誡，盛極天亦嫉。安知蕭牆間，而必無顛躓。愚夫多杞憂，聞見皆可怵。棲棲乞食身，何能計安佚。借問桃花源，何如包山橘。

其四

輪船載天兵，浮海先後至。徒跣單布衣，其氣肅且鷙。傳聞李臨淮，百戰兼勇智。意尤崇儉樸，鞶帶懔三褫。所以嚴軍容，出入無敢恣。物價争一錢，割耳鳴市肆。列營南門外，練卒日二次。剋日復諸城，先聲奪賊志。因循幾帀月，供億非易事。習俗能移人，服采漸以侈。百物方貴騰，何以籌犒賜。夷兵拔嵺城，聞已立漢幟。悲哉浦以東，一擊禍愈熾。尋仇苦焚殺，骸骨誰復識。波血入浦江，舉目不忍視。何時遂東征，殲彼狼與豕。庶幾招流亡，東作或可治。

述鄉人語

有自賊中至，告我以賊情。當賊初來時，走避孰敢攖。窮鄉匙金帛，布縷賊所輕。斗糧卒歲資，雞鴨豬羊并。把茅雖未燒，回看室已傾。前邨某家女，抗賊戕其生。亦有某家兒，被擄隨賊行。私幸家室完，飲恨姑吞聲。何來僞鄉官，挨户書人名。按月責捐輸，令爾婦子寧。蓄髮爲長毛，令爾登太平。於心固不然，誰能與之争。謂可暫休息，乃復時相驚。何以秣賊馬，田中麥青青。何以供賊薪，破屋摧櫚楹。鄉間穅籺盡，餓魄交縱横。彝軍欻下鄉，飛礮轟雷霆。群賊驟且懼，奔竄如狤䶂。鄉人競搏擊，破蝨難爲蝱。昨者彝軍去，捆載何彭亨。壯幼多脅從，驅之入滬城。得地既不守，殘燼徒零星。須臾賊復來，毒噬尤狰獰。逢人即斬斫，勢欲無留氓。民賊不兩立，茹飢强支党。空拳冒白刃，繼進無官兵。解散半死亡，冤魂幾能醒。孑身脱網羅，自顧非人形。可憐浦以東，血濺愁雲腥。聞言憤填臆，淚下心怦怦。鄉農爾何辜，慘獨罹天刑。沿海抵浙西，在處連賊營。區區此一隅，仰屋聞號鳴。石米踰八千，如何給粢盛。况今過立夏，靈雨亦既零。急當解倒縣，次乃招歸耕。耒梠爲賊毁，耕牛爲賊烹。歸耕頗未易，當事宜有程。農時苟一失，飢荒盜斯萌。彼賊何足言，所恃秋收成。作詩告當事，語拙君試聽。

雜興絶句

其一

浮海居彝共一枝，金城環繞又湯池。白頭幾許遼東豕，絶倒藜床坐對時。

其二

窄袖蠻衿緊帖身，毳衣盤刺絡垂銀。如椽大辮如箕鬢，詭狀多於異國人。

其三

百萬生靈委逝波，三年苟活柰君何。棄師向笑平原拙，地下相逢負媿多。

其四

一曲紅綃遂擅名，年華老大百無成。門前冷落商人婦，猶抱琵琶賺後生。

其五

兩姑之際婦難爲，無米還凭巧手炊。昨日羽書催餉急，可憐民困又兵羸。

其六

五方雜處一城孤，長嘯傳聞會卻胡。猶有龔黄遺政在，循聲能及舊時無。

其七

物價昂皆倍蓰餘，豈徒薪桂米如珠。難居更比長安甚，有客攜孥又卜居。

其八

朋舊相逢半涕零，爲言蹤跡各蓬萍。不知天佑黄巾意，要遣偏隅聚德星。江浙知名之士皆逃難來此。

其九

一卷兵書誤子房，屠龍無術誑飢腸。穀城依舊逢黄石，請試神仙辟穀方。戲謂小田。

其十

幾樹垂楊緑罨津，樓頭梧茗小留賓。年來一醉渾難得，不及將軍有告身。

失子二十首

其一

人生不得意，孰如失子悲。每讀古人集，急手翻過之。誰知心所諱，卒乃躬蹈兹。我幼蚤孤露，每慮得子遲。三十又過二，得子喜可知。其後兩舉雄，殤折月未彌。朅來五十餘，老幹存孤枝。忽復奪之去，清夜還自思。天乎罪我酷，毋乃緣文辭。文辭宜毁棄，顧作失子詩。

其二

我昔住甥館，十日九出門。婦翁老無嗣，撫汝如真孫。恃愛雖頑劣，頗亦具慧根。屬對或誦詩，命汝侍酒尊。而我有時歸，稍與粗淺論。惟恐所業荒，督責令自温。翁見每解圍，緩步何須奔。烏乎俗富貴，匪我思所存。要當識禮義，免誚犬與豚。

其三

自我婦翁没，歲歲謀移居。荏苒五六年，方僦一畝廬。其時我病瘧，四體艱展舒。啜糜及溲溺，惟汝扶持胥。閒即整家具，長物先琴書。仲春徙張溪，措置頗賴渠。我瘧久未痊，忽忽兩載餘。米鹽向所拙，而況在病與。兒能勤治家，免我多躊躇。

其四

愛博力不專，我病昔坐此。兒今復過之，騖廣猶不止。師嚴課有程，根本在經史。雜文詩若詞，逐末可緩俟。雕鐫及繪畫，能否奚足齒。兒質僅中下，何得漫自侈。及乎驗所得，究竟無一是。好儉誠亦佳，侔利則近市。誡兒慎無然，貧富天所使。

其五

我性頗褊隘，落落寡所親。自從徙張溪，來往無幾人。兒何喜交遊，使我多雜賓。聖云益哉三，握齱非其倫。少年氣浮薄，肝膽誰爲真。閉門即深山，典籍如飲醇。修學苟自立，何憂德無鄰。

其六

爲汝聘太原，外翁久撩倒。汝師向我言，沈君定庵爲之蹇修。娶婦亦非蚤。去春乍城警，衆意方悼恅。匆促遂成婚，禮節頗草草。卻憶生汝初，啞啞在襁褓。居然見成人，吾年亦已老。時危苦兵革，家室未易保。勿以惕厲心，靡於閨房好。外翁見壻殷，歸寧約三日。汝去甫經旬，燧燧日以密。汝叔勸我行，行李實倉卒。里巷俱已空，風雨何曬曬。其夜汝適還，問答初未畢。方舟抵阮溪，兵至賊已逸。汝仍送婦去，同行叔與姪。我卻返所居，琴書幸無失。念汝方新婚，奔走不遑櫛。

其七

汝從澧溪返，汝母猶阮溪。汝來省父母，往返時東西。東西二十里，面目能無黧。所幸仲夏來，賊勢稍解攜。金平壤雖接，亦似分町畦。鄰里漸相集，市肆稍已齊。汝亦侍母回，窮鳥戀所栖。因循至孟秋，將往迎其妻。汝母愛汝深，勸我毋汝稽。汝行毋久留，使我增憂懠。

其八

汝舅自鄉來，分居兩頭屋。朝夕相過從，栖酒不憂獨。汝近肯用心，史漢能細讀。亦知校鳥焉，質疑頗可覆。汝舅謂汝材，譬若矢有鏃。我亦姑聽汝，甘爲不材木。每從灌園暇，樂事徵卷軸。情話一室間，聊以遣炎燠。

其九

自汝迎婦歸，屈指十日耳。喧聞賊衆來，倏忽近西市。芒然呼眷屬，那得顧行李。汝舅促登舟，迴見煙燄起。官軍寡難敵，須臾鼓聲死。是夜宿阮溪，居人亦逃矣。幸有同宗人，煮飯還設被。

其十

自阮溪而東，黄昏抵南塘。汝往叩相識，席地幸可商。婦孺十一人，舟中坐傍徨。自南塘而東，曰至三官堂。汝往叩所親，爲汝妻父行。肅客供晚餐，既醉還聯床。遷延五六日，歸期尚茫茫。汝留聽消息，進退宜自量。舟遂赴澧溪，澧溪吾故鄉。

其十一

兩月居澧溪，望汝汝不至。汝母往浦西，我留獨何事。一再遊滬城，惘惘仍失志。仲冬汝東來，言以足疾滯。即今居外家，翁老舅猶穉。催租赴郡城，紆途母可視。雨後方凝寒，朔風懔如刺。單衣宿夜航，念此淚難制。

其十二

南橋戍卒潰，賊衆遂長驅。其志在剽掠，所過皆丘墟。奉南繼失守，勢已無東隅。著屐走荒邨，展轉無定趨。殘年大風雪，還來滬城居。存亡信隔絶，知汝今何如。

其十三

二月雪始消，汝來一何晚。自言遷徙苦，心力皆已癉。路長雪没腰，亦足三往返。嗟汝體素羸，父母況在遠。人口苟無虞，外物憑聚散。奮身爲親戚，語孝適相反。不悟父母心，念汝忘寢飯。

其十四

北路復兩邑，嘉定青浦。南路亦投誠。首夏接汝書，奉母徙郡城。郡城良可居，要隘多戍兵。況聞賊膽褫，此方庶將平。誰何一達官，作計工逢迎。欲乘兩勝威，徼倖圖功名。連營一戰潰，失勢爲賊輕。兩邑既再陷，郡垣遂幾傾。城中雖幸全，城外無遺甿。殃民固由賊，此禍誰所成。

其十五

此禍誰所成，汝死或緣此。挈家出重圍，冒險三涉水。惝怳來滬城，一見半驚喜。母妻幸俱免，所存一身耳。語罷氣凋喪，精爽非昔比。詎徒奔迸勞，憂窘方未已。自賊起粵西，巨室不知幾。千萬於吾家，何論倍與蓰。家破人□亡，浩劫天所啓。語兒且達觀，讀書貴明理。

其十六

蟭螟巢蟁睫，蛸蛣寄蟹腹。東西不二里，一家分兩屬。予寓爲佛蘭西界，家口所寄爲英吉里界。雜處華彝間，百物皆桂玉。明知非樂郊，瞻烏止誰屋。今年暑偏蚤，仲夏苦炎溽。人繁地愈蒸，豈得日往復。春前況奇寒，沴氣先已伏。兼此兵革餘，流殃詎非毒。一病不崇朝，汝死亦太促。

其十七

窮途竄荊棘，更復遭死喪。斂袍附汝身，殮以棺白楊。客舍不留殯，一夕登北邙。北邙多野鬼，魂魄毋倀倀。是日天大雨，載道何淋浪。汝叔送汝，往涕泗沾衣。裳汝母與汝，妻慘哭摧中藏。父子廿四年，已矣徒悲傷。

其十八

有客向我言，君意毋自局。出險乃病終，焉知此非福。夭壽命自天，夫豈爾子獨。新婦喜將娩，遺孕男可卜。或者鄭小同，家學竟能續。再拜謝客言，愛我誠善祝。我年已就衰，況此方蹙蹙。壯盛遽中摧，童乳詎易育。家學何足云，但願從樵牧。

其十九

樵牧苟生男，亦得延宗緒。汝死十三日，呱呱一雌舉。戚友爲我嗟，人事多齟齬。汝婦增悲啼，汝母淚難茹。生男倘夭折，朝露不及湑。生女爲門楣，何獨非彊圉。明知事不然，聊以慰兒女。汝魄能知無，我心柰何許。

其二十

我祖生二子，其一我叔癡。一子繼他氏，似續誰閔斯。我父生三男，惟汝僅一枝。一枝復何爲，上有蘿與絲。枝枯蘿㛹㛹，結實焉所施。我行負神明，天壞不可揞。世路方險巇，否泰猶未知。死者長已矣，生者將奚之。

移居三林塘遺懷

其一

地以人傳尚姓林，故家遺跡不堪尋。昔有林氏兄弟三人，自閩來居，此因名其里。居人愛説張司寇，老屋巋然剩至今。所假趙氏宅爲張文敏公舊居。

其二

水北長街一字開，閭閻無恙避兵回。碎身土木猶靈氣，肯爲黎民扞賊災。賊所至無不破碎，獨此鎮完善，而東西兩社神廟被毀，神肢體皆折。

其三

息羽同來又各飛，本與鈕安濤、張家鼎兩君約同居。未兩月，復各遷去。張涇南去信音希。無聊獨自尋秋出，還折秋花獨自歸。

一室

一室真如斗，卷然坐卧煩。同居人語雜，同居有蘇屬人，有嘉興、紹興人。破夢市聲喧。飢鼠晝窺案，枯蝸時上垣。晴窗書可展，連日雨潺湲。

夏秋以來上游賊被圍勢蹙南匯奉賢川沙金山青浦嘉定常熟諸城以次收復蓋惟曾節相洞察賊情操縱在握而李撫軍能承共節制相機剿撫非泄泄沓沓者所能與也喜而有作

群盜如毛耳，紅爐一燎休。功名儒將事，息偃大夫羞。天道周星轉，兵機與鬼謀。和戎豈無利，應變且懷柔。

小田新遷東城地藏庵别後寄懷二首

其一

閑處一庵留，殘年度客愁。知君南望眼，日日上城樓。

其二

説法木上座，吟詩金地藏。蒲團堪借坐，佛眼看僧忙。

姚燕穀。以水仙花寄惠賦謝

蘭爲王者香，水仙王者師。蘭香静而和，清洌實遜之。貴從冰雪候，鍊此如玉姿。脱身小草中，欲敵寒梅枝。一從遭寇難，不見長相思。數里遠寄將，君意能我知。素樽賊所遺，注水還供兹。酌酒荐湘君，侑以靈均詞。殘年成一笑，此笑君所貲。

除夕戲占

殘書可讀飢何害？濁酒難賒債亦無。一事勝人眠較早，滿街燈火聽追呼。

舒蓺室詩存五

懷人十五首

其一

老饕忽長齋，侒佛豈無意。劫火竟焚林，嗟無立錐地。兒孫散復完，或者邀佛庇。張鴻卓篠峰。

其二

熱場多岐途，癡步難插足。銀鉤與鐵畫，俗眼苦不屬。荒廬歸去來，野菜飯脱粟。沈雋曦定庵。

其三

全家膭一身，徒跣賊中至。爲述湖州圍，百戰猶虎視。同聲絶命辭，慷慨兼涕泗。吴文通穎仙

佐趙竹生觀察守湖州，城破被擄，至蘇逃回。述圍城禦賊事甚悉，有和趙絶命辭四首。

其四

談天近方厭，投筆起從戎。長揖見節相，上策論火攻。請以徑路刀，撓酒留犂鐘。李善蘭時從軍。

其五

精心志桑梓，桑梓今荆榛。讀史考月日，治算驚疇人。芸芸名利場，何以栖子身。汪曰楨、謝城撰南潯志，甚博。又著二十一史月日考、推策小識如積引蒙諸書，時栖泊滬城。

其六

閩海固熟遊，賢主天所借。以詩戰古人，力拗不肯下。難弟志亦奢，此行倘可亞。江湜弢叔在閩撫徐樹人中丞幕，令弟鹿門近亦送帑入閩。

其七

横溪新草堂，締構涉寒暑。毁折遭萑蒲，天幸逃一炬。棬樞雖不完，猶自勝羇旅。張家鼎燮庵。

其八

經年住江北，回首憶江南。鄭重寄雙鯉，語少意自諳。欲知我哀狀，絲鬢不勝簪。王生世彦雨樓。

其九

踽踽兩難民，謀食我更拙。忍飢入酒家，蒙袂同踏雪。此景在目前，分離感時節。楊葆光古醖。

其十

逐末不知本，仙佛皆爲妖。直諒多聞人，定識何易摇。一去生死隔，念此神魂銷。席元章晦甫。

其十一

問君肘後方，何藥能療貧。東西南北風，轉此飄蓬身。飄蓬亦何爲，去與豺虎鄰。鈕安濤燦庭。

其十二

滿紙非雲山，是子心上血。指端出不盡，張口遂横決。艱難支八口，病骨應鍊鐵。夏今貫甫賣畫給養，以勤咯血。

其十三

飢寒不自慮，而慮人飢寒。子亦一貧士，用心何乃寬。車前擁八騶，富貴彼自安。蔣樹本卓如。

其十四

少年知讀書，禄仕非得已。抱關何足言，親健差可喜。慘憺武林山，時時夢魂裏。湯裕衣谷。

其十五

無私乃通神，盡性方研幾。誰謂醫小道，此語微乎微。彼哉守門户，涼熱交相譏。王士雄夢隱究極岐黄，著述等身，其論醫云：絶欲無私，通神於微妙之鄉，窮理盡性，研幾於幽明之極。

感逝二十首

其一

程君茹古癖，創體爲帖考。一編鍾鼎文，存亡誓同保。巉巉石頭城，招魂問穹昊。嘉善程蘭川，諱文榮，癖嗜金石，有茹古樓圖，予嘗爲記。著古帖考，爲古人所未有。所藏石刻本鍾鼎欵識，世無二本。常以自隨任江寧北捕通判。咸豐三年二月，登陴禦賊，死之。贈道銜，雲騎尉世職，從祀本地昭忠祠。

其二

馬生應世才，餘技習九九。飛書草檄暇，丹鉛不離手。摩挲三尺刀，一瞑亦不朽。吴縣馬遠林閣讀，諱釗佐，總兵熊天喜幕。咸豐十年秣陵關之潰，熊鎮戰没君，拔所佩苗刀自剄死。事聞，恤贈如例。

其三

無已少年時，詩句已驚衆。壯歲志真儒，馹騎通漢宋。世變遭黄巾，龍蛇竟符夢。吴江陳子松茂才，諱壽熊，少爲觀鐙詞，有「去年此輩是飢鴻」句。壯歲篤志經學，實事求是，遭賊被創，旋病死。

其四

讀必有用書，吾黨韓子夏。闡幽繼文定，絶學通者寡。雪涕校遺文，有子不羈馬。婁縣韓緑卿中翰，諱應陛，顏其室曰讀有明書齋，其爲學可知也。明徐文定公所刊幾何原本祇六卷，近西人偉烈亞力與李壬叔續譯其後九卷，君校刊之。歲庚申，賊犯松郡，君居被毁，書籍板片俱煨燼，鬱鬱發病死。去秋，君子陽生以遺集求序，予爲編定上下二卷。

其五

禮學陳祥道，憂時杜少陵。著書堪送老，有子況才能。忍見豺狼暴，乘雲遂上升。青浦陳醇甫孝廉，諱淵泰。

其六

是翁頗崛强，老乃爲佛菽。忽作師子吼，一棒賊已斃。鏗然薜石詩，千載齒可礪。華亭張理堂茂才，諱進。賊至其舍索銀，君呵之，以拄杖擊賊首中目，立斃。賊衆戕之。事在咸豐十年八月，年七十三。著有薜石山房詩，予昔序之。

其七

下無黄口兒，上有白髮母。家有未婚姪，庭有已死婦。冤哉遭炙燔，慘毒何獨厚。金山楊雪門少尹，諱師程。賊至，婦殷先自溺方殮，賊拷銀不得，燔殺之。君與富人鄰，賊誤認耳。

其八

藏書遭賊焚，三篋還自寫。一官落西湖，所不媿風雅。何時鏡湖水，流到西陵下。上元朱述之太守，諱緒曾，家江寧，藏書甚富，燬於賊。君在浙，公暇寫書不倦。咸豐十年，賊破杭州，客死山陰。

其九

茗柯有苗裔，抱負真國士。失意爲經師，自號德輿子。所學在春秋，成仁輕一死。烏程淩厚堂學博，諱堃，高材績學。林文忠公目以國士，自號德輿子，著撰等身，其最致力者爲學春秋理辨。同治元年五月，賊破湖州，死難。

其十

昔年同避難，緩急每相隨。展轉重遭刃，天乎主者誰。東西睽一奠，回憶不勝悲。金山姚冰如茂才，諱懷橋，予婦之族父也。庚申五月辛酉四月，每避難同居。及辛酉八月，倉卒賊至張堰，不及相顧。君走鄉間，爲賊所傷，展轉徙郡郡城外。去夏五月，賊又驟至，被戕。

其十一

賊來但持觴，此語猶在耳。誰知咫尺間，魚鼈化蛇虺。人心不可醫，醉魄空沉水。同邑火徽卿茂才諱文炳，居百曲村。予辛酉冬避難訪君，君言設賊至，閉門痛飲，生死聽之。然不能如其言也。倉皇走出，爲土匪所遮，嗛君素識，促而害諸水。君善飲，通醫。

其十二

疇人例殉節，羅戴先後亡。咸豐三年，賊陷楊州甘泉，羅徵君士琳死之。十年，陷杭州，錢唐戴茂才煦與其兄侍郎熙同死。二君皆精於算術。咄嗟南坪氏，慘酷尤倍嘗。上天騎彗星，熊熊埽天狼。歸安張南坪茂才，諱福僖，請究小輪之理。同治元年春，回湖郡省母，爲賊所得，以爲官兵間諜也，炮炙死。著有彗星考略。

其十三

丙齋後來秀，惜未竟所學。所學雖未成，於衆頗嶽嶽。境蹙病適侵，蹉跎誤醫藥。華亭張丙齋茂才，諱家炎，避難客死浦東鄉間，醫遠不及藥也，幾無以殮。

其十四

黄公老而健，誰道如木雞。當其興到時，吐氣成虹霓。雄文神所護，丁甲敢災梨。平湖黄鶴樓明經，諱金臺，能詩，尤工駢體，有木雞書屋。集所居迫近賊巢，而板片儼然無恙。

其十五

吾宗庶端士，風誼承師門。賊斫神扶持，葉落歸本根。品學兩無忝，望在賢子孫。同里張惠筠

明經，諱兆熙，爲賊傷，不死。鄉居移時，賊退，歸周浦，病卒。

其十六

次宗酒中豪，書法效顛米。酩酊笑山公，老病時撫髀。同此桑榆嗟，猶然勝沈弟。華亭雷研農

茂才，諱良樹。及其從弟秋園茂才，諱慶昇。秋園三子，一殤，一死難。其長君茂才葆純爲賊擄，三年無音耗。秋園以貧困死。

其十七

通儒祖希馮，於學靡不習。步算兼中西，梅氏所未及。著述感人琴，誰爲刻全集。金山顧尚之

明經，諱觀光，博極群書，尤精步算，著撰繁富。遭寇，次子被擄，家多死亡，一病不起。

其十八

虛心過初學，健步如少年。仁者固宜壽，刀兵何足言。全歸啓手足，談笑遽升天。上海王花農

明經，諱廷銓，誠篤好善，年八十餘，無疾而終。將卒，有神降乩，云將度入文昌宮。

其十九

失子我已悲，失壻君更悶。何堪遭難身，添此兒女恨。泉路逢亡兒，冥漠毋久溷。婁縣祁芝香茂才，諱逢甲，亡兒錫卣之婦翁也。

其二十

頻年遭寇累，疊見兩子喪。自非木石心，難以辭不曠。人亡家已糜，官猶督捐餉。金山姚月卿學博諱垂佩。

聞沈定庵夏貫甫之喪詩以哭之

安歌撤瑟一時中，予作懷人詩時二君適没。消息驚傳兩地同。臨别早知生趣少，述懷猶冀夢時通。人情擾擾衣冠賤，世眼茫茫筆墨窮。幾輩修文歸地下，憐才鬼伯勝天公。

讀馮敬亭宮允桂芬。許烈姬傳爲朱子鶴和羲。作

敬亭史筆信不疑，作傳大書許烈姬。醴泉芝草不擇地，贊中語。破窗讀罷生嗟噫。姬本維揚鄧家女，孤露從姨養於許。二分明月照蘇臺，冰雪聰明花解語。七年教養賴阿姨，阿姨既没身何依。黑風吹汝墮鬼國，雛鸞肯逐群鴉飛。幾番求死不得死，火宅何緣覯君子。朱公恰自五湖來，春女嬋媛遇秋士。量珠聘定昏爲期，鴟夷一舸歸莫釐。同聲唱和橫波曲，子鶴與姬定情日，有用龔芝麓尚書贈橫波夫人詩韻唱和二絶句。沓韻躋攀漱玉詞。姬有和漱玉詞一卷。匪但才華兩相得，浣濯紉緘勤婦職。回首吟花一顰然，姬在蘇，時所居曰吟花閣。青蓮不染淤泥色。悠哉此樂宜百年，黑山突騎驚春眠。出門走避猝遭逼，銛刀在頸命在天。鼠輩幺麽漫相嚇，右臂雖亡左能擲。賊斫姬落右臂以左手拾石擊賊。罵賊猶存舌似蓮，捐生早辦心如石。妾心如石光如電，雌雷一擊鬼破面。無限冠巾忍垢人，烈貌貞姿君不見。石家塢畔鵂鶹鳴，石家塢姬殉節處。遊魂血涴氣尚生。蛾眉曼睩態殊昔，怒目卻作鳩槃形。錚錚大節庸非福，直得兒夫盡一哭。賸有芳名達九重，媿殺偷生徒録録。采白仙子名德蘋，姬自號采白仙子。閨房小字爲香賓。升天莫認飛瓊侶，願作飛仙劍俠身。

郊行有感

翹摇花發滿田紅，隔岸殘甎屋尚空。等是去年遭寇地，一絲春裊紙鳶風。

滬城逢陸日愛。

偕隱當年託釣緡，五湖舊約四經春。平生戚友休相問，劫外重逢有幾人。

將之皖江石孝廉中玉。以詩贈行次韻奉酬

其一

蹉跎過五十，髮白身已老。况此蒲柳姿，何由返妍好。中年始研經，服古事徵考。晚知樸學難，所貴削華藻。力淺情不專，敢云陟堂奥。夫君徂徠裔，志氣陵八表。避兵淞浦東，解邂何乃巧。文章溯本根，技也進乎道。中藏既有存，世變任紛擾。

其二

學成無大小，畎澮流於川。持此向内心，外物皆可鐫。淵源守河東，吾爲薛尉農大令高弟弟子。薪火還相傳。積久乃自融，妙義非言詮。好我每過從，談論皆斐然。吟成多感慨，手稿新自編。恨身如轉蓬，席暖將復遷。時予將還周浦。何以致相勖，魚雁時寄箋。

其三

皖江千里餘，宛然青天上。歌我從軍行，和君氣出唱。旌麾出幕府，衰老非所望。忠信輕波濤，一劍聊自壯。身無封侯骨，面無食肉相。仍媿國士知，濫竽參玉帳。蹙蹙東南隅，民困或可狀。浩浩長江流，群山若屏障。何當共登臨，指顧談霸王。

次韻答朱采。

其一

高材固天生，淬厲待其老。有如百鍊剛，其質自堅好。朱君江海士，家學徵厥考。平生倜儻才，小技薄辭藻。得意偶一揮，遂已抉閫奧。掌上列輿圖，胸次羅史表。問君何能爾，智則譬之巧。頻年遭蹇難，僕僕走長道。風霜憔悴餘，龍性漸能擾。

其二

君如黄鵠舉，一顧知山川。我質塊如石，頑鈍不可鐫。造廬忽相訪，虚名實誤傳。聆君揮麈談，觸處成元詮。賊勢近稍衰，民氣猶蹙然。動足皆荆榛，閉户手一編。物情隨世運，瞥眼多變遷。鬱此今古懷，欲作天公箋。

其三

方今辦賊手，無出湘鄉上。兵威收皖江，迎刃聞凱唱。豈惟此方隅，實係四海望。大雅羅群材，武庫森甲仗。慚非錐處囊，亦預平原相。臨分感贈言，餞我勝祖帳。驊騮策駑駘，顧影憎老狀。破浪乘長風，倏忽過千嶂。扣舷誦君詩，庶幾一神王。

次韻酬陸日愛。

舊業已如淘廢井，壯心況欲撥寒灰。幾人爲國作楨榦，我輩於今宜草萊。亂後龍蛇乘釁起，春餘鴻鴈好音來。時曾節相命壬叔以書見招。新詩贈别感君意，老矣羞上黄金臺。

長歌酬小田

君家皖南我海濱，誰與作合由黄巾。雲龍參逐一十載，性情所契惟一真。遠無三月不聚首，近無三日不握手。中更寇難亦相隨，往往偷閒把尊酒。即今海内多烽煙，毒燄障蔽東南天。君家乃在于湖邊，青山采石不可湔。故家喬木幾百年，側身西望涕泗漣。我家乃近春申浦，陰雨何從徹桑土。一室蕭然賃環堵，子死無人任門户。問君胡爲久不歸，城空賊去餘劫灰。問我胡爲上夷舶，白頭卻賦從軍樂。海水入江江路長，看山一路到君鄉。迢迢一千六百里，同夢依然隔煙水。烏乎！丈夫何必車前擁八騶，但願廓清六合氛祲收杜陵。廣廈白傅裘，大庇寒士無遺憂。荒哉此志何日酬，癡步躛揖干諸侯。停深栖意何極？安得横空生羽翼，君客海濱我皖北。

再沓韻贈陸日愛。

田廬彫作秋樹葉，書籍慘於秦坑灰。欲繪流民學鄭俠，偶拈詩句似吴萊。正當遠遊適君至，卻謂此行爲我來。悲天憫世意無限，焉得貢之登省臺。

和答楊伯潤。

而翁畫裏灌園人，君翁小鐵，曾繪抱甕居圖見贈。老向長途抗俗塵。世業能傳真有子，顛毛已墮枉逢春。湖樓煙雨無家别，戎馬關山作客身。待得時平呼舊友，謂壬叔。扁舟與爾共垂綸。

五月十五夜與張魯生斯桂。呼小舟渡浦

其一

黄昏人影寂，船舫悄無聲。城郭隱不見，野樓燈火明。

其二

水風吹薄絺，涼氣到肌骨。一葦陵中流，溶溶滿江月。

輪船

資車利用輪，資舟利施櫓。曷以舟爲車，兩輪夾而輔。填煤燃深坑，挹水熬巨釜。兩閒置機緘，一竅通噢咻。梯空縣櫜橰，蓄力掣鞴鼓。初聞聲勃鬱，漸覺勢仰俯。俄然水碓翻，霍若劍器舞。躡雲起潛龍，飲澗鬬渴虎。雷轟走神車，電閃飛急弩。迴風倒狂瀾，濺雪灑白雨。利轉膏常添，過盛氣亦吐。舟長十丈羸，其廣廿尺所。中央周四角，列礮比干櫓。大容軍千人，堅勝城百堵。作使兼華彝，寢處雜卒伍。拾級登平坡，窺井入深甒。船頭斗旋杓，柁尾弓引弣。長林瞥過眼，遠岫忽當户。計程百里餘，量晷一時甫。飛蓬車始創，落葉舟所祖。巧合斯更奇，行遠利益溥。半年歷重洋，四達遍中土。先聲寇也懾，遠慮識者憮。患羸服硫黄，充飢咽漏脯。同舟倚吳越，流毒攻肺腑。誰能借楚材，噬肯學趙武。長技彼足師，前事此宜睹。張魯生擬請仿西彝兵法訓練士卒，并造輪船。毋令象自焚，或冀牢可補。

海汊晚泊次温鳳樓刺史世京。韻同宋孝廉紹祁。 張魯生

片片餘霞出海邊，晴瀾萬頃欲浮天。光兼日月交相暎，響息風雷遠有煙。但願頑民齊脱劍，莫教狂寇更投鞭。時常昭賊已投誠，而江北苗逆復叛。渡江名士推温嶠，偶唱于喁已占前。

望金焦二山有感同次温刺史韻

看山最好半晴陰，衣袂從教激水侵。兩點金焦完小劫，廿年塵夢動吟心。温君於道光間從此路入都，予亦於其時自都回，經此皆已二十年矣。莊嚴樓閣原空相，晝夜風濤自妙音。滿眼創痍何日復，慈悲應比大江深。

聞楊軍門彭侍郎攻克九洑洲并上下關誌喜同次温刺史韻

底事鴟鴞不好音，聲威應早懾韓擒。成皋未塞終勞力，即墨遲收有戒心。此日喜聞天將

下，當時遺恨大星沉。謂張副師。摧枯待見全城復，浮白先開壯士襟。

途次雜書

其一

金山樓觀舊藏山，真面今方見翠鬟。當日紅船呼渡處，新洲聞已接昭關。

其二

歸師力遏黄天蕩，雖未成功亦快心。卻怪建康東下日，捲裝何事退江陰。感韓蘄王事。

其三

水壘森嚴見勝兵，九洑洲上下關既克，官軍水師聲威彌盛，賊益失勢。十年狐鼠枉凭城。六朝遺跡消磨盡，嗚咽秦淮恨有聲。

其四

牛渚西江片月孤，天門西去又蕪湖。夢回已報三山近，辨得吴頭楚尾無。

其五

江上群山兩岸遮，南山多勝北山些。連峰沓嶂如雲起，可惜匆匆過九華。

其六

金陵西上六百里，一半青山在夢中。惟有九華能識我，芙蓉朵朵插晴空。

次韻答周縵雲侍御學濬。

連朝困炎曦，攤飯非腹稿。愒此如年日，媿彼寸陰寶。倒傾長江流，那足潤枯槁。瑶箋忽飛至，誘敵出詩老。連章幾沓韻，縵老與壬叔已三沓此韻。大氣仍渾灝。黄巾乍將平，屢叛復元昊。以民爲魚肉，誰曰盜有道。苗逆初假仁義名，至此悖謬盡露。節相據吭嗌，一一事誅討。需君佐籌筆，千軍恣横埽。迂疏似鯫生，一見應絶倒。我方驚大巫，君不鄙小草。脱君雲錦裳，欲以易魯縞。穆如清風來，頓覺洗煩惱。相期天都遊，君約秋凉遊黄山。佳約定可保。和詩非唱喁，聊比羞薀藻。寄語韓退之，幸勿嗤瘦島。

壬叔與魯生對弈屢敗而苦戰不已沓前韻爲戲索縵老和之

弈棋如作詩，千首不同稿。嘗聞張儗言，多算以爲寶。工或齒未齔，劣至項將槁。急宜懲拙速，緩不慮師老。濫觴初涓滴，彌野忽溟灝。神龍伏深淵，獨鳥下清昊。平生不好弄，棋局昧幾道。笑覯同室鬥，甲乘乃日討。方誇匣劍出，旋詫風籜埽。禦秦二殽扼，入蜀三峽倒。量敵懷兢兢，狃捷悔草草。探穴離兔罝，數枚失龍縞。倖勝争歔歈，垂敗益薅惱。智窮三窟破，力盡一隅保。我以詩寫弈，紀實無繢藻。不如兩俱忘，蘧蘧夢仙島。

腹疾温鳳樓刺史以建州神麴見贈賦謝

苦口重良藥，而況不苦口。所貴平澹中，彌見功效厚。温侯經濟才，其器堪大受。一官滯風塵，汲汲事奔走。昌陽視豨苓，負此不龜手。輪船昔同載，角韻爭比耦。詞章本餘技，落紙已不苟。示我紀事篇，孤城矢堅守。文山雖已没，事與文不朽。所撰嘉應寇變紀略記咸豐九年春署嘉應州知州，前惠州府知府文晟守城戰死事甚悉。别來蟾復圓，一若閲歲久。相思正悵觸，意外忽聚首。腹疾憐河魚，神方出肘後。令我鄙吝消，胸次除宿垢。所恨歡會稀，未共一尊酒。靈藥不輕施，大鏞非小扣。願舒活人術，斯民轉康阜。一朝起沉疴，舉世享仁壽。

壬叔舊藏二研一曰傳是樓研王儼齋尚書有銘一曰漫堂著書研周櫟園題其鄉人張吉盦蔣杉亭所贈也今研俱亡二君亦下世檢得當時手搨本裝卷乞同人題詠存故友之意云

片雲此日空留影，雙璧當時抵斷金。賸墨遺縑餘想像，劫灰難燼故人心。

雜詩

其一

武庫南城上，賓館在任家坡，爲節相内軍械所。遺封皖伯都。江山環列障，天地入紅爐。述學多同志，來遊各異途。周張兼比屋，鄉語不離吴。同居華蘅芳若汀、徐壽雪村皆無錫人；李善蘭、壬叔，海寧人；葉圻雲巖、鍾瑜西白皆嘉興人；而比鄰周縵雲侍御學濬、陳小舫太守慶瀛皆湖州人也。

其二

斗室容槃辟，時停長者車。談天鄒衍口，論治賈生書。鍛輟迎賓際，棋喧破敵餘。豬肝累卿相，敢歎食無魚。時方以旱斷屠宰。

其三

一卷銷長日，殘暉好納涼。燒痕餘瓦礫，旱氣屬煙光。放牧官騾散，收帆客艇忙。繁星誰最大，太白在西方。

其四

芃芃坡上草，閱盡道旁人。襏襫行揮汗，肩輿坐望塵。踏街歌向夜，荷擔唤侵晨。何處任公子，釣鼇滄海濱。

其五

培塿堪凭眺，誰云黄甲低。西南隅土阜名黄甲山。黌宫對丘北，江水繞城西。賊退空牆屋，時危厭鼓鼙。黟山三百里，安得踏飛梯。

其六

市虎胡爲至，訛言枺若狂。喧傳有虎入城傷人，囂然者數日。負嵎徒恃險，探穴待擒王。見説長圍急，聞我軍圍攻江寧甚急。應嚴反噬防。隔江頻夜火，東流建德等處時見火光。困獸尚鴟張。

其七

入秋猶苦熱，高處喜無蝨。旅燕如相識，閑鷗自趁群。月光遲見魄，江水細生紋。去作何方雨，遥山盡出雲。

其八

累月盂蘭會，勤勞羽客能。風雷醮壇鼓，士女夜街燈。天癘真看免，田禾信已登。法師如鸛鶴，終日汗霑膺。

其九

上將明河鼓，癡人話女牛。忽翻天漢水，直下大江流。浄洗欃槍氣，涼生枕簟秋。阿誰還乞巧，瓜果拜樓頭。

其十

曉霽龍山出，秋波雁汊平。關門嚴陜石，壁壘壯金城。地勢連吴楚，風聲厲甲兵。中興仗儒將，忝我亦書生。

消息

消息來江左，鄉關望稍舒。將窮吴苑鹿，不用魯連書。勁卒銀刀隊，先聲霹靂車。功名勞此輩，何以報瓊琚。

鄉夢

還鄉頻作夢，夢覺不勝情。有弟常分手，無兒奉祭礽。鷗鵌同處穴，家與王生世彦同居。雀燕互遷衡。謂小田。門户煩妻子，艱難過一生。

九日偕縵老壬叔吴文通。北郭散步次縵老韻

其一

郭外江流繞渚沙，晴峰交映赤城霞。恰當佳節身無病，小病初瘳。隨意登高路有涯。百戰雄

風消白骨，曾撫軍國荃、鮑軍門超攻克安慶，時苦戰數晝夜。三秋景物斷黄花。荒區況值干戈後，土銼茅檐僅百家。

其二

陵谷無端迭變更，秋風落日古宜城。蕭條禾黍荒耕作，辛苦江山閱戰争。溝壘居然夜郎國，僞英王陳玉成兇悍善戰，置寨處形勢鉤連，頗井井。旌旗依舊漢家營。浮雲西北重惆悵，謂苗逆。誰挽長淮爲濯纓。

寄小田

其一

荏苒五絃望，路長音信遲。十年無此别，千里各相思。節物孤尊酒，鄉愁繞鬢絲。遥知黄魯直，瘦不爲吟詩。

其二

平生重肝膽，於我獨相親。直道終違俗，奇窮尚憫人。藏舟深歷壑，障簏苦傾身。寂寞南樓月，應無庾亮塵。

杏士季子浚源。與其舅吴文通。從某太守赴黔過皖予憐其幼留之作書復杏士書紙尾

闊别時艱齒更衰，無書悵望見書悲。我從失子全霜鬢，君即多男此白眉。遠適黔陽非得已，漫留皖北且相隨。亦知冀作豐城劍，暫向囊中學處錐。

贈姚浚源。沓前韻

漫將往事論興衰，遠道依人已可悲。客裏相逢重握手，尊前情話且伸眉。冰霜玉汝非磨折，富貴由天莫詭隨。豹隱南山須七日，埋頭好鑄門時錐。

贈吴文通。再沓前韻

羨子飛揚興不衰，家山回首得毋悲。披肝未易宜緘口，中目綦難或志眉。果抱純鉤終遇薛，莫矜明月暗投隨。傷時更下窮途淚，一樣羈栖悵立錐。

謁余忠宣公墓因訪大觀亭故址得詩二首

其一

步出金寶門，新築外城在正觀門外。西風振跛蹇。穹碑表忠宣，字大遥可眄。碑字爲署撫。今少司馬彭公書，甚壯偉。故祠無片瓦，荆棘不待翦。崇墳焕新修，正氣動追緬。有元當末造，區宇蹙已褊。錚錚唐兀氏，隻手拄傾偃。威伸悍賊退，令肅苗獠愞。沔陽漁人兒，瑣瑣何雞犬。環攻矜得意，乃欲申澒涊。安知余將軍，匪石心不轉。濟則韋孝寬，不濟爲巡遠。刑于妻子殉，義激偏裨勉。此邦扼吴楚，腹背臨淮沔。一柱蔽東南，雄封實關楗。時來敵將降，宋末元兵下江州，知安慶府高文虎迎降。勢詘良臣殄。天險豈不然，盈虧理尤顯。愚哉寧庶人，一戰遂自踠。烏乎五百年，黎民幾兵燹。懷古感無窮，傷今淚重泫。華表鶴歸來，還應共韓建。

其二

懷古無端一涕零，登高展眺忽忘形。水來彭澤微茫白，山入池陽次第青。城郭居然環玉壁，畫圖真似在圍屏。元戎儉節稀歡宴，不用遊觀更葺亭。

野望

戰守雄區語豈夸，小孤東下勢蟠蛇。淮西勛業光裴相，皖北衣冠復漢家。亂後人心猶盜賊，市繁風俗漸浮華。凭高不盡憂天意，急鼓城頭起暮笳。

送容宏。赴彌利堅采買機器

再歷重洋險，歸來僅十年。君幼在彌國。身窮西北海，繞佛蘭西、英吉里赴彼。首戴地中天。彌國在地球下，與中國對足底立。世運需材急，良工利器先。乘槎非鑿空，向若媿張騫。

送姚浚源。之建平幕仍沓前韻

投戈乍報賊氛衰，建平賊投誠新復。適館良佳別又悲。此去荆榛猶慘目，都緣菽水强低眉。岐趨易惑行無誤，處物能平福自隨。少歲儲材期建立，莫教心力困刀錐。

東坡生日與王孝鳳員外家璧。孫琴西觀察衣言。陳小舫慶瀛。劉開生翰清。兩太守林若衣郡丞用光。方元徵少尹駿謨。葉雲巖遊戎圻。楊見山孝廉峴。李壬叔善蘭。少石文杏。吴穎仙文通。三文學張元素布衣絢。同集縵雲侍御蟄庵縵老先倚哨遍詞爲壽予與孝鳳壬叔穎仙元素用歸去來詞韻和之拘於律意有未盡復繼長言

天與東坡意何厚，特散天花爲公壽。先一日大雪。坐公瓊樓玉宇間，天女擎觴獻天酒。東坡先生笑開口，坎壈平生命纏斗。誰知身後七百年，歲歲惱人月十九。諸君借我作詩題，消遣殘寒聚賓友。君不見，前日之雪已無有，今日之雪長在否？文辭變滅類如斯，立德立功乃不朽。君

不見，相公忠勇蕩群醜，衆材效命駿奔走。餘蠥凝頑尚堅守，入蔡奇功付誰某。又不能效魯連一紙下聊城，閒此飛書草檄手凍僵十指。和尖叉毋乃，酸寒呼負負。小子前致詞，公語殊未剖。大海納百川，賢俊此淵藪。即如坐中豈乏文武才，帷幄戎機參左右。其餘三五少年輩，乘運躍鱗紛蚴蟉。書生事業未可量，游戲文詞此其偶。惟有小子拙且衰，壯不如人老成叟。雕蟲結習亦未工，敢向王盧論前後。中興天子威德兼，誓埽蚩尤任風后。先生倘或遭此時，無慮齟齬强掣肘。何以正人心？何以絶稂莠？流亡何以集？財用何以阜？立功豈必輸後人，惜哉當年未大受。空言傳世雖不用，衣被儒林亦非苟。公不見，前日之雪豐其蔀，今日之雪光徹牖。入地能令蝗種消，上發英華滋畎畝。勿言變滅在須臾，豫作豐年飽麰麥。先生聞言頭不回，此子狂簡無所裁。安民活國大人事，老生常談真可咍。雪月江山何妙哉？前與諸君唱和，有雪月江山夜詞。有酒飲我流霞桮。醉負大瓢歸去來，一聲鶴唳天門開。

正月大雪周孟輿世澂。著屐來索酒於壬叔壬叔用聚星堂韻贈之屬和

重衾夜擁輕於葉，三暮三朝作春雪。置身忽在元圃中，如此江山大奇絶。萬間廣厦空在

胸，賃屋三椽恐傾折。傳聞江國大合圍，醜類飢寒殆將滅。紇干山雀何處飛，壯士乘城凍旗掣。上元張飲此一時，挾纊無煩計繒纈。我曹炙研猶畏寒，袖手談空快霏屑。天風吹作曼陀羅，欲與龍公鬥飄瞥。周郎著屐來叩門，市遠廚空餠難説。茅柴酒薄瓶屢卧，勿笑廣平心似鐵。

雪消沓前韻

兀坐校書如埽葉，點筆臨窗聽消雪。雪時畏冷今慮消，得失關情兩凝絶。嗚檐鉛水不斷流，墮地冰釵有時折。平陂向暖徑已露，曲巷低窪路猶滅。原頭野雉飢欲飛，澤腹長鯨困誰掣。日光埃皆乍回温，雲影朧明半如纈。床頭屋漏惜殘書，階縫泥融思木屑。方謂飛揚勢不窮，誰知鮮耀纔成瞥。陰晴未定畏天意，瞑晦無端愁雨説。南陽卧客不出門，寫向寒氊研磨鐵。

孝匄行

孝匄姓哈，安慶人，回種，別有傳。

蕩蕩皖伯城，中有一孝子。臂攣項復强，踽僂頻入市。入市何所爲，乞錢養阿嬭。阿嬭年八十，存活惟賴此。問言不能對，烏烏畫以指。勿憂匄腹飢，嬭朝飽飯夕。飫糜勿憂匄，身冷嬭襖重。絮新且整市，閑來往千百。人車馬雜沓，要路津噫嘻。此匄面垢塵，托鉢持杖衣。縣鶉有手任，經營有足力。奔走欲養親，不在富貴亦何有？天生此匄百不完，獨畀一母長承歡。君不見，城郭荒蕪更十載，幾許桑田變滄海。哈排巷口匄所居。屋一間，母子噐然至今在。匄惟一母母一兒，母老子養匄豈辭。乞錢養母匄有之，誰爲孝子匄不知。

題王恬庵封君芝異。乾惕軒集

白日有回照，奇冤寧久沉。封君爲孝鳳員外之父，嘗以累戍滇。孝鳳萬里省親者二，卒陳情昭雪，迎養以歸。投荒萬里夢，反哺廿年心。波浪瀾滄險，雲山蜢蟆深。遺編愁展卷，風雨入長吟。

題莫子偲大令友芝。唐寫說文木部殘帙卷

墜義零星證玉篇，流傳知在二徐前。細求洨長遺文意，屑效陽冰結勢偏。半部漢書殘亦寶，一編唐韻寫疑仙。六丁搜牘無多字，天付先生作鄭箋。莫君別作箋異一卷，虎爲之跋，刊於節署。

題金谿二烈婦遺稿

二烈婦者，一爲孝廉胡震恒室黄簾珠；一爲廣文黄春魁室朱淑鳳，即簾珠弟婦也。皆能詩。咸豐十一年七月，粤匪擾江右，二婦並投井死。簾珠幼女丁香，年十四，侍其大母戴避地槐樹邨。丁香投池，戴亦投井，俱死。廣文合梓二婦，詩並繪寒泉苦節圖，乞題於時人。

湛湛金谿水，鬱鬱金谿山。昔有黄華姑，成道於其間。神仙眷屬啓閨秀，翩然仙骨雙華鬘。雙華鬘，兩女士，大家新婦皆才子，腥風吹血虎入市。生共聯吟死同死。上榕坊，二婦死處。槐樹邨，寒泉三穴夏不温。中有烈婦孝女慈母萬古不死之冰魂，風雅節烈聚一門，仙壇爾祖同芳芬。烏乎！能全大義亦慧根。

三吴

三吴久塗炭，一舉埽豺狼。盡殺豈爲暴，災民能不傷。遊魂驚膽落，餘恨哭頭瘍。惟有李飛將，封侯志氣揚。

題李文杏。近稿即送泰州之行

其一

禾興三李風流在，秋錦詩孫有嗣音。江北江南好山色，劫灰磨洗入新吟。

其二

雪月蘇齋酒一尊，萍蹤小集總無根。去臘東坡生日，同集十四人，散者半矣。熏風愛管人離別，又送江潮到海門。

山谷生日李眉生太守鴻裔。莫子偲楊見山李少石周孟輿李壬叔同集縵老蟄庵

炎襟滌浄前朝雨，來對涪翁冰雪顔。好借樓頭黄鶴至，同看江上白鷗閒。平生獨下蘇玉

局，勍敵只除陳后山。咫尺幽巖石牛洞，裹糧安得留其間。

大軍克復金陵詩上湘鄉相侯

粵賊竊金陵十二年矣。同治三年六月，相侯介弟沅浦中丞身自督戰，晝夜不息。十有六日，攻克外城，時首逆洪秀全先已怖死，遂捡悍酋李秀成，盡殲醜類，江左肅清。别有序。

狼角變色，自彼坤維。爲虺弗摧，化爲鯨鯢。踰江淮河，朔南東西。鼎沸魚爛，所至則糜。躪楚蹂吳，鳥跡獸蹄。於赫金陵，帝王所遺。龍蟠虎踞，穴鼬與鼯。洪水滔天，溺我蒸黎。我公治兵，自湘而北。敷心腹腸，手臂戮力。水涌陸驤，武漢眴克。遂陵九江，誓埽殘賊。欃槍退舍，仰見軫翼。惟帝聖智，命總揚域。移軍皖南，披斬荆棘。入險出險，終開梗塞。皖實楚尾，居吳上流。不掎其角，曷搤其喉。時維介弟，勇齊於謀。剖窟破翳，窮其鵂鶹。中丞攻克安慶，悍逆陳玉成走死。東剸巢含，遂錣和州。公來坐鎮，居中運籌。乃請於朝，分命李侯。規略三吳，以次克收。石城言言，攻圍二年。落其爪牙，猶負厥堅。中丞曰吁，其又可延。驂我雷輜，奮我電鞭。鼓角出地，梯衝降天。横裂其巢，飛沙騰煙。梟獍殄滅，秦淮血填。帝嘉二公，光復土宇。爾侯爾伯，伯仲伊吕。而公穆然，念兹黎庶。孰恤爾喪，孰瘳爾癘。孰田而廬，孰衣而糈。中我官箴，輯我師旅。開誠布公，百廢具舉。登民春臺，歸報聖主。

金眉生都轉安清。移居揚州寄詩索和次韻

其一

小住蕪城賦舊遊，觀濤漫記曲江頭。時平大賈仍聯舶，戍罷孱兵盡脱鍪。十里春風前度客，二分明月幾家樓。名都坐鎮今誰似，盛世無須感白鳩。

其二

朝衫换著芰荷衣，今昨何從論是非。夢裏功成還失笑，胸中道勝自生肥。短歌白水輸魚樂，閒看青雲任鳥飛。卅載埍鄉風景異，此間雖好詎忘歸。

其三

西吴風月念家山，都轉浙之嘉善人。近事傳聞想像間。千畝桑田成斥鹵，滄昌塘圮。九峰雲木剩苔斑。釣遊舊侶多黄土，清濁湖波半翠鬟。無限哀鴻思雨粟，屯膏那得破天慳。秋來頗傷旱。

其四

何處吹簫問玉人，平山闌檻又香輪。將雛燕子巢初定，歷塊龍媒性已馴。他日草堂留錦里，有時神劍躍延津。重來正似遼東鶴，肯使腰纏苦累身。

憎蝨四首和縵老

其一

蚤自跳梁蝨處褌，深機隱伏解藏身。飛鳴獨爾無拘忌，衆裏公然敢齧人。

其二

附熱趨炎不自知，飛揚得意欲何之。可憐一飽爲身累，絶倒櫻桃似腹時。

其三

山樓遠水四窗開，占地清高風易來。苦道此間蝨較少，下坡閭巷正如雷。

其四

連朝苦熱睡難禁，不下羅帷到夜深。繞鬢獨憐人未倦，時來枕畔作清吟。

遣興四首

其一

虎翼蛇蟠自古傳，止齊步伐至今然。三時講武成虛事，歎息承平二百年。

其二

敵國居然肯借材，蒼頭特起占功魁。壽陵學步談何易，徒使邯鄲博笑來。

其三

談兵口更勝談天，獻笑軍門喜著鞭。三令五申人已散，雄心空負十三篇。

其四

一礮千金百煉銅，消磨兒戲刹那中。深宵幾許旁人話，愁殺蒲葵扇底風。

陳節婦吟

辰州楊參戎名聲。女，適同里陳生，數年無所出。生從軍楚北，半載病死黄州。婦時年二十三，誓以身殉。姑責以大義，乃止。既而聞生置外婦，撫州有遺腹，請於父訪之。已生，取以歸，育之如己出。婦至勤儉，身任家事，事姑兢兢，惟恐失意。節與孝既兼之矣。予尤難其不妬忌，能以宗祀爲重。錢唐湯少尹裕。以所爲傳示予，因賦此詩。

昔聖制婚姻，所重在似續。周南美螽斯，旁生廣其族。柰何婦女心，愚褊每自局。寧令宗祀虛，弗任婢妾育。楊侯有好女，秉質貞且淑。良人志功名，遠道驅征轂。一身兼子婦，孝事無不足。誰知比翼鳥，忽爲單飛鵠。一死情已堅，將母奚所屬。上堂慰姑嫜，入室掩淚哭。天使一脈延，外婦娩遺腹。不恤道里遥，致此親血肉。典我嫁時衣，爲君謀饘粥。脱我頭上釵，爲君窀穸卜。一身兼子婦，孝事恐不足。一身兼父母，出入勤顧復。阿婆喜抱孫，亦以減悲蹙。寒燈照孤影，朔風吹破屋。軋軋起中宵，十指凍生瘃。安得兒長成，如滿機上幅。烏乎泉下人，何忍聽此曲。

題馮魯川太守志沂。微尚齋詩集

俯仰乾坤感慨多，神鋒大略近東坡。抵排衆口存公道，消納雄心託醉歌。兩度從軍詩滿卷，此行無意脈封侯，惟願紀遊詩滿卷。集中句也。廿年郎署鬢雙皤。一麾未恨馮唐老，著手誰能假斧柯。

晚眺時將赴金陵

任家坡頂立斜曛，兩載鴻泥爪印紛。海上音書千里隔，久不得小田書。皖南山色一江分。辭巢社燕翻憐客，繞樹栖鴉各喚群。極目樅陽東北望，好風吹送吉祥雲。相侯先已啓行。

再題唐寫本説文殘卷箋異奉次湘鄉相侯韻

如蕉抽葉籜解筍，汶長元文證殘本。歷唐至今已大奇，尤奇得之兵燹時。相君詫此希世珍，勸勿自闕公之人。百八十八篆飛舞，墨光浮動庸非神。二徐疏陋憚徵考，往往倒置履與巾。戴侗。黄公紹。遺書引唐本，古義寥落如參辰。金壇段氏始傑出，補苴罅漏祛埃塵。詎知左券正相合，適復其舊非翻新。廣搜載籍作箋異，著述繼起君其倫。誰持成見争鴈鼎，詰籀辨論齒露齗。楬槎二解迴殊俗，楬字説解引周禮曰：「楬而書之。」二徐並誤作春秋。槎字説解引春秋、國語曰：「山不槎棒。」二徐並誤作春秋傳，脱「棒」字。小徐山下多木字，唐本並不誤。譬察車者先自輪。當時鉉鍇早見此，覆轍何至迷塗循。相君題辭何雋快，次韻先愁駱駝疥。君與程君莫君與程伯旉鴻詔皆先有詩次元韻。若邢尹，鯫生續貂苦菌蠢。陳倉獵碣得韓蘇，蛇足欲添意已盡。屬君勿飲缸面酒，巧偷豪奪古亦有。寶此哥舒半段槍，上騰龍氣如干將。

晚泊大通鎮望九華

扁舟泊江滸，九子在雲中。應有山靈笑，頻年西復東。煙巒不可即，晚景滿秋空。借問五溪水，何爲出大通。

荻港

一港兼關市，臨江水驛便。急流迴石腳，高閣杭山顛。瓦礫屯兵後，帆檣落日邊。待歐陽曉岑船不至。盜風雖未息，喜已盛人煙。

蕪湖懷小田

嚴關此地重江防，一宿維舟古塔旁。悍卒游民遍街市，無人知是鄭公鄉。

天門山

壯絕金陵弟一關，十年攻守二梁山。而今擲在煙波裏，閒看千艘日往還。

牛渚

危磯出煙波，片石幽且峭。風帆不可泊，凝目頻返眺。燃犀江神駴，捉月姮娥笑。千古兩奇人，豪情庶同調。

畫舸

畫舸牙旗喜氣都，倚闌紅袖曉妝塗。船船盡載西施去，卻道湘湖勝五湖。

送曾沅浦宫保國荃。養疾歸湘鄉

宿寇終朝洗，鞭雷破石城。三江雙節鉞，前拜浙撫。百戰一書生。引疾非高隱，崇儒豈好名。議刊經、史、説文諸書以見屬。韶山秋正好，歸去樂承平。

翠微亭

翠微亭子石城邊，磴道荒蕪屢折旋。繞郭江流似腰帶，照人山色皆童顛。感懷朋舊卅三載，壬辰與同人遊此，今零落可感。坐閱興亡七百年。亭本宋紹熙時重建。漫問南朝故宫闕，幾家廬舍見炊煙。

妙相庵

金陵園亭臺榭無復孑遺，惟此庵幸存。

佛日慈雲劫火空，靈光此地爲銘功。遊人莫折亭邊柳，千古墩名屬謝公。今爲沅帥生祠。

朝天宫

朝天舊宫殿，零落幾黄冠。文字罹殃早，咸豐癸丑，城陷，一日即火，道藏熸焉。神仙度劫難。壞廊山鬼泣，孤樹夕陽寒。尚有横刀卒，敲門闃夜闌。

南匯石筍里人奚憲銘穎敏善讀書以父久困場屋鬱鬱死鋭志舉業從師滬城咸豐十一年冬流賊逼浦東亟奔還奉其祖母張母顧及二弟遷避張家港明年春賊至其地顧赴水死憲銘挺身罵賊賊怒斷其首縣於樹而磔其軀僕仇海亦被殺時同治元年三月二十二日也憲銘聘室周聞訃亦自溺張及二孫旋相繼病死五月賊去其從父光裕歸視憲銘屍僅得足骨二殮之

人生同草木，百歲何足恃。惟有孝義心，千古長不死。負笈别重慈，所願爲國士。上以慰先靈，匪緣覬朱紫。寇從西南來，猝已逼桑梓。奔還挈老弱，瞻烏悵靡止。觤𩨏經冬春，賊氣乃愈哆。搜索及鄉隅，人命如一紙。忍見鞫我人，捐生赴河涘。口有睢陽齒，手有南八指。殺賊恨力微，駡賊欲裂眦。縣頭高樹顛，怒目猶直視。體骸親所生，還以報母氏。瑶瑟絙朱弦，未彈先變徵。貞魄託清溪，化作蘅與芷。弱孫隨阿婆，殘喘焉置此。六口聚黄泉，若敖豈求祀。生不辱儒門，死足光邑史。前騶擁節旄，全軀保妻子。偷生能幾時，奴輩猶爾恥。

與縵老壬叔約以東坡生日舉舊例而先期連雨不果及十九日乃大晴悔之然無及矣壬叔改擬明年正月祀香山生日以公配饗作此寄縵老

去臘荐東坡，僂指如宿昔。羲和驅短晷，飄若駒過隙。金陵公舊遊，我輩復寄跡。花豬早計及，藉以展良覿。微恨同社人，遠近多異適。感茲聚散緣，嘉會詎可易。雨師不解事，霢霂連日夕。滿街泥滑滑，何處討笠屐。頗疑公猷喧，借以辭賀客。城北半山亭，相去亦咫尺。元豐七年秋，公來謁安石。共一老禿翁，輸汝三畝宅。公次荊公韻四絶，有「勸我試求三畝宅」句。殘年赴泗州，浴罷不暖席。年譜：公逼歲到泗州，十二月十八日浴。雍熙塔下。到郡席不暖。公同王勝之游蔣山詩句也。一十三甲子，自元豐七年甲子至此相距七百八十年。江遠山自碧。人物此一時，瞥眼年幾百。介甫讀公蔣山詩：「峰多巧障日，江遠欲浮天。」曰：「老夫平生作詩無此一句。」公在金陵，介甫數與游，謂人：曰不知更幾百年方有如此人物。」荒墩不可争，況乃尋畫戟。公蔣山詩：「朱門收畫戟，紺宇出青蓮」自注：荆公以宅爲寺。生辰先一月，介甫生辰十一月十二日。今古何寂寂。安知非嫉妬，故遣風雨厄。晨興忽開霽，暖日照簾額。大笑書生酸，失計劇可惜。雖有六從事，壬叔藏有越酒。未敢獻三白。香山公所欽，代異情不隔。待過落燈風，三蕉奠同釋。

聚寶山

長干已無塔，咸豐六年爲賊所燬。何處問長干。故壘聲威在，沅浦帥駐兵於此。堅城破敵難。地荒林木盡，霜重髑髏寒。惟見鍾山上，依然紫氣蟠。

夢柏篇

夢柏篇爲南昌張璲作也。璲父某，客死於黔，無子。璲母陳迎其喪歸。以貧，故族人子無肯後，而亦無當陳意者。乃日夜禱於天求嗣。久之，夢神賜之，柏植庭中，繁甚。既而得璲於疏屬，撫育之。節彌苦。璲長成，極孝，事陳聞於時。以卑官從仕江南。是時，陳年餘八十矣。璲恒思母，悒悒不得遂養，作夢柏圖自警，因題詩慰之。

節與柏同堅，心與柏同苦。此柏天所植，所以報慈姥。夢中之柏枝葉繁，庭中之柏閱歲寒。春暉可報堂有萲，來游來歌鳳與鸞。

與緩老壬叔魯生湯衣谷裕。同出朝陽門游鍾山輿中戲作

天公妬遊人，雨雪屢相錮。連朝稍放晴，相約如脱兔。鍾山遠招客，爽氣豁塵霧。東出朝陽門，肩輿騁飛步。輿夫向我言，笑我作計誤。皇城久爲墟，宫殿今廣路。郊坰寂人煙，登陟何所慕。秦淮多佳人，漸已復其故。豐頰長蛾眉，妝飾雅且素。弦管調新聲，一醉忘日暮。聞言謝輿大，性與時好忤。惟有山水懷，訪古差自娱。去聲。城中多少年，知音曲能顧。黄金買歌笑，纏頭不知數。曷不肩彼行，殘炙亦得哺。與人作肩輿，苦樂惟所赴。山水有何好，粉黛有何惡。古人不可作，惟有丘與墓。所憐頭白翁，老尚不知務。

明孝陵

匹夫爲帝王，劉季此其偶。横遭狐鼠辱，出五百年後。故宫既已蕪，寢廟復何有。惟餘饗殿在，壁立對陵阜。我朝於勝國，恩禮一何厚。王師渡江來，片瓦不忍蹂。南巡邀盛典，祭拜親奠酒。誰令粤盜乘，躛踢噫可詬。當時平寇竊，所至如拉朽。徐常諸將帥，智勇豈功狗。祁連

陪葬處，約略有培塿。神靈彼何依，十載徒束手。豈真幺麼輩，特出值陽九。抑或亡國餘，呵護亦不守。即今曠惠施，我皇及聖后。經營遵古制，修葺毋或苟。遥望氣蟠龍，依然燭牛斗。

與縵老壬叔魯生陳小浦廣文方坦。游玄武湖即事

朝出東北門，平堤浄氛埃。湖光與山色，令我眉宇開。洲嶼近可渡，所恨無亭臺。搴衣陟崇丘，絶磵從高來。想見大雨時，飛瀑如驚雷。山花不知名，吐豔隨蒿萊。其南接龍尾，俗名龍脖子。去夏我軍從此處地道破城。嚴城勢相迴。偏師破空至，賊膽那不摧。英雄有同見，何必南齊崔。南齊崔慧景遣千人魚貫緣鍾山西岩夜下鼓譟，臺軍驚潰，疑即其處。仰瞻鍾阜顛，巖巒鬱崔嵬。俯矚全湖勝，景物靡不該。茆店一兩家，雜餌連春醅。舍我輿與馬，魯生騎馬。同住山水隈。春鉏爾何傲，獨立方徘徊。

卞忠貞公墓

一戰全忠孝，西陵致命時。逆臣天豈佑，大義病何辭。片碣依高冢，荒基辨故祠。握拳長不朽，餘烈在孫枝。卞族今有千家。

次韻和李芋仙刺史士棻。述感即送之江西

相逢漫賦莫相疑，肉眼憑人論黠癡。薦士有如侯叔记，好賢終賴鄭當時。一麾襆被仍循吏，幾輩弓刀逐健兒。此去西江虹貫月，米家仙舫舊來知。君舊宰彭澤，喜書籍書畫，收藏頗富。

秋燕次錢芝門閣讀恩棨。韻

其一

一襟涼雨睇重門，半晌呢喃語尚温。北里苔荒迷舞影，西風簾捲失巢痕。相逢華屋都如客，只賸空樓亦感恩。紅杏枝頭春易轉，星星香夢細尋論。江城華屋半燬於賊，半爇於兵，僅有存者占爲公所。逃亡歸者反賃小屋以居。

其二

衰柳斜陽舊苑門，闌干人影憶留温。歸來遼鶴同身世，往事春駒共夢痕。曉幕無風窺起

早，生綃似玉見承恩。炎涼説與初飛鴈，語蟀哀蟬未許論。

九日廖養泉司馬綸。葉雲巖招與縵雲壬叔黄亮甫光國。琴川涇祥。兩太守飛霞閣登高次琴川韻

其一

最難重九無風雨，風雨還當著屐來。高閣群仙同日聚，長天霽色一時開。濁醪未用王宏送，故國曾勞庾信哀。滿目雲山明鏡裏，東北兩面並頗黎窗。盧龍環接雨花臺。

其二

柳州遊記已先鳴，縵老出新作飛霞閣宴遊記傳觀。宣遠詩篇脱手成。高會南皮新結社，雄才北府舊談兵。琴川向在德興阿公統帥幕。六朝勝蹟空江表，一角齋壇剩冶城。飛霞閣在朝天宫大殿，左僅存牆壁甍橑。近議於宫址改建郡學，廖君實總其事，因修葺之以息司事者。井冽寒泉甘可飲，廖君於閣下得舊井，浚之，泉清而甘，予請即以養泉名之。得閒便訂此間行。

縵雲招與杜小舫廉訪文瀾。都芝仙孝廉國楳。陳小浦李少石壬叔同集飛霞閣爲展重陽之飲次縵老韻

好秋天與展重陽，借元唱句。可有他鄉似此鄉。繞郭螺環千髻翠，堆盤蟹綻一臍黄。相逢盡説錢王里，獨客慚登鮑老場。諸君皆籍浙西。却憶横雲舊池館，幾回沉醉菊花觴。松郡城北横雲山爲郡人登高之處，張温和公築丙舍於此，每至季秋遊讌不絶。

次韻酬李少石

三年趨走謁，公卿相對塵顔太瘦生。坎止豈期能出險，飢驅何事更求名。朋儕聚處真成樂，詩句偷閒各有情。可惜買山猶未得，不然歸去共藜羹。

次韻酬黃小田見懷之作

其一

只謂半年別，因循卅月餘。真成退飛鷁，屢負上潮魚。易醉非關酒，將歸嬾作書。傲霜猶有菊，此約定無虛。

其二

第一關心事，江鄉大有年。來書云爾。亂餘如隔世，困極或回天。令肅遐方格，時平境吏賢。銜梧話新政，計日檥歸船。

飛霞閣晚眺同緩老作

山林意無盡，夙好同所敦。東厓月屢至，未厭登陟煩。翼然見兩廡，棼橑煥巳軒。左迴鍾嶺勢，右俛江東門。非茲氣象迥，焉識聖道尊。循欄眺飛霞，晴日山氣温。彩翠映几席，晴輝變朝昏。寥天送孤鳥，寂聽忘衆喧。物生各有適，俯仰良可欣。貪夫慕黄屋，城東北隅爲僞天王府。蔓草終自燔。見野燒。乾坤固清夷，擾擾今何存。廉静諸妄息，祇與憺者論。菘畦凈寒緑，茅屋帶斜曛。結鄰倘如願，學圃山之根。

蘇文忠公生日縵老招同汪梅岑孝廉士鐸。陳作梅觀察，鼒。倪豹丞刑部文蔚。李丙叔肇僧。莊中白忠棫。兩提舉葉雲巖廖養泉陳小浦李少石壬叔及令弟詠花兵部學洙。鏡芙吏部蓉第。喬梓集飛霞閣

其一

雅集申前約，前冬約而不果。新春入舊年。是日立春。徑開殘雪，後花占凍梅先。養泉覓得唐花牡丹，緗桃爲供。今古幾彈指，江山一寓賢。昔遊應更憶，風景只茫然。

其二

一笑蘇齋客，依然十四人。癸亥之集人數適同。弁陽舊賢主，謂縵老。巴曲故鄉親。養泉巴州人。品

地兼仙佛，鍾靈枉甫申。坐中誰李委，腰笛和迎神。

其三

傑閣東巖上，嵐光映午晴。東風吹玉屑，獨鶴下瑶京。天意小遊戲，人間變晦明。如憐太荒索，特與發奇情。是日大晴午後忽雪，已而復晴。

其四

復此承平景，亥冬之集，節相聞之喜，曰：「此承平景象也。」全消羈旅愁。閑情公印可，清境衆淹留。盛治開元祐，膚功協廟謀。彭城形勝地，□□正紆籌。坡公守徐日，上書極言地爲南北襟要，而京東諸郡安危所寄。時節相駐軍徐州，朝旨移營東省。

舒蓺室詩存六

江上

雙輪激浪鏖逆風，船如天馬飛在空。青山滿眼不可即，惟見隔岸桃花紅。紅桃緑柳春長在，兵氣消磨已三載。長鯨斬盡大江空，直送江流入東海。

此地

此地疑甌脱，云誰後患懲。喧賓偏奪主，深谷盡爲陵。商賈頻年減，笙歌比屋增。不愁焚玉石，鑿壁眩傳燈。西洋人煉煤氣通地、作燈，中國好奇者從之。

孫女阿葆

離家今四載，襁褓已雙了。走避渾疑客，孤生未識耶。倚嬌頻索果，愛好欲簪花。嫁汝知何日，吾衰滿鬢華。

題姚石一其鈞。頑石圖

卷石生高岡，胡爲落塵土。上無松柏陰，下與瓦礫伍。負此硱磳姿，巧匠若無睹。幽人拂苔蘚，愛此質椎魯。塊然吾與汝，交道庶終古。慎勿學卞和，刖足徒自苦。

郡城感舊

殘磚敗瓦認模糊，故跡難尋陸瑁湖。卅載朋歡遊息地，春風吹不到榛蕪。

傷抱甕居故址

張涇堰上屋數楹，正對園扉溪水清。圖書爲我作師友，松竹與人同性情。晚菘早韭有餘味，春鳥秋蟲無俗聲。今日遺墟還自弔，六年殘夢太分明。

上留田

行至上留田，不聞鴉鵲聲。華屋爲丘墟，莫辨室與庭。常棣不復花，荆樹無遺榮。深栽百年久，翦伐誰使令。沴氣夙已滋，會與妖祥并。飄風一朝至，根本忽以傾。栖栖失林鳥，三帀徒飛鳴。海畔多梟鴟，誘汝啄腐腥。猝然遇矰弋，同爲盤中羹。胡不學鷽斯，故巢猶可營。悲哉上留田，蔓草無人耕。昔我嘗三宿，感此涕泗零。冤魂如欲語，白日悲風生。

屢與小田遊宴而無詩別後卻寄

其一

四年離別苦相思，相見還如未別時。傀儡逢場聊遣日，壺盧依樣嬾吟詩。鄉心歷歷三桮酒，世事悠悠兩鬢絲。萬户江城同調少，童孫撰杖欲何之。

其二

頭顱七十未龍鍾，小喜東南已息烽。先德三朝恩重溯，編年一帙卷方終。撰勘敬公年譜方竟。孤甥每愛何無忌，謂吴子百孝廉。家學尤憐阮仲容。子九廣文繪事能繼其世。居是火城門似水，阿翁餐菊子哦松。嗣君子慎方署上。海丞君書來言，藝菊頗盛。

東坡生日雨陳卓人太守立。韋守齋都閫長貴。丁犀方明府壽保。戴子高廣文望。暨緩老壬叔小浦中白同集飛霞閣

浹辰大雨天破慳，公來笠屐喜展顏。年年此閣祝公壽，公壽合比龍盤山。閣中主客半新

舊，下拜同此香一瓣。置身卻在水精域，萬景都落軒楹間。恍惚霧豬祈雪處，斷山若玦連若環。凍雲四合意未已，高下滅没煙中鬟。秋冬苦乾種不入，老鴉觜啄何太頑。聞山中麥種多爲鴉所食。大無麥苗春可慮，亂後那可逢茲艱。先憂後樂公素志，神力似憫蒼生瘝。甘霖瑞雪一朝至，龍公或者功補患。風從北來盛號怒，潢池盜兵師未班。烽連商雒民困極，奏事欲乞鳴天關。願公少留聽終曲，天邊白鳳驂公還。

題瓊浦歸帆圖

金雞一唱開天門，扁舟解纜扶桑根，蓬萊方丈若可捫。扣舷坐嘯天渾渾，天照之裔磐余尊，神武開國數并吞。日本書紀言其國始祖爲日神，號「天照大神」。三傳至磐余，彦大征諸國，建元神武，歲在甲寅，以紀推之，當在中國周惠王十年也。求仙徐市今何存，童男廿女長子孫，海外此亦桃源邨。咸豐末多避亂日本者。豺狼斬斮狐鼠馴，歸來故山家室敦，九峰蔥鬱喜氣春，本乍浦人將歸娶。四千餘里幾晝昏，滄波東望惟朝暾。

湘鄉相侯將至江寧

春風滿郊甸，知是相侯歸。頓覺江山壯，潛生草木輝。投艱舒國計，望歲壓民依。本爲匡時出，誰云素願違。

連日與縵老亮甫壬叔孫澂之廣文文川。唐端甫文學仁壽。宴集陳月洲司馬恭釗。樸園次縵老韻即贈月洲

其一

勝遊無處問漁樵，剩此園林興倍饒。時過曲水初三節，地似南塘第五橋。顛來拜石花宜笑，醉罷揮杯月可邀。莫訝家風慣投轄，元龍豪氣未全消。

其二

曲徑迴闌上小亭，但逢佳客眼常青。閑中覓句同無己，有覓句廊。老去編詩過古靈。月洲年逾

强，仕積稿已半尺。依池補柳思恭緒，隔磵栽桃避尹邢。緗桃欲謝而碧桃初開。倘許花時頻載酒，只今賓主共忘形。

喜晤王孝鳳京卿

其一

和答蟬聯哨遍歌，山城殘雪拜東坡。五年重見秦淮上，君亦蒼顏我鬢皤。

其二

墨磨盾鼻氣如雷，下馬飛書殺賊回。君在湘鄉相侯軍中總營務。又脱征衣换朝服，只今廊廟正需才。君以軍功徵補五品卿。

移居飛霞閣寄謬養泉司馬滬城

同治三年初復金陵，入城訪冶城山朝天宫廢址，見飛霞閣，甍橑僅存。戲謂：「安得修葺爲登眺地？」其明年，官紳議以宮址改建郡學。巴州廖君督其工，稍葺此閣居之。同人屢來遊宴。去秋竣事，廖君請移書局於此，合肥李宫保以爲然。今春湘鄉相侯回江督任，尋前議遂遷焉。

戲言竟果當時願，那得人生願盡如。入眼雲山都舊識，當窗花竹適相於。汲泉灌圃遲芟草，壬叔以地高常受日曝，不芟園草，以護樹根。愛月登臺罷勘書。寄語東遊廖明略，鵲巢今已定鳩居。予卧室君舊寢。

喜雨呈湘鄉相侯

冬春久屯膏，及夏猶吝施。屏翳彊作雲，風伯輒沮止。迄今芒種過，我藝吁可俟。下田無水戽，高田苗欲死。巫覡詎足誅，社神徒享祀。或言兵燹後，凶荒每相比。或言民俗積，餘劫懼未已。惟公作霖雨，愆伏資燮理。齋戒肅禱祈，未日先櫛纚。走求甘露王，初禱雨甘露庵。虔請功德水。取靈谷寺入功德水供之，以致雨。蓋舊例如此，頗驗。慈悲仰佛力，三日一霑灑。蔚然四野蒸，草木皆色喜。公曰嗟一方，大澤當廣被。減從出東門，徒步二十里。一身爲蒼生，誰云恤勞罷。龍宫聿震動，急喚雨工起。靈官擁幢節，雲旗風旖旎。甘霖不在猛，雷車但殷爾。滂沱下九霄，優渥無遠邇。農夫額手慶，相勉力耘耔。行者歌于塗，賈者舞於市。一誠消百疹，天意亦返視。公曰上帝仁，予德焉致此。先憂後宴樂，賓筵陳百醴。鰥生實瑣瑣，亦得預盤匜。側聞大河北，赤地絶千耜。畿輔尤阻飢，發粟伊何底。昔者桑林禱，六事請罪己。陳善公素懷，曷以獻天子。

與縵老唐端甫陳小浦觀察觀荷玄武湖和縵老

梅雨欲斷天未晴，觀荷急約侵曉行。城頭鍾阜久相待，白鷗憶汝三年盟。樂遊原過近出郭，懷袖已覺芳香盈。長隄一望意轉驚，緑雲漫漫廿里平。淩波仙子不可即，正似隔海求蓬瀛。司城解事呼老兵，兩舟分載細竹撑。須臾忽已入花裏，綫路直與鳧鷖争。紅妝千百齊笑迎，左圍右繞錦作屏。八姨素面尤苕亭，衆中無言獨目成。童童翠蓋旗與旌，飲我仙露承金莖。卻疑身到衆香國，不然便是芙蓉城。中央小泊上洲渚，豆棚瓜蔓嬉婦嬰。武陵桃源亦耳耳，安得三徑開柴荆。燃藜當日照圖籍，乘蓮應來太乙精。嗟哉往事不可說，江山落落天地清。迴船乍聽提壺聲，碧筩無酒空自擎。水雲漠漠風泠泠，天公有意縱此情。扣舷有客倡高詠，愛蓮誰似周先生。

無端

樹影扶疏竹影横，半窗涼月聽秋聲。無端四十年來事，百念偏從静處生。

趙季梅中翰彦脩。招與李小湖廷尉聯琇。劉叔俛文學恭冕。壬叔端甫子高同集學齋即事

嘉會無俗客，因知主人賢。誰云苜蓿盤，珍錯羅芳鮮。意餘酒食外，享在儀物先。縱論探古昔，高情極談天。循涂非一階，至道詎在偏。在喧固宜息，由醉毋乃愆。哲人貴和光，埋照天自全。宫牆既不遠，孰敢矜斐然。

東坡生日錢子密京卿應溥。吴摯甫閣讀汝倫。黎蒓齋庶昌。周陶齋鎔。兩大令暨陳作梅劉開生葉雲巖鍾西白趙季梅陳小浦縵老端甫壬叔孟輿同集飛霞閣用臘日遊孤山訪惠勤惠思二僧韻二首

其一

鍾山雲氣壓後湖，用蘇子容例。兼旬釀雪一點無。天門晴開詄蕩蕩，半空笙鶴聞遥呼。客居不念妻與孥，良朋會合聊宴娱。常年此日例薦芷，野服每隨青紫紆。妖氛殄滅安井廬，西山寇盜勢漸孤。合肥李宫保大破山東股捻，降其衆，惟山西張逆一股未滅。長江千里坦如席，豈有伏莽遺萑蒲。優游我輩皆仙夫，痛飲一任西日晡。惜哉雲林不在坐，丹青爲作弟二圖。乙丑之集倪豹丞山長作圖。花豬大嚼饜餕餘，醉眼見公狀蘧蘧。新詩投我覺已逋，天風海濤不可摹。

其二

卅年一夢西子湖，湖邊樓觀今在無。歲寒巖後巢居閣，拍手笑把山靈呼。梅花可妻鶴可

孥，後車不用隨清娛。題詩往往在巖壁，狂墨横斜春蚓紆。當年一惠此結廬，天親無著德不孤。東坡先生來度臘，我亦踏雪齋伊蒲。行年六十成老夫，欲訪昔遊碁已逋。殘燈洗盞讀公句，林深水清如畫圖。倦來偃卧薄醉餘，蝴蝶非幻莊非蘧。夢酌寒泉薦林逋，湖光山渌誰與摹。

某烈婦詩

烈婦績溪胡氏女，適同邑某翁季子四年。始前没，翁年高，長次姒先後嫠。婦不得於翁，遂不得於兩姒，亦遂不得於夫。夫病篤，謂婦：「我死，子奚若？」婦默然。夫曰：「盍死？」婦曰：「然則死爾。」夫死，婦遂不食，有勸者，翁曰：「此我門户光也。」益辦婦身後事，婦竟死，後其夫四日，同治六年四月七日也。翁乃大治喪，浼人言大吏，請旌表。或曰：「婦死時見夫來迎，香滿室。」或曰：「烈婦雖不餓，亦且不久存。」作烈婦詩，略其夫族詩爲烈婦作也。

有尊宜事，有子可嗣。輕生殉夫，事亦可止。夷齊首陽，秦穆三良。程嬰報友，志在則行。夫生妾生，夫死妾死。息壤在彼，妾死何俟。非不欲餐，柰此斷腸。郎其來迎，香車在房。謝吾族黨，慰我妯娌。孝養吾翁，顧復吾子。

縵老得舊牙章文曰督師輔臣史可法章約同人共賦

碧血丹心煥大名，詞人懷古首同傾。一隅孤立空銜在，四鎮紛馳將令輕。龍種清狂非日角，鴻溝飛渡況天兵。莫將成敗憑苛論，此亦文山玉帶生。

與縵老子密小浦壬叔游靈谷寺新建龍王廟觀八功德水訪誌公塔

其一

赫赫新祠廢寺旁，靈谷寺旁舊有龍王廟，毁於粵寇。去年大旱，湘鄉相侯禱取入功德水，屢應，因重建龍祠。龐眉何處識龍王。不因救旱休輕出，春來多雨。好護甘泉惠十方。

其二

岸谷遷移事莫憑，誌公墓本在鍾山下，明營孝陵，移此。荒涼塔院付孱僧。一般瓦礫今餘幾，卻向孫陵望孝陵。

園中碧桃盛開同縵老壬叔作

地占高寒俗豔空，枉他千樹鬥天紅。尚嫌冶李非仙骨，翻遣江梅在下風。園多紅梅。本色道人心似水，清修世界玉爲宫。幽棲莫放漁郎入，望斷晴霞霽雪中。

園中白牡丹同縵老壬叔端甫作

姑射神人絶世稀，重樓春暖玉池肥。時流藻繢胭脂賤，仙國榮華錦繡非。誰道孤高無厚福，轉從富麗見清機。窺園幾許誇姚魏，金紫都應媿白衣。

奉次湘鄉相侯韻贈巴陵老儒吴南屏敏樹即題所著國風原指後

閉門穿經幾甏筵，攝齋升堂五鹿摧。等身著書老更健，一舸浮江遠肯來。洗兵欲傾東海水，吴君將遍遊吴越。訪舊重話西廳槐。祇園小飲今雨集，四月五日趙惠甫招同緩老、壬叔、端甫、子高集妙祖庵，是日大雨。急溜共聽飛湍豗。良玉在璞有含藴，和風著人無牾乖。文章不拾韓柳唾，詩句恥撥陰何灰。即今東南漸舒困，雖有旱潦仍免災。中興戡亂首郭李，名世重望專伊萊。保障巖疆衆所母，包羅賢俊公皆孩。大施文教剔鼠蠹，豫養蒙孺消蜂豺。感通情性孰詩若，動言淫奔毋固哉。好學深思在達識，以意逆志非浪猜。考求篇什曩有願，中值干戈兹久隤。當時借物託褒刺，正似微詞書定哀。會正人心抉茅塞，先明古義袪塵霾。維侯勳業白日爛，吾子撰述秋霜皚。衰慵自幸窺豹管，流俗何恤驚蛇杯。國風既看癥結解，雅頌亦冀康莊開。郊祺履拇未敢信，勿徇鄭説誣姜郃。

前詩成獨後諸君復依韻解嘲仍懷南屏浙遊

我譬之器箄與篧，急就篇：「篧箄箕帚筐篋簍。」並諸瑚璉色蚤摧。鄶風濫附十五國，請樂媿遇延州來。又如菉葹本小草，敢比橘柚聯榆槐。昨者華鐘發鯨吼，金錞玉磬群相豗。自憐瓦釜不成響，欲和先愁音律乖。餘生分擬擲溝壑，何意黍谷回寒灰。月靡廩給陪衆彦，每慮福過翻爲災。朝暉夕陰遍窗牖，路人遥指疑蓬萊。有時喧闐車馬集，驚飛山鳥奔鄰孩。那知舐筆校書處，五年前尚蟠狼豺。君來登閣一舒眺，六朝繁華安在哉。君家園林洞庭上，出山不憂猨鶴猜。一誠待物無外飾，古道誰謂洪荒隤。安得人心盡如此，定看虎化還牛哀。國家威德布吴越，欃槍盡埽無氛霾。荒涼城郭經劫後，草間殘骨餘皚皚。東遊四明觀海日，顧憶沅澧坳堂杯。新詩滿囊歌載駕，平津東閤當重開。歸程應弔卑猶冢，不學公劉出自邰。〔詩譜謂公劉自邰而出，顯違外傳，辨見國風原指，故戲及之。〕

送陳（喬森。）孝廉下第歸雷州三沓簁字韻

燕尾涎涎魚尾簁，長鳴一鶴翅獨摧。逢時自有奪標手，君非其人胡爲來。遠離父母九千里，跋履幾蹋長安槐。燕都地瘠況遭水，蹂躪更受群豬豗。近築長圍誓殲賊，寇賈並列情無乖。公忠體國去私怨，勿留餘蟄重然灰。同仇恤鄰古所志，雖在敵國猶救災。齊東一隅良富足，創痍恐復遺青萊。耕當問奴織問婢，何至老嫗懵綳孩。飼鷹飼虎術各異，牧獸未聞兼育豺。〔以上皆陳君語。〕劉蕡三策一不用，功名於我何有哉。投竿東海下南海，逸氣不惹閒鷗猜。淮堧朝見裴叔則，玉山朗然初未隤。詩篇盈册見情性，閒叶豪竹無絲哀。西浮章貢陟大庾，長嘯劃破江山霾。入門歡笑拜家慶，倚廬二老絲添皚。人生孰如事親樂，上壽跪進南山杯。當前菽水勝五鼎，要

使老人懷抱開。倘問神京話全盛，請從昭穆追封邰。

梅雨不止四沓簁字韻

清晨急點如豆簁，亟起惟恐牆壁摧。繞閣群山盡滅没，雲氣腥挾蛟龍來。李侯鼾睡亦驚醒，王叔。佳夢尚戀南柯槐。池蛙附勢鳴得意，助以萬鼓同喧豗。坐令窗几黯於漆，把卷頓疑眼力乖。自春徂夏阬谷滿，誰能豫蓄媧皇灰。江南耕種恃梅雨，常例豈敢論平。祥災。去年江北大荒歉，兩遇旱潦田污萊。飢鴻遍野苦求食，牽率老弱連乳孩。逢人叩頭手指口，一錢難似羞謀豺。正慮今年復如此，天於爾輩何靳哉。人心蟊賊終未去，世事反覆吾忍猜。李侯披衣忽大笑，昔已迂謬今更隤。書生所志飽暖耳，戚戚無事徒生哀。請呼長風自天下，一埽萬里消沉霾。并逐閒愁出天外，勿使人間元髮皚。紅雲一朵捧初日，酌酒勸以流霞杯。想見江南新雨足，緑蓑青笠平疇開。閑閑十畝樂莫樂，肇祀豐年歌有邰。

送容純甫再赴彌利堅

地厚三萬里，徑一三其周。此至墨瓦蠟，路實半地球。匹於四天下，獨自成一洲。彌國雖後起，雄與英佛侔。代立效契丹，擇賢與衆謀。賢哉華盛頓，立法今率由。容君長彼方，燥髮習衆咻。始誦希臘書，餘者以次求。秝理熟幾何，字母別舌喉。觀天識象緯，察地分剛柔。化學宗抱樸，音律徵州鳩。格物以致知，一一窮冥搜。成童詣已進，自黨旋升州。舍去歸中華，明珠欲誰投。俗士駴奇論，撟舌張兩眸。高才應世出，長揖湘鄉侯。秋天見鷹鶚，信非凡鳥儔。奉檄采輪機，再賦知北遊。老馬貴識塗，往返不兩秋。布衣使絶域，六命未足酬。五口既通商，彝賈沿海陬。利權攬華商，欲以一網收。華商日以貧，國計大可憂。君乃獨奮然，陷盾仍需矛。人亦同此人，舟亦同此舟。海亦同此海，浮亦同此浮。豈有彼所能，而我必不猶。磨杵可作鍼，集腋終成裘。請爲豹隱霧，試與豺謀羞。條陳諸事宜，纖屑無遺籌。徑航太平海，由廣東至北彌利堅，向須繞道歐羅巴。今太平洋有船，則由南彌利堅直達矣。半載期歸休。争馳江海間，會慶成梟牟。奇肱昔朝殷，成湯毀其輈。公旦作司南，越裳感首丘。技巧非治術，遇事聊一修。聖賢豈不知，持源慎其流。朅來二十載，世局頗謬悠。喧賓久奪主，蹄跡隨所蹂。鄉愚眩新奇，詫謂天故優。惟君幼所習，見慣無殊尤。有爲亦若是，志定氣自遒。古者重邦交，亦以聯同仇。神堯用突厥，諸葛和孫劉。彌人素恭順，與彼殊薰蕕。犬牙勢相牽，排難資捍掫。苟能審彝情，毋使愆乾餱。匈奴掣右臂，西域皆置郵。國威今始振，及此宜綢繆。誰能效長策，命爾朱軒輶。仲夏日甲辰，大風何颼飀。耿耿倚天劍，幸勿笑蒯緱。酌酒以贈君，去斬長黃虯。

山谷生日縵老季梅壬叔端甫同集飛霞閣用觀劉永年畫角鷹韻

誰言曹鄶非楚敵，朵頤江瑤豈痂癖。瓣香敬爲黃涪翁，遺像蕭然見顔色。排雲一笑大江橫，浩浩天風振鸞翮。先秋七日伏正中，忽作新涼殆神力。坡老仙才如太白，惟公學杜能守黑。西江社派戴初祖，畢竟幾人曾面壁。祝公兼復祭公詩，以公集陳几筵。欲借金壺溉餘墨。覓句同懷冰雪心，舉栝都忘去聲。炎威赫。龍井不輸雙井美，縵老攜龍井茶來。有似醇醪灌胸臆。揭來澹簿饜芹菹，大酒肥魚今破格。勸君良會須盡歡，此日不飲劇可惜。閣前明月八分圓，便泛秦淮計亦得。約泛秦淮不果。

與壬叔端甫後湖觀荷即事四首

其一

特爲觀荷起四更，覆舟山下待鷄鳴。殘蟾欲墮曉風急，花香入城人出城。

其二

蘆篸新添兩槳船，急篙撑入緑雲天。風裳水佩仍無數，猶道今年遜去年。

其三

深紅花間淺紅花，暎射初陽豔更加。偏有縞衣藏葉底，不將顔色鬥朝霞。

其四

花爲四壁屋爲船，洲上人家水作田。遍種胡麻不留客，洲上多種脂麻。客來飽噉有新蓮。

送壬叔以算學徵入同文館

其一

聖朝特達崇天算，二百餘年兩勿庵。知是觀臺占象緯，進賢星自麗東南。

其二

西法流傳逐漸新，借根對數已稱神。一從羅密書翻後，代微積拾級米利堅羅密士所著，謂代數及微分、積分也。君從英人偉烈亞力翻出。又使前賢歎積薪。

其三

律度量衡事本連，誰從墨翟溯遺篇。墨子經篇有涉算學、重學者，讀者每忽之。成書細譯胡威立，機器無如重學先。英吉里胡威立著重學十七卷，君從艾約瑟翻出。

其四

貫徹中西別著書，言皆心得理非虚。遂知梅氏藩籬淺，北薛南王更唾餘。所著有則古昔齋算學。

其五

薦牘登崇首郭公，前廣東巡撫郭中丞始以君名入告。給資津遣有南豐。謂湘鄉節相。人言此去非輕出，數學昌明萬古空。

其六

習算同文館特開，搜羅賢俊上金臺。通商別具平戎策，要試强兵富國才。君論算學一明，即可强兵富國。

其七

饜看朝暾與晚晴，六朝山色最多情。涼宵仰見長安月，夢了秦淮夢治城。

其八

僂指論交廿載深，頻年客舍復同岑。直言寄贈思良友，欲擬觀瓶續酒箴。同治癸亥夏，予自滬赴皖，同郡胡遠公壽屬勸壬叔少飲。

温鳳樓刺史由武進令調任金山沓口字韻詩見寄奉酬

相知不在面，結交不在口。新詩與書來，深感用意厚。鹽車酬小試，百里隘所受。卻聞甘棠陰，常郡城内有甘棠橋。過者慎趨走。柘湖海一隅，下邑屈老手。暮齒依諸侯，媿彼沮溺耦。傭書給衣食，自待亦已苟。躍冶多少年，庸劣竊自守。虚名復何益，分與草木朽。寤寐思釣遊，不謂因循久。高才作循吏，於君指屈首。召杜與龔黄，豈必異先後。好善如好詩，去惡如去垢。遥知告秋成，飲蜡將進酒。兕觥獻使君，歌舞甕自扣。誓將整歸裝，小别辭鍾阜。鞠䐢躋公堂，添籌祝三壽。

送湘鄉公移節畿輔 別有序。

江南幾陸沉，惟公實再造。比年加潤澤，漸以起枯槁。苦熱與汝涼，苦寒與汝燠。祈雨雲油油，祈晴日杲杲。仁心隨所感，稂莠化禾稻。祝公留十年，使我家室好。民肥公愈瘠，天子恤元老。詔公歸京畿，公歸一何蚤。虛兹借寇情，歎息到窮媼。有媼至陳虎臣司馬家曰：「聞相公將去，曷不請留？」

以公爲嚴師，百司自相程。以公爲慈母，百姓皆乳嬰。軍旅思教養，依公爲父兄。遠彝慕聲威，望公如神明。公曰我何施？施之惟一誠。一誠之所格，足以通物情。誰爲後來者，此意無改更。蕭蕭西北風，吹公東北征。冀公一日留，緩公一日行。

冶城一培塿，忽復成泰岱。巖巖夫子牆，三山孰敢背。聖澤所旁流，儒末同灌溉。惟公振文教，亦以恤士類。嗟嗞窮老生，亥豕久自昧。侯門多濫竽，忽忽踰五載。進固匪所思，退亦敢輒退。遷史百卅篇，讎校詎一再。明年剞劂成，歸去還種菜。

公來山川喜，公去愁山川。山川何愁喜？人心視之然。鍾山何連連，豈無豺虎跧。江水何湛湛，或有蛟龍眠。阱亦不在陸，網亦不在淵。消弭固有時，須公留十年。豺虎爲麋鹿，蛟龍爲鮪鱣。江水何湛湛？鍾山何連連？旌麾一回顧，目極東南天。

東坡生日孫琴西觀察衣言。**陳子舫**慶瀛。**郭慕徐**階。**兩太守葉雲巖副鎮**圻。**莊守齋司馬**祖基。**暨緩老子密小浦端甫季梅同集飛霞閣時緩老將歸湖州而孫陳兩君皆癸亥冬在皖城同此會者相隔五年矣琴老先成長篇頗述聚散之感撫今追昔不能無言**

江樓荐芷憶銜杯，山閣賓筵又幾回。自乙丑至此四祝東坡。六載朋歡憑地主，一時游讌見人才。魁垣轉建晨星散，湘鄉公北行，寓公漸稀。萍水重逢舊雨來，爲誦雪泥鴻爪句，東西蹤跡信難猜。

竟寧鴈足鐙高建初尺六寸一分盤高九分弱徑五寸二分强盤沿題識云竟寧元年考工二護爲内者造銅鴈足鐙重三斤十二兩護武嗇夫霸掾廣漢主右丞賞守令尊護工卒史不禁省又一行云中宫内者第廿五下少空又云受内者凡五十四字先在維揚馬氏厲樊榭有詩展轉歸吴縣潘季玉布政曾瑋。養閒草堂湘鄉曾劼剛公子紀澤。示布政拓本屬題

錠體似登古制明，巧匠變式由西京。何取乎鴈能知更，何取乎足行列平。虖韓入朝懾炎靈，繫帛不勞蘇子卿。制器尚象紀厥程，年題孝元元竟寧。重六十兩中古衡，省者五人署職名。爲内者造工護銘，五十四字雲中星。翁覃溪。汪容甫。前後考釋精，邵老莫子偲。晚出尤錚錚。就中一字疑難訂，爲考爲寺皆殊形。考工二護正與建昭鴈足後考工二輔一例。但彼文考作考，此似作□，文較漫漶耳。俞蔭甫太史釋爲寺字，殆非也。達人自寄懷古情，雞三夔一毋啓争。養閒草堂，彝鼎盈，對之奚翅面百城。千九百載此器呈，流傳歷歷非杳冥。安得建昭鐙合并，足不孤立雁序成。

歸舟遣興

其一

歸期早已卜前秋，兩度春風又石頭。惹得山中猨鶴笑，有誰催去爲誰留。

其二

小別傾觴借餞春，相逢客裏最情親。韓叔起刑部、趙季梅、唐端甫招同孫勤西觀察、李小湖廷尉爲予餞行。傷心知我黄公望，小田下世逾年矣。此去鄉關少一人。

其三

我是行人復送行，曾劼剛侍母北上，同行至瓜洲而別。行人相對不勝情。大江東去瓜洲步，同路分船又一程。

其四

咫尺松篁近可攀，七年四度過焦山。前身我是華陽鶴，一墮紅塵不許還。

其五

飛輪過處滿江煙，奇器争誇下水船。到得逆風猶減力，可知人巧總輸天。

讀書秋樹根圖

十年種樹在根深，展卷悠然望古心。費卻栽培無限力，者番消受好秋陰。

姚吉仙女史其慶。以詩來質次韻答之

高才幾輩競傰詩，敢冒評量一字師。亂後心情真廢井，愁來鬢髮久成絲。支撑柴骨終寒乞，敷衍囊書又詅癡。詅字𥳑、韻皆平聲，顔氏家訓力正反。何事織綃雲漢手，頻將剩錦問丘遲。見見聞聞盡入詩，多師何必定專師。夙聞道藴吟風絮，已遣文姬解色絲。女史幼慧，父魯芹即教以作詩。徵實更須參語妙，翻空原不忌思癡。揮毫落紙毋求速，學繡鴛鴦要巧遲。

訪篠峰山居翌日以詩贈行次韻奉答

查岑近海堧，授餐昔適館。匆匆四十年，蓬萊竟清淺。惟此歲寒心，松柏各自勉。榮枯隨世變，勿歌槖纂纂。陋彼賤丈夫，居奇祇圖蕆。盜賊如飄風，急難何幸免。扁舟訪舊游，便結漁樵伴。雞豚爲我具，夜雨韭新翦。招邀二三子，坐客何必滿。浮榮我久忘，失志君奚瘡。所恨良會難，衰年尚蓬轉。

寄温鳳樓刺史三沓口字韻時署金山縣事。

吾懷趙廣漢，倆者不容口。峻法實衛民，用意亦良厚。吾懷尹翁歸，千請一不受。案籍誅黠豪，盜賊皆卻走。頗聞江浙交，姦宄夥游手。博場酒肆間，十百聯衆偶。黑夜肆狼貪，白日行狗苟。强暴猝相乘，貞絜幾不守。良牧務去害，大匠豈彫朽。況乃從賊徒，網漏亦已久。

執豕先縛足，斷蛇宜折首。刑亂用重典，及此大寇後。一朝醜類絶，有若骸去垢。雨窗校班書，每每澆濁酒。寬猛與恩威，兩端理可扣。執中以達權，庶使民物阜。姦人不入界，吾懷韓延壽。

示姚吉仙女史沓詩字韻

詩裏尋詩豈有詩，工詩要以古爲師。花非蜂釀難成蜜，葉到蠶眠盡作絲。食字不仙須待化，借書能讀豈云癡。即今奉母猶多暇，自課何愁向學遲。

次韻酬吉仙

因循歸計去還留，展卷番番落葉秋。不信渡河真有豕，何期誤筆遂成牛。時覆閱同人所校書。千山霽色青排闥，一笛斜陽默倚樓。多謝新詩勞遠寄，客愁重沓又鄉愁。

正月二十日孫勤西觀察邀同薛慰農山長時雨。季梅子密小浦端甫子高集飛霞閣祝白香山生日以東坡配之以去臘未祀故補行。

其一

大裘願不遂，乃以詩人名。鬢髮間中白，愁腸樂處生。憂時杜子美，述酒陶淵明。其後三百載，東坡同此情。

其二

古今屹相望，每恨不同時。鬱鬱孫知諫，良深千載恩。玉堂殘夢冷，江海宦游遲。觀察以侍從忤當事改外。亦有杭州守，慰農。風流欲繼茲。

其三

官梅初放萼，已過落燈風。敬爲香山老。仍邀玉局翁。高情牽幕府，冷署附黌宫。天意開晴旭，連陰初霽。清暉滿閣中。身世無窮感，當前且勿孤。詩篇兼二妙，觀察先成長篇，兼白蘇之概。酒興隘千觚。舊約遷延役，新盟主客圖。春波通四水，請爲寄潛夫。乙丑正月，與縵老曾有是約而未果，今縵老已歸苕上。

盟心古井圖爲同里張鑫。題

湜湜古井水，照見慈母心。孝子念母恩，更比井水深。朝擔甕汲水，暮擔甕汲水。汲水鬻作糜，育此三歲子。食糜兒漸長，就傅兒讀書。脩脯從何來，慈母所拮据。豈徒母拮据，亦賴叔父母。篝燈績寒宵，語兒母叔負。兒身日益長，母心日益摧。嗟彼泉下人，暴露何時埋。讀書學爲人，詎別商與士。孝義苟弗虧，何必求達仕。生不見父面，祇聞慈母言。立身不媿父，飲水宜知源。飲水宜知源，母言猶在耳。欲養親何存，洒淚向蒿里。爾親亦已葬，爾志亦已伸。還當念母言，事叔如二親。

慰農山長招與張子虞孝廉預。楊古醖唐端甫莊守齋泛舟秦淮

其一

纔過黄梅雨，南風尚未熏。清游偕勝侶，高興託閒雲。劫後增餘慨，尊前溯舊聞。桃溪東

去路，無復白鷗群。

其二

暮色催歸櫂，沿淮又泊舟。萬珠齊出水，一笛静聞謳。掣電烏雲外，殘更野渡頭。明朝重説夢，奇絶渼陂游。

咄咄

咄咄真堪怪，何來蜮射沙。風聲驚市虎，弓影眩杯蛇。詭譎人心幻，丹青俗語譁。此中宜静鎮，且莫鵲隨鴉。

感事

射圃牆西便閤開，元侯散從閲兵回。升高忽有戎機伏，坐鎮應無敵國猜。盛德袁絲偁衆口，借交聶政爲誰來。懲獎藉藉吹齏急，設衛嚴更苦費才。

詠史

豈同争勝起卑梁，宇下依然託我疆。爲恤勞民無瀆武，特寬窮獸莫持强。幻人或者來西域，款議終須撫遠方。恩遣令公單騎至，可知前是郭汾陽。

勤西觀察慰農山長移席飛霞閒招同子密小浦季梅端甫子高劉恭甫學博壽曾。王子莊棻。楊蓉初晨。兩孝廉錢怡甫文學華榮。莘甫明經貽元。及觀察喆嗣仲容孝廉詒讓。祝東坡生日用翁覃溪學士題像詩韻

其一

隨堂又祝坡公壽，老境稹唐鬢雪加。五日入春梅破蕚，十年殘臘客爲家。福星依舊臨牛

斗，湘鄉公復督兩江。佛力終期定藥叉。幾箇閒身無恙在，寒泉歲歲荐香花。

其二

氣節文章自千古，富韓相業亦何加。坐中公等皆作者，此後幾人堪大家。便欲鑄金同賈島，敢矜即席效劉叉。蘇齋繪像見斯幀，昔聞外舅姚堅香先生言，嘉慶丁丑東坡生日，集蘇齋縣像十六幅，以陳老蓮作爲最，今此非也。愁絶覃溪老樹花。詩頗見老態。

白公生日勸老慰老子密季梅端甫子高恭甫怡甫莊中白莊守齋沈戟門學博桀。**同集飛霞閣以阮文達爲配文達亦同生日也集中有和白公白髮詩韻因亦用其韻**

白公烈丈夫，本陶穀影堂紀。志與千載期。何圖强仕年，戚戚感鬢絲。我讀白髮詩，外寬中實悲。所悲非白髮，此意誰則知。一莖兩莖中，無限興與衰。阮公撫兩浙，方在全盛時。生朝偶嗣音，夫豈憂瓶羸。以詩論公學，譬若體一肢。白公青田鶴，公其爲長離。昔歲我謁公，甲辰。頗恨識面遲。而今拜几筵，二老肩相隨。應憐窮老生，頭白學未治。

上巳日作歌

去年上巳日己巳，今年上巳日癸巳。巧逢吉日又重三，不值歸餘那有此。去冬十月閏。三百八旬五日中，紛紛人事烏可窮。榮枯禍福生與死，此豈祓禳能爲功。摯虞俗説固可哂，束皙詼辭徒博引。洛邑浮觴古莫徵，河心捽劍神何準。去冬恒燠春恒寒，六氣之沴人易干。發舒陽氣散陰濁，正之斗酒邀朋歡。八年以來寇氛浄，續魄招魂喘方定。非鴉非鵲在巖穴，見唐書五行志。虺蜴何時改心性。虺蜴不必山與林，惡氣漸染由人心。安能一日盡蠲潔，世治年豐無毒淫。老夫衰慵百無用，歸與村翁話耕種。今晨不雨亦不晴，更卜蠶房繭如甕。占候家言是日陰宜蠶。

飛霞閣雜詩

其一

昔我遷此閣，眺望日再三。朝暉與夕陰，寢食都忘甘。啜茗獨徙倚，對酒尤沉酣。有時月當頭，與客深夜談。客言此仙居。我亦劇自妉。荏苒四五載，數見漸覺厭。童山無草木，禿鬝殊可嫌。經旬或一憑，苦霧埋雙尖。夏日兩受灼，閣東西面。寒風四遭砭。淺夫心無恒，於理實未奄。顔子居陋巷，道味乃自忺。

其二

小園僅三畝，立石留天章。鬼神所呵護，旭日生輝光。傑構接飛雲，御碑亭西北隅爲飛雲閣。文木爲棟梁。五色炫琉璃，山翠羅周廊。朱欄與碧瓦，殿宇居下方。談笑慎勿喧，咫尺夫子牆。

其三

危亭踞山顛，離閣不十尺。豁然見全城，眼界遽開闢。乃知足所踐，少進境已易。金陵固形勝，八代帝王宅。青龍何蜿蜒，一氣連白石。西南望大江，三山如列戟。長風自天來，爲爾埽胸膈。此間非空山，長嘯戒我客。

其四

吁嗟松與柏，詎非梁棟材。拳曲跬步閒，侣此桃與梅。無花可娛目，徒然寄根荄。安能移深山，匠石毋驚猜。百年遂參天，直幹排風雷。鸞鳳巢其顛，元鶴時下來。食實堪長生，芝草不待栽。託根彼何地，新甫及徂徠。

其五

碧桃何亭亭，皎潔意自負。而其冶蕩姿，都非玉梅有。纍纍頗結實，味劣不可口。乃或歲兩花，似矜得天厚。非時忽見榮，乘氣特其偶。

其六

叢竹非不愛，無柰生道旁。當門蘭尚刈，況乃無色香。篠長不及肩，焉得生夏涼。謂其能陵寒，莖枯葉復黄。有萌細於指，不足充羮湯。徒資蛇蟲穴，雀鼠時鴟張。便欲移庭隅，又恐穿我牆。穿牆我不恨，願爾成篔簹。

其七

昔歲廖明略，於此監衆工。作砌植牡丹，何止二十叢。當春花不發，工蕆君亦東。明年忽擢秀，孤莖出蒿蓬。皎如洛水神，縞袂來瑶宫。此後竟憔悴，於今遂無蹤。惟有蜀葵花，不白亦不紅。長者高過人，短或如秋菘。年年應節物，不俟栽培功。

其八

野蔬嫩可茹，惡草弱可除。蔬老不可食，草蔓漸難圖。主人奮大勇，授策呼蠻奴。野蔬留其種，惡草絶根株。奴曰盍早計，至此何分殊。磨鎌向亭陰，一例芟薙諸。草根未必盡，蔬種則無餘。世事有如此，行園徒歎吁。

其九

冶城古西園，儒道迭相代。朱初本學宫天聖後爲道觀，今復之，詳見景定建康志。氣聚各一時，其極五百載。卻笑西州門，鞭撾徒感慨。華屋固不存，山丘復安在。書臺與劍池，舊跡更沉晦。衹餘忠貞墓，壯氣猶敵愾。訪古多巨公，雍容盛劍佩。卻後五百年，名姓存幾輩。

杞人

虎踞龍盤白下門，杞人登眺易銷魂。徙薪計拙言非職，忌藥醫遲病久根。未必潰隄由蟻穴，姑憑漏網柰鯨吞。接天豐草鍾山路，誰憶當時舊燒痕。

湘鄉公招同李小湖薛慰農張濂卿裕釗。三山長桂皓庭孝廉文燦。馬鍾山大令徵麟。曹鏡初郎中耀湘。汪梅岑莫子偲唐端甫戴子高劉叔俛恭甫宴莫愁湖勝棋樓皓庭作記索詩走筆應之勝棋樓在妙嚴庵，新落成。

謝傅土山墅，裴公緑野堂。功成樂人樂，豈曰徇宴荒。金陵古名都，十載淪封狼。惟侯力敺除，重見日月光。士商各歸業，首政勤農桑。疏節去苛察，群材自徊翔。舊跡漸以興，祠宇崇煇煌。豈不秏度支，亦使民氣揚。石頭踞西隅，渌水餘荷香。乞身既未遂，對此懷沅湘。重樓麗丹雘，目盡群山蒼。中興與開國，勝棋樓有明中山王徐達畫像。功業遥相望。揖讓衆賓集，綺席陳霞觴。傾懷隨所申，足以覿中藏。天君區冊流，慕義頗自强。昌黎喜並世，願在弟子行。振筆記兹游，議論何慨慷。晏殊本庸樞，作鬧來歐陽。使易謝與裴，定賦嘉魚章。烏乎滄海大，蛙黽奚能量。時頗有腹誹者，皓庭以此致慨。

妙嚴庵感懷莫偲老君卒於泰興舟中，喪回暫殯於此。

一月不相見，竟成千古哀。嚮時觴詠處，今日哭君來。風雪寒孤館，湖山闇望臺。言愁愁便至，讖句孰能猜。君撰勝棋樓聯云：「勝固喜敗亦可喜，人言愁我始欲愁。」

東坡生日勤老招同應敏齋廉訪寶時。勒少仲觀察方琦。吴莘農學博紹伊。暨慰農山長季栴子密澂之端甫子高集飛霞閣次勤老韻

鍾阜數峰餘積雪，似與群山鬥高潔。群山崛强氣未降，迤邐昂頭赴天闕。東坡詩句百態新，飄然畫像如生存。孫侯鑄錘與蘇敵，妙合鐵錫銅金銀。招邀衆賓來閣上，縱飲高談喜天放。詩成浩氣壓時賢，幾輩高才色惆悵。宦游落落三四公，平生出處同不同。湖山樽俎大可樂，煙蓑莫羡多牛翁。明年還祝白公壽，高會不限香山九。請約當前十二人，賓筵日日和陽春。

香山生日勤老招同楊樸庵孝廉長年。薛叔芸觀察福成。汪梅岑劉恭甫莊守齋季梅莘農端甫子高集妙嚴庵用白集庚樓曉望韻

奇懷暢好值良晨，勝境流光一例新。佳約重尋添白髮，同游幾輩在青春。楊枝未信牽情障，祇樹何緣著色塵。庵供莫愁像。眽眽湖波愁不絕，欲將杯酒酹陳人。謂莫偲老。

題陳容齋司馬寶衡。雪夜探梅圖從湘鄉公保定幕中作。

燕南美人冰雪姿，何似江南春一枝。綺裘茸帽何年少，夜踏瓊瑶訪所思。即今僕射如父師，翩翩書記同驅馳。孤山鄉夢三千里，惟有霜天皓月知。

曾文正公薨既爲文祭之欲哭以詩忽忽久不成公喪回湘鄉後一月始就四律句

其一

公薨五經月，痛定益哀思。天簡三朝輔，風興百世師。純忠無矯節，實惠善因時。正有蒼茫感，人間未盡知。

其二

千秋論名世，未必古今同。遇勝李忠定，才餘韓魏公。及門多柱石，拔萃到蒿蓬。驅策無凡馬，應知冀北空。

其三

世人矜一得，方寸已張皇。學問融虛抱，勳名入坐忘。海波寬並育，秋月静無芒。心法忮求戒，有不忮、不求二詩以戒其後人。能遵道自臧。

其四

十載江南北，侯門久濫竽。多聞偁過實，寡欲許幾儒。戊辰贈句云：「多聞遠企劉中壘，寡欲差同徐偉長。」又每見謂有儒者氣象云。目斷睎丹旐，情深縶白駒。去春辭席堅不許。湖山遺像在，和氣見眉須。妙嚴庵供公小像如生。

十月十一日與趙季梅吴莘農唐端甫劉叔俛戴子高劉恭甫集妙嚴庵祝曾文正公生日退而作詩未以示人十二月十八夕檢覆舊稿增末二句足成之

去年八月雨復風，公來宴客斯堂中。今年十月氣晴朗，薄牲庶羞遥祝公。升天以來九弦望，笑貌尚與當時同。官民間多傳寫公小像。東南半壁公再造，開國詎讓中山功。萬家生佛民所戴，畫像即今如放翁。甲庚之間幾往返，朝旨特諒愚民衷。謂當坐鎮鎮南服，要使元氣回疲癃。突黔席㬉纔轉瞚，大星忽墮驚城東。薨夕有大流星墮城東北，紅光燭天。或騎箕尾朝北極，或復真靈歸祝融。

全吳士庶公素恤，庶幾護佑常感通。祠堂此日冠弁集，正氣奕奕栖蟠龍。龍蟠里專祠，適落成安位。從公十載我最久，老謬不羞吳下蒙。朅來衰颯三請退，蒲柳豈得齊喬松。笑言子亦姑坐鎮，喜子視聽猶明聰。朋簪會合殊不易，此局未了毋怱怱。歲朝一謁竟千古，反幸奠拜親鞠躬。公於身世尠遺憾，而世慨歎無終窮。感恩知己況吾輩，白首仰望雲霄空。年年尸祝一尊酒，循例請視蘇文忠。烏乎！人情世事日遷變，明年此會知誰重。此次東坡生日之約，多以事辭者。

東坡生日張春陔侍御盛藻。周星堂大令葆昌。莊守齋觀察趙季梅吳莘農楊樸庵都芝仙戴子高劉恭甫唐端甫同集飛霞閣即送孫勤西廉訪入覲廉訪約用前詩韻率賦呈同人

孫侯綽有湘鄉風，節概正在沖和中。主持風雅侯也在，有似坡老承歐公。忽將陳臬移皖北，攀轅惜別群情同。固知素抱在經世，要以文章兼事功。離筵草草還小聚，歲例仍效覃溪翁。人生離合亦常事，出處各自全其衷。坐中少長皆俊彥，我亦自忘罷且癃。吳門歸櫂阻風雪，此會所惜無河東。薛慰農山長赴蘇未返。當年抗疏爭國是，誰其繼者惟張融。侍御亦以言事辭官。直聲先後

動海内，辭章學行元相通。天涯楚越忽相遇，神劍妙合延津龍。勿嗟玉堂在天上，豈有明鏡塵長蒙。殘冬凜冽萬木槁，凋敝不到南山松。今皇獻歲大親政，首明四目達四聰。一麾出守踰十稔，朝天車馬宜悤悤。郵程冰雪春未暖，王臣蹇蹇匪爲躬。丹墀陳策九叩首，盜賊未息閭閻窮。移風易俗自上始，補救有術言非空。荐賢報國豈私黨，進退不媿師門忠。使車南下經潁尾，歐蘇舊跡今游重。廉訪前署廬鳳巡道。

慰農山長東坡生日歸自蘇滬晚不及與會明日以詩來謝次韻奉酬

清晨讀君詩，明淨月照雪。中挾江聲海氣來，持獻坡仙亦呼絶。固知胸次玉壺冰，欲與梅花鬬清冽。想見揮毫得意時，落紙如飛腕不歇。朔風幾日寒颼颼，圍爐小集同詢謀。借題荐芷稍破例，牽率諸君相唱酬。衆山巑巑傲白頭，展眺足勝騎驢游。坐無車公乃闕事，著屐且喜來羊求。平生坦率不解愁，明年東還將息陬。肯效屈子徒離憂，故山猨鶴招舊儔。季鷹自憶鱸膾去，豈慮穆生爲楚囚。折揚皇華續蔡謳，我以解嘲君信不。來詩有見慰語，故答之。

再沓前韻送孫廉訪赴皖

爰居止魯偶避風，黄鵠一笑青雲中。海邊若士捲龜殼，把臂忽遇浮丘公。憶昔相逢皖伯國，蹤跡雖異襟期同。是時元老正專鉞，大雪待奏平淮功。書生束手無武略，蟄庵共荐蘇髯翁。江山雪月夜奇絶，有作各自鳴私衷。十年以來屢沿例，歲月磨我成衰癃。朋歡新舊互離合，遠或間隔天西東。公來白下再聚首，漸喜幽壑回春融。讀書臺邊角險韻，冶城左爲郭文舉讀書臺故址云。往往徑絶風雲通。用行舍藏天所命，丈夫何者爲蛇龍。公登廊廟爲稷禹，我將甫里尋龜蒙。空山樗櫟亦千載，頗復自比徂徠松。所叨牙曠有深契，恥與俗耳争聾聰。惜哉良會别太易，五年握手猶悤悤。遺憂身後賴公等，元侯盡瘁先鞠躬。澂清有日酬素志，滋恐責備來無窮。即今驊騮備閑厩，勿謂冀北群真空。迂儒於世百無用，以言爲贈庸非忠。鷦鷯一枝吾已足，遥看扶摇天九重。

香山生日李佛生太守傳芾。春陔子密叔起季梅恭甫端甫同集飛霞閣次季梅韻

嗟哀歎老千絲髮，感昔懷今一酒巵。未信先生真曠達，可憐傳世僅文詞。披襟共愜新知樂，佛

生春陔、叔起皆初預此會。開卷同尋古調詩。時以長慶集供几筵間。長似月泉吟社麽，登盤荐韭玉梅時。

酬佛生元韻

公卿都稔次公狂，薄宦何如執戟郎。勸飲好爲無筭爵，忘憂不用療貧方。揮毫對客君雙絶，率意言情我一長。莫使纖塵犯胸臆，百城南面是金湯。君藏書甚富。

同治丙寅春陔侍御游吴門得石甚奇輒載以自隨舟師頗腹誹乃置之金山中泠泉側近年每江水冬涸時可步至石簰山。**越七年再訪之已有好事者升之妙高臺喜其得所爲石緣圖作詩索和率應兩絶句**

其一

逸事吴門比鬱林，長年訕笑載兼金。啞然喜捨盤陀側，要借雲濤鍊石心。

其二

江北江南訪舊游，坡公玉帶記前留。登臺説法石方丈，無數青山盡點頭。

憶金華子雜編記宋末士人有題職官簿後一絶云西風瑟瑟樹蕭蕭小小人家短短橋獨倚闌干數鵝鴨一聲孤鶴在雲霄予謂此士人欲求爲鵝鴨而不得者也倚闌而數何爲哉戲占一絶

闌干獨倚寄清吟，已有池塘照影心。孤鶴雲霄自來往，幾曾偷眼效凡禽。

曾文正公生日奉邀劉治卿觀察佐禹。薛慰農山長張春陔侍御子密守齋華農佛生端甫容齋集飛霞閣荐芷即以留别侍御作詩贈行山長繼之次韻奉酬

醇然夏雨與春風，到處時和歲定豐。始信神人生有自，即今父老感無窮。是日金陵紳士商賈並詣

專祠祭拜。力持綱領寬微細，總攬賢才任異同。我是樊籬閒鷃雀，十年蹤跡溷鶺鴻。樽前凝眺不勝愁，心與長江日夜流。夕照銜山連旱氣，繁霜淒野入殘秋。菁華已竭昏遥望，筋力全衰嬾近遊。壓擔新書誇暴富，百城歸去比封留。

意未盡再沓前韻

其一

退飛六鷁不關風，毛羽天邊幾輩豐。壯已輸人何乃老，達難兼善且安窮。盛衰世事渾無定，去住心情或兩同。三載因循今始遂，五噫非敢效梁鴻。

其二

酒徒相聚莫言愁，出處須争弟一流。盡此餘歡剛半日，相期努力各千秋。湖中自昔聞龍見臺，上何時睹鳳游。慚媿侯門老賓客，瓣香臨别更淹留。

次韻賈雲階明經履上。

强臺幾輩快先登，卅載榮枯感谷陵。窮即多艱身尚在，老猶羈旅客何能。龍頭有待期終屬，驥子高才況代興。令子襄領咸豐己未鄉薦。悵我齊年衰已甚，君與予同庚。更無人續讀書燈。

端甫用春陔侍御詩韻見懷三沓韻酬之

其一

淵源二石有宗風，君文章學問以嘉興錢衎石給諫、警石學博爲宗，兩先生人稱之爲二石。枝葉先求本幹豐。痌疾在身能自藥，君宿患痰疾發則每自治之。殘書可讀未憂窮。藏書甚富亂後多散失。八年聚處真相契，一字疑難不苟同。此別鄉居憐我老，草堂曾訂訪盧鴻。

其二

悵望停雲我亦愁，從來涇渭豈同流。關睢盈耳懷師摯，鴻鵠馳心柰弈秋。書卷生涯惟寂寞，酒梧滋味且優游。君嘗有「對酒悽惶淚，□書寂寞心」句。殘寒憶薦坡公否，歲歲題詩壁尚留。

四沓韻詶子密

其一

南陔孝養守家風，盛德端宜食報豐。入幕肯遺安石笑，詠懷非爲嗣宗窮。雲天高誼崇朝別，文酒豪情十載同。共此飛霞留爪跡，雪泥它日話孤鴻。

其二

殘棋一局代人愁，直瀆偏多曲水流。我似胃中曾度夏，君知皮裏有陽秋。賢王醴酒原虛設，名士衣冠總情游。珍重尺書招致意，殷勤猶勸子嗟留。

偶成

賃屋三椽遠市塵，過從且喜弟兄親。餘年消遣贏千卷，故舊凋零賸幾人。已見群生重樂業，仍憂敝俗未還醇。風聲聽説神明宰，桑下行看有雉馴。邑宰秀水金君苕人明察勤政。

題張飴香徵士承頤。敦夙堂集二首

其一

丈夫不得志，低首作詩人。華髮年年墮，浮雲事事新。片言馴悍虜，小試活鄉鄰。莫道冰霜際，吟懷自好春。

其二

卻聘非高隱，違心始遠游。名山書味古，歸路夢魂愁。蜾蠃豈無子，菑畬終有秋。韓文傳李漢，此卷鎮長留。集爲其壻葛士濬所編。

東坡生日供以香花雜果庭宇寂然忽趙君芸伯煒慶。以詩見投次韻答之

其一

山閣年年酒一尊，自乙丑以後皆荐芷於飛霞閣。聯吟聊樂舊交敦。歸來始覺離群苦，歲暮誰違故事論。静供香花當古佛，喜無車馬擾閑門。冶城高處春應早，今夕紅梅入夢魂。

其二

通材祇識利名尊，子獨詩書夙好敦。三代交游懷往昔，予昔與醴原大令過從，君之嗣祖也。又與君翁君復及從兄序甫相識，而序甫從弟星甫爲忘年交，尤篤。廿年興廢厭評論。天荒自笑開窮壤，吾里從未有祀坡公者。風雅還知屬盛門。自君曾祖光禄公以下多有詩集。佳句輸君偏首唱，一甌花乳荐詩魂。

慰老寄示雪後登飛霞閣用前韻見懷詩五沓韻奉訓

其一

快雪寒增五日風，明年稌黍預期豐。一時笠屐登高處，千里雲山望眼窮。瑶想瓊思今地隔，酒栝詩句往常同。乘船訪戴情何減，多感飛箋寄朔鴻。

其二

最難行路古今愁，勇退公能在急流。章句不妨宗子夏，元經何必擬春秋。惜花心任旁人笑，挂杖錢充近局游。君有百錢挂杖圖嘗以屬題。欲約西泠尋舊夢，聽鶯隄畔弔興留。

舒藝室詩存七

上元前一日宿雨初霽雲階過訪滬寓見示沓登字韻詩再沓韻奉訓

瀛洲不羨衆仙登，家近桃源比武陵。居在城西南桃花最盛。對景增懷閒自寫，尋山問水健猶能。

關心文獻諄諄語，拭目賢才續續興。君董理蕊珠、龍門兩院事。春好新晴偏惜別，明朝孤負上元燈。予期明日赴郊。

是日劉融齋宫允熙載。招同雲階及張子剛少尹璲。飲也是園梅花盛開言論甚洽三沓前韻

聲價龍門許共登，宫允主講龍門書院。豈同黨議樹甘陵。芳情雪滌梅花笑，高論風生酒力能。

池館園林還舊睹，文章志節要俱興。中天鏡徹元宵月，奏疏傳聞諫罷燈。邸報有沈侍御准諫修圓明園事。

端甫寄示東坡生日集飛霞閣見懷用聚星堂韻詩沓韻奉訓

人生遇合如萍葉，鴻爪東西印泥雪。客塵念念溯前游，卻似拗蓮絲未絶。頻年山閣薦紅梅，捧手坡仙同磬折。登高極目望鍾阜，但見海雲明且滅。索居閉户誰與語，且喜閒身無曳掣。客從何來雙鯉魚，中有新詩文錦纈。直把飛霞作聚星，白戰聯翩散瓊屑。亦知此樂興不淺，來書云庶知此間興，復不淺冀一回空谷之遐心也。無忝年華去飄瞥。目昏耳聵何所爲，空谷遐心吾敢說。感君遺我照乘珠，何以報之一鼓鐵。

又和沓韻寄懷勤西廉訪

桐城文派今幾葉，餘事詩篇似迴雪。驚鴻游龍出腕底，落紙雲煙并三絶。高文大册海内外，曾文正公贈聯句。元老當時亦心折。唱酬詩卷壁間留，不與飛霞共磨滅。殘冬飲餞憶前年，碧海鯨魚共君掣。端公好古今耽詩，端甫不甚作詩，近乃頻爲之。醉裏揮豪眼生纈。唐衢歌哭解者稀，押險攻强非所屑。致師皖伯兼感懷，君寄詩勤老蓋將挑敵。相見嫌疏别嫌瞥。鄙人亦在海一隅，漫託樵風效匡說。大江南北千百里，鼎足聯吟韻金鐵。

又和飛霞閣梅樹著花甚少三沓前韻寄懷

老年作客如病葉，那似梅花耐霜雪。謂梅因我作花稀，一笑令我冠纓絶。藤蔓牽纏蛾育子，毒手横斜亂攀折。枝柯雖在神已離，香乏返生憑起滅。昔者我友徒梅龍，廖君養泉。護念常虞夜飛掣。是年未臘先作花，粲似明霞爛如纈。其中玉立兩三株，俯視夭紅意不屑。我何功矣安受成，七載看花電一瞥。沉吟詩句笑復悲，培植孤芳信難説。深山古幹世誰知，萬朵寒香根屈鐵。

錢子馨司馬培蓀。遷居郡城東郭外頗有園林之勝予請名其園曰復園其堂曰謝華啓秀之堂紀之以詩

其一

小園東郭外，三徑未全荒。久雨曲池滿，迴風晴雪香。梅花最盛。綢繆新牖户，培植舊松篁。猶記山亭上，當年醉十觴。本青浦陸氏别業，道光己酉陸君雪亭嘗招同君先尊鼎卿學博飲此亭。

其二

不遠无祇悔，天心漸轉移。一陽終見復，七日豈愆期。夕秀今方啓，朝華昔已披。芳菲信堪賞，更請賡桐椅。

訪張燮庵司馬家鼎。即贈

五年不相見，鬚髮亦蒼然。藥裹婦多病，楹書孫可傳。怡情詩自賞，待客榻常縣。比屋鄰容借，將求下潠田。

張玉珊大令鳴珂。校經圖

武陵山水鍾英靈，三窺中祕游西泠。道光乙未、己亥、庚子嘗三詣文瀾閣校書。頤性老人舊開府，睠睠逢人問詁經。西湖詁經精舍，儀徵阮文達公撫浙時所置也。甲辰夏謁公揚州拳拳問狀。一從寇軌遽蹂躪，湖山勝跡遭蝗螟。鄴架圖書共煨燼，百一偶免多凋零。大風西來埽穢腥，膏沐不改群山青。廣招賢俊授鉛槧，詳校典籍開沉瞑。七經義疏秉謨訓，亘若河嶽昭日星。禾興宿學我宗老，戎幕飛書筆不停。堨來賓館理舊業，駟通漢宋無畦町。煙霞蕩胸蠹簡活，水月濯魄塵勞醒。君身正在圖畫裏，還倩妙墨圖真形。聯珠編玉紛滿卷，更試瓦礫淆瓏玲。十年白下鑽故紙，汲古自恨羸其瓶。題詩三歎重憶昔，六橋墜夢雲冥冥。

龔鼇峰廣文源達。讀書松桂林圖時錢子馨招予住復園消夏。

首夏已炎熱，避暑居復園。長風來古松，叢桂枝連蜷。披襟坐亭上，執卷無塵煩。龔君示我讀書圖，恍然置我圖中間。讀書之樂隨所省，要使心追古人境。譬如松桂各自佳，勁節清香在人領。雲間之龔渤海孫，方川玲諫。全山□使。兩弟昆。至今流澤偁令門，冬榮後凋此兩根。我交鼇峰與秀峰，同讀父書稍異蹤。秀公峻潔君豪雄，潔者是桂豪者松。而我擁書游息斯園中，何不賞奇析疑日日來過從。

小住鐵花僊館燮庵有作次韻奉詶

借榻幽居避俗塵，蕭然無著與天親。合離蹤跡幾風雨，脱略形骸誰主賓。衰朽相看成老物，知交回數總陳人。樽前且莫論榮悴，劫外猶存現在身。

有懷飛霞閣寄端甫

秋風無恙芰荷衣，極目江城有夢飛。梁燕已孤殘壘冷，屋烏猶是丈人非。研桑計算情彌苦，洛蜀争持跡本微。聞道秦淮燈月夜，昔年楊柳又依依。

蔣卓如過訪示小園還舊圖自記屬題率賦二律

其一

滬江同避難，一别一星周。羡子家園復，藩籬漸已修。樵蘇生計儉，書畫寄情幽。悵我歸來晚，枝栖尚待謀。

其二

復睹承平樂，寧如宿昔時。創深餘痛在，事往寸心知。但願銷兵革，無爲感鬢絲。空庭花木盡，且喜茁靈芝。

顧生深。尚之長子也當辛酉避難時失其弟數年消息杳然作圖寄意乞題

十載原鴒痛，雲羅何處飛。父書誰共讀，天道豈真非。世路干戈息，故鄉桑梓稀。薄裘騎瘦馬，圖如此。辛苦夢中歸。

孟秋之月歸自南塘吉仙女史書來並沓舊韻二章見寄賦此答之

其一

得避炎威便小留，南塘歸櫂又涼秋。應門早已無豚犬，負軛依然作馬牛。擬游浙西，爲奉南志局所□，不得往。四韻頻煩來錦字，雙聲唱和羨鋮樓。吉仙適丁慈水明經，有雙聲閣唱和集。遥知對景思親際，添畫顰蛾一點愁。欲歸寧未果。

其二

三復雞鳴鄭風：「女曰雞鳴。」雄雉詩，箴規真信女中師。琢磨能受誠良玉，習染全除保素絲。自古微文皆有託，向人説夢柰先癡。静看白日堂堂去，秉燭餘光我媿遲。

蜀省新建尊經書院制軍吴公棠。奏開書局以張香濤學使之洞。言介李制軍宗羲。書來欲屬予此席辭之而副以詩

其一

昔歲書招遊晋塞，自慚蒲柳已先秋。同治八年，李公撫晋，以書見招。制軍馬端敏公技閣，久之，乃以見語虎曰：「李老河端敏自然，已屬幕中，爲君辭之矣。」而今蜀道青天上，歷井捫參李遠游。

其二

少慕儒林學未成，誤蒙卿相采虚聲。頭顱七十經荒久，孤負文翁化蜀情。

次韻訓篠峰四首

其一

木以不材老，言歸好寄閑。欲尋雲外約，重訪浙西山。春水船頻滯，秋風菊又斑。虚名挂

塵網，此願忝偏慳。金大令以邑志總纂堅屬辭，不獲命，奉邑諸君遂亦以志稿屬定。

其二

我痛宗支絶，君愁濟美難。苦心勤著述，轉眼付叢殘。盡道書何補，誰言字可餐。鷽鳩已不易，休更問鵬摶。

其三

獱獺從相笑，夔蚿各自憐。艱難遭世故，奔走惜華年。經濟儒官屈，詩餘衆口傳。古稀猶健在，一事足欣然。

其四

橫溪堪卻暑，燮庵所居橫溪，去君居一里所。顧我論文章。近稿時相質，嘉肴遠送將。興來疏禮法，醉不在壺觴。萬事浮雲過，榮名亦可忘。

明烈皇時崑山胡副貢甲桂。數召對偁旨將大用格吏議授南昌判屢署新豐諸縣有政聲及攝守事獻賊來犯拒卻之擢廣信丞拒賊力絀死其弟季桂。子泓時。孫天彥。毁家守崑山與妻子俱殉難當副貢至南昌時同里王平仲志元。作序送之平仲子孚。亦繪圖贈行裔孫鳳章。合裝爲卷乞題

良玉出崑山，圭璋本特達。屢領天子頣，乃以吏議閡。一官落楚西，知己爲蹙頞。丈夫矢忠義，會使邦國活。此文與此圖，快然懷抱豁。丞掾雖閒官，民困同慘怛。攝事歷花封，頌聲已咄咄。恃我成城志，狂寇詎能拔。柰何天命乖，事去不可斡。闔門殉桑梓，壯氣連閭闥。垂裕及孫枝，清風繼簪紱。後嗣多以孝行仕績著志乘。猗與邦之彥，奮身當鯢脆。城亡則與亡，祖德實詒厥。鳳章父樹蘭嘗以學行受知林文忠公。咸豐十年，奉撫軍檄，領崑邑團防，城破殉難。才難不其然，時會每相刺。撫卷重吁嚱，仰止在來哲。

蘇文忠生日招王泖秋珠樹。**俞念卿**豐翼。**于充甫**爾大。**澧尊**惟澂。**集舒藝室荐芷俞君詩先期至是日王君來獨後攜所折梅花一枝爲供及出所作詩則用聚星堂雪韻也乃約兩于君共效之而予詩顧後成聊以紀良會耳**

刻玉何時成楮葉，陳后山謂秦少游詩，如刻就楮葉。見方勺泊宅編。强以巴人歌白雪。歸來兩度荐蘇公，回首飛霞感不絕。王君雅步偏何遲，老圃南枝特親折。鄉園小集故人稀，舊夢重尋泡影滅。漁溪詩叟思獨敏，滄海驪眠手先掣。誰知聚星堂上客，出袖明珠光采纈。竹林二阮皆妙才，欬唾隨風成玉屑。縱筆從驚意興豪，清談不覺斜陽瞥。嗟我心源今廢井，拈句登壇無法説。只應笑倒眉山翁，鑄錯寧須幾州鐵。

二十日聞葉雲巖鎮軍之訃不勝愴然再沓前韻

昔年吾友鍾與葉，鍾西白守備，昔與雲巖同居。蟄庵荐蘇同踏雪。癸亥之荐集，屬縵雲侍御、蟄庵二君與焉。而今僂指一星終，大樹飄零愴欲絶。輔車相依老兄弟，鍾葉本表戚同官相資如左右手。奉職分馳雁行折。鍾君盡瘁三江營，西白補三江營守備，力疾巡緝，以勤死職。形影雖亡神不滅。葉君一官羈海上，雲巖以總兵借攝上海石營。夙夜勤勞肘頻掣。去冬相見氣蕭瑟，兩足蹣跚面增纈。區區雞肋猶失之，非不可留心豈屑。去臘調任儀徵。封侯秉鉞意中事，蒼狗白衣争一瞥。遺愛猶存部曲心，忠忱空聽同僚説。武臣惜命亦愛錢，人間難得錚錚鐵。

唐端甫寄示蘇公生日集李佛生太守齋用和秦太虛梅花詩韻見懷依韻詶之

唐子神完貌如槁，每遇良朋輒傾倒。李公境迫心自寛，肯以貪求易煩惱。道藏常清静經云：既生貪求即是煩惱。嗟我離居今兩載，季鷹敢説知機早。相思正比大江深，遺悶無如醇酒好。窮年不廢冷生涯，落葉堆門爲客埽。隱然南北八百里，八九間人拜坡老。殘雪猶封亭角梅，聞飛霞閣梅更衰於去歲。繁霜不折階前草。冬來松屬雪甚微，且氣候如春。忽驚天際六龍迴，極目煩冤望蒼昊。

葉東軒明經爲璋。以其先世中翰公鳳毛。所集藹園員外芳。六旬壽詩册屬題

竹林徵雅事，中翰乃員外從子。遺册溯潛郎。僚采馳詩句，巖泉介壽觴。傳家本忠孝，員外忠節公映榴子。名世盛文章。珍重醇醪意，此册暫失由錢唐周茂才來歸。綿綿弈葉光。

題王子旭學博蓉生。羅浮夢傳奇

其一

合離風雨幾悲歡，任把情場作戲看。莫遣劉郎重采藥，桃花無影墓門寒。

其二

身後身前總惘然，憑空特爲補情天。賺人一片三生石，紫玉魂來又化煙。

其三

駿骨千金價未多，明珠百斛託歸波。蓬萊水淺青山老，只有貞心死不磨。

福星歎

福星者，上海招商局輪船名也。光緒元年，海運至黑洋，遭夷艘衝壞，官紳溺死數十人，姚浚源與焉。

人心那比海程寬，到此休歌行路難。可歎福星成禍水，寃魂無數哭狂瀾。

與子馨同赴重固道中即事

朝出通波門，言循顧會浦。東風吹船尾，適與人意撫。九峰如故人，參差展眉嫵。當時轉戰區，此地成焦土。雲山信未移，林木誰爲補。沉吟懷往哲，蹤跡忽以古。何君古心居幹山，下世五年矣。碧水漾微瀾，何從采芳杜。

道光丁酉從外舅堅香先生訪何丈書田於重固今三十九年矣予與鴻舫訂交亦已二十餘年至是重來回溯前游不勝憮然

卅九年來逝水流，紀群交誼溯前游。當時山抹微雲壻，重上君堂已白頭。

鴻舫訪予復園篠峰適至酌酒話雨篠峰有詩屬和次元韻

咫尺披雲望谷陽，披雲者，郡城東門也。錢氏別墅舊在城西谷陽門外，爲向來燕集之地者，今已燼。追維往事引杯長。幾人來話黄梅雨，此地何如緑野堂。宋錢惟演緑野草堂在杭州錢唐門外，後爲昭慶寺地。子馨嘗筮仕浙江，故云。髯客醉能歌水調，鴻舫虬髯已蒼而興會如昔。詩翁老尚健辭章。江鄉復睹承平樂，且共隨時愛景光。

孤館

孤館漏方寂，夢餘詩思賒。屋聲風落楝，窗影月移花。此夜亦可惜，吾知豈有涯。起來重展卷，遠樹已啼鴉。

卧病復園忽忽逾月比日小瘥自述二律

其一

小極無端一月更，食單枉自累門生。胃納甚微。身同病柳風荷弱，夢逐孤猨野鶴行。承祀已先三不孝，讀書依舊百無成。淹淹在世真疣贅，珍重參苓强與撑。子馨日進參朮之屬。

其二

此身久已誓江流，咸豐辛酉之難，預計急則自溺，幸未及賊。十五年生總一浮。死豈關心惟畏病，方原對證幾能瘳。最難客舍如家舍，不盡鄉愁復遠愁。我鄉蒔吉貝，今以潦壞禾亦歉收。又聞金陵倉巷失火，頗懷莊守齋家。展卷數行渾未了，忽來蝴蝶引莊周。

子馨招周叔米文禾。張篠峰何鴻舫陳同叔升。顧秋巖翯。沈菊泉霖溥。同集復園

湖上歸來宦興闌，蓴鱸鄉裏足盤桓。平生師友論交切，莫齒功名厭志難。菊泉新捷鄉闈，年五十有七矣。秋入園林花氣爽，話闕身世酒杯寬。踏筵幾許紅裙舞，得似良辰叙古歡。

次韻詶鴻舫

其一

壯往憶當年，而今已嗒然。且藏醫國手，還作在山泉。十笏容蝸寄，千豪埽麝煙。箕裘能濟美，彙傳定成編。君嘗欲輯古今醫人傳。

其二

虺隤吾竟老，悃款子逾親。敦勉無窮意，維持現在身。未妨蹤跡異，所喜性情真。忽憶黄壚飲，臨觴涕泗頻。謂小田。

冬日與于充甫馬健齋元德。兩學博王藹儒文學履階。同住南城志局即事

其一

久客疏鄉邑，歸來已白頭。吴天到海盡，越水入江流。浦南諸水皆由浙來。賦減民仍瘠，同治二年，曾文正公與今伯相合肥公奏請減江蘇浮糧。兵餘俗更媮。廿年文獻没，往事費徵求。

其二

分占東西屋，何嫌上下床。參稽兼案吏，謁候雜牙郎。飽雀頻穿屋，局設積穀倉。寒花尚傲霜。

偏隅無勝蹟，懷古話香光。城西南隅香光樓，傳爲董文敏讀書處。

丙子元旦是日大雪，奇寒。

其一

釀雪經旬雪影稀，六花留待歲朝飛。年豐人壽靈臺報，東北風。宜有篇章奏紫微。

其二

兄弟消寒付一樽，三人今祇兩人存。季弟以去冬病没。中年早世嗟予季，酒入深杯化淚痕。

其三

年年循例祝蘇仙，去臘偏緣世故牽。一十五回逢丙子，是歲上距宋仁宗景祐丙子凡八百四十一年。可知公壽過彭籛。

青村城即奉賢邑治。

真有山林意，平蕪一望青。城疑岡阜禿，亂後雉堞盡禿。風挾海潮腥。籬落成街市，煙霞痼性靈。城中人大半吸鴉片。南城已荒索，此邑更凋零。

題費廉卿壽康。爲母夫人繪秋鐙課子圖

一鐙熒熒細于粟，窗紙篩風冷入屋。中有丸熊畫荻人，雙鳳嘔啞夜猶讀。費君示我課子圖，爲訴髫年如在目。皎月當天節母心，寒蛩四壁孤兒哭。吁嗟孤兒良可悲，事母如父兼如師。菜羹菽水此日事，五鼎三牲彼一時。飢驅四方情愇恑，敝簏重開卷猶好。回首篝鐙授字初，白雲何處慈顔老。寸草春暉願竟虛，廿年風樹痛皋魚。對床聽雨重增感，短檠今誰共讀書。哲兄麋生逝世。

復園消夏雜書

其一

密葉重陰兩碧梧，繁花如雨滿池鋪。飛來小鳥疑幺鳳，失笑誰知是翠奴。有魚徇飛入屋。

其二

一自輪船海步通，嘗新每見荔枝紅。莫貪飽啖忘消渴，正恐江瑤易發風。坡公以荔枝比江瑤柱。

其三

隔水田塍響水車，起來散步曉涼賒。傾盤葉葉翻珠露，新放瓨荷一兩花。

其四

閩粵章江水橫流，津門亢旱恐無秋。誰將五月天山雪，吹入熏風到莫州。京邸書來，言五月十三日保定大雪。

其五

老人生角婦生髭，氣血乖違古有之。去歲，吾里有六十外人頭生角，近華邑得勝渡老婦生鬚。按漢書五行志，景帝二年九月，膠東下密人年七十餘生角，角有毛。又唐李光弼母有鬚數十，長五寸餘。不信牛哀真化虎，鴟雛竟忍作梟鴟。

其六

異事紛傳衆口同，吹毛處處翦刀風。入夏以來，譁傳有紙人翦人辮髮及女子髻。按明陸容菽園雜記載：江西一遊士，善異術。按察某副使獨不信，術士翦紙爲二刀，交舞於前，撲其面。副使以袖拂之，雙肩已削。蓋妖術有之，不盡無因。潛消妖妄須良吏，不盡嚴刑密捕中。

其七

儒冠武弁異齊民，挾刃偏同盜賊倫。薄示蒲鞭賢令尹，更休怙惡累仁人。有曾與童子試者，持刀劫殺人。又有武弁，夜行劫拒捕，傷事主，有司皆杖而釋之。

其八

傳舍非無香火情，身家念切撫民輕。去思他日遺恩在，豺虎山林感放生。

其九

今年閏夏愁多暑，不道涼風日日晴。一霎廉纖過雲雨，蕭蕭先已作秋聲。

其十

吸露吟風得氣清，廿年似我耳中聲。自咸豐乙卯秋起常患耳鳴。承蜩童子持竿伺，多事枝頭盡日鳴。

秋夜

薄寒生枕簟，寂寂夜方中。夢影半窗月，秋心滿院蟲。卜居疑未定，懷舊感無窮。時聞唐端甫之訃。差幸今年健，無須山鞠藭。

哭端甫六首

其一

脩短誰司柄，乾坤太不仁。唐君今止此，吾道失斯人。鬱鬱平生志，悠悠作客身。十年叨末契，何處問前因。

其二

家有中人產，楹餘萬卷書。兔園憎俗學，蛙井破拘虛。愛讀醉鄉記，常承長者車。何來赤眉賊，遂燬子雲居。

其三

避亂輕航海，言旋復渡江。高材雖累百，博覽自無雙。奥義紬金匱，同校史記，多有心得。清談倒玉釭。智衰兼怯飲，屢受老夫降。

其四

爲人真藴藉，大有晋賢風。好古仍無執，知今亦善通。吟心多刻苦，佛理異頑空。聲價龍門重，量才自不同。君爲山長李小湖廷尉所激賞。

其五

判襼難爲別，離居意更殷。榛蕪偏好我，梨棗恐縺君。拙藝隨筆君初勸授梓，予不應。及予離局，君遂付乎民。地有山川隔，聲髓旦夕聞。函書無缺月，字字化愁雲。

其六

宿疾聞差減，新瘥好自培。五月，中書來言舊恙，稀發而體中反不如前。答書方寄去，凶問忽飛來。劉恭甫來訃。婚嫁憂兒女，門閭夢草萊。當年高誼在，癸酉春，同局戴子高病没。君千里送其柩回苕。何日玉棺回。

答問客中事

平生志幽適，願結漁樵翁。遭亂不自全，溷跡隨飛蓬。自慚麋鹿性，何爲謁上公。良無匡濟策，録録群材中。秣陵十年客，仰首天飛鴻。歸來故人笑，四壁依然空。無屋止瞻，烏有書遺蠹蟲。君毋問前事老，拙盲且聾。

悼姚孺人

其一

江湖役役稻粱謀，豈爲蕭郎愛遠遊，貧賤故宜甘淡泊，疏狂不解戀温柔。家居歲未經三月，客裏身常閱數秋。四十二年飄忽過，他時誰更誄黔婁。

其二

慚媿而翁品藻殊，白頭依舊一窮儒。廿年我久爲齊贅，半歲卿猶比楚㜮。孺人先予半年生。失子早知心已死，移居深悔計偏濡。僦居樓面西，不堪度。夏謀徙未成以此致疾。泉途見母應相慰，許字無煩念掌珠。女孫已許字王子勖學博弟五子。

其三

西窗暑暍病成痟，藥餌何曾肯暫調。小别出門纔兩日，遄歸視琀已三朝。思鄉目極荆榛没，姚氏宅已燼於粤寇。避亂魂飛涕淚遥。往事不堪重入夢，風寒霜凍況連宵。

其四

大雷書斷痛連枝，杏士去秋病没。予季云徂亦此時。季弟亡適棋年。白首復乖偕老願，詞人例有悼亡詩。行年七十原非短，莫景飛騰轉自思。哭友連番還哭婦，仲春，筱峰病故，端甫没於季夏，子馨没於季秋。半生學道未消癡。

莫善徵大令祥芝。署中晤劉開生觀察話舊

零落侯門客，乖違又五年。衙齋重握手，梧酒話當筵。保障今推董，善徵今宰上海。乘槎别有騫。黎蒓齋刺史隨郭筠仙侍郎使英國，善徵妹壻也。君衰吾更老，出處媿諸賢。

重至復園悼子馨

池館仍依舊，斯人安在哉。當時憑一哭，此日悵重來。曲室蛛絲羃，殘泥燕壘摧。無情桃與杏，寂寂爲誰開。

孔雀爲楊卓庵太守永傑。詠

孔翠來南海，斐然副盛名。恥隨雞鶩食，志學鳳鸞鳴。掉尾凡禽妬，憑霄鷙鳥争。金花雖被觸，終不掩文明。

乙亥丙子兩年並在復園度夏子馨嘗助予視宅未就去秋子馨病故家屬皆遷回金山即招予住復園今夏四月始來賦此爲紀

大地一蝨蝨，行年幾鵲巢。予自丁亥至南蕩，即以館爲家。乙未冬，爲姚氏贅壻，凡二十一年。先是，張梅生嘗招予同居張堰別宅，及丙辰遷至，則梅生先一年死矣。卜鄰今昔意，讓宅死生交。觸目皆增感，椎心漫解嘲。孤根無寸土，何處得誅茅。

在金陵日多慫恿納妾者劉治卿觀察勸尤切及歸里老友朱貢三鑰。**及宗人張鳳山**鑫。**輩復屢以爲言黄子慎太守**安謹。**力持之夏四月倪姬來歸遂挈居復園漫成一律寄諸君**

廿年清夢客塵删，鼎趾頻煩祝老鰥。未必生稊到枯樹，或言養氣見酡顔。維摩丈室來天女，白傳吟情寄小蠻。一語報君應失笑，即今腰脚比前頑。

梧桐爲大風所折述感

三年五月日丁丑，入霉卻在逢庚後。巽隅忽起顛鷁風，急雨猛挾蛟與龍。復園老樹兩樹桐，一樹最高當其衝。繁花萬萬枝葉叢，攫拏力拗悍不從。砉然拉折勢已窮，軺車顛踣巨毋霸，長狄倒地戈誰摐。孤根直立屹如鐵，龍門百尺將毋同。雨師退舍風伯皺，矯强不屈乃有公。吾聞此日雹且雪，合抱古幹連根拔。頃者地動丁亥夜，盛夏裹綿過半月。疾風勁草桐有之，南山松柏汝所師。陰陽乖舛亦偶爾，大節危柯好自持。

訓華約漁孟玉。

其一

當年丁與李，三子並名馳。君與丁時水李花卿齊名，有三子之偁，今丁李俱没。博學多才辨，今惟華令思。文章吾久廢，聲聞世方嗤。炳燭光餘幾，飛箋感贈詩。

其二

七十頭顱矣，浮家寄復園。營巢憐舊燕，嘯侶柰孤猨。對影琴書，寂馴人烏雀。喧披雲如再，顧四月間承見訪。十日效平原。

行園感賦

秋花紛爛漫，秋樹漸彫零。惟有繁蟲亂，愁人到處聽。

晚泊新場

維舟石筍里，閭巷早關門。岸窄蟲聲急，星稀夜色昏。市燈稠買藥，村屋遞招魂。肅殺宜司令，秋深氣轉温。時頗有疫氣。

壽賈雲階七十

君七十，我齊年，當年同補弟子員。君與予同歲生，又同入學。君家阿千蓉卿司馬亦同道光丙戌入學。指君説，蒼莽似生西北邊。爾時虎氣正騰上，肯作尋常科第想。東馬嚴徐未足言，臯夔稷契差堪仰。秋風歲歲白下行，時命不到迂書生。五光十色見者眩，卻讓雛鳳先飛鳴。先生投筆成一笑，家學淵源參道妙。老來無用敲門磚，楊公賴公我同調。君精究形家言。壯懷不試天囿之，澤及鄉里得自持。鄉邦文獻勤紀述，有美必録何所私。嗟我齒衰頭已白，十年浪作諸侯客。與君梧酒話平生，俯仰乾坤徒局脊。有子何必尚書郎，但願讀書承義方。有家何必金與玉，粗布衣裳飽食粟。城南草堂五畝居，濁酒可沽菘可菹。七十老翁樂有餘，莫向閑人計毀譽。

坡公生日招仇竹坪太史炳台。**郭友松孝廉吴吉卿**震。**章次柯**耒。**沈躍齋**祥龍。**三明經尹子銘署正**鋆悳。**錢義泉中書**廉。**閔頤生上舍**萃祥。**小集復園**

奎光燭牛斗，誰云不能神。一十五丙子，光采長如新。文章與氣節，後起疇其倫。鯫生夙所宗，疲駑難自振。十年江南北，讙言荐蘩蘋。同儔既星散，予亦思鱸蓴。歸來五度臘，感此過去因。園林雪未銷，折簡來嘉賓。匪以效角逐，素志期相親。諸君高世才，望古懷千春。前身及蘇老，何必非晁秦。吾友誚肉山，詼諧豈其真。昔小田每況予爲張文，潛謂體肥耳。少壯不努力，衰老徒逡巡。今兹斗酒會，含意請各申。一任笠屐翁，壁上觀醉人。石刻笠屐圖在府署，有董文敏書。自贊陳仲醇題詩，前守趙鑒堂宜喜跋。有遺予搨本者，因裝小幀縣之壁間。

人日竹坪招集笏東草堂即事

其一

元日到人日，杜句。陰寒雨雪兼。良辰天意靳，嘉會酒腸恢。往昔同追憶，豐穰冀協占。梅花尚酣夢，有客獨巡檐。

其二

吾茸風雅藪，今日復承平。聚散懷人感，興衰望古情。陽春應漸轉，快雪未成晴。借問城南獵，何如鬥酒兵。

次韻詶竹坪

其一

柏葉樽開集勝流，新詩老去愧難詶。嶽雲小寄差安夏，予遷復園爲避暑計耳。春雪頻霏冀有秋。

高會南皮思往事，談兵北府慨前游。主賓豪飲饒清興，不羡山陰訪戴舟。

其二

六藝羅胸漱衆芳，卅年舊學好重商。林泉有意聯裙屐，簪笏無心夢玉堂。謝傅棋枰聊自遣，陸莊衣鉢未愁荒。君門下頗盛。憑君莫話秦山路，白髮當時我乍蒼。

青村道中

積水平隄岸，人家杳靄中。雞鳴村店寂，丐卧佛祠空。雨草驕新緑，晴花炫小紅。喜聞蝗種絶，麥秀漸芃芃。

題黄恂甫 構。安穩歸帆圖

人生禍與福，境過隨飄風。居安不忘危，在莒思無窮。烽火達越州，蹙然甬句東。扁舟泊海嶼，金碧摇沖瀜。洗眼雲水光，覓句聊從容。狂飆忽然至，波瀾蕩長空。傾覆須臾間，仰視嗟蒼穹。翩翩兩青鳥，似爲神所通。孤帆一以正，捷若乘飛龍。回望招寶山，一點雲冥濛。事往十餘載，心目猶忡忡。同舟六百人，幸免馮夷宮。憶從粤寇警，遍地罹兵戎。流離塞道路，性命輕蒿蓬。誰知不兩載，豺虎皆沙蟲。嚴寒苦水雪，忽已回春融。要當審所由，慎勿貪天功。危哉憂患根，正在歡欣中。昔賢有垂戒，閒暇省厥躬。披圖一太息，命意君宜同。

題鐵淚圖

鐵無淚，鐵有淚，世有鐵心人，見圖心亦碎。君不見，鐵淚圖事，從豫省，傳東吴。光緒三年歲丁丑，夏秋亢旱山澤枯。燕齊秦晋悉如此，大河南北尤卒瘏。飛蝗遍地食藁秸，蓋藏安得有黍稌。君勿言黍稌，樹皮草根亦已無。父棄其子妻別夫，走死覓食塞道途。道途行乞不得食，飢腸如焚僵道側。縣梁溺水日幾家，宛轉殘生面如墨。三冬不雪春不雨，去年無禾今無麥，石田從衡餓鬼哭。蝗種雖孳爾何欲，屍骸狼籍瘠無肉。與蝗相争聊賺腹，見荒州縣八十奇。其二十八靡孑遺，朝廷開振吴楚助。救災卹鄰禮亦宜！救災卹鄰禮亦宜！況爾鄉宦居高資，梓桑之誼嚮所篤，忍使爾衆號且啼。烏乎！我歌聲酸不成語，鐵人聞之淚如雨。

尹子銘鋆惪。屬題其大母黄太君紡績圖

其一

百世留遺一紡甎，要同彝鼎共流傳。白頭我更悲風樹，回溯篝鐙總惘然。

其二

縷縷棉紗寸寸心，與兒同此惜分陰。要知勤苦持家意，不在田廬不在金。

其三

綿長福壽女懷清，幾輩孫曾善守成。常有讀書佳子弟，顯揚何必定公卿。

沈慎齋文學銛。約同志十二人爲書畫以潤筆資助振竹坪紀以長歌索和賦此詶之

研田雖逢年，所穫能幾顆。書生飢溺懷，施捨一何果。欲以涓滴水，撲彼陸渾火。祇恃惻

隱端，無閒人與我。聚沙塔可成，積少亦致夥。障篦誰傾身，赫然人之爹。孰視同巢焚，作繭深自裹。鄙夫昧丹青，書劣腕復跛。虛生人間世，自問無一可。諸君期利濟，此舉非細瑣。他時泉出山，勿負堂皇坐。

罌粟吟

豫晋連荒，蓋經三載，其農人狃罌粟之利，往往不事五穀。一家婦子俱嗜鴉片，亢旱久饑，卒□無以充糧。樹皮草根無孑遺，遂致析骸之慘。蘇松好義者百計恤鄰，匍匐往捄。雲階追咎其失，作破荒論見示，然江浙之區，蓋亦有效尤者，可畏也。因作此篇寄之。

波畢花中妖，印度人呼爲波畢。異態凡百變。竊彼臭腐力，繁盛每自衒。大或如盞盤，罌粟花厚纏之大如牡丹。色則如采絢。近之鼻輒掩，望之目欲眩。呼罌象其殼，名粟實難咽。欒城晚氣衰，石鉢謬自研。咄咄謝幼槃，淖糜充朝膳。其性寒且濇，救荒烏足算。何年慎恤膠，乃列珍奇薦。見明朱國楨湧幢小品。蠻夷造毒蠱，相傳雅片實螞蟥蠱。蒔此隨蔓莚。印度古佛國，末教今遂畔。因循二百載，汨若洪水洊。其始紈袴兒，濡尾陷冰窖。鄉黨來譏評，父兄加責讁。既且相忽忘，褰裳亦俱濺。儒冠誦詩書，平昔頗狷狷。無端遽避人，染指學背面。促促守錢虜，銖黍惜方便。一燈膏自煎，田屋不復戀。上膺方面尊，下洎輿儓賤。商賈連農工，奚論釵與弁。載胥及僧徒，薰修靡不遍。狂藥爲元霜，傾資事烹鍊。煙花別成界，鬼魅游泮奂。民者邦之本，國用那得羨。痛哭黄鴻臚，爵濚。漏卮孰能填。積重返竟難，禁令徒敷衍。捆載出重洋，姦商喜且抃。烏乎我國家，和氣滿郊甸。雨暘偶愆期，歲稔仍時奠。莠民窺利藪，投耜爭鼓煽。棄彼稼穡甘，種毒等藜莧。遂令麟鳳囿，以育狼與虦。貪財卒滅頂，人我同糜爛。黍稷成茨棘，餓死天不援。粲粲囊中米，亦名米囊花。何不恣飽饕。居然人食人，同類佷自剸。三晋皆雄區，潰敗共一丳。死者誠無知，生者猶痯痯。轉粟仗東南，恤鄰勇無倦。要知禍所基，覆轍勿再玩。吾吴雖豐饒，此習久瀰漫。比聞理舊章，奉行怙欺謾。窮鄉地稍僻，亦有連畛畹。此非可蓋藏，履畝劇易覸。涓涓匯江河，其源速宜斷。永當絶根株，毋使得滋蔓。或言市之彝，未免銀所换。何如蓺中土，聊比衣補綻。買刀苦費錢，乃令鐵自鍛。不知鍛鐵人，將以刀鼓亂。吾讀賈生策，俯仰深歎惋。褒妲誠豔姿，而釀元黄戰。寄語勸農司，毋遺養癰患。

竹坪太史約爲消寒之集大風不得往以詩見懷有主盟老將之語戲酬一律並示諸同人

閉關猶自怵風聲，老去廉頗枉盛名。矢未加遺先避敵，書銜布告又渝盟。周旋暫請紓三舍，收合徐圖竭一成。壁上看君旗鼓建，祇勞添築受降城。

送朱貢三臨休寧

我讀佛氏書，愛其説因緣。因緣之所輳，不自知其然。磁石引鍼珀拾芥，一氣和合隨所牽。我識朱桃椎，忽忽二十年。憶當咸豐末，避寇浦江邊。邂逅如故知，下榻欣相延。從此來往孰，賓至如歸焉。是時我友黄萍軒，小田。亦以逃難來此間。三人日聚首，胸臆各自宣。有時論時事，恨未先著祖生鞭。有時論姦諛，拔劍便欲披其肝。偶然觸興弄詩句，曼聲長哦五七言。不向時人逼唱和，不與俗眼争嗤妍。自我赴皖軍，別意常拳拳。一月三致書，千里之隔如駢憐。丙寅之春重至滬，萍叟健在猶依前。君雖不飲聊破戒，三爵或亦蘄勉旃。如我三人，無營復無慮，冀可得壽如彭籛。明冬萍叟忽化去，若非成佛應生天。十餘年來，與君成二老，羅浮兩山，不以風雨爲變遷。君言江城久客今已耄，正似舍已芸人田黄山。白嶽萬園在，將欲歸省墳墓祠宗先。先生孝友才且賢，敦交義重無詐諼。留君不能惜君去，勸君暫去毋流連。錢唐江水清且漣，子陵臺畔謁釣仙。齊雲山高雲渺綿，我心飛上齊雲顛。看君騎騾山下過，金尊一醉斗十千。天親無著老兄弟，送君歸去明歲邀君旋。

晚步即事

奔雲西北至，欲斷時還連。暝色合窗牖，歸鳥皆翩翩。疾風何處來，埽此青蒼天。陽光忽穿漏，正在長松顛。園亭遂晴朗，衆緑争芳妍。俛仰晦明理，變化須臾間。翱翔步中庭，意得方悠然。

園居雜興

其一

南俞塘水久蹄涔，咫尺池亭寄賞心。百事無聞真樂國，一枝可借即深林。夢遊每入桃源記，世遠誰爲梁父吟。陶令無弦琴挂壁，而吾挂壁并無琴。

其二

少年不學負居諸，老去光陰炳燭餘。敢以鈍根參佛道，漫圖博物考蟲魚。小窗風暖鳥求友，深院日長人著書。消遣閒情聊耳耳，榮名壽世兩皆虚。

其三

也無煩惱也無歡，一得差贏是達觀。桃李陰濃花富貴，琅玕聲静竹平安。客來相對忘酬應，酒至無心别苦酸。向晚忽聞童豎報，當頭又見月團團。

其四

白頭賸得幾絲絲，晨夕行園有所思。日色愛看斜照後，花香好在欲開時。長松繞屋有聲畫，碧草滿庭無字詩。春夏秋冬頻變換，此翁昏眊不曾知。

次韻訥周縵老

寡欲輕榮利，如君實偉長。曾文正公見贈，有「寡欲差同徐偉長」句，然非所敢承。如君淡泊明志殆近之。功名謝申甫，詩派比秦黄。石爲文正門下士。別夢猶陽朔道光間督學廣西。群才自玉堂。遥知秋後月，未肯鬬星芒。有約聯遊屐，湖山許共尋。一時牽世故，七載負初心。舊侶浮雲散，敦交道味深。惟應盧仲甫，梗梓已成林。兼主杭湖兩郡書院。

偶成

久潦偏驚小暑雷，俗諺：小暑一聲雷，倒轉作黄梅。章江粤嶺已聞災。近報。重衾擁絮方憂米，諺云：六月蓋被，田中無米。急雨敲窗又入梅。豐歉循環天有意，安危大局世多才。風香一緒荷花笑，笑向先生勸酒杯。

闃寂

闃寂庭階碧蘚滋，一番殘暑又涼颸。十年蓬梗清宵夢，萬里輶軒遠道思。曾劼剛襲侯賤罷斯，劉開生、黎蒓齋、張聽□使英吉里，容純甫使彌利堅，吴子登使佛蘭西，徐仲虎使德意智，張魯生使日本。難處始知更事少，老來常恨讀書遲。憑闌愛看營巢鵲，羡爾投林穩踏枝。

荷葉

清到荷花葉亦奇，碧莖青蓋擢漣漪。珠盤一瀉無留跡，風雨撑持未改移。

蟬

秋風數日絶蟬聲，殘暑纔蒸忽又鳴。知了依然知未了，炎涼何苦太分明。

桂

含香猶未坼，隔院已先聞。金粟祇園品，珠苞月殿芬。葉繁犀甲健，風定麝臍薰。人譽庭前樹，秋來獨有君。

初雪

龍公初試手，見晛忽闌删。冬旱亦云久，春田毋太艱。何能補地裂，聊以破天慳。北望同雲重，湘軍在海關。湘人甚畏寒，時曾威毅伯奉旨督軍，戍山海關。

舒蓺室詩續存

舒藝室詩續存一卷

晝静

晝静簾垂地，荷香入坐清。日光翻蝶影，風力曳蟬聲。懷舊忽成夢，拈毫時寄情。餘年逢景運，拉雜記平生。時撰懷舊雜記。

夜長

立秋纔過後，便覺夜何長。世局紛難究，書篇多半忘。息心雲起滅，味道海茫洋。失喜朦朧影，單衾生曉涼。

七月十二日雨後虹見東南色紫黯明日復大雷雨聲振地已而寂然此旱象也自後二十日不雨。

何事連朝雨，聲消一震中。雄雷驕出地，旱氣預成虹。積熱難爲受，偏陽必有窮。沉吟思物理，未覺此心空。

風汛

暑極涼宜漸，飄風忽變冬。觸山頻詫虎，舞樹欲成龍。節過露華白，雨連潮汛洶。淋鈴不可拾，絮繭也。此際泣村農。

庭際

庭際雨方歇，階前日已斜。踞蟾閒伺食，團蟻勇拖花。嗜欲誰能遣，機緘豈有涯。長松青可撫，佇立看餘霞。

晚步

數點過雲雨，松篁如有情。斜陽歸鳥集，涼月亂蟲鳴。漸覺暑氛減，兼茲夜氣清。隨風來入聽，鄰笛兩三聲。

電線竿

妙用微雷電，靈通九地心。望疑郵表啜，矗豈膾如林。一息騰千里，雙聲統萬音。何人矜搏拊，俗有空谷傳聲之戲，見魏伯子集。理未析磁鍼。磁石吸鐵即電氣之理。

紀事

夏秋毒熱不可當，起居服食疏自防。天時人事適相值，戾氣觸迕來無方。晨朝操作尚飽飯，日中倆病夕已亡。醫師束手巫奔忙，神來佑汝驅瘟癀。報神白牡和騂剛，華鐙錦繖交煒煌。釵弁雜沓爛有光，喧闐晝夜舉若狂。君不見，風潮白露無鈴子，俗謂吉貝曰鈴子。斫禾連阡濕生耳。又不聞，石頭沙上數百家，一夕呼號逐海水。石頭沙在海中閏七月事。

酬楊古醞原韻即送之黄巖丞任

哦松計亦得，免惹俗塵侵。老鶴偶垂翅，黄柑良勝金。舉頭天姥近，倚杖石門深。康樂遺蹤在，公餘次弟尋。

縛雞行

昂然獨立若有思，芥冠金距勢莫支。兩翅膈膊横氣施，小雞奔逃謹避斯。君以爲雄誰敢雌，庖人鼓刀手縛之，自斷其尾嗟已遲。

痰喘

喘似吴牛涌似潮，强支高枕坐通宵。如何五嶽平來久，塊壘填胸尚未消。

紛紛

聲華利禄太紛紛，纔聽雞鳴又夕曛。到底天空何物在，白衣蒼狗總浮雲。

聞雷

龍公小試意徘徊，十二月初見雪即消。雲氣沉沉晝不開。無限吴農望三白，先春四日卻聞雷。

黄子慎太守再奉吴淞釣船之委繪整釣圖自題二律屬和次原韻

其一

又向吴淞整釣絲，原倡句。也便公事也便私。君昔監吴淞卡數年，今□頓家滬城。朝潮夕汐如當日，轉綫迴黄又一時。詩句無慚蘇叔黨，壯懷未遂傅脩期。行年五十悤悤過，鏡裏微霜欲上髭。

其二

昂藏驥子本超群，家學頻煩督課勤。奔走風塵將白首，浮沉宦海感青雲。氣深醞釀芝應長，秋到巖阿桂自芬。此日垂竿聊静寄，舊時鷗鷺正思君。

黄勤敏公壹齋集詩板燬於粤寇小田常以爲悮同治初其同邑許小琴太守文深。重刊於廣東而遠莫能致太守嗣君秋生服官閩省去夏乘輪船至滬以板來歸奉賢闔邑俟助資成之子慎爲歸詩圖以誌其誼

卌年家集劫灰空，據年譜，壹齋前二十七卷刊於嘉慶甲戌，次七卷刊於道光庚寅，再續刊於己亥，凡四十卷。梨棗重開播粤東。大孝克成賢父志，高情無愧古人風。夸娥勇助移山力，海屋驚看貫月虹。年譜一編今合訂，祭筵應可告萍翁。小田晚號萍翁。

偶成

芒種雨連宵，池水平以足。駐杖偶臨池，飛鳴聞布穀。游魚銜孤紅，金魚僅一尾。雜樹交衆緑。漪漪松石間，新抽數竿竹。睫巢謂暫居，荏苒歲已六。人我兩茫然，復園何時復。

七國

七國争雄强，魯連頭不掉。富貴皆墦間，齊人爲之弔。嗟哉愚婦人，仰望漫相誚。儀秦矜口舌，縱横恣排調。豈知南華仙，紛紛憐滑耀。夢作天池鵬，任彼鷽鳩笑。

村諺

夏至西南風，秧溝與浦通。雨打黄梅頭，飲水没殺牛。小暑一聲雷，翻轉作黄梅。五月連六月，天瓢時時決。棉花亂草中，棄置無人挩。音脱。低田白浩浩，田中尚有稻。風汛爾何來，禾根一齊倒。或言聞地震，又見雪花飛。六月卧絮被，七月著棉衣。那有棉衣與絮被，可憐久在典鋪裏。

桂花

滿樹黄金昨見兹，朝來零落賸空枝。天香別自鄰家至，又是黄金滿樹時。

煎茶

左團蒲，右曲几，竹爐煎湯天雨水。松風徐動魚眼起，瓶笙悠揚忽盈耳。紫芽如鍼清泚泚，先天之味淡如此。紅閨宵闌擣桂蘂，但解茶香失茶理。

癸未元旦

殘冬方未已，景物入新春。老壽天容我，文章鬼笑人。好花能應候，幽鳥不嫌貧。只是長悠忽，依然作客身。

明何忠節公遺像

吴日千《巘頷集》，忠節原名厚，世籍華亭東門，與陳子龍、夏彝仲、李待問契督。修海塘，與吴繩如，艱苦共濟。工成，民偁何公塘，立祠祀之。崇禎丁丑，詣闕上書，帝壯之，御書改名剛，授兵部職方司郎中。史閣部督兵揚州，乞公爲助。帝因命爲參贊。公與史貌皆帶五偏且短小，帝曰：「卿兩人貌同志同，此行必有濟。」甲申國變，與陳、夏諸公密籌戰守。馬士英惡之，出爲遵義知府。公曰：「我久以此身許國，豈忍避就」，遂不赴。揚城陷，與史投井死。

五官雖偏心則正，汝往揚州天子命。此身許國何職方，熱血填胸爲公罄。殘棋一角天可憐，驚駘何物竊大權。死生從井仁者事，千古一勺梅花泉。顑頷遺民吴季子，墨瀋淋漓存信史。騎箕北斗朝天闕，下憶故人陳夏李。七世從孫何鴻舫。望古餘，何公塘上立踟躕。淒涼遺像重瞻仰，海雨江風助歎歔。

次耿思泉太守蒼齡。贈行韻二首

其一

聖治中興日，輶軒氣象新。時學使瑞安請侍郎創設南菁書院於江陰，延予主講，意甚摯勉，應之。文章宜復古風俗冀還醇。何事徵衰朽，量材到廢人。正月病起，後左足弱，恃杖而行。茫然忘句讀，猶道是經神。

其二

當時別鍾阜，回首十經年。詩酒諧情話，林泉結勝緣。遥懷寄桑梓，君祖籍江陰。別路悵山川。盧李餘風範，高才或可甄。盧召弓、李申耆先後主講暨陽書院。

道光壬辰過芙蓉湖愛其煙波山色曾有詩今五十二年矣同治癸酉，自金陵歸，夜過不泊。邂逅復來覺迴不如前慨然有作時閔頤生上舍偕余行書以示之

片席蓉湖被夕煙，平隄葑苴欲成田。臨流皺面重相照，屈指前游五十年。

月城道中月城鎮北距江陰二十里，南至青陽鎮。

雜樹夾叢篁，綫路縈亂草。赤日對岸來，濃緑蒼不曉。人家傍低窪，且與鵝鴨保。歲旱愁涸轍，滂沱復憂潦。此鄉誠復佳，濬治豈無道。

題繆少穀詩後

矮屋雄談記昔年，秦淮一別隔重泉。平生簡札無留跡，往來書札燬於兵燹。餘事詩章幸尚傳。斗酒隻雞來已晚，故家喬木慶終延。君爲門繆文貞公後人族，尚有入詞林者。依然蹭蹬悲身後，碧血還遺烈婦篇。君續配周孺人殉節，光緒新志失載。

呈黄侍郎體芳。

十年歸去作黔婁，那得空山足寄留。公致顧竹丞大令書，謂聞虎自金陵歸後，著書空山，絶跡城市，蓋譌傳也。材是樸樕知誤采，質原蒲柳況深秋。逢人笑似羊公鶴，愛士情深白傅裘。慚媿虚聲徒忝竊，素餐何敢説依劉。

次韻答韓叔起刑部 弼元時君主講揚州梅花書院。

其一

客裏相親乍五年，淮堧一别兩茫然。唐衢端甫。永逝劉蕡恭甫。繼，冷落陶家挂壁弦。

其二

官梅東閣更誰探，共折花枝憶酒酣。無恙靈光惟二老，一人江北一江南。謂君與季梅中翰。

江陰有三十四山跛躄不得出游戲成兩絶句寄胡公壽乞畫

其一

當時蠟屐浙西東，鎮日登臨興不窮。三十四山今夢想，安能飛步學喬仝。

其二

斗室蹣跚尚拄笻，須君置我畫圖中。清谿碧樹千竿竹，四壁雲山一歗翁。

寒露

雷聲如軍中排槍，疑是電竿決裂也。

寒露當重九，連珠忽有聲。排空如獨往，續絶又重鳴。挾以風兼雨，旋看日正晴。通標何處圻，電線致中傾。

顧竹丞大令思賢寄示解組六首索和漫題一律

九年政績浦江東，竹馬兒童盡識公。草滿庭前生意足，琴鳴堂上雅歌同。來時里社千家佛，去後田園兩袖風。它日重游峰泖地，愛人易使話前功。

楊見山都轉峴。示趙姬傳奉題二律句

其一

廿四橋頭月一丸，蘇臺流影照闌干。姬維揚人而旅於蘇州。當年色相憐豐滿，此際清虛自廣寒。碧血蟠胸餘恨在，微波含睇欲言難。回光小住仍非住，撒手人天待玉棺。彌留間適蘇寓送所備遂來遂逝。

其二

薄宦吴門偶目成，十三年事問三生。誰，云往愬偏逢怒，便使相違亦有情。謾罵略沾名士習，遺言都作斷腸聲。玉環果許爲男子，問字元亭證舊盟。

索笑詞

索笑詞甲

二十年前，言長短句者，家白石而户玉田，使蘇、辛不得爲詞。今則俎豆一窗，而祧姜、張矣。鄙人興到涉筆，聊以自適，不欲與當世作家競。有勸十年勿近樂器者笑而謝之。同治甲子秋，九小留皖郡，録存舊作，凡五十八首。

江南柳

楊柳岸，初日照篷明。春夢覺來聞櫓響，閒愁如水繞船生，殘醉不曾醒。披衣坐，窗隙曙寒輕。燕鴈代飛帆影亂，魚蝦喧市浪花腥。屈指數歸程。

采桑子

杏花樓上簫聲歇，重整釵梁。細帖鴉黄。窄袖鸞衿稱晚妝。闌干十二頻扶遍，鳥渡銀塘。人隔迴廊。斜月微風膩海棠。

八聲甘州 采蓮。

蕩輕橈試上木蘭船，低頭裹羅裳。乍潮痕暈靨，欲歌還怯，穿過垂楊。摘得青青蓮子，偏把苦心嘗。不解池邊鳥，底唤鴛鴦。爲愛花圍四壁，待將船作屋，長住中央。怕秋風摇落，墜粉易飄香。算何如，波心玉藕，任牽連，千孔碧絲長。歸來夢，紫騮嘶去，何處銀塘。

浣溪沙

寶帳流蘇百結懸，倚床無語黛眉攢，無情殘夢覺來寒。飛絮落花臨别路，小橋流水赤闌干。

闌邊明月昨宵圓。

沁園春 古然文詠鍼線帖。

爲覓紅絲，數摺翻來，微留爪痕。愛殘絨唾罷，鏡邊安放。口香薰遍，膝上横陳。粉涴時彈，汗霑易潤。空白間描花樣新。停鍼暇，戲簽名署尾，小楷偏勾。玉纖按帖頻頻，柰四角研磨漸漸皴。更窗前學刺，小姑代檢。樓頭配色，鄰女偷掀。本異巾箱，碑同没字，一笑檀郎認未真。妝臺畔，羨還同繡譜，長伴鍼神。

鷓鴣天

一枕春酣睡思賒，簾前鸚鵡正呼茶。桃枝作意窺朱檻，柳絮無情出楄紗。紅蠟暗，曲屏遮。小樓今夕又寒些。模糊斷夢尋無跡，蕉萃東風怨落花。

水龍吟 友人自揚州回，以月下聽簫圖索題。

二分明月揚州，畫橋盡處紅樓倚。紫雲吹裂，蕩波成碧。與秋無際。雀鬢低垂，唾香乍試，依稀簾底。更誰知有箇，迴闌掐遍，人人在，玉壺裏。漫問竹西佳麗。嫋餘音，豔情遥寄。鶯花三月，錦城不夜，萬家羅綺。弱柳迷春，飛瓊碎夢，暗塵流水。唤冰蟾共聽，隋宫舊怨，又歌聲起。

高陽臺 平湖德藏寺後有竹庵故址，宋釋可觀號宜翁者，於此搆山月亭、松風臺，以供遊憇。僧戒行精嚴，著述繁富，謂其弟子曰：「吾荼毗當以三無日，謂無事、無風、無雨也。」及坐化，果然有自製塔銘，元人刻於石，在寺西北隅。寺僧倆爲開山祖云。

山月長新松風無恙，亭臺散入荒煙。一片荆榛，那邊廢井積垣。停舟訪古斜陽裏，破秋痕，碧蘚如錢。賸蕭蕭，白髮閒僧，爲説當年。結廬栖隱誰初祖，悵宜翁老去，片石徒傳。鶴唳山空，閒雲不滯人間。靈臺自照平生影，怕紅塵，未省真禪。趁三無，憑弔香龕。晚磬聲寒。

摸魚兒 斷橋晚眺。

界晴湖，平分秋色，一虹横跨隄畔。瘦笻扶遍孤山路，路向斷橋邊斷。仍不斷趁而面。鷗波曲曲垂楊岸。屏風宛轉。漸一片斜陽，照黄妃塔，驀地四山遠。疏煙裏，何處酒船歸緩。西風零落歌扇。石闌坐愛波心月，月影玲瓏剛半。清可澣，便數盡，游魚也只無人管。濃春待换。約明歲重遊，弓弓鞋印，來數踏青伴。

醉太平 蘇小墓。

幽闌露零同，心繫盟春風。柳帶青青，效纖腰舞輕。荒墳草平，青驄自行。年年松柏西陵作，去。風聲雨聲。

梅花引 放鶴亭。

闢蒿萊，野雲堆，落落孤亭面水隈。鶴飛來，鶴飛來，風去雨還，青田安在哉。亭荒人遠湖煙碧，山空寒早梅花白。莫遲開，莫遲開，疏影暗香，先生騎鶴歸。

生查子 題錢鱸香人隨春去圖。

無計更留春，且作留人計。春盡雨聲中，人老東風裏。不畫送春人，但畫傷春意。不是畫傷春，直是傷春淚。

高陽臺 過滕縣。

霧鎖連山，雲迷曠野，馬蹄過處蕭蕭，木落林寒。營丘筆意誰描。清流一片平沙潤，儘征輪，細碾瓊瑶。望朱扉，石碣深嵌，土屋周遭。彊鄰齊楚争雄據，甚離宫别館，回首煙郊。輸與賢君，依然廟食城坳。彈丸壤地遺民苦，儉妝梳，古俗非遥。轉牆陰，隘巷荒凉，看度聯鑣。

蝶戀花 京師客夜。

月滿窗前風滿樹。土匠寒衾，夢囈聞人絮。翻餅無眠增別緒，便鴻儂指剛南去。遥夜如年蓮漏駐。强睡朦朧，翻恐天將曙。愁喚冰輪分付與，清光遍照相思處。

前調

魚浪吹香鷗夢闊。碧玉春流，蕩得楊花活。試問東風知也不，楊花未是無情物。鏡裏遥山青兩抹，片語能通，要倩鸚哥答。羅襪淩波容易溼，明朝瘦了香桃骨。

摸魚子 題畫。

問姮娥幾時奔月，餘光還照佳偶。清虛未許容凡骨，金鈿爲君親剖。從撒手，道天上人間，此會何能又。任郎消瘦，早燕子西飛，伯勞東去，夢醒漫回首。沾泥絮，不耐東風孱僽。一池春水吹皺飄，萍更逐天涯遠，那管故園楊柳。君信否，但自古風流，宿債難消受。蒲團重叩，甚古佛無言間，花滿地，人静晚鐘後。

漁家傲

碧水丹崖拏短櫂，機心淡處風波少，且鯉鱵鰕隨意釣。無也好。一竿瘦影清流照。得失雞蟲忙不了，吞鉤觸網乾坤小，嶺月溪雲天浩浩。開口笑。此中只有漁家傲。

憶秦娥 紅橋尋夢圖。

長亭酒，春風記折金閶柳。金閶柳，紅闌倒影，緑波微皺。彎環虹影今如舊，模糊夢影君知否。君知否，楊花飛盡，玉驨人瘦。

暗香 謝仲嘉用石帚元韻，自題梅邊吹笛圖索和。

妙香空色，借聞根會取。一絲風笛，問是幾生，月裏霓裳悄偷摘。回首羅浮夢影，重譜入堯章仙筆。甚不管斗轉參横，香雪糝苔席。芳國，簫清寂，悵洗百夜深，别緒方積。玉蟾暗泣，天路高寒漫相憶。何處愁春未醒，知破盡，荒煙叢碧。把此曲，都付與，翠禽寄得。

浣溪紗 題畫。

碧落銀河夜不眠，玉清私自下瑶天。木蘭雙槳小遊仙。秋思作雲香作霧，夢痕如水月如煙，桂花消息又今年。

買陂塘 于辛伯南湖柳隱圖。

洗詩心，一泓寒碧，宜煙宜月宜雨。三椽小築垂楊裏，摇蕩吟情萬縷。誰畫取，認放鶴，洲邊别有柴桑渚。此間延佇，只笠澤天隨，抔湖聱叟，差足領幽趣。楊家閣，記我舊曾來處，夏初遊禾，同集楊小鐵水閣。結廬應並衡宇。相逢總是漁兄弟，莫問先生何許。呼俊侣，便周北，張南共向圖中住。論誰賓主，算新緑初濃，鬧紅同泛，斗酒聽鸝語。

品令 題畫。

清明時節，又落盡，棠梨雪。夕陽庭院，一聲何處，黄鸝。調舌。人倚屏山，無語玉笙吹徹。

風情消歇，況舊事，今休説。模糊春夢，畫樓西畔，簾櫳幽絶。最憶離離，花影淡黄新月。

清平樂 曉風殘月圖。

藏烏欲動，寒入篷窗縫。一線銀蟾如斷夢，昨夜清涼伊共。扁舟載酒江邊，新詞記唱屯田。見説旗亭楊柳，依依總似當年。

望海潮 洪譜笙學博康城觀海圖。

榛蕪閭巷，牛羊籬落，當時鎮海雄城。營卒晝眠，鹽徒晚醵，南風不動綏旌。佇立黯銷凝，但野煙殘照，坡隴縱横。天際船歸，收帆一霎，浪花腥。登臨且放豪情。喜魚蝦味雋，有酒須傾，隄偃護龍，墩荒殺虎，迴瀾自舞長鯨。無力奠滄溟，怕陽侯索笑，也薄書生，付與蒼雲一柱，謂海中金山。日夜戰潮聲。

攤破浣溪紗 即事和黄小田儀部。

秋到人間暑未央，雷鞭特地起商羊。乍喜烏雲含雨至，又斜陽。　屑屑蕉邊聞暗滴，微微竹外動新涼。還祝魚星今夜暈，望銀潢。

清平樂 俗取雞子，空其巾，帖以雲母，飾爲鸞鳳之形。貯螢作燈，小田有詞索和。

雞蟲誰得。箇裏消黄白。舞鳳翔鸞隨綵飾，付與兒童珍惜。　團團道似天形。宵來滿貯繁星。可是媧皇曾補，嵌空一片通明。

憶舊遊 懷金樸大客越城卻寄。

乍燈窗論古，酒座譚空，舊侶重聯。不盡悲秋意，忽狌鼯嘯聚，咫尺烽煙。朵雲又教吹散，風雨暗吴天。歎駭鳥投林，蓬飛絮墮，回首經年。題箋寄何處，想鑑曲尋樵，珠寺逃禪。記我遊蹤在，有水風山月，殘夢鷗邊。欲效子猷清興，一櫂訪中仙。便避地堪，鄰何須興，盡迴酒船。

沁園春

小田夢得沁園春半闋，醒而足感之。久客思歸，冀金陵速復，傷時感事，情見乎辭。和韻解之，仍仿演雅。

江北江南，龍亦徒蟠，鶴亦難騎。甚襟裾換了，燕迷舊主。藩籬摧盡，犬卧空基。金粉狼煙，樓臺虎窟，零落飢鴻弔，佛貍。白門柳，只殘蟬嘶月，漸少烏啼。瞻烏莫近雕旗，早百里山村鼠雀稀。更蟲沙欲化，長圍待兔。狐冰未測，合勢連雞。鹿已空隍，兕將出柙，誰放獅猧亂劫棋。江關迥，道眠鷗且住，夢蝶休飛。

轆轤金井

寒暑表。

片銅精鏤，供明窗、算作硯屏休訝。一線銀泉，暎琉璃無罅。升沉浸假。驀換了、幾番冬夏。尺隘量天，鐘喧報刻，總輸清雅。蘭秋又看盡也。甚驕陽未退，殘暑猶怕。風雨連宵，驗鍼痕頻亞。炎涼代謝，暗分刌、細評高下。蠖屈還伸，蟲蠕復蟄，寸心憑寫。

清平樂

楊佩甫江湖聽雨圖。

疏篷一繫，無限天涯意。點滴愁聲消酒味，寫入米家圖裏。荒庵坐雨跏趺，時寓禾興幻居庵，連日坐雨。蕭蕭恍聽菰蒲，已自風波滿眼，憑君更説江湖。

水調歌頭

以梅生新刊元遺山樂府貽小田。小田填此調爲謝和答之。時梅生没期年矣。

金源有遺老，詞句儷蘇辛。傳抄六百年矣，梨棗者番新。回憶平生我友，雅意商量魚豕，校訂一何勤。匆遽玉樓召，轉瞬作陳人。寄涪翁，消溽暑，佐清尊。披吟藕花，香裏偁快亦頻頻。懷古蒼涼身世，感舊還悲少壯，掩卷兩消魂。把酒勸明月，世事且休論。

滿江紅

題賈葵卿松菊猶存圖。

豔李穠桃，笑有幾，平泉金谷。問何似，疏花晚節，槿籬茅屋。夢境榮枯春去住，交情冷暖雲翻覆。三十年，彈指小滄桑，空枰局。穿巫峽，遊巴蜀。相如賦，君平卜。君嘗遊蜀。埽蒿萊，三徑菟裘舊築。偕隱君何嫌木石，結鄰我并無松菊。眄天邊，一鶴早歸來，同居陸。謂令弟蓉卿舍人，時官京師。

鷓鴣天 郎蘇門畫蟹小幀，外舅堅香先生故物也。每持螯時，輒懸井眉居。今年予徙張溪，攜以來九秋展軸，不勝今昔之感，綴題於尾。

蓼溆參差蟹舍連，秦山西去水如煙。一星燈火銜蘆上，幾輩霜螯到酒邊。閒讀畫，醉題箋。大姚邨裏記多年，沉吟山抹微雲句，腸斷秋風過籪船。

玉樓春 庭前紅梅破萼，酌酒酹之。

消寒圖裏春歸早。幾點胭脂猶恨少。耐寒原是鐵心腸，故學時妝天一笑。呼來紅友應同調。冷豔疏香拚百繞。酡顏相對舞東風，我與臞仙同醉倒。

朝中措 戲詠風箏。

天空何處作春聲，風送一絲輕。也自鸞飄鳳泊，居然得意高鳴。幾人叉手，幾人彈指，翹首青冥。刖有傷春心事，闌干角畔愁聽。

折紅梅 瓶插紅梅一枝，晴窗向暖，蓓蕾漸坼，喜而賦此。梅本梅生，手植今梅，生墓有宿草矣。故後結云：尒此調惟見壽域詞，而龔希仲中吴紀聞載其詞係吴感作，謂感有侍姬曰紅梅，因以名其閣，嘗作折紅梅詞云云。末有注云：楊元素本事集誤以爲蔣堂侍郎有小鬟號紅梅，其殿丞作此詞贈之，則是希仲考知其實，故有此辨。不知又何以仞爲壽域也？杜集頗有誤字，後段弟三句脱一字，皆當依紀聞校補，惟「時倚闌干」句，紀聞脱「時」字，與前段不合，不必從萬氏詞律於此調注句度多誤，今重爲審定填之。後檢花草粹編，吴感詞卻有兩闋，彼此互校，知予所定句度適合。

似飛瓊飛下，說文：瓊，赤玉也。亭亭佩解，榴裙微皺。東風轉，玉缸夜暖，融酥未醒天酒。眼波頻溜，賸幾顆，相思如豆。笑他桃杏、漫擬争春，便呼起寒癡，一籌輸又。丹砂鍊久定，仙骨修成。住宜句、漏豔魂小，夢中易斷不許。茜窗輕扣。珊瑚細鏤憑琢句。低徊重，麑卻愁鄰笛，催落紅蕤，和燭花凝淚，伴人清瘦。

謁金門

無一語，盡日憑闌情緒。開到荼蘼春欲去，夜來風更雨。一帶長亭煙樹，一片斜陽飛絮。春到天涯無著處，勸春還小住。

百字令 汪蘭舟用竹垞韻見贈和答。

萍浮蓬轉，恁傭書，卅載依然飄泊。聞是留侯幽隱地，暫借寒枝栖託。月瓮澆花，霜鋤種菜，閒覓田園樂。市塵吹浄，客來還認村落。同調差有汪倫，考槃高寄，經史憑炊酌。荆棘天涯彌望眼，幾許都忘巢幕。周北張南，盧同馬異，聊比舟藏壑。紛紛何事，觸蠻猶競蝸角。

齊天樂 小園隙地廣，植虞美人灌壅頗勞。春暮盛開，忽爲風雨所摧，悵然有作。

一春心力緣花悴，花開莫春餘幾。弱質含煙，柔姿泫露，妝點深紅淺紫。虞兮信美。暮也解銜恩，感酬知己。消受晨朝，玉壺清酒效媄尾。天公垂老更妬，聽零鈴夜雨，風復吹洗。墜玉無聲，餘霞漸散，瘦骨嬌扶不起。繁華已矣。笑錦爛功名，夢回如此，嫋娜殘枝，晚晴還自喜。

柳梢青 王紫眉中年聽雨圖。

一葉吴船，模糊雲樹，浩蕩山川。點滴篷窗，鄉心鴈外，客夢鷗邊。蓬廬且穩高眠，甚漫憶中年少年。回首江湖，當時聽雨，今日烽煙。

南樓令 題筱峰西湖遊草。

記得舊西湖，尋秋入畫圖，二十年夢境模糊。試問湖隄鷗鳥侶，還憶著，個儂無。選勝緩騎驢，新詞刻意摹，向樽前唤起髯蘇。只恨不曾同載酒，君白石，我林逋。

摸魚子 哭韓緑卿舍人。

放豺狼披猖南竄，腥氛污偏峰泖。故家喬木經年歲，一例灰飛電埽。君莫道。甚鄴架曹倉，珍祕傳鴻寶。扁舟草草。問何處投林，流離眷屬，棲息羨窮鳥。奔馳苦，況復炎威正燠。身心都更潦倒。高寒天府應差樂，樂土人間已少。君去好。只疑義奇文，此後同誰討。君得善本古書，必見示屬跋其後。詩囚寸稿。詠緑水弦摧，青山句在，劫外爲君保。君所藏書籍皆遭賊火，惟元抄宋本孟東野集適在予處，幸逃劫外，誌以歸其後人「琴弦緑水絶」詩句「青山存東野」句也。

玉漏遲 旅窗夜話圖。

連城烽火起，一春負了、東湖煙水。客路棲依，回首乍驚還喜。幾許星離雨散，又幾許、風霜憔悴。偏自幸，西窗翦燭，舊時情味。此地用里名村，便伴結東園，侶兼黄綺。咫尺留溪，好訪赤松高弟。草草一宵情話，也未讓，桃花源裏。窗外月，窺人酒巵乾未。

徵招 王叔彝觀察憶槎圖。

桃源也有滄桑感，蓬萊只應清淺。小築傍槎溪，指瑯琊池館。長蘅風未遠。問經幾、朋簪遊讌。畫舫臨波，夕軒邀月，最誰吟健。夢境。漫尋思，營巢苦、梁間正憐雙燕。一鶴已東飛，膹淮王雞犬。光風前夜轉。想吹绿、舊時苔蘚。聽佳語，浄埽狌狢，待草萊重翦。

壺中天 將之皖江朱子鶴以詞送行，次韻酬之。

仙乎髯也，甚清標，似鶴天然高潔。脱手新詞，持贈我，宛轉深情如結。壯不如人，而今老矣，那有封侯骨。人生離合，浮蹤真似萍葉。因念漂泊頻年，哀鴻驚鵲相，對同愁絶。草草年華，忙裏過，幾度蒲觴佳節。蟻聚紛紛，騷除次第看，作紅爐雪。臨岐一笑，劍光飛起丸月。

徵招 賈秋壑得定武蘭亭，命其客廖肇中以燈影縮摹刻以靈壁，世所謂玉枕蘭亭是也。國初流入閩中蕭長源給諫家，耿藩索之，不與，被害。其子金壇虞氏壻也，挾之來奔，後歸嘉興錢氏。復失之。或言在杭州一老嫗家。錢警石學博避地皖江，獲一舊搨本，示同人，屬紀其事。

蟲天巧借秋燈影，追魂也輸神似。片玉墮闌煙，喜終隨蕭史。幾時歸檇李。稱去。書畫、文章家世。又道春婆，寶同題扇，問流誰氏。押尾。溯當年，尚書筆、珍藏宛留題字。張叔未解元曾見一搨本有錢文端公跋尾過眼，柰雲煙，況滄桑彈指。漂萍逢皖水。恍重獲、昭陵遺紙。卻還笑，野鶩家雞，枉頻勞模擬。上海徐氏有翻刻本，又海寧蔣生沐從錢文端公跋本翻刻。

浣溪沙

與周縵雲侍御、李壬叔、吴穎仙、姚季泉皖城西訪菊，得蟹歸寓齋小飲。縵老有詞，依調和答二首。

佳約尋秋步郭西，輕塵斜日市聲稀。黄花羞比紫螯肥。辣性老嫌薑愈甚，酸風新與醋相宜。一樽燈下話東籬。

又

霜稻新篘下若溪，縵老湖之烏程人。涼波三泖足團臍。沉吟鄉味各依依。冷炙殘杯何處是，肥魚大酒舊遊非。花前空憶醉如泥。

金縷曲

癸亥十一月十四夜，偕縵老集壬叔室瀹茗清談，不覺夕。午送客出門，雪月交映，江山如畫。子有「雪月江山」之語，縵老因填此調，即用爲起語次韻和之。見者以爲當改調名爲「雪月江山夜」矣。

雪月江山夜，待呼朋，十千沽酒，也難論價。湯沸竹爐茶可待，來與閒鷗同社。正九九、寒英初晝。接席清談忘主客。勝羊羔，玉帳喧杯斝。招碧落，秦娥下。嚴城笳鼓霜零野，蕩疏燈，漁船宵肅，長流東瀉。那得梅花開嶺上，今夕春風肯借，恐消盡、瓊瑶萬瓦。一笛吹愁佳句就。便姜張，雅韻君應跨。慚屬和，景難寫。

前調 王孝鳳員外見前詞欣然欲和，久而未至，沓韻趣之。

雪月江山夜甚春宵，千金一刻，未堪同價。硯句清閒，容我輩，漫笑材同櫟社。數此際、雲臺誰畫。鵝鴨無聲元濟縛。卷紅螺，飲至酬千斝。聞即墨、幾時下。吟寒瘦骨如東野，羨神鋒，行軍智勇，君熟嫻韜略管理大營軍務。韓潮傾瀉。身在冰壺心貝闕，鶴背天風待借，恰下視，龍堂鱗瓦。雪練前驅銀浪涌。斬長鯨，飛步虹梁跨。磨盾鼻，爲君寫。

前調 孝鳳詞來，而壬叔猶未脱稿。時殘雪久消，連日陰雨，有復雪意沓韻示諸同人，亦以調壬叔。

雪月江山夜，譜新聲，蘋洲漁笛，洛箋增價。接跡中仙仙響答，欲壓月泉吟社。把主客、圖應添畫。茗椀風流憐短李。潤枯腸，未抵雙紅斝。花夢遠，筆難下。玉塵消盡餘平野，洗遥峰；嶙嶙露骨，凝脂齊瀉。試手憑酬三白望，還向龍公乞借，定傾倒、田家老瓦。舉目城頭姑射近。任尋詩，驢背無須跨。乘興至，共心寫。

前調 李少石和前詞見示，沓韻酬之，兼訂東坡生日之集。

雪月江山夜，和陽春，後來居上，旗亭增價，三李餘風鍾一妙，浙江三李皆大族。壬叔、少石居其二。名擅東西橘社。訂雅集、西園重畫。屈指東坡生日近。薦霅湖，緑醥香浮斝。皖城無越錢，以湘酒爲最。公一笑，倘來下。江南江北今清野，甚蟲沙，須臾泡影，流澌同瀉。客館殘年聊自賀，一醉題仍舊借。乙未甲寅嘗兩祝東坡。共暖炙、紅絲硯瓦。擲筆漫空花雨墮。看横江，孤鶴翩然跨。飛逸藻，請公寫。

哨遍 東坡生日，同人集，縵老、蟄庵用歸去來辭韻，平仄悉依之。

造物愛才，而復忌之，轉恨才爲累。驅海南，垂老始教歸。問元都桃花誰是。曉露晞。榮華一場春夢，威權幾輩驚孩稚。看八百餘年，神仙壽考，何人能復争此。對小樓江水繞巖扉。

請擫笛高歌鶴南飛。天爲先生，粉本重施，前一日復得大雪。豫添畫意。噫！公既來兮。劫灰愁睹人間世。仙樂聞帝所，花豬應久忘味。溯赤壁開樽，青巾奏曲，餘音尚繞東流水。欣楚尾吴頭，金城玉壁，年來兵氣消矣。況四山積雪月上時。試舉手樓前共邀之？任盃行、酒籌休計。天風寒徹高處。上界今何夕。定知特平。地金吾放夜，引滿何妨竟醉。坦平天路免憂疑。儘乘風、休慮呵止。

前調

孝鳳以元日詞索和，仍前韻也。

景運郅隆，如日正中，豈爲浮雲累。一星周，天意共春歸。喜生機盈前都是。露未晞。金莖自承仙掌，琅玕晝暖孫添稚。思爆竹連宵，桃，符遍户，當時那平。計及此。有晉公勝算贊綸扉。更翽翽朝陽鳳齊飛。瑞雪冬屣，旭日春融，盡如物意。噫！歲序新兮。謳歌共祝承平世。痛定重自省，蓼荼嘗遍衆味。況澤鴈猶嗷，釜魚尚活，餘氛莫遣污江水。聞東武波清，鴛湖浪息，西吴行且收矣。奮勳名公等此一時。舉四海烽煙盡消之。爲蒼生、好謀生計。鷦鷯休問棲處。顧影慚絲鬢。此生還慶滄桑幸免，對酒何能不醉。向來陰晦不須疑。看須臾，雲淨風止。

夷則商國香慢 水仙花和緩老。

海國仙人。乍盈盈出木，縞襪無塵。微波宛通蘭訊，脈脈含顰。暮認天寒翠袖，玉妃住、臺閣金銀。羞眙漢皋佩，一片冰心，緩度初春。冷香凝素質，記炎涼遍閱，幽魄重温。日華融照，露莖潛擢靈根。瘦怯銖衣特立，伴紙窗、霜月梅魂。年光怕回溯，曲几屏山，静對清芬。雅愛水仙，歲必藝數本，亂後不復有此清興矣。

木蘭花慢 春雪。

上元鐙近也，又銀海、六花翻。乍蝶翅輕颺，鵝毛細翦，舞片成團。連番每逢三五子、丑、寅月，三遇雪皆在望前後。鬥清輝，似妬玉蟾圓。佳約踏青南陌，有人唁蹙眉彎。江干。盡失巖巒高。與下總漫漫。問茸帽登樓。重裘，把盞，甚處清歡。關山幾多征戍，更飢鴻，遍野正號寒。祝取東風解凍，憑吹黍谷春還。

臺城路

緑毛龜，亦名金錢通，吴穎仙覓得一枚貽子。春寒裹以重綿，如無息然。

六銖衣勝榆錢薄，身輕慣遊蓮葉。繡蔟苔花，茸黏石髮，不用磨銅調汁。方術家言以生薑自然汁調銅緑縳龜，背生緑毛。萍依藻帖。任春水無波，離朱難拾。具體潛靈，收香幺鳳配雙絶。春寒還未起蟄。儘吴綿細裹，休問呼吸。蛹老眠初，蟬空羽化，入夢都疑癡蝶。真成小劫。想緑字書呈，髓應重潔。錯認青蚨，上清餘蜕骨。

憶舊遊

憶西湖也和緩老。

段家橋畔路，廿五年前，曾逐遊人。元髮今成素，檢星星賸稿，似夢如塵。林巒算也頭白，殘雪化愁雲。甚敗柳鶯悽，零梅鶴怨，幾度經春。東君更何忍，放草色裙腰，緑到湖濱。廢井積垣裏，憶芳隄畫，舸花徑香。輪梵宫磬響何處，孤角斷黄昏。只一掐纖眉，江頭月作西子顰。

索笑詞乙

瑞鶴仙

秦淮散步，紅樓以館半爲瓦礫，閒賸頹垣。惟丁字簾前楊柳一株，依依如故，憑弔撫然。

鏡波縈淺碧。裊恨絲，愁縷秋心如織。紅闌已無跡。況憑闌，人影鬢華應白。清箏脆笛。記晴宵、橋邊聽拍。甚飄零金粉，餘香化作，暗塵南陌。空惜烏衣巷口，王謝堂前，夢痕難覓。朱門畫壁，賊目所居皆如此。舊時燕，幾能識。慘西風，殘照盈盈一水，未盡消沉怨魄。只依依照水，低颦瘦腰似昔。

雪月江山夜

十一月十九日得張元素補和前詞，走筆答之。

雪月江山夜，占新題，拈詞角韻，消寒偶借。歲晏蘇齋聯小集，復睹承平風雅。去臘東坡生日之集，節相聞之，喜曰：「此承平氣象也。」又荏苒、年華如瀉。身到江南心皖北。笑鴻泥，爪印添佳話。思往事，宛疑乍。錦箋恰共瑶花下，連日試雪。噴珠璣，九天飛至，拾來盈把。後月今辰曾憶否，舊例還應薦斝，且莫管、壚頭酒價。酒價極貴。醉上翠微亭子望。好江山，無恙蟲沙化。須踏雪，蹇驢跨。

徵招

三日不至秦淮，丁簾株柳忽又仙去，賦此志哀。

翠雲一片陽臺影，霜風忽吹何處。幾日不來遊，訝荒寒如許。離情千萬縷。莫都化、前朝煙雨。撫遍紅闌，文德橋新葺。冰澌凝碧，消魂無語。欲作平。去。轉沉吟，人間事、瞥眼便成今古。選勝問南朝，賸絲絲。堪據。依然留不住。只消受、新詞幾句。認殘甃，悵絶栖烏，更玉驄迷路。

臺城路

縵老示和李莜齋太守金陵雜感詞次韻。

寒城寂寞登臨處，蕭然更無平楚。華屋山丘，名園瓦礫，往跡今存幾許。瀕淮小佇。悵邀笛何人，暗蛩孤語。龍氣空蟠，孝陵聞説賸焦土。河山風景異昔。堪憐十二載，沉没陰雨。墮溷芳凋，沾泥絮死，夢裏緑香紅舞。天寒日暮。且憑弔英雄，孝侯臺去。清角黄昏，似言征戰苦。

渫蘭香

閏午日，韋守齋都閫邀同縵老、壬叔、張魯生司馬、方元徽少尹泛舟秦淮，讌集桃溪水榭。復泝洄青溪，日暝而返，和縵老作。

榴紅未褪，艾綠猶懸，補試薰風一棹。樓欹燕墮，柳悴鴉遷，付與舊鷗憑弔。過溪灣臨水疏櫺，沉吟何時夢到。驚倚檻紅欄，宛對利涉橋。悠然成笑。去冬訪同郡袁蓮叔明府，沈揖甫員外曾來此。卻喜茶香酒洌，主客清談，兩三同調。吳絲雨澀，蜀魄煙啼，不管閒人醉了。隔户有挾歌妓來者。更移舟綠水城隅，看盡殘霞晚照。思結伴、辦取漁蓑，桃溪垂釣。壬辰秋賦遇合肥萬子瓚筠□誦近作，有「嬾向桃溪著釣蓑，畢竟難消金粉氣，聽他簾底罵鸚哥」句。惜忘首句，偶憶及之。

八聲甘州

與縵雲、魯生、壬叔、元徽、歐陽曉、岑員外集桃溪水榭，餞劉開生太守赴臨淮大營，楊見山大令赴長沙幕，和縵老作。

問秦淮何事合青溪，何緣別青溪。蕩情波一碧，鷗盟聚散，萍跡東西。不盡南朝遺恨，舊事入新題。共此憑欄意，今古依依。此去臨流攬勝，又觀魚濠上，賦鵩湘漉。想登高回首，吴岫出林微。算題襟，三年賓館，便重逢、絲鬢怕都非。金尊倒，清歡盡日，休話分攜。

臺城路 孫澂之廣文，招同縵老、壬叔、應敏齋觀察，陳卓人太守，潘伯寅都尉集妙相庵。

藥欄曾記尋春約，和花兩成孤負。禊辰來此待藥初芽，有觀花之約而不果，藥亦無花。緑葉交陰，青蘋帖水，一樹紅薇窺牖。黄梅過後，尚雨壓。臺城，雲沉鍾阜。問主何須，一梧清絶坐來久。主人後至。江城名勝賸此。平池剛繞檻，惜未栽藕。亭角添蕉，牆坳補，竹路曲還宜垂。柳吟情儘，有笑不爲佳招，肯常來否。瀹茗清談，醉人非在酒。

揚州慢 和縵老用石帚韻。

新約題櫻，舊遊尋藥，天邊恰報雲程。縵老乍抵揚州，即聞其從子鏡芙南宫之捷。悠扶笻一笑。對水碧山青。喜留此靈光魯殿，竹深松老，渾未遭兵。現無遮，佛日慈雲。遥庇江城。劫塵換了，話從頭、鷗夢猶驚。但晚筍登盤，鮮鱗出網，消受閒情。静看巨然飛墨，焦山僧几谷能畫。雲煙埽、著句無聲。罷談禪小閣，聽濤殘月初生。

長亭怨慢 送李芋仙刺史赴江西。

黯連日、長亭煙雨。晝出人間，萬愁千緒。楚岫吴雲，望中都是斷腸處。過從非遠，先不是、常相聚。到得别離時，又恨不、當時同住。好去。溯晴川歷歷，舟檥漢陽津樹。仙人舊館。尚應有、碧紗籠句。更屈指、此地心知，問誰似、南州徐孺。甚他日相思，明日相思何許。

清平樂 中秋夕，與李小涵刑部、鄧寄雨司馬、潘伯寅都尉、李壬叔泛舟秦淮。波月交映，如在玉壺。覺昔之笙歌粉黛，真塵土耳。二首。

良宵勝友，小飲輕醒後。淺夢濃香憑感舊，説與閒鷗知否。垂楊何處紅樓，青溪暗接淮流。洗盡當年脂粉，清波皎月涼秋。

前調

扣舷乘興，邀笛無人應。風露侵衣燈火静，偏是今宵耐冷。南城坐嘯胡床，冶城遥望梅岡。何似扁舟兩槳，中分一半秋光。秦淮當南城，冶城南北之中。

聞李宫保與賓從登南□舒眺，周，縵老與黄亮甫太守亦步月冶城。

如夢令

題黄琴川太守南灘春柳圖二首。

走馬章臺時候，窗外早鶯啼久。倦眼困三眠，春氣殢人如酒。楊柳，楊柳，休被曉風吹瘦。

前調

秦女乘鸞去後，南灘在江都仙女廟。聞道秦樓依舊。樓下即天涯，樓上玉人垂手。楊柳，楊柳，幾度行人回首。

水龍吟

題焦山寺僧大須守鶴圖。守鶴圖者，託意於瘞鶴銘也。粵賊據鎮江時，寺僧逃散，獨方丈僧了然不去，艱難保護。屢瀕於厄，卒賴以全。從了然守寺者，其弟子流長大須，又流長弟子也。

仙禽已返芝田，空山片碣誰留誌。雲霾浪打，鴻翩鷗戲，模糊殘字。祠近徵君，龕鄰彌勒，一亭森峙。又多鱷濤靜息，腥氛不染。蟲沙劫，消彈指。依舊林巒青紫，話斜陽，浮漚往事。天魔狂舞，禪心常定，何曾生死。逸翮重來，貞珉無恙，還應戀此有諸天龍象，千年呵護，住人間世。

好事近

與李小涵刑部妙相庵探梅。時天氣驟暖而尚未蓓蕾，然已有攀折者。紀以四詞。

春入乍經旬，暖氣著人如炙。壓倒山肩難聳，把羊裘先釋。元宵欲近買燈喧，車馬市頭窄。行過笪橋東，望喜浮嵐濃滴。

前調

迤邐北門橋，遮手午晴當額。過了唱經樓也，望鼓樓岡直。轉灣小巷路依稀，飛香似迎客。應是玉英都，放持商量瑶席。

前調

語笑出亭臺，已有往來遊客。卻繞曲廊行去，但一池凝碧。蘂珠深閉玉仙眠，徘徊坐苔石。任是東風情，急肯香苞輕坼。

前調

不怕雪霜侵，不受春陽邀勒。只此亭亭疏幹，豈輸他松柏。數枝臨水自横斜，天然好標格。説與愛花人，道莫輕輕攀摘。

前調

盆蓄紅梅者，晴窗冬暖，益以薰爐，未春盛花，人以爲祥也。群蘗方苞忽已飄落，易開易謝，物理宜然。吾爲自喜者誡。

玉骨又冰心，也有些兒趨熱。幾日曉窗晴暖，學淡妝濃抹。入時花樣借胭脂，得氣便生色。容易片時春，夢柰一聲橫笛。

鷓鴣天

題黄琴川太守冬花館圖。

桂苑西邊藥檻東，玉窗晴暖曉霞烘。花開積雪繁霜候，人在濃香淺夢中。深院宇，小簾櫳，消寒圖裏早春風。瓊枝别具傾城色，妬殺紅梅未是紅。

渡江雲

將請暫歸，縵老倚此調贈行和答。

無心閒出岫，不成霖雨，還作渡江雲。故山猨鶴怨，屢寄文無，何事滯遊人。聯裾嘯詠，都忘去。卻、玉膾香蓴。添鬢絲，霜華滿鏡，三度客中春。因循。梅妝浄洗，柳眼全舒，數歸期纔準。轂幾日，鴻泥訪舊，燕壘營新。擬移居。相逢正及櫻桃熟，醉藥欄、訂取芳辰。延夏緑，登盤乍薦銀鱗。

臺城路 題鄭曉涵明府重到金陵圖。

莫愁湖上尋詩艇，重來宛如遼鶴。壘燕無歸，梁鴛怕宿，苦道江山如昨。荒煙淡泊。認幾處園林，幾家池閣。兵氣消沉，秋聲還在戍樓角。沙邊暮潮又落。劫灰淘未盡，殘夢猶愕。虎踞崢嶸，龍蟠迤邐，不信橫江風惡。菰蒲小泊。記孫楚樓頭，那回深酌。一笛淩波，古懷何處著。

滿宮花

日遲遲，簾悄悄，緑遍簾前芳草。一年一度舊東風，不管吹將人老。閒倚闌，干看夕，照幽意無人知。道只應明月尚多，情記得當時年少。

木蘭花 趙季梅中翰邀，同縵老、壬叔、戴子高學博泛莫愁湖，飲觀音庵。縵老賦念奴嬌，屬指聲，倚此奉酬。

蕩湘雲一片，銷不盡、古今愁。剩槲葉籠煙，菱花映水，妝點新秋。閒鷗喚人共泛，悄聯裾便上釣魚舟。且喜芙蓉未老，知應遲我清遊。休休亭子石城頭。艇子幾句留。恁一角誅茅，三椽駐錫，佛也低眸。觥籌漫題往事，澹斜暉何處勝棋樓。輸與秦淮夜月，依前畫舫歌喉。夏夜秦淮燈船頗盛

十六字令 題畫。

思，小倚梅花獨立時。無人見，惟有月明知。

珍珠簾 爲孫澂之大合台題涼珠餞別圖卷。

卷首跋云：「壬子六月廿一日，秦淮涼珠閣消夏。弟四會湯雨生、李悅山，合作此卷贈

虎谿贊府吴門之行。雨生記會者，候青甫、林雨亭、沈玉生、周還之、孔伯嘉、林如岡、汪龍谿後至，得觀者郭晴峰，此湯貞愍真跡也。涼珠閣，舊丁字簾地，今鞠爲茂草矣。貞愍殉難於咸豐癸丑春，距作圖時僅踰半載」。

桃溪右轉垂楊裏。闌干外，一片離愁如水。勸飲進筩栝，沁涼襟捹醉。雪藕絲長牽遠夢，道别後、相思須寄。空寄，柰流年暗換，秋風來易。重睹舊日淮堧，想玉茗風流，老懷靡已。慘澹墨痕中，有傷時清淚。廿載雲煙今散盡，問水榭、丁簾誰記。休記。又花影珠光，畫船簫起。

月下笛 題王泖秋梅花村人圖。

一畝溪東，三間老屋，遠離塵市。閒門静誰，向雲亭問奇字。寒香入席當窗影，恰瘦與、吟人正似。恁冰霜歷盡，依然傲骨，樹猶如此。風致。署題紙。比柳號先生，松名處士。清宵月至。冷光同照心事。便看新緑成陰後，也儼有、山林意思。好待取、試調羹，酸到青青結子。

買陂塘 題謝稼軒西湖泛櫂圖。謝祖籍杭州。

念家山扁舟湖上，年年來泊沙尾。六橋花柳招移舫，橋上行人如螘。儂也記記南北、高峰埽翠雙鬟倚。而今老矣。悵往事如雲，前游似夢，仿佛見圖裏。蕭疏筆，饒有石作平。田遺意。詩魂誰更呼起。當時載酒湖心月，香蕩紅荷十里。今昔異。道林木、荒涼只賸山和水。蘭橈重檥。想浴鷺眠鷗，都應瘦損，還識此翁未。

渡江雲

温州瑞安城南飛雲渡，舊設義舟二十，居民捐租爲歲修費。胥吏乾没，積久漸廢，僅存二三船。人多載重，舟子横索，常致傾覆。奉賢阮荔汀以丞攝縣事，倡捐興復，勒石示禁。復修葺待渡亭，以便往來者，乃繪圖紀事屬題。

甌江西溯海，梅頭寨過，渡口入飛雲。含愁争堵立，浩渺波瀾，一水隔全闉。盈盈望眼，想當日、此路通津。誰更把、慈航分布，歡洽候潮人。風塵。花封小試，蠹卷重稽，奠風濤安穩。

憑指顧、窺糧鼠絶，狎浪鷗馴。雙尖塔頂斜陽裏，江岸兩塔相望。坐孤亭、閒誦碑文。常擁護、年年好祝龍神。宋馬純。陶朱新録載此江中嘗有二龍相鬥，忽一金龍自海門來，其大數倍，二龍望見皆遁。

減字木蘭花 林頌夔紅杏填詞圖。

梅花家世，要與尚書争韻事。二月春中，十里濃香杏苑風。笛聲吹起，人在月明疏影裏。譜入鶯喉，檀板金樽醉玉樓。

舒蓺室雜著甲編

舒藝室雜著甲編卷上

大衍用數解

大衍之取數五十也，劉歆五十相乘之説爲近。蓋三變成爻，生數之顯於歸奇者，惟一二三四，成數之藏於過揲者，惟六七八九，而皆從五十相乘之數變化以生。五十者，太極也。虚其一者，數之原也。分而爲二，以象兩儀，總四十九策，未知其孰奇孰偶也。挂一以象三，而奇者偶，偶者奇，蓋人參天地，人事動而奇偶變矣。合四十八而四數之，得十二，適象一歲之月。今在兩手，則有奇零，故扐之以象一歲之閏餘，是爲弟一變。又再扐而成一爻，積三次歸奇之數而已含一卦，猶三歲而置閏也，故曰：「歸奇於扐以象閏。」曰：「再扐而後挂。」此「挂」字疑「卦」之譌也。既成一卦矣，何以又舍扐而從過揲之策也？扐所含者，三畫之卦耳，且未能通其變也，故但數其過揲之策以爲一爻，視其爲老爲少以觀變否，而不據以定卦。猶之閏月無中氣，不可以起曆也。迨十有八變而定六畫之卦，猶十九年七閏而成一章也。於是變化成而吉凶可占，此人所爲而鬼神寓於其間。故數可知也，其變不可知也。今以四十八策演之，爲表如左：自下而上。

凡歸奇之扐，左二、右二、左一、右三、左三、右一，皆得四爲奇；左四、右四，得八爲偶。

弟三變扐四餘三十六　弟二變扐四餘四十　弟一變扐四餘四十四　右得三十六策爲老陽，而其扐爲四。

四四含乾之象。

弟三變扐八餘二十四　弟二變扐八餘三十二　弟一變扐八餘四十　右得二十四策爲老陰，而其扐爲八。

八八含坤之象。

弟三變扐八餘二十八　弟二變扐八餘三十六　弟一變扐四餘四十四　右得二十八策爲少陽，而其扐爲八。

八四含震之象。

弟三變扐四餘三十二　弟二變扐四餘三十六　弟一變扐八餘四十　右得三十二策爲少陰，而其扐爲四。

四八含巽之象。

弟三變扐八餘二十八　弟二變扐四餘三十六　弟一變扐八餘四十　右得二十八策爲少陽，而其扐爲八。

四八含坎之象。

弟三變扐四餘三十二　弟二變扐八餘三十六　弟一變扐四餘四十四　右得三十二策爲少陰，而其扐爲四。

八四含離之象。

弟三變扐四餘二十八　弟二變扐八餘三十二　弟一變扐八餘四十　右得二十八策爲少陽，而其扐爲四。

八八含艮之象。弟三變扐八餘三十二　弟二變扐四餘四十　弟一變扐四餘四十四　右得三十二策爲少陰，而其扐爲八。四四含兑之象。

由是觀之，一畫之中已各含一卦。歸奇過揲，其數與象無不相應，而包含於四十八策之中。然則挂一之無與乎，歸奇明矣。二三變之無取乎？挂一亦明矣。唐張轅，宋李太伯、郭子和皆云：二三變不挂一。而程子曰：「去一即挂一。」朱子曰：「二三變仍如初挂一。」黄南雷曰：「過揲已含策數，無問歸奇。」胡滄曉曰：「弟一變挂一，棄去不用，而二三變挂一仍並入歸奇。」何其紛紛乎？惟蘇子瞻曰：「陰陽之有老少，宜於揲蓍求之。一爻而三揲蓍，譬如一卦而三爻也。」庶幾似之，惜其猶以多少論陰陽，而不求之奇偶也。凡弟三變後存策三十六者，謂之九，四九三十六也，而其扐得乾象，故謂之老陽。存策二十八者，皆謂之七，四七二十八也，而其扐得震、坎、艮之象，故謂之少陽。存策二十四者，謂之六，四六二十四也，而其扐得坤象，故謂之老陰。存策三十二者皆謂之八，四八三十二也，而其扐得巽離、兑之象，故謂之少陰。觀上表自明，至多少之説，見於儀禮。士冠禮疏云：「今則用錢以三少爲重錢。重錢則九也。三多爲交錢，交錢則六也。兩多一少爲單錢，單錢則七也。兩少一多爲坼錢，坼錢則八也。」據此蓋即漢以後用錢代蓍之法，以有文一面爲少，以其冪爲多，其所謂多少，猶算家云正負於揲蓍之法無與，而沈存中輩喋喋論之陋矣。

説豫一首寄曾宫保

同治三年夏四月，浙江巡撫曾公方圍攻金陵，亟圖破城，未得策而病。節相湘鄉公命公子劼剛筮之，遇豫之八。文虎賀曰：「此司空季子所謂居樂出威之卦也。貞疾之占既明示之，且其象曰：『利建侯。』行師其必大得志也。」越兩月而大功成。而撫軍以病請假神矣哉。幾者動之，微吉之先見不其然乎？夫豫之爲豫，先憂而後樂者也。坤爲衆於下而震動於上，其傳曰：「剛應而志行順以動。」建侯行師者當之矣。然惟九四爲震之主，以一陽御五陰，合衆決謀，亟起而乘之。其占曰：「由豫大有得，勿疑朋。」蓋簪由之言用也。用豫之道，雷出地奮也。而其初曰：「鳴豫，凶。」明陰柔在下未可自以爲豫。且謙豫反對，謙可鳴，豫不可鳴也。其二曰：「介于石，不終日。貞吉。」柔順中正，静以待動，憂悔吝者，存乎介也。其三曰：「盱豫悔，遲有悔。」盱者，憂也。進退之際，習乎樂而忘憂，則憂將至悔也。然滯於憂而不敢進，則亦悔也。其五曰：「貞疾，恒不死。」三至五有坎象爲加憂，爲心病。三在下，故曰盱。五乘剛，故曰疾矣。然柔而得中，又本震體，恐懼以致福，有恒久之道焉。其上曰：「冥豫成，有渝，无咎。」坤静宜守，震動宜變。渝之言變也，豫不可極，其退而暫休乎？蓋易教人以處豫之道也。於初與三，若戒之於二，若勉之於五，若慰之於上，若恤之知乎此，其斯爲善處豫矣。公之攻城也，謀未決則固持以待其敝，非介石乎？謀已決則率衆以急趣，非盍簪乎？臨事而懼，弗失其時，無一悔矣。成功不居，無少見於顔色，豫而未嘗鳴也。无妄之疾，將爲六月之息，則合於五之貞與上之无咎矣。抑嘗三復於孔子之贊六二乎？上交不諂，下交不瀆，而以爲知幾，其神何與人之生也？曰在幾中，莊生所謂游於羿之彀者也。六十四卦獨於豫言知幾，知幾而後能處豫。曰上交下交，則凡持躬接物視此矣。不諂不瀆，介石之貞也。見幾而作，順以動也。微彰柔剛，莫非幾也。惟静而能守者知之。知微知彰，知柔知剛，則可以建侯，可以行師，可以無鳴豫之凶，盱遲之悔，可以貞疾而恒不死，可以冥豫而成有渝，皆所謂順以動也。而獨發之二者，二爲體，四爲用也。竊謂公於處豫之道，得而兆見於筮，則所謂精神之運，心術之動也。故復推孔子贊易之意而獻之。

琵琶二十八調考一

曩讀歙淩氏次仲燕樂考原，論唐宋燕樂出於琵琶，琵琶四弦，合宮、商、角、羽四均，均爲七調，故凡二十八調。心竊韙之，然疑燕樂七角調不用正角，而借變宮當次羽後，何以在羽前？又其言曰，琵琶首弦即琴之弟七弦，其末弦即其子聲，名爲黄鍾而實皆太蔟。其二弦名爲太蔟，三弦名爲姑洗，而實皆應鍾。則更自相抵牾。依宋人以字配律，則首末兩弦其黄鍾邪？則散聲當爲合字。其太蔟邪？則散聲當爲四字，二三兩弦其太蔟、姑洗邪？則散聲當爲四字。一字其應鍾邪？則皆當爲凡字。若依淩氏以字配聲，則首弦宮當爲上字，次弦商當爲尺字，三弦用正角，則當爲工字用變宫，則當爲乙字，末弦羽當爲四字。今正宫調散聲首末兩弦皆合字，固合黄鍾之律，而次弦上字、三弦尺字則皆不合。設謂不當執正宫調爲據，則合於何調邪？且論調不以正宫爲首，又當起何調邪？夫大不踰宫，細不踰羽，據五正聲而言也。徵羽之數大於宫，所以通旋宫之用也。宫爲中聲，徵羽在前，商角在後，宫居其中，亦所以尊宫也。白虎通言弦爲離音，盛德在火，其音徵，故弦音首徵。管子言五聲之數起於倍徵，自古然矣。黄鍾爲宫，則林鍾爲徵，用其倍度爲濁徵。而俗工以其聲最大仞爲黄鍾。隋鄭譯已有林鍾之宫應用林鍾爲首，乃用黄鍾爲首之疑，蓋傳譌已久。宋楊守齋始審定琴之弟三弦爲宫，明鄭世子樂書始言琴大弦爲徵。我朝律吕正義及通州王氏坦琴旨始推闡極致，而弦音首徵之理大明於天下。凌氏謂正宫一調不足以概他調，彼自挾其所見牢不可破，抑知證之琵琶，而説仍不可通邪？然蓄疑幾三十年，終無以自釋。日偶繹律吕正義續編琵琶生聲取分之法，意其與琴理相通，而案之仍扞格。予夜卧不成寐展轉間，忽憬然悟琵琶四弦實當琴七弦之用，理本明顯，嚮者乃如鼷鼠之入牛角而不能出，可笑也。

琵琶二十八調考二

何謂琵琶四弦當琴七弦之用也？琵琶首弦當琴之大弦，二弦兼倍徵倍羽也。其次弦當琴之三弦，宫也。其弟三弦當琴之四弦五弦，兼商與角也。其末弦當琴之六弦、七弦，兼正徵、正羽也。凌氏謂琵琶無徵弦，故無徵調，不知鄭譯明言蘇祇婆琵琶有五旦，而遼史祇云四旦者，徵羽同出一弦，聲易相混，羽調行而徵調廢，蓋並入羽調矣。徵調雖廢而徵弦故在，後人又誤以爲宫弦，遂無以處徵弦矣。羽音在首主調而宫反隨之，故曰宫逐羽音、弦音。二變不起調，附變宫於商弦，故曰商角同用，然其易混，猶徵羽也。故至宋而七角調亦亡，蓋亦並入七商矣。若以商角分主三四兩弦，何云同用？且七角亦何至於亡？蓋凌氏謂二十八調本出琵琶是也。謂琵琶四弦，適合宫、商、角、羽四均，非也。謂首弦爲黄鍾，爲太蔟可也。謂中兩弦爲應鍾，不可也。請依正義生聲取分之法而析言之如下篇。

琵琶二十八調考三

琵琶各弦通長二尺一寸六分，命爲子分，用三分損益法順推七聲：子分下生得一尺四寸四分爲未分，未分上生得一尺九寸二分爲寅分，寅分下生得一尺二寸八分爲酉分，酉分上生得一尺七寸〇六六爲辰分，辰分下生得一尺一寸三分七七爲亥分，亥分上生得一尺五寸一分七爲午分，是爲七正律。又以通長爲午分，用四開三因法逆推之，午分下生得一尺六寸二分爲巳分，巳分下生得一尺二寸一分五爲戌分，戌分上生得一尺八寸二分二五爲卯分，卯分下生得一尺三寸六分六八爲申分，申分上生得一尺八寸二分二五爲丑分，是爲五變律。合七正律、五變律爲十二分，各加半聲，共得二十四分。中去丑、午、亥三分，及丑、午、辰、申、戌、亥六半聲，共九分，實十五分。以配四相十品，則子分爲全度寅分爲弟一相，卯分爲弟二相，辰分爲弟三相，空。巳分爲弟四相。未分爲弟一品，申分爲弟二品，空。酉分爲弟三品，戌分爲弟四品，子半爲弟五品，寅半爲弟六品，卯半爲弟七品，巳半爲弟八品，未半爲弟九品，酉半爲弟十品。案：正義以辰半爲弟八品，巳半爲弟九品，未半爲弟十品，申半爲弟十一品，酉半爲弟十二品，戌半爲弟十三品。而今常用琵琶祇有十品，不用。辰、申、戌三半聲之分。而空其弟三相、弟二品，則又去辰、申二分，每弦止十三聲而已。乃命首弦全度爲黄鍾，配合字爲仲吕之倍徵，以次得七徵調。廢不用其轉弦，則全度爲倍。太蔟配四字爲仲吕之倍，羽即正平調。以次得七羽調。命二弦全度爲仲吕，配上字爲宫，即道調宫。以次得七宫調。命三弦全度爲林鍾，配尺字爲仲吕之商，即小石調。以次得七商調。其轉弦則全度爲姑洗，配一字爲仲吕之閏角，即小石角。以次得七角調。七角皆借變宫與琴異。命末弦全度爲正黄鍾，其轉弦全度爲正太蔟，皆如首弦。由是觀之，則二十八調實以仲吕一均爲首。試於其空相空品之位徵之，猶議曲者辨於乙凡之位也。不能增減，不可移易，而徵羽先宫與琴同軌，淩氏乃執首弦爲宫之成見以詆王説，抑亦固矣。

琵琶二十八調考四

二十八調不起於黃鍾，而起於仲呂，何也？此亦以林鍾爲黃鍾之故也。林鍾爲黃鍾，則仲呂居黃鍾之位。彼以合字配黃鍾，上字配仲呂，蓋亦覺其誤矣。習非成是，不能遽變，而於配字微見其意。若曰合字之配黃鍾，非黃鍾也，乃黃鍾之倍徵也。上字之配仲呂，非仲呂也，乃黃鍾之宫也。琴之第三弦亦本黃鍾，而相沿爲仲呂，説見前。明乎此而可無疑於二十八調之起仲呂矣。曰：七角調不用正角而用變宫，何也？曰：嚮亦嘗疑其故矣。近讀通典，開元八年趙慎言奏大唐土德王，請於三大祭去角調，意因此以角聲所生之變宫代之，於是燕樂因之相沿爲例，而忘其所自始矣。曰丑、午、亥及辰、申五分之不用，何也？曰：非不用也。聲繁則複，近似則亂，宋人所配大呂、太蔟同四字，故用太蔟則不用大呂矣；夾鍾、姑洗同一字，用夾鍾則不用姑洗矣；夷則南呂同工字，用夷則則不用南呂矣；無射、應鍾同凡字，用無射則不用應鍾矣；蕤賓介仲呂、林鍾之間，配以勾字，尤上下相混，用仲呂、林鍾則不用蕤賓矣。自黃、太、夾、仲、林、夷無七律外，其五均皆爲中管，如用中管，則不用者用而用者或不用矣。夫律有十二而一均祇用七聲，蓋亦去其繁複易混者耳。一變調間而遞及各律，迭爲用舍，此旋宫之所以不窮也。曰：沈存中筆談説二十八調，用黃、大、夾、仲、林、夷，無七均。張叔夏詞源亦以太蔟一均爲大呂之中管。今用太蔟而不用大呂，何也？曰：姜堯章大樂議説七均有大蔟無大呂，其所作越九歌蔡孝子篇以大呂羽爲中管般涉調，是以大呂均爲黃鍾之中管，而太蔟爲高宫矣。堯章精於聲律，當非錯誤。存中、叔夏或不免道聽。然大呂、太蔟本同用四字，用太蔟則大呂爲中管，用大呂則太蔟爲中管，此所謂迭爲用舍也。

琵琶二十八調考五

二十八調謂夾鍾宫曰中呂宫，謂林鍾宫曰南呂宫。且既有正宫，而別呼無射宫曰黃鍾宫，則皆差二律，何也？曰：考原言琵琶大弦即琴之弟七弦，本太蔟而名爲黃鍾則固高二律矣。又筆談云：今樂高於古樂二律，以下故無正黃鍾聲，只以合字當大呂，猶差高當在大呂、太蔟之間。又云：下「凡」字爲黃鍾清，高「凡」字爲大呂清，則遞高二律職是之故。又唐會要、册府元龜引天寶十三載大樂署曲名又見碧雞漫志、隱居通議，蓋皆本杜佑理道要決。云：太蔟商時號大食調。太蔟羽時號般涉調。林鍾宫時號道調。林鍾商時號小食調。林鍾羽時號平調。黃鍾商時號越調。黃鍾羽時號黃鍾調。中呂商時號雙調。而宋人以大食調爲黃鍾商，般涉調爲黃鍾羽，道調爲仲呂宮，小食調爲仲呂商，平調爲仲呂羽，亦名正平調，而別稱林鍾羽，爲高平調。越調爲無射商，黄鍾調爲無射羽，雙調爲夾鍾商，皆差二律，則沈説爲有據矣。曰：隋志言鄭譯因蘇祇婆琵琶推演爲八十四調，何以後世祇二十八調？曰：蘇祇婆琵琶有五旦，旦作七調，本三十五調也。譯更立七均，則兼二變以旋轉於十二律呂之間，爲八十四矣。夫以四弦備十二律呂之用，轉弦移柱，漫則不成聲，緊則易折，且繁複錯雜，苟且遷就，徒亂人聽，不可以傳久。究之並此三十五調，亦廢其七，蓋至於宋世而所謂二十八調者僅存十七宮調矣。正宮、中呂宮、道宮、南呂宮、仙呂宮、黄鍾宮、大石調、雙調、小石調、歇指調、商調、越調、般涉調、中呂調、高平調、仙呂調、黄鍾羽，此參宋樂志、中原音韻、輟耕録説，見考原。其所以廢者，或不便於指法，或不諧於人耳，或其譜失傳，蓋皆有之。今按弦音全度所生各分列於上；次琵琶四相十品於中；而依正宮調隸所應均調於下，爲表如左。嗟乎！昔與我友金山顧尚之論二十八調，尚之深有取於淩氏，予以爲非。尚之曰：「有以易之乎？」予笑曰：「思之未得。」今得之而尚之没已十年，然乎？否乎？誰與質此疑者乎？

字譜配律呂

黄鍾合六大呂下四下五太蔟四五夾鍾下一緊五姑洗一仲呂上蕤賓勾林鍾尺夷則下工南呂工無射下凡應

鍾凡

字譜配七聲

徵合六	羽四五	變宮乙亿	宮上仕	商尺伬	角工仜	變徵凡仉		
音分	琵琶位	一弦		二弦	三弦			四弦
亥半								
戌半								
酉半	十品							
申半								
未半	九品							
午半								
巳半	八品							
辰半								
卯半	七品							

寅半	六品							
丑半								
子半	五品							
亥								
戌	四品	無夾鍾、徵。	黄夾鍾，羽。中呂調。	夾宮中呂宮。	仲夾鍾。商，雙調。	太夾鍾。變宮雙角。	無夾鍾。徵。	黄夾鍾。羽。中呂調。
酉	三品	南太蔟。徵。	應太蔟。羽。高般涉調。	太宮高宮。	姑太蔟。商，高大石調。	大太蔟。變宮。高大石。角。	南太蔟。徵。	應太蔟。羽。高般涉調。
申	三品	空		空	空		空	
未	一品	林黄鍾。徵。	南黄鍾。羽。般涉調。	黄宮正宮。	太黄鍾。商。大石調。	應黄鍾。變宮。大石。角。	林黄鍾。徵。	南黄鍾。羽。般涉調。
午								
巳	四相	仲無射。徵。	林無射。羽。黄鍾調。	無宮黄鍾。宮。	黄無射。商。越調。	南無射。變宮。越。角。	仲無射。徵。	林無射。羽。黄鍾調。
辰	三相	空		空	空		空	
卯	二相	夾夷則。徵。	仲夷則。羽。仙呂調。	夷宮仙呂宮。	無夷則。商。商調。	林夷則。變宮。商角。	夾夷則。徵。	仲夷則。羽。仙呂調。

寅	一相	太林鍾。徵。	姑林鍾。羽。高平調。	林宮南呂宮。	南林鍾。商。歇指調。	蕤林鍾。變宮。歇指角。	太林鍾。徵。	姑林鍾。羽。高平調。
丑								
子	全度	黃仲呂。徵。	太仲呂。羽。正平調。	仲宮道宮調。	林仲呂。商。小石調。	姑仲呂。變宮。小石。角。	黃仲呂。徵。	太仲呂。羽。正平調。
		合 徵	四 羽	上 宮	尺 商	工 角	合 徵	四 羽

答艾譜園書

梅夏濕蒸，起居何似？兩次承示課作，塵冗堆積，久稽裁答爲歉。論胤征一篇，謂孔傳是，而經文增季秋爲非。自鄙人言之，僞古文固非，而僞傳亦未必是，其誤蓋自杜元凱始。史記夏本紀引胤征序，與今本同，但云「羲和湎淫，廢時亂日」而已。春秋昭公十七年六月甲戌朔，日有食之。左氏傳大史引夏書「辰不集于房」四句，杜注云：「逸書。」其時僞古文未出故也。而訓「集」爲「安」，訓「房」爲「舍」，曰「日月不安其舍則食。」夫日月相去遼闊，因月在日下，人目見其蔽日，故謂之食。此論出自後人，杜所未知。不安其舍云者，蓋以爲同舍相陵爾。而解「辰」爲十二次之「辰」，解「房」爲次舍之「房」，然則次不集于次乎？作僞古文者承其誤。又見太史云「過分未至，遂增季秋月朔」句，攙入胤征篇。夫夏之九月，日月會大火之次房，屬大火，謂之季秋可也。大史明言當夏四月，則夏之孟夏，安得謂之季秋？且夏之季秋，又安得謂之正陽之月邪？僞孔傳云：「辰，日月所會。房，所舍之次。」蓋與杜義同，而訓「集」爲「合」，云「不合即日食」。夫日月合食，盡人所知。不合而食，振古未聞。而孔沖遠方且漫爲之釋，殆疏體然與？然則辰不集于房，果何謂也？曰：天子日視朝於路門之外，辰者視朝之辰也。房，如今偁朝房者，亦曰朝堂。考工記外有九室，九卿朝焉。鄭注：「外路門之表也。」九室如今朝堂。天子視朝，則群臣辨色而入，趨伺於此，所謂集也。大史曰：「百官降物，君不舉，辟移時。」杜注：「辟正殿，過日食。」時正義引近世儀注：「天子辟正殿，坐東西堂，百官坐本司。」蓋天子罷朝，群臣皆罷，故不集于房，以重天變。下云：「樂奏鼓，祝用幣，史用辭。」則救日之事，古今禮雖未必盡合，而大略相同，故引夏書以證之。辰不集于房，此人世君臣遇災戒懼之禮，大史述之，以諷昭子。不然，日食之變而徒瞽嗇夫庶人之紛紛邪？書闕有間，是否胤征之文不可考？而「季秋月朔」四字，其爲僞撰攙入無疑。而其致誤之由，則源於集解之誤解也。閻百詩以授時、時憲二曆推算胤征之文，事事不合，斷古文之僞。夫史記不著共和以前年曆。劉歆損夏益周，不足徵信。

竹書所紀，荒謬無稽，且多後世附綴。皇極經世鑿空推衍，何從求合，置之不論可矣。昭十七年六月甲戌，朔，日食。大史言之鑿鑿，而以今術上推，是年十月建酉。甲戌朔入食限。乃非六月，疑歲前誤多置閏，故積差。而前春秋所書祇仍舊史，非止一端。足下窮經好古，姑以相質。餘篇議論皆平允。嵇康與山濤本忘言之契，臨誅謂子紹曰：「巨源在，汝不孤矣。」蓋隱以紹託濤。康在魏無國士之知，其死中鍾會之譖。文帝尋悟而恨之。後濤惜紹才而薦之，武帝不次而用之。紹之死難，豈不足以厲臣節？亭林之論，別有寓意，不必泥也。弭韭之策，難言之，即盡善亦徒説耳。兹並奉繳溽暑溽熱，惟著述珍攝。

復謝幼伯

久疏文字，日困陶陰帝虎。閑讀諸大作，一往清利，理達辭舉，胸膈爲之一快，而時有若失之多者。竊謂古文宜從簡質，意少辭多，而過於敷衍。即近時蓺不揣檮，昧間論一二附卷中。至説詩數則固不失以意逆志之恉。「皇矣天立厥配」，尊意謂即文王克配上帝之配，正與吕氏讀詩記引程氏、歐陽氏説同。又引朱氏云：天以其德可配天，而立之於此，則其受命堅固而不易矣。則朱子初解亦如此。其序讀詩記所謂少時淺陋之説，蓋即此類。後作集傳，以爲太姜則因毛、鄭以爲太姒而遷就之。集傳解:「因心則友」,謂以太伯而避王季,則王季疑於不友,故詩云然。據讀詩記所引,則係長樂王氏之説,甚爲鄙淺,不知朱子何以取之,而又遂以爲己説。烈文孔疏以爲周公居攝七年致政成王,成王乃祭祖考,戒諸侯。據此,疑所謂「烈文辟公」,乃成王歸德於周公之辭。載見之「烈文辟公」亦如此,則又疑雝詩之「辟公」,亦謂周公。故孔子舉此以深誚三家,然出臆説,未經考定,因辱問聊發之耳。若載之爲始,則毛傳不可易矣。夫經義淵深如海,近世諸儒以其非常之質,博極群書,力闢榛梗,猶多未達,何況鄙人敢言經學?向固妄有意於此,亂後久置之矣。足下年富力强,既喜談經,宜捐棄一切,并心壹志以爲之,而其道當從爾雅、説文入。蓋古人訓故名物,不盡與今同,不可執後世語言文辭以概古人也。瞽説不足舉,似惟惠教不宣。

復劉伯山書

承示論語子罕篇緼袍章集注,「此衛風雄雉之詩」。「詩」字纂疏本作「篇」,謂趙格庵所見係朱子原本,當以「篇」字爲是。因舉學、庸、語、孟釋詩,皆偁某篇爲證。僕考之,有不盡然者。朱注於經文有「詩云」、「詩曰」者,其釋之例皆云詩某某之篇,不云某詩,以句上已有詩字也。惟此

「不忮不求」二語，經文無「詩云」「詩曰」字，故釋之云：「此衛風雄雉之詩」。如欲偁篇，則當云此詩衛風雄雉之篇。今句上不著「詩」字，故不云「篇」。此於語勢已足，自不必「詩」、「篇」沓見也。憲問篇擊磬章：「深則厲，淺則揭。」注云：「此兩句衛風匏有苦葉之詩也。」正與此同。而顔淵篇子張問章：「誠不以富亦祇以異。」注則云：「此詩小雅我行其野之詞者。」蓋以此二句錯簡，與上文義不相應，故少變其例。至孟子滕文公篇許行章：「吾聞出於幽谷，遷於喬木」者，則以間雜孟子語氣，故又變其例，云：「小雅伐木之詩」云云。以此分析之，皆經文不著「詩云」、「詩曰」之例，言非一端，各有所當。緼袍章實與擊磬章一例，「不忮不求」二句自爲一節，故但云此衛風雄雉之詩。「深則厲」二句連上「荷蕢」語爲一節，故既釋其文，又別之曰：「此兩句衛風匏有苦葉之詩也。」正見朱子精密處。要之俱與它處有「詩云」、「詩曰」字者不同。纂疏本作「篇」，安知非偶誤？如作校記，固不妨存此異文。今但刻本文，似可毋庸更改，幸再審之。

尊意謂格庵本親得之於朱子，而通志堂本纂疏依宋本翻刻，必無誤者。然「公孫拔」之譌「公孫枝」，王伯厚在當時所見已然，今纂疏本亦同，則宋本不能無誤，而纂疏亦不能異於通行本也。錢竹汀少詹所舉集注，避欽宗、孝宗諱字，今本纂疏有改「威」作「桓」，改「謹」作「慎」者，則通志堂本亦未可據矣。

復劉融齋宫允書

承惠説文雙聲、四聲切韻二種，佩服之至。自來言諧聲者，詳於疊韻，少言雙聲。自大著啓之，至以欸意烏于，攝一切音，分析條理，曲盡其致。敝郡青浦沈學子先輩因論華嚴字母，嘗悟及此，世有韻學驪珠一書，其切音皆收匣、影、喻三母，意取沈存中所謂聲中無壘塊也。然竊謂度曲本主長言曲折轉合，宜有首，有身，有尾，如今之水磨腔有一字數聲者，不特三合四合而已。非若先生此書專論切音，則但出音收音宛合而已足也。古人分韻以東、真、陽、耕等鏗鏘之聲爲陽，啞者爲陰。而今曲家則以重實之聲爲陽，輕浮之聲爲陰。北曲又反是。其實此可謂之清濁，而不可謂之陰陽，大著亦既言之矣。夫氣輕清者上浮爲陽，重濁者下凝爲陰。聲則輕而浮者濁，重而沉者清。故不可以陰陽言，猶之十二律呂，長者聲濁而低，短者聲清而高然。大吕之管短於黄鍾，而長於太蔟。夾鍾之管短於太蔟，而長於姑洗。初非以長短分陰陽也，古陰陽兩部，並有清濁，而實不以清濁判陰陽，殆周德清輩誤會耳。續筆蒙賜，署首甚感。奉呈小萬卷樓叢書二十册，校勘疏漏處條示之。

答楊見山都轉書

客冬兩奉手教，適遭室人之喪。春夏來又以遷居郡城，摒擋細瑣，久稽裁答爲疚。子高所輯管子校正，及身授刊金陵書局，於近世諸家採掇甚廣，獨未及大著，想副墨無存矣。來教論牧民篇之「錯」字、「問」字，乘馬篇之「天」字，八觀篇之「捐」字，侈靡篇之「家」字，敬聞命矣。惟七臣七主篇：「侵臣事小，察以折法，令好佼反而行私請。」尹注「佼」謂「佷詐也」。背理爲私，以「佷詐」訓「佼」，古未之聞。蓋其本「佼」譌作「狡」，然「狡」字亦無此訓。劉氏知「佼」即「交」字，乃意「反」字爲「友」。王氏從之。竊謂此「佼」乃「交接」之「交」，如上交，下交、交左、交右、交際之類。與「交友」義稍别。古蓋祇用「交」字，後世作「佼」。故疑「反」爲「友」之衍誤。「佼」字屢見明法解，明法篇作「交」。蓋管子一書專重法制禁令，隋志入法家而漢志入道家。蓋亦史公老子、申、韓同傳意。明法篇及解極論君臣不守法令之敝，正與此篇「侵主侵臣」之説相表裏，文繁不及引。「契勘自見好佼」句，來教引作「好姣反而行私」。「姣」字似承韻會之誤。段注「佼」下已辨之。句末無「請」字，豈别有據本邪？又此篇首論申主任勢守，數以爲常，周聽近遠以續明，皆俞太史云當作比是。要審則法令固，賞罰必則下服度。王氏讀「申」爲「信」，竊謂「申」古作「申」，與「明」字形近而譌。明法篇云：「所謂治國者，主道明也。」明法解云：「明主者，有術數而不可欺也。審法禁而不可犯也。察於分職，而不可亂也。」即此篇任勢守數之意，下文亦屢言明主，而續明二字尤爲塙證。申主信主，他處未見，他書亦未見也。管書本多坿益，又錯誤不可悉理，一知半解，無當考證，聊獻所疑。兄好學深思，兼得大賢之傳，所校諸書，必有心得，亟宜彙寫成帙，以爲道古者津梁先睹爲快。承惠賢昆弟詩文稿，吉光片羽，正不在多。讀新樂府，深入漢魏閫奥，雖間有模擬之跡，要非明七子所及也。所居在松郡東門外，頗有園林樹木，攜來書籍，大都局本，然亦足自虞。敫門不出，未免風雨雞鳴之感，惟時通尺素，以當面論。

與熊蘇林書

承示駱司訓算書二種，讀竟奉繳。李四香開方説詳於超步、商除、翻積、益積諸例，而不言立法之根，令初學者芒不知其所謂。駱氏於諸乘方方廉和較大小加減之理，皆質言之而推求各元進退，定商諸術尤足補李書之未備，誠學開方者之金鎖匙。汪孝嬰創設兩句股同積同句，弦和一問，以兩句弦較，中率轉求兩句弦較立術迂迴。駱氏以正負開方法徑求得兩句，頗爲簡易，衡齋亦當首肯也。立方以上古法頗略，孔顨軒少廣正負内篇列帶縱立方變體十三種，以補古人所闕，有裨於算術甚鉅。三乘以上不過算家借喻其稠疊之數，本無其形，學者往往守其法而莫明其理。孔氏始化積爲邊，俾方廉皆顯，駱氏諸圖皆襲之而不言所自，轉於他處諱其姓氏，反唇相稽，得毋褊乎？天元如積之術，至明失傳。梅文穆始以借根方發其覆，爾時推闡未至，容有之。李四香校測圓海鏡而大明其説，不可謂無功。借根方之多少，即天元之正負，其兩邊加減，即天元正負相消之理。論其法，借根方固不如天元之簡，然天元實方廉隅稠疊之位，實賴借根方之幾真數、幾根、幾平方、幾乘方而益著。駱氏必欲翻梅、李之案，而直詆爲不知天元，噫？過矣。且其言曰正負者，加減之謂多少，則盈朒有跡。試問加減何自而生乎？以此減彼而有餘則謂之正，以彼減此而不足則謂之負。有餘非多乎？不足非少乎？以此之正消彼之負而見盈，正數多。則變彼之負而爲正，謂正非盈可乎？以彼之負消此之正而見朒，多數多。則變此之正而爲負，謂負非朒可乎？天元左右數正負可互易，此與兩邊加減法異而理同，李氏以爲異，異其法也。駱氏謂異在正負，不在兩邊加減，此公孫龍之論白馬非馬也。李氏弧矢算術弦與殘周求矢圜徑，截積求矢，二術元草，並以天元除太極，得太下一層少一天元通分，故開方式元在下廉之位。然以元除太，則太下一層已爲元分，而太下一層自乘得太下二層，合天元自之爲五層，即三乘方式矣。於是以太下二層爲積，太下一層爲元，太爲方，元爲廉，元自乘爲隅，蓋以降二位爲升二位，不啻以天元通分也。且天元術相消之後，但問得式幾層爲幾乘方，實方廉隅之位不復論爲元爲太。駱氏以天元通分，故元在本位，然五層之式與李無異。苟明其指，不必别擬細草矣。方程五家，其井一術。梅勿菴譏其不言井深，故所得但爲虚率，而不能斷其丈尺。又七百二十一亦非定率，凡可以七百二十一除之而盡者，皆可以五等之。繩相借而及泉，此條雖出九章，然立法之疏，不必爲古人諱。李雲門據劉徽注，謂明以七百二十一爲井深率，七十六爲戊綆長，不知但言虚率則分寸尺丈，何不可以七百二十一命之？即分寸尺丈，又何不可以七十六命之？駱氏顧沾沾焉，僴述其以法爲率之巧，而惜勿菴之未見，則似猶未達勿菴之恉也。夫人心思智巧，日用日出。算數之學，往往今勝於古，然亦賴有古法以爲之質耳。彼古人者，則亦甚賴後人爲之推求而精益求精也。駱氏之論正負開方，塙能發揮隱伏，而於近世諸家詆諆已甚，將獨尊其師法與？抑主持古法而過之者？與文虎於此學無所得，亦未敢有所偏主，聊以管見質諸足下，幸惠教之。

與席晦甫書

宣夜絶無師傳，疑本但有其論，未嘗立法。晋志述郗萌之説，所謂天了無形質，及眼瞀精絶云云。即莊生：天之蒼蒼，其正色邪？其遠而無所至極邪？意然七政運行，自有常度，而謂遲疾任情，則無從設算，宜其不能立法也。向讀羅茗香續疇人傳，亟稱許氏宣西通以爲必有精微之論。今承見示，則殊不如其欲見之意，何也？天體渾淪旁薄，至高至大，何從而知？惟日月星辰有行度可見，見日月星辰即以爲是天云爾。然古來術家隨時測驗，順天以求合，小不合則增損之，大不合則更張之，無一定也。其立法之根，古人謂之綴術，今夫數散而無紀，必有所附麗。而後學者得其貫弗、蓍策、鍾律、九重天、十二重天、不同心、小輪、橢圓之類皆是也。西人之言天，亦屢變矣。彼豈真以天爲如是哉？果以天爲如是，則一定不移，何以忽爲九，忽爲十二，忽爲不同心，爲小輪，爲橢圓，紛紛更置哉？蓋亦管窺蠡測，隨時修改，以求密合耳。不然，天本渾圓，輪體何著？日亦渾圓，輪軸何穿？西人不若是之愚也。夫得魚可以忘筌，而非筌無以得魚。得兔可以忘蹄，而非蹄無以得兔。許氏知七政有高下盈縮，而欲去諸重天諸輪之說，是舍筌而求魚，棄蹄而逐兔也。其何從立法乎？諸重者高下之根，諸輪者盈縮之根，謂之假象可也。遽執此而欲窮其輪軸所在，則易偁天垂象，中庸偁日月星辰繫焉，果孰綸之繩，而孰緡之絲乎？吾見西人之得魚兔也自若，而許氏則徒束手而議其筌蹄耳。及閱易，確更有可異者。莊生偁易以道陰陽。傳曰：「陰陽之義配日月。」説文引祕書：「日月爲易。」其義甚精。其轉而爲難易之易者，日月人所共見，所謂縣象著明，莫大乎日月也。許氏以從「日」從「勿」，「勿」爲「物」字，支離蔓衍，幾於秦延君之説「曰若稽古」。至解「易」字爲「乾」，示人易之易，則昧於本義、假借之别矣。十圖本於太玄，九圖本於乾鑿度，宋人名之爲河圖洛書，遂附會爲易範之原。是非蜂起，近儒辭而闢之，使各歸其本，斯亦已矣。許氏偏取九圖，謂點即圖數，即書已無徵據。至以中五爲徑，四正爲圓周，四維爲方周，而方周用并圓周遞加，尤自相矛盾。夫自中國至歐羅巴，相隔數萬里，自古至今，經算師凡幾，而圓徑一周三一四一五九二六五之數若合符節，可謂至精之詣。許氏乃曰：「吾不假籌策虛空，冥悟而駕乎諸術之上。」是真上聖之智邪？割圓之術設半徑爲千萬，以内容外切，屢求句股，漸近圓邊。其一下小餘又十餘位，然則觚楞之處，即有微差，亦當在小餘。而許氏率圓徑一周三一五一九〇七，至十萬而已差，有是理乎？秦道古環田三積術本於張平子，劉徽已辯之。錢溉亭、談階平拾其唾餘，詫爲心得，其實無裨於算學。許氏顧以其率數相近，引爲奥援，誤矣。大衍之數，衆説不一，竊以天五地十相乘爲近。蓋歸奇之數，惟見一二三四；過揲之數，惟見六七八九。而含藴於五十中，則所謂太極也。許氏以周徑附會，則不倫實甚。且句冪股冪相并即弦冪，方五斜七乃其麤率，蓋五十開方，有所不盡耳。顧謂斜冪四十九不盡，故五十去一，何其拙於算邪？揲蓍古法不可考，而以相傳之法合之。繫辭大約無甚乖牾，許氏别創新説，以四十有九即挂一。聖人之言乃顛倒若是，不待辯而知其非矣。凡此皆其持義之犖犖者，它未暇論也。如許氏者，得不謂之好學深思，獨惜其好爲新奇，勇於自信，足爲吾黨之誡。敢質之足下，亦欲聞其得失焉。

與馬遠林書

客冬傾挹風，采信名，下無虚士比。惟著述萬福，鄙人所患，至除夕遂霍然。入春頗頑健，晤樸夫兄，知承渥注，深感深感。鼎老轉示沈學博四元玉鑑細草。憶曩在杭州時，尊師碩甫先生曾及之。後聞甘泉羅茗香亦著細草，已剞劂行世，求之既久。歲甲辰夏，阮文達公始以寄贈，推闡詳至，糾謬拾遺有功於算學甚鉅，匪特爲漢卿諍臣而已。今讀學博所著，固與羅君大同小異，實不如羅之詳然。四象朝元弟三弟五兩問，羅君細草方廉隅諸數，皆不符原術，竟無説以處，此學博所演獨與術吻合，此則勝於羅君者。惟左右逢元弟一問，宜開四乘方而術開三乘方弟二問，宜開三乘方而術開；無隅平方弟二十問，宜開七乘方而術開；九乘方弟二十一問，依術推演十乘方得數。雖同而方廉諸數並異，羅君疑爲術誤，學博於此四條皆無細草，而云草見廣異，今檢卷末無廣異，豈别有專書邪？書中商功修築弟二問，脱去八行，撥换截田本十九問脱去末三問，四象朝元弟二問羼入三才變通之末。至於算式位數舛誤，不可枚舉，偶爲簽出，不及百一，蓋四元位置已繁，而天物地人相乘，寄位夾縫尤易淆亂，豪釐千里，非一一演算末由周知也。明静庵割圜密率捷術，用疊借諸根暗合四元之法，但一根又一根，稱名易混。李壬叔以意創爲置太極於一隅，而以四元如積諸廉依次分列旁行，衺上縱横相遇，較舊法爲明顯且免剔消之繁。近西人新譯代數只用記號，似亦便捷。苟會而通之，不直爲四元别開生面，且立元可不限於四也。然鄙見以爲，入算之用天元爲多，其雜糅隱伏者御以地元足矣。三元以上，皆過爲紆曲，以發難題，謂極算術之奇可也。以言實用，則徒苦難心力而已，大雅以爲然否？學博書四册奉繳。察入尊師無恙，相别二十年，時時念之，見時道意。初夏寒暖不常，惟爲道珍攝。

復畢子筠大令書

辱書垂詢姜白石歌曲。此書惟歙郡張奕樞刊本稍善，然旁譜亦多錯互譌脱舊嘗尋其條理，更正數處。歲乙巳夏，阮文達公以揚州陸鍾輝合刻詩詞本見寄，屬校刊入指海。陸刻板片由江氏再入於阮，癸卯燬於火。蒙以張本互勘，則舛誤更多。聞世間尚有南宋嘉泰間刊本，思得一校，故遲以有待。今文達墓草已宿，而授梓無期，甚歉然也。蒙於聲律之事，非有所知，特好之而已。三月間，舊友李壬叔從先生來松，盛述先生著撰等身，尤精音學，竊欣然擬謁。舟次，適先生訪姚丈子壽未返，其明日即聞解維赴滬城，以無繇一見爲恨。雖然，讀壬叔所示大著律吕元音，則不啻耳提而面命之矣。琴正宮調，以倍徵倍羽居前，故調琴必以管色合字定首弦。宋人誤以爲黃鍾之宫，謂黄鍾最濁，宜配合字，遂以字譜依次分配十二律，分配之不足，遂又强析之，於是合四之間有下四，四一之間有下一，上尺之間有勾尺，工之間有下工，工凡之間有下凡，六五之間有下五，五字之上又有緊五。蓋其高低次序與今字譜，不同，觀其於後律與前律同字之調，不即用高吹而别用中管，知其高字非即低字之清聲矣。夫一均之中止用七律，而字有不全，無以成調。意此十六字不過藉以記律之高下，及樂工施用，仍以上尺、工凡、六五乙相次爲調，然則此十六字徒坿贅縣疣，而與七音相混耳。然自宋以來相因不改，如明鄭世子、唐荆川號爲知樂，猶未悟其非。至國朝吴修齡、胡竹軒、王吉途諸君，始毅然以字譜歸之七音，俾度曲家知上尺、工凡、六五乙即宫、商、角變徵，徵、羽變宫，則今之樂由古之樂而以字配律之謬不攻自破。今先生著書復極論之，與諸君如驂之靳矣。四聲配調，段安節樂府雜録已著之，宋如、楊守齋、李易安言之尤鑿鑿，此與以字譜配律同謬，雖知其非，而不可謂當時無此制度，乃近人奉爲枕中祕，若聲律之事，無踰此者，則真可嗤已。先生推論四聲、陰陽、清濁，謂上聲落陽，便混去聲，陰平不落陽即成上聲，皆深入玄奥，非精詣神悟者不能道。又謂後世君子不習聲律，只可以辭從調工師能習歌吹，轉得以調從辭。誠然！然竊以爲以調從辭固依詠和聲之義，然亦有宜以辭從調者，既填舊調，則其筋節之處，陰、陽、上、去宜依仿爲之，無使失調，其餘有可出入者，勿拘可也。近世詞家矯枉過正，字字必依古人，拘攣束縛，無復生趣。且雖歌千詞，如出一曲，亦何貴乎其陳陳相因哉？先生論工尺記號，順口作高下，竊以宮、商、角、徵、羽即各肖其聲，即爾雅重敏，經迭柳亦然，何嘗不可順口作高下？但加二變則當別作記號耳。然則既有七音，即有七字、三招、四上、競氣，詎非宮逐羽音之義？蓋以倍羽列宮前，羽大於宮，故云：極聲變也。凡此皆蒙涉獵之餘，妄有所窺測而不敢出之口者。讀先生書，不禁歎先得我心，而躍然助之舉喙也。而其中有所疑者，先生謂周禮圜鍾爲應鍾，函鍾爲中吕，而以舊說爲非。案：大師掌六律六同：陽律，黄鍾、太蔟、姑洗、蕤賓、夷則、無射，左旋，陰吕、大吕、應鍾、南吕、函鍾、小吕、夾鍾，右旋。大司樂奏黄鍾歌，大吕奏太蔟歌，應鍾奏姑洗歌，南吕奏蕤賓歌，函鍾奏夷則歌，小吕奏無射歌，夾鍾皆取合辰。函鍾配蕤賓，即林鍾無疑。小吕配夷則，即中吕無疑。然則函鍾不得屬之中吕也明甚。至圜鍾之爲夾鍾，雖於經無徵，或以圜丘之樂用此爲宮，故有圜鍾之名。鄭注近古，當有所受，且此經下文宗廟之樂，應鍾爲羽，同在一節，不當兩岐，其名呼應鍾爲圜鍾也。竹音匀開七孔，弟七孔距弟六孔係半度，不匀，開此言其概。則其中孔爲弟四聲，適當變徵之位，固然若琴弟七暉當全度之半，爲各弦之子聲，惟側調用二變，以全弦爲變徵，則七暉與散聲應。至云隔七相應，則自全度以至半，半七聲迴環，各如其分，而不必皆當暉而先生於此且概言之，豈別有說乎？陽樂陰樂分用，律吕正義始發其覆。若唐人燕樂以黄、大、夾、仲、林、夷，無七律之宮、商、羽、角，爲二十八調。其所謂角調者，又非正角，而以變宮爲角，宋人因之。其每調殺聲見於夢溪筆談，其推衍而爲八十四調，詳於蔡元定新書及張叔夏詞源，是皆以律呂互用。今先生用陰陽二樂正聲合倍半二均旋爲十四調，此於旋宫轉調之理未嘗不合，而謂與唐宋人所謂二十八調、八十四調者名異實同，此蒙所反覆思之而未喻其恉者也。舉世言樂者寥寥，又伏處閭巷，無所師授，徒以意推究，至癥結處每望洋而歎。先生過聽人言，先施手教，若引爲同志者，敢忘其固陋，質所疑於左右，爲奉教之地非，敢有所腹誹也。惟先生垂察不宣。

復朱述之大令書

幻居坐雨，游興索然，將爲歸計矣。忽騶從賁臨，一時倚裝匆促，未罄所懷，至今猶悵悵胸臆。孟秋次公寄到見惠家集，仰見門才之盛，媲美諸王，珍荷珍荷。聞嘉郡水災，與蘇松相埒，救荒無定例，惟勤恤民隱者，隨時隨事而變通之。執事以通儒爲循吏，實心任事，實惠及民，覘治術即可覘經術矣。來教以續墨客揮犀多掇拾它書，疑非真本。今檢全文出夢溪筆談者二十八條，出冷齋夜話者二十條，出遯齋閑覽者十三條。又李主簿條見閑窗括異志；王學士條見東軒筆録，而文小異。唐龍圖條已見前編，而此複出；謝泌條亦與前編謝諫議條略同。來教所舉丘濬群書方鈔引蜂螫一條在今弟八卷，未嘗缺。此條亦出筆談，謂爲贋作，誠是。而鄙意猶有疑焉。明商濬稗海所刻墨客揮犀十卷，四庫全書提要疑其原本殘缺，後人又有所竄入。今考之其出筆談者四十六條，出夜話者十八條，出閑覽者十二條，出因話録者三條，出晋書者二條，出北魏書、耆舊續聞者各一條。其淵材好談兵及彭淵材初見范文正畫像二條亦類冷齋夜話，今本夜話及遯齋閑覽俱不全，蓋其所掇拾有今所未見者。又續編應天鰻井條本筆談文，而前編蟠泉條末云「此亦應天鰻井之類」，句意相應，語氣亦絶類沈存中，安知非筆談佚文？然則不特續編非真本，即前編亦贋作也。惠洪系出高安彭氏夜話及石門文字禪，屢及淵材，蓋其同族淵材名几，僅見談兵條注。宋史張商英傳：郭天信以方技隸太史，商英因客彭几，與往來，蓋即其人。而厲樊榭宋詩紀事即以淵材署名，未免失考。彭乘爵里無徵，惟能改齋漫録十四云：「彭乘撰茅亭客話。」魏泰東軒筆録載一條云：「彭乘爲翰林學士，有邊帥乞朝覲，仁宗許候秋涼即途，乘爲批答曰：『當俟蕭蕭之候，爰堪靡靡之行。』王琪性滑稽，乘死爲挽詞，有『最是蕭蕭句，無人繼後風』。」蓋謂是耳。據此則彭乘之死在王琪前。考宋史，琪仕仁宗朝，卒年七十二。琪爲王珪從兄，珪死於哲宗初立之年，年六十七，使琪長一歲而死於珪後，亦當在元祐四年，而彭乘之卒必在四年以前。乃揮犀前編有曾子宣一事，又及東坡在惠州事，皆在紹聖初。乘何從而知之？其爲僞撰無可疑者。是書著録於書録解題，蓋當時坊估託名以射利耳。陶平塘集及新輯宋人遺集先奉繳，艇齊詩話容録副續繳。撫字賢勞，况玆災歲，惟爲民珍攝。

復丁友雲郡丞

客冬匆匆就道，未遑揖别，至今爲歉。抵舍以來，三經弦望，敝鄉荒陋，制藝而外少可語者。新正敞户，養疴以書，自遣而已。前承惠教，所續火藥礮子遠近表自三錢六分以至五錢五分，其加差與西人原表理合，而五錢六分以後似失其意。蓋火藥與礮子其力相迸而發，故能及遠。而火藥漸增，礮子之力以漸而減，迨抵力不勝火藥之力，則不惟不能及遠，且或至於炸裂。繹原表火藥一錢與一錢一分之遠近，其加差之較數爲三五二，而一錢一分與一錢二分，其加差之較數爲三四四，兩數相較，其減以八，自此以下，其級相同，歷四十四次減至五錢五分，而較數已盡。則五錢六分以下，宜仍依級上減加差之，數其數爲一四三二六二四，而續表誤減爲加則，非原表之意也。今以抛物之理證之，人力愈大則物去愈遠，固也然，必其物質之重者而可。物質太輕，則人力雖大，終不能遠。故火藥漸加，則礮子及遠之力漸減，無減盡復加之理。惟礮子輕重不一，而表不云幾何，蓋鈔録時疏忽也。質之左右以爲然否？

舒藝室雜著甲編卷下

禹貢讀本序

學者讀禹貢不得要領，童而習之，白首而茫然，如涉大水。孔傳雖僞，然猶多采古說。蔡九峰不知考信，輒以臆決疏，略抵捂。昔賢箴之衆矣，然終未有能融會貫通，言之鑿鑿者。我友金山顧尚之氏，博極群書，孰精輿地之學。乃約諸家之説而疏決其窒塞，導其未達，隱栝爲此注。於九州形勢，山原川瀆，地之遠近，用功之先後，乃如燭照數計。辭淺而義顯，言簡而意該，雖主於便初學循誦，而它人竭畢生之考證，未能如斯之明析也。書成，傳寫者衆，往往牽於蔡傳，以意點竄，失其本真。經亂散佚，幾於絶無。僅有君之子，深予門人也，得諸它氏，寄以示予。注文孱雜，不可悉辨，姑舉其一二論之。案：古本以「冀州既載」斷句，注疏本、史記夏本紀、漢書地理志皆同。蔡傳始連「壺口」爲句，而此本從之，非君平日道古之意。孔傳梁岐在雍州，鄭義同此本。下文用曾旼「梁岐一役」語，是從孔傳，而句下載蔡傳「吕梁狐岐」之釋在前，殆非原本。

篇中兩「島夷」，「島」字地理志並作「鳥」，夏本紀冀州作「鳥」，揚州作「島」。蓋「島」字古讀丁了切，故借爲「島」字。若如鄭注，則解以本義。顏監注漢書，多存古字。史記或不承權輿。此本從蔡傳並作「島」，注中亦無借「鳥」爲「島」語，疑經刪改，然尚可云注疏本已然。「三江既入」，釋爲淞江、婁江、東江，此蔡爲張守節史記正義所誤。君與翁查麓書深詆之，據後中江注，是本從鄭注，而此及後北江注攀援朱、蔡，意在模棱，明是它手竄入。九江孔殷古説多主尋陽，蓋本地理志。至宋胡旦、晁説之、曾旼及朱子以爲今之洞庭，而又言人人殊。若蔡傳所謂亢者，向無此名，特無字之再誤，而與曾、朱之説並列，云皆可從，何其顢頇而無據乎？原夫諸君點竄之意，蓋以場屋之文例宗蔡傳，慮乖功令，不暇爲窮經計耳。然其分析段目，釐然各當，則未嘗更改，固讀禹貢者之金鎖匙，而宜人置一編者也。

燕寢考序

自鄭君以「人君左右房，大夫士東房西室」注禮，而後儒紛然辨難，莫得其意。然鄉飲酒記之薦出自左房；鄉射記之出自東房，此行於庠序，不得據以難鄭也。惟聘禮「賓退負右房而立」，賈疏以爲正客館。案：上文「有司入」，陳注云：「入賓所館之廟」，及「廟門」注云：「大夫行舍於大夫廟。」下文「公館賓，賓辟」注云：「君在廟門」，正與記「卿館於大夫」語合。賈蓋曲爲之説，且何以處少牢饋食禮？有司徹二篇之屢言東房也，或謂東房西室，鄭專論寢，然公享大夫禮宰夫筵出自東房，鄭注「天子諸侯有左右房」，此非明對大夫士之廟而言乎？或謂士喪禮「遷于祖正柩于兩楹間」。注云：「象，向户牖也。」户牖間得與楹間相向，其室必正中，似鄭君亦以士廟爲有左右房，公享大夫禮注偶失檢耳。案：特牲饋享禮「豆籩鉶在東房」注云：「東房，房中之東，東夾北。」鄭蓋以士廟不當有東房，故以房中之東解之，然則東房西室，鄭意固兼廟寢也明甚。且如或説以東房西室專屬之寢，亦有可疑者。昭四年左氏傳：「使置饋于个而退。」杜注：「个，東西廂。東西廂爲左右房之制。」昭子之寢既有東西廂，則非東房西室可知。夫三禮爲鄭學，體大物博，非可輕議。顧考之於經而不合，當別求其故是，惟好學深思者能心知其意耳。績溪胡竹邨農部湛深經術，尤篤于禮，嘗謂鄭君之説當有所受，必非意造。讀斯干詩箋乃悟東房西室專爲燕寢之制。鄭君注禮時，概諸宗廟正寢係傳聞之誤，當以詩箋爲正。又參之内則、玉藻、士昏禮、襄二十五年左氏傳、尚書大傳而知，自諸侯以下，其燕寢皆東房西室。東房西室之制，室則東向，開户以達于房；房則南向，開户以達于堂。由堂入房，由房入室，而室之南無户，證之經傳皆合。作燕寢考一卷，於是東房西室之説明，而注疏以下凡後儒所論之是非亦各見。農部爲歙儒淩次仲教授入室弟子，教授著禮經釋例，爲禮家斗杓，農部又以賈君淺略，別撰儀禮正義，猶未脱稿，然其好學深思，能通古人之意，於此可見一斑矣。歲己亥秋，晤君武林，傾蓋如故，訂忘年交。癸卯夏，以學海堂刻本燕寢考篇袟錯亂，郵示原稿，屬爲校訂。錢錫之通守爲編入指海。甲辰冬，復寓書屬序。文虎學識荒陋，無以證成君義，於其刊竣，謹揭君著書大指于簡端云。

春秋集古傳注或問序代薛慰農觀察。

春秋之作，游、夏不能贊一辭。聖人既没，弟子迺以所聞轉相授受，不能無同異。至漢惟公羊、穀梁二傳列於學官，左傳後出，其述君子之云有失之誣者。魏晋間學者多治左氏，范甯注穀梁，時有反唇，而二傳寖微，漢經師專門之學遂廢。自是以後，著書益繁，鑿空窺測，人自爲例，欲折衷一是難矣。横渠張氏謂非理明義精，殆未可學。朱子亦言春秋義例，時亦窺見其一二大者，而終不能自信於心。然則春秋一經，其終不可通乎？善哉！子孟子之論曰：「王者之跡熄而詩亡，詩亡然後春秋作。」明乎春秋之作，所以維王跡也。曰其事則齊桓、晋文，明乎王政不及於諸侯，不得已而與霸。與霸亦所以尊王也。曰其文則史，明春秋爲魯史，而夫子本先王之義修明之知乎？此則知以夏時冠周月之非，而黜周王魯之説，其獲罪於聖人久矣。董子曰：「春秋甚幽而明，無傳而著。」又曰：「春秋無達例。」此謂學者宜原始要終，實事求是，不可徒徇傳説以自錮，而非謂傳之遂可廢也。得此意以治經，而諸家之離合庶幾可見矣。五河郜明經克寬氏，今荻洲觀察之曾祖也，享貧績學二十年，成春秋集古傳注二十六卷，於古人之説無所偏主，合於義則取之，有不能盡者參以己意，無可取者直以義正之。又恐讀者不明其取舍之故，别爲或問八卷，發揮其蘊奥。乾隆間大吏經進，著目於四庫全書提要，迄今百餘年，學者慨慕而不得見。觀察將授之剞劂，以示後世，屬序其概。時雨，受而讀之，其持議平，無深文苛察之弊，其比類切，無牽涉疏謬之談，理當其可而不苟異同，辭達而止而不煩馳騁。以此由孟氏、董氏所論而上窺筆削之旨，其不熒於衆説而有所折衷，學春秋者之最也。觀察纘承家學，而公之藝林亦無忝祖德者哉？予老而荒經，無以引申鄉先生著書之意，而以附名簡尾爲已幸也，輒識其嚮往之私如此云。

幾何原本序 代曾文正公。

幾何原本前六卷，明徐文定公受之西洋利瑪竇氏，同時李涼庵彙入天學初函。而圜容較義、測量法義諸書，其引幾何頗有出六卷外者，學者因以不見全書爲憾。咸豐間，海寧李壬叔始與西士偉烈亞力續譯其後九卷，復爲之訂其舛誤，此書遂爲完帙。松江韓中翰嘗刻之，印行無幾，而板燬於寇。壬叔從余安慶軍中，以是書示余，曰：「此算學家不可少之書，失今不刻行，復絶矣。」會余移駐金陵，因屬壬叔取後九卷重校付刊，繼思無前六卷，則初學無由得其蹊徑。而亂後書籍蕩泯，天學初函世亦稀覯。近時廣東海山仙館刻本紕謬實多，貽誤來學，因并取六卷者屬校刊之。蓋我中國算書以九章分目，皆因事立名，各爲一法。學者泥其跡而求之，往往畢生習算，知其然而不知其所以然，遂有苦其繁而視爲絶學者。無它，徒眩其法而不知求其理也。傳曰：「物生而後有象，象而後有滋，滋而後有數。」然則數出於象，觀其象而通其理，然後立法以求其數。則雖未睹前人已成之法，剏而設之，若合符契。至於探嘖索隱，推廣古法之所未備，則益遠而無窮也。幾何原本不言法而言理，括一切，有形而概之，曰點、綫、面、體。點、綫、面、體者，象也。點相引而成綫，綫相遇而成面，面相沓而成體，而綫與綫，面與面，體與體，其形有相兼，有相似，其數有和，有較，有有等，有無等，有有比例，有無比例，洞悉乎點、綫、面、體，而御之以加減乘除，譬諸閉門造車，出門而合轍也。奚敝敝然逐物而求哉？然則九章可廢乎？非也。學者通乎聲音訓詁之端，而後古書之奧衍者可讀也。明乎點、綫、面、體之理，而後數之繁難者可通也。九章之法各適其用，幾何原本則徹乎九章立法之源，而凡九章所未及者，無不賅也。致其知於此而驗其用於彼，其如肆力小學而收效於群籍者與？同治四年十月。

汪雙池先生遺書序代李雨亭制軍。

維宋紫陽朱子承周、張二程子之緒，而集其大成，由博學、審問、慎思、明辨之功而篤行之，本其所得以昌明堯、舜、禹、湯、文、周、孔、孟之旨，所謂百亡以俟聖人而不惑者矣。然其時象山陸氏以心學唱爲「六經注我」之説，明王陽明因之而變本加厲，於是龍溪白沙輩橫決爲狂禪以自便，其謬悠、跛倚，空疏淺陋之習，國朝諸通儒出而力矯之，義必宗諸古事，必徵諸實，物極必反固矣。乃持之太過者，則并朱子而夷諸空談性理之列，是未讀朱子書也。夫朱子固博極群書而反之約者也。即其於名物度數，小有疏失，不足爲損，而世儒欲以其襞積瑣碎者傲之，是其未達於朱子學問之本源也。蓋有人焉，生朱子之鄉，志朱子之志，以發明朱子之學而無歉乎朱子者，則雙池汪先生是已。予觀余大令龍光所撰先生年譜，其少年艱苦困乏，至於傭工乞享而讀書不輟，疾病行旅未嘗少閑。年甫三十，著述已百萬言，乃舉而火之，益專力於經訓，博綜古今諸儒之義，而以朱子爲歸。凡背馳於朱子者，必辭而闢之。其同時有江先生慎齋，亦以其學鳴於鄉，著書滿家，然於朱子之書不能無出入。蓋真知灼見，心悦誠服，未有如先生之尊信者也。其守道之篤衛道之嚴，埒於陸清獻、張楊園，而博學則過之。蓋先生於書無所不窺，自易、書、詩、禮、樂、春秋、孝經、四書外，若性理諸書，音韻、格物、兵法、醫術、陰符、參同，各有論著。詩、古文辭則餘事爾。然當世無知之者，惟大令之祖元遴爲先生入室弟子，能傳其學。乾隆中，嘗獻其遺書於學政。大興朱笥河學士請爲之墓表，又以先生從祀紫陽書院。嘉慶中，儀徵阮文達公修國史儒林傳，以先生附江先生傳後。道光中，大吏始奏請從祀鄉賢祠。夫以先生之力學行誼，固無不燿之德，然其遺書，徒傳鈔於鄉里。雖間有授梓者，猶未能大顯於世，今李君振英據其祖承超重訂之目，謀之於衆，以聚珍板先印易經如話、易經詮義行世，餘將以次印行。其二三鄉人爲請全書之序於予，予聞同治初大令嘗以先生書質於湘鄉曾文正師，師言信爲朱子後一人。文正非妄許與者，予寡陋不足以知先生，然讀如話、詮義兩書，發揮本義，不侵不畔，而又非徒事敷衍，益信文正之言不我欺。又嘉其鄉人能以先生之尊信朱子者尊信先生，因不辭而爲之序。他日全書告成，以爲先生一家之言，用以羽翼朱子，俾天下後世知空談性理與撏撦瑣屑者，皆無所資其藉口也。

書古文尚書考辨後

二十五篇之僞，在今日已坦然明白。立異爲高者，乃拾冤詞廣聽之唾餘，欲翻成案，何哉？

理學家以虞廷十六字爲道統真傳，一旦以爲僞，則失其所馮依，一也。考證諸儒於僞古文，毛舉瘢索，身無完膚，欲舉東晋以來相傳爲經文者，而拉雜摧燒之，其事驚世駴俗，其言亦失於過當，遂使不平者反唇相稽，二也。古文泰誓出於民間，說見後。蓋非完帙，馬氏已疑之，唐用僞古文作疏，此篇遂廢。今采緝殘賸，以僞易僞，文辭詭譎，衆論不諧，三也。逸十六篇絶無師説，東漢儒者相傳古文，僅有三十四篇，連今文泰誓三篇。其餘殘篇斷簡十不存二三。尹告、武成鄭注爲亡，其果見與否，皆不可考，而諸儒必謂馬鄭及見孔壁全文，四也。遷、固之書，但言孔安國獻古文，不云作傳。孔叢子及王肅私定家語後序始有安國作傳之説，皇甫謐帝王世紀輒引五子之歌、虺誥、伊訓、説命、泰誓諸篇。文又引孔安國注尚書云：「鳴條在安邑西。」郭璞注爾雅亦引尚書孔氏傳：「犬高四尺曰獒」云云。是僞古文經傳萌牙，皆在魏晋間。蓋王肅忌鄭氏名高，事事務與爲敵，僞古文經傳孝經僞孔傳、孔叢子，皆其所創。始觀其私定家語，大率剿襲戴記乃反云戴聖近世小儒，以曲禮爲不足，而取孔子家語雜亂者，及子思、孟軻、孫卿之書以裨益之，名曰曲禮。肅意徒欲暗攻鄭學，而遂詆及本經，盜憎主人，其情可見。乃諸儒攻古文者，非府辜於梅賾，即集矢於皇甫，使迴護者反有所藉口，五也。然孔疏所謂二十四篇者，今已失傳，無可考辨，而三十一篇與二十五篇，其文具在，平心孰復真僞？自見無庸詞費，至後出泰誓既缺全篇，可存而不論，必補綴以充數，則愛古之癖矣。此書尊信僞書，攻擊閻惠，所謂安於所習，毁所不見，未必有補於作僞者。然其中亦有足以砭諸君之失。寒夜檢閲，隨筆糾駁，復舉其大略於此。呵凍作字，言不成理，殊不足令通儒見也。咸豐二年嘉平月。

附證

尚書百篇

堯典　舜典　汩作　九共九篇　槁飫　大禹謨　皋陶謨　棄稷　禹貢　甘誓　五子之歌　胤征　以上虞夏書十二篇，實二十篇。

帝告　釐沃　湯征　女鳩女方　夏社　疑至　臣扈　湯誓　典寶　仲虺之誥　湯誥　咸有一德　明居　伊訓　肆命　徂后　太甲三篇　沃丁　咸乂四篇　伊陟　原命　仲丁　河亶甲　祖乙　盤庚三篇　説命三篇　高宗肜日　高宗之訓　西伯戡黎　微子　以上商書三十篇，實三十九篇。

大誓三篇　牧誓　武成　洪範　分器　旅獒　旅巢命　金縢　大誥　微子之命　歸禾　嘉禾　康誥　酒誥　梓材　召誥　雒誥　多士　無逸　君奭　成王征　將蒲姑　多方　周官　立政　息慎之命　亳姑　君陳　顧命　康王之誥　畢命　君牙　冏命　蔡仲之命　粊誓　呂刑　文侯之命　秦誓　以上周書二十八篇，實四十篇。

總上凡九十九篇，江氏聲、孫氏星衍，並據殷本紀，謂咸乂下當有大戊一篇。案鄭氏書贊云：商書四十篇。今據序商書止三十九篇，是當有大戊篇，乃合四十之數，并之爲百篇也。僞孔傳析汝鳩、汝方爲二以足之，非是。

伏生今文二十九篇

堯典 皋陶謨 禹貢 甘誓 湯誓 盤庚三篇 高宗肜日 西伯戡黎 微子 大誓三篇今文本有大誓，說見王氏經義述聞。 粊誓 牧誓 洪範 金縢 大誥 康誥 酒誥 梓材 召誥 雒誥 多士 無逸 君奭 多方 立政 顧命合康王之誥。 呂刑 文侯之命 秦誓

古文經四十六卷本出孔壁，安國得其書，以考二十九篇，得多十六。又別出康王之誥，爲四十六也。

堯典 舜典 汩作 九共九篇 大禹謨 皋陶謨 益稷 禹貢 甘誓 五子之歌 胤征 湯誓 典寶 湯誥 咸有一德 伊訓 肆命 原命 盤庚三篇 高宗肜日 西伯戡黎 微子 大誓三篇 牧誓 武成 洪範 旅獒 金縢 大誥 康誥 酒誥 梓材 召誥 雒誥 多士無逸 君奭 多方 立政 顧命 康王之誥 冏命 粊誓 呂刑 文侯之命 秦誓

上實五十八篇，武成逸書，建武之際亡，故爲五十七篇。見漢志。案：今文本有大誓，而別録言武帝末，民有得大誓獻之者，疑孔壁無之，即用今文充數。至此始有古文大誓而真僞未辨。又本殘缺，馬、鄭本注古文，其所據大誓即此篇，而唐人挾梅賾本爲真古文，故輒斥馬鄭注本爲今文矣。

馬鄭注本三十篇

堯典 皋陶謨 禹貢 甘誓 湯誓 盤庚三篇 高宗肜日 西伯戡黎 微子 大誓三篇 牧誓 洪範 金縢 大誥 康誥 酒誥 梓材 召誥 雒誥 多士 無逸 君奭 多方 立政 顧命 康王之誥 粊誓 呂刑 文侯之命 秦誓

以上實三十四篇。

逸十六篇

舜典　汩作　九共九篇　大禹謨　益稷　五子之歌　胤征　典寶　湯誥　咸有一德　伊訓　肆命　原命　武成　旅獒　冏命

以上實二十四篇。案孔氏正義云：「遂有張霸之徒于鄭注外僞造尚書二十四篇，以足鄭注三十四篇爲五十八篇。」據此則此十六篇亦依據鄭氏所指逸篇之目爲之，文僞而目非僞也。又舉鄭注書序、仲虺之誥、太甲、説命等見在而云亡，其汩作、典寶等一十三篇，見亡而云逸，以爲鄭不見古文之證。孔氏所謂古文，即東晋僞書，不足辨，即此亦可見前所舉十六篇之目，與鄭注所謂逸篇相應。夫鄭氏之果見真古文十六篇否既不可考，而孔氏所謂張霸之徒僞造者，久已無傳，其果否即鄭所見亦無從考辨。弟以偏袒梅賾僞書之故，并此十六篇之目而詆之，是其於孔氏正義猶未孰復也。

鄭注緇衣云：「尹告，伊尹之告也。」書序以爲咸有一德今亡。又書疏引鄭注云：「武成，逸篇，建武之際亡。」據此知鄭於十六篇蓋未全見。孔氏引鄭注書序、咸有一德云：「伊陟臣扈曰或係殘篇斷簡，得諸傳聞，其他放此。」又竊意謂之逸者，但聞其存，而實未見其書也。

漢書孔光傳：「安國、延年皆以治尚書爲武帝博士。」據此知安國固嘗以今文尚書爲博士矣。史記儒林傳云：「伏生教濟南張生及歐陽生。歐陽生教千乘、兒寬。寬既通尚書，以文學應郡舉，詣博士受業孔安國。」正與此合。又王肅僞撰家語後序亦云：「子國受尚書於伏生。」乃二千年後欲以今文爲安國諱，何邪？

史記儒林列傳：「孔氏有古文尚書，而安國以今文讀之，因以起其家、逸書得十餘篇。」漢書同。案：起，猶發也。論語：「起予者商也」皇侃疏。謂其家藏逸書，以今文。讀之，而通其句字異同也。正義引別録云：「民有得大誓書於壁内者，獻之與博士，使讀説之，數月皆起。」與此「起」字義同。索隱本出「起其家逸書」五字句絶不誤。舊讀「家」字絶句。夫安國已爲博士，何待通古文而起家？且其時古文未立學官，亦何能起家？王氏雜志以爲興其家法，試如其説，則下文「逸書得十餘篇」句文義不接。

禮記緇衣正義：「伏生所傳歐陽、夏侯所注者爲今文尚書。衛、賈、馬所注者，元從壁中所出之古文，即鄭注尚書是也。」案：書正義亦云：「後漢初，衛、賈、馬賈、馬不得云後漢初，此『初』字似衍。亦傳孔學。」是孔沖遠未嘗別異衛、賈、馬、鄭諸儒，古文於安國，今必欲摽而出之，何也？

王肅僞撰家語序，子國乃考論古今文字，撰衆師之義，爲古文論語訓十一篇，孝經傳二篇，尚書傳五十八篇，皆所得壁中科斗本也。又集録家語爲四十四篇。案：史記、漢書但言孔安國傳古文尚書之學，並未言作傳，言之自肅始。蓋即肅所撰，觀其私定家語，全以剿襲成文，知僞古文必出其手，而又僞撰傳文，但時鄭學猶盛，故祕不敢出，僅微露其萌牙耳。然皇甫謐、郭璞之徒已漸漬其毒矣。

漢志家語二十七篇，師古曰：「非今所有家語。」然則今所有四十四篇之家語，非古也。近世仁和孫氏志祖作家語疏證以糾之。海寧陳氏鱣以爲如盜之獲真臧，又其所偁古文論語訓、孝經傳，考之漢志及儒林傳，皆絶無景響。孝經邢疏引司馬貞已疑之，論語訓之見引於集解者，嘉興沈氏濤亦辨其僞託。然則肅之私衷，今皆敗露矣。

隋書經籍志：漢武帝時，魯恭王壞孔子宅，得其末孫惠所藏之書，字皆古文。孔安國以今文校之，得二十五篇。其太誓與河内女子所獻不同。又濟南伏生所誦有五篇相合。安國並依古文，開其篇第，以隸古字寫之，合成五十八篇，又爲作傳。會巫蠱事起，不得奏上，私傳其業于都尉朝，朝授膠東庸生，謂之尚書古文之學，而未得立。後漢扶風杜林傳古文尚書，同郡賈逵爲之作訓，馬融作傳，鄭玄亦爲之注，然其所傳惟二十九篇，又雜以今文，非孔舊本。自餘絶無師説。晋世祕府所存有古文尚書經文，今無有傳者。及永嘉之亂，歐陽、大小夏侯尚書並亡。濟南伏生之傳，惟劉向父子所著五行傳，是其本法而又多乖戾。至東晋豫章内史梅賾始得安國之傳而奏之。案：史遷親從安國問故，而但偁安國以今文讀之云云。班固與校中祕，其言與史同至，敘壁中古文，史漢皆不云何人所藏，乃作隋史者又後數百年生，而獨知其得二十五篇，又獨知其爲孔惠所藏，史記孔子世家敘伯魚至鮒凡九世。鮒弟子襄爲孝惠博士。家語序：「子襄以秦法峻急，壁中藏其家書」。據後序，子襄名騰，不名惠，蓋因爲孝惠博士而誤也。奇矣！杜林桼書，賈逵所訓，馬鄭所本，范史謂之古文無異辭，而此獨云非「孔舊本」，自餘絶無師説。夫既絶無師説矣，而東漢大儒未見古文，西晉諸儒亦無昌言之者，直至東晉突出梅賾得而獻之，此其隱瑣。質莫君楃从屋，屋亦聲。以楃形如屋，不專取諧聲。二徐脱「屋」，亦失許意。床，安身之坐也。鉉本「坐」者，玉篇：「床，身所安也。」與初學記、御覽引「身之安也」違一字。雖不與唐本同可證，不得有几，鍇乃誤衍。梳，理髮者也。釋義已足。篇、韻、二徐失「者」字，段以意補，所以贅拾。江洽切，篇居業。公答渠業韻。古沓、巨、業皆一聲。鉉切胡甲，非。楣讀若驪。駕，鉉有，鍇無。段據玉篇杫楣樅連文，謂清支合韻。思漬、所、梗固聲相轉，驪不同部，又不同聲，嫌迂遠。錢少詹讀「驪」如「灑」，益矯强。竊疑此四字當在「枷」下，工亞切，乃「椸枷」之「枷」，正合駕音。二徐「枷」下失工亞，鍇又以「驪」「駕」不合楣音，删之。昧其爲錯簡也。「栝，一匵也」。今本及篇、韻皆無「一」。「一匵」無義。匚部：「匵，小栝也。」則栝爲大匵，疑有脱畫。案：音口失上紐，廣韻於日此當同几屬下也。篇、韻皆有，今本失之。「櫑，从木，畾。畾亦聲。」以櫑刻雷，形義兼聲，鉉脱「畾」，亦誤。如「楃」、「楕」、「他」、「果」與廣韻「三蒼」合。玉篇敕果取類隔，鉉徒果輕重微别。柷工用柷止音爲節，鉉本所以止音，段改以止作音，疑止即作字。古多以亡爲作，止亡形近而譌，不煩增改。「楇，音戈，讀若過。鉉」：「乎卧切」。段云：「當依篇、韻古禾是矣。」而删「讀若過」三字，豈忘「過」亦古禾切邪？又篇、韻皆云：「車，盛膏器。」唐本、今本無「車」字，疑傳寫失之。「橃，海中大船也。」唐韻引同。二徐脱也。「析，从木，斤，會意，非諧聲。」鉉斤上多從，猶可通。鍇作斤，聲謬。「棷，多叉逅。」與篇、韻合。梡，下短韻，胡管同。鉉音胡，本疑涉「梱」而誤。「槱」音酉，鉉：余救。篇：余紂。韻兼收上去。周禮大宗伯槱燎釋文：「羊九。」詩棫樸槱之釋文「弋九」。是古人多讀上聲。槥音「息」芮，鉉及韻皆祥歲。篇爲綴才、芮二切。又音歲，與息芮合。惟「梏」鉉及篇、韻皆紐沃部，此切古屋獨異，然求之古音，實不背也。

書王船山説文廣義後

此書原本許氏，推明其引申叚借之所由，以糾正世俗傳寫失真承譌襲謬之敝，有精確不磨者。惟古人於形聲之字或兼取其義，或衹取其聲之近，形之似，而無義之可尋。叚借一類，其塗尤廣，必欲字字求其所以然則鑿矣。至於一字也而虛實異用，輕重殊音，經師口授必有分辨。及傳之簡策，不得已而出於譬況，云「讀若某字」、「讀如某字」，後世又不得已而圈發四聲以別之，固非四聲之所能盡。學者姑循其跡，宜以意會若，竟廢此，豈能叩寂莫以求音乎？王氏於此未免矯枉過正，又未見説文原本所據者。坊刻五音韻譜舛誤百出，頗受其蔽。然明一代人尟爲説文之學者，先生始爲之。至我朝通儒輩出，講論益精，而其論發之，王氏功固不可没云。

書張刻玉篇後

朱錫鬯序倩借得宋槧上元本于毛氏汲古閣，張子請開雕焉。又云孫氏玉篇雖非顧氏之舊，然去古未遠，猶愈于今之所行大廣益本玉篇也。是朱意以此爲孫自强本也。今以曹楝亭刻本互校，脱落舛誤皆無少異，其同出無疑。惟彼本每卷首有「大廣益會」四字，此本止原序前一見，謂是書賈作僞，以充上元本，則何爲猶存其跡？且每卷悉去四字，則首葉必皆鈔配，何毛朱兩君更不致疑？且據卷末張跋，明知其爲大廣益會本，而兩君反不能辨。蓋毛君本收藏家，以苟得爲喜。錫鬯晚年見所未見，亦不暇細審耳。同治癸酉三月十日文虎識。

書曹楝亭本類篇後

類篇序不著撰人名姓，據欒城集知爲子由代范景仁作序。言景祐中，諸儒始受詔爲集韻之書，與集韻韻例所言合。而集本作「天聖中」，又所述九例，集本止有八，無末條，不知孰是？「不可貴得」於集韻「貴」字當從集本作「責」。「故待天下之物使處」，當從集本作「使各有處」。「三曰㫋之在草」，「㫋」字集作「叜」，則彼誤也。「二曰天一在年一在真年」，當作「先則」，兩本皆誤。子由文難得如此簡括，蓋極用意之作。

類篇以偏旁爲綱，以韻爲目，頗便檢尋。每字下引許洨長語，必冠以説文字而時復失之。集韻亦然。蓋纂非一手，例難畫一，至於錯亂顛倒，衍文脱簡，蓋不能免，此亦傳刻舊書之通病也。

校刊史記集解索隱正義札記跋

史記自漢已殘缺竄亂，迄今又千數百年，展轉傳寫，積非成是，蓋有明知其誤而不能改者矣。裴氏集解序稱采經傳百家并先儒之説，豫是有益悉，皆鈔納今史。文之下著注寥寥，大非完帙，惟索隱有汲古閣單刻，所出正文每勝通行之本。然其注改宋本大字爲小字，頗有混淆。又或依俗改竄，反失小司馬之真。張氏正義僅存於南宋以來之合刻本，删削既多，舛誤彌甚。三家注又有互相重複錯亂者。先是嘉興錢警石，學博泰吉嘗彙校各本，歷三十餘年，點畫小殊，必詳記之。烏程周縵雲侍御學濬借其本過録，擇善而從。同治五年請於署江督肅毅伯今相國合肥李公，以屬學博高弟海寧唐端甫文學仁壽覆校付刊。及明年春，相侯湘鄉曾文正公自淮北回金陵，命文虎同校。文虎與侍御及唐君議以新刊史文及注，皆不主一本，恐滋讀者疑，請於刊竣之後附記各本異同，及所以去取意。文正領之。七年冬，公將移任畿輔，命凡已刻之卷有宜改者，隨時剜補。以是至九年夏始克印行，乃屬稿爲札記。是年冬，公復任江督，文虎以先成稿二卷呈，公以爲善。去冬既蕆事，請公序其簡端，公命先以札記授梓氏，并附述緣起於末。烏乎！孰意寫未竟而公薨，不及爲之序乎？所記異同，大半取資於錢校本，其外兼采諸家緒論，則梁氏志疑、王氏讀書雜志爲多，文虎與唐君管見，所及不復識別。其有偶與前賢闇合者，悉歸之前賢以避攘善之譏。餘例散見記中，限於聞見，不免挂漏。有志於校史者，以此爲質，而益精考之，以成善本，庶有當於兩爵相嘉惠來學之意云。

書漢書儒林傳後

此傳系述諸儒師法源流，使千載以下見西京學術各有授受，則後世獨學無師鄉壁虚造者可廢然返矣。班氏言罔羅放失，兼而存之，是在其中。大守一先生之言，則門户之争起。兼治衆説，則騖廣而師法亂。好學深思，折衷一是，非命世大儒，其孰能與於斯，而蒙别有所感焉。自孝武始置五經博士，開弟子員，凡成業以去者，或由吏洊升大官，至卿相，於是天下向風争趨禄利，儒學之盛以此而敝亦伏焉。趙賓之説，其子張霸之造百兩，孟喜之談陰陽災異，而詭託於田生，當時即有挾新奇以自衒者。王臧、趙綰得罪於太后，比之新垣平，固深文曲詆，然充禄利之敝，何所不至哉？轅固之言曰：「務正學以言，毋曲學以阿世。」固鐵中錚錚矣。若谷永之僶鄭寬中，斯儒者之極則也。

跋兩京新記

唐韋述兩京新記五卷，全書已佚。日本人刊其弟三卷於佚存叢書，闕文譌字甚夥。玉海十五引館閣書目云「新記，韋述開元中撰。西京始於開皇，東都起於大業。皇朝宋敏求演之爲長安志。」今考長安志十自「興福寺」注以下即韋記第三卷之文而增廣之，其譌脱處可互相校補。又御覽、廣記、玉海所引韋記，文見於長安志者太半，然則韋書已全具宋志，而特删其神怪事，又不言所自耳。天瀑乃謂中國撰著，惟雍録、七修類稿嘗一及之，其他無見，何其陋也！

校刊大學衍義跋代李雨亭制軍。

宋真文忠公大學衍義以格致、誠正、修齊爲綱，而各隸史事於下爲之目，其不及治平者，蓋以此六者爲爲治之要，爲學之本，篇首已自言之。明丘濬不識著書之意而續之，亦贅矣。或謂文忠遭理宗崇儒重道，由侍從至參政，不爲不達。而朝有姦佞，外有强敵，國勢日促，而無所裨輔。陳同甫有言：今世儒士，自以爲得正心誠意之學者，皆風痺不知痛癢之人。得毋類是乎？其曰：否，否。不然史言文忠立朝不滿十年，奏疏無慮數十萬言，皆切當世要務，由此考其世，其在寧宗朝疏請勤訪問，廣謀議，明黜陟。蒙古再圍燕，疏言君臣上下皆當以祈天永命爲心。又言當乘虜之將亡，亟圖自立之策，以忍恥和戎爲福，以息兵忘戰爲常。女真尚存則用之，女真强敵更生，則施之强敵，此苟安之計也。其出爲江東轉運副使，朝辭，奏五事曰：「宗社之恥不可忘，比鄰之道不可輕，幸安之謀不可恃，導諛之言不可聽，至公之論不可忽。」其在理宗初奏乞收人心三事，皆深中時弊，烏可謂之不知痛癢？乃以言濟王事，愠于群小落職。端平元年十月，始由福州内召進講大學衍義，復申祈天永命之説，於時政多所論建。明年三月，有參知政事之命，已得疾矣，力辭不拜。後兩月而卒。蓋理宗雖尊信道學，而内溺於豔妃外，熒於姦佞，不免偷安而忘寇，故文忠切切以誠正修齊爲治平之本，而當時方大琮輩亦多以女寵侈費爲言。然則所謂崇儒重道者，徒文具耳。史彌遠死而文忠始入，首尾僅八閱月，然觀魏文靖與文忠同召，亦祇半年，遂遭衆忌以出。即使文忠不死，豈能大用哉？夫用其人而違其言，則孟子之爲齊客卿，亦不爲不達矣。明陳仁錫刻大學衍義，妄自删改，國朝孫文定公亦就陳本校刊，稍有是正，猶非完袟。今以集本爲主，有漫漶可疑者參之兩家，其兩可者仍之，志慎也。既蕆事，輒述其平昔所持論如此。

書太白陽經後

唐李筌僞撰陰符經，託於黄帝，蓋原本道家而雜以刑名兵法之説者。後作太白陰經，復即陰符之餘緒而引伸之其表。云太白主兵，爲大將軍。陰主殺伐，故用兵而法焉。名書之義如此，乃有妄人不解此義，别造太白陽經二十四篇，其首論將、選將、立將、九地四篇，大抵拾筌之唾餘。第五篇以後遂泛濫於時日、占候、醫藥、祈禳之術，亦有數處與陰經複見者。自述大曆中至廬山得神授祕密真訣，田悦作亂，每占得失云云。然諸家敘録不及陽經，惟明文淵閣書目著：「一部一册，闕。」或疑元明間人詭託，固未可知。要之陰符緣起於嵩，少陽經託始於匡廬，尤而效之，每下愈況，又何怪焉？

跋寶祐四年會天曆

此書幾經轉寫脱落，舛誤不一而足。日出入刻分與晝夜長短，往往乖離，今略爲校正，不暇一一論也。檢宋志，淳熙十四年，國學進士石萬言淳熙術立元，非是。氣朔多差。冬至，晝四十刻極短，夜六十刻極長，乃在大雪前二日，所差一氣。以上自冬至以後，晝當漸長，夜當漸短，今過小寒，晝猶四十刻，夜猶六十刻，所差七日有餘。夏至，晝六十刻極長，夜四十刻極短，乃在芒種前一日，所差亦一氣。以上自夏至之後，晝當漸短，夜當漸長。今過小暑，晝猶六十刻，夜猶四十刻，所差亦七日有餘。晝夜各五十刻，又不在春秋分之下，至日之出入長短有術。今增減一刻，近或五日，遠或三四十日，與日行常度無一合者。按據石所言，淳熙術之疏謬如此。今此書所注晝極長在芒種前一日，晝極短在大雪前一日。小暑過二日，晝六十刻猶未減；小寒過二日，晝四十刻猶未增，晝夜平分在春分前五日、秋分前一日。其增減刻分或三四日而差一刻，或三十餘日而差一刻，適與石所舉合。夫自劉孝榮淳熙術後一改而行會元術，再改而行顯之交，何所依據乎？乃書正義引晉書則言之矣。曰：晋太保公鄭沖以古文授扶風蘇愉。愉字休預，預授天水梁柳。柳字洪季，季授城陽臧曹。曹字彦始，始授汝南梅賾字仲真，爲豫章内史。遂于前晋奏上其書而施行焉。蓋僞古文淵源，莫詳於此。然鄭沖歷事魏四君，官爲三公，文帝既好文學，高貴鄉公講尚書，沖執經親授，何以祕不進獻？其論「曰若稽古」，並未述及孔傳。又嘗與何晏共成論語集解，於所引逸書亦未援及古文，此可信邪？梁柳，皇甫謐姑子，見謐傳。據疏引晋書，言謐於梁柳邊得古文尚書，故作帝王世紀，往往載五十八篇之書云云。今帝王世紀已佚，就他書所引頗用古文説，蓋王肅創之，無識之徒祕爲鴻寶，又互相增竄，其情僞灼然，顧以之誣鄭沖，則自取敗露矣。

隋志上云：「晋世祕府所存有古文尚書，今無有傳者。」下云：「至東晋豫章内史梅賾始得安國之傳奏之。」明是經傳同獻。疏引晋書上云：「鄭沖以古文尚書授扶風蘇愉。」下云：「梅賾遂奏上其書。」明指古文，并不言傳矣。而毛大可以爲賾所獻止孔傳，於以迴護，古文抑何疏忽。

班志：「古文經四十六卷，云今五十七篇。」蓋武成、逸篇建武之際亡故也。今梅賾所獻五十八篇，儼然有武成，不聞民間之獻，其失而復得果在何時？

書戴氏注論語後

此吾友德清戴君子高所著也。注文簡古，頗有漢儒遺意。然公羊解經已多乖剌，邵公申傳益覺煩苛，劉申受乃述之以説論語，自鳴其專門之學，君復踵而加厲，穿鑿影射，成此一編，意將傾紫陽而下之，亦太不自量矣。璿璣自爲黄極而誤注「北辰」，大辰自合無射而誤云「夷則」，此不講律曆之過。至泠州鳩所言三所自指辰，次而以釋雅、頌「各得其所」之「所」，則承江子屏樂縣考之謬也。凡古書題某氏注，多出自其門人尊師之辭，亦有後人題者。今自偁戴氏，失未思爾。中如引昭二十五年秋七月季辛又雩。傳證樊遲從游舞雩之問；引閔元年夏五月吉禘于莊公。傳證宰我三年之喪之問，似得其事理。此類當平心取之，不可一概擯棄。烏乎！子高往矣，如子高之劬於學者，能幾人哉？同治十二年夏四月。

唐寫本説文解字木部殘卷箋異跋

唐寫本説文木部殘祑於全書不及百分之二，而善處往往出今本外，其傳在鉉、鍇前無疑。

金壇段氏注許書，補苴糾正，多與闇合，益知段學精審，而此袟可貴。獨山莫子偲氏得此，爲抉摘同異，疏通證明，發前人所未發。湘鄉節相韙之，授工精刊至寶在人世，不可終揜宜矣。文虎嘗預校勘，復承節相命，紀以詩意，未盡輒刺其瑣楊忠輔統天術，三改而行鮑澣之開禧術，四改而行李德卿淳祐術，五改而行譚玉會天術，而其疏謬如故。蓋誠如石言，南渡以來，渾儀草創，不合制度，無圭表以測日景，無機漏以定交食加時。然則所謂改憲者，抑亦意爲增減，粉飾面目，以求倖售耳，甚可笑也！老友蔣劒人，以此屬校其長短，至各差十六日。金嵎谷跋謂鈔胥之誤，今考之，知其術誤，因記於後。

乾坤體義跋

道光庚寅秋杪，薄游平湖，得此於錢夢廬叟，蓋舊鈔本。伏讀四庫全書提要，乾坤體義本二卷，而此有三卷，以五帶九重四元行諸條爲上卷，日月、薄蝕、出入、暎蒙諸條爲中卷，其下卷全録圓容較義，一字不易，與提要所舉以邊綫、面積、橢圓、互相容較者邈不相合。若果如此，則四庫何以兩收其書？又本書中卷論圓徑求周法，注云：「下卷四題。」今下卷無之，疑元本缺下卷，作僞者以李氏書羼補。然阮相國疇人傳利瑪竇傳所引乾坤體義與此本同。乙未秋，在西湖敬觀文瀾閣本，亦如此，不可解也。

書梅氏方程論後

梅氏方程論主於同減異并以歸畫一。或乃以古法難之，未知其意爾。李雲門尚書論同異減并之法，致爲詳盡，而語多膠葛，或滋後學之疑。愚更以數語括之曰：凡同異減并必視首位，首位必主減盡。首位同名者同減，異并異名者異減。同并其減，餘一行，與并入一行皆爲正負。無人如以有數之行移補者，同減異并，則正負互易。異減同并，則如故。古人立術概此矣。

書梅氏曆算書西國月日考後

西人本無所謂月也。據其書，以一歲三百六十五日奇分爲十二節，每冬至後十日爲立耶穌聖名，即爲弟一節。首日以後，凡弟一、弟三、弟五、弟七、弟八、弟十、弟十二節皆三十一日，弟二節二十八日，餘皆三十日，每歲如是。惟遇子、辰、申年則弟二節閏一日爲二十九日。其所閏又不在末日，而在瑪弟亞瞻禮之前一日。瑪弟亞瞻禮者，乃其弟二節之弟二十四日也。又其所謂立耶穌聖名者，亦有進退，或冬至後十日，或十一日，大要以太陽入丑宫十度後爲準，故或疑其以太陽至高衝爲歲首。然梅氏此考，引康熙丁卯瞻禮，單十一月廿八癸卯日，應西曆正月初一日，日在丑宫十度二十分。康熙初，高衝過冬至七度，未至十度，可知於高衝無與矣。而近年英國書館所刻中西通書凡例謂泰西諸國以二十四氣之日分爲十二月，冬至後十日，或十一日爲元旦。每年自元旦至除日，晝夜長短，氣候寒暖，日日相同，似亦以日至高衝爲元旦者。然日至高衝有蚤晚，其前後日晝夜永短，即不能無微差。若夫愆陽伏陰，何時蔑有，而謂氣候寒暖，日日相同，吾未敢信。梅氏謂西國以建子之月爲正月，又云正月一日，日在斗五度，今考之，皆不然。

梅氏據崇禎曆書所援西國月日謂，自漢順帝永建丁卯，距明萬曆甲申，千四百五十七年，相差十二三度，即歲差之行。案：以歲差東行五十一秒，續儀象考成改定五十二秒。計之，千四百五十七年，應差二十度三十八分有奇，何止十二三度。又自康熙丁卯至咸豐六年丙辰，凡百六十八年，應差二度二十二分奇，而丙辰中西通書西月宫度與丁卯瞻禮單一一符合，以較曆書所引漢順帝時西月止差一度或二三度而止。亦有同度分者，獨萬曆甲申至康熙丁卯百有三年，應差一度三十四分奇，而曆書所引日月差至八九十十一度不等，此不可解。要之於歲差高行皆無與也。歲差亦斷非平行。

書潛研堂集後

答問一條云：統天推上元甲子歲，天正冬至戊子日戌正二刻。以授時術推之，則在己丑日寅正二刻，相差有四時之多。案以紹熙甲寅距上元甲子三千八百三十年，加下距至正辛巳八十七年，合三千九百十七年，乘歲周餘分五日、二四二五，得二萬五百三十四日八七二五，再以授時長分三十九乘距算，得十五日二七六三，并之得二萬五百五十日一四八八，減氣應五十五日〇六，餘二萬四百九十五日〇八八八。滿紀法去之，餘三十五日〇八八八。轉減紀法，餘二十四日九一一二。命起甲子，得戊子日亥初三刻，較統天僅後五刻有奇，安得有四時之多？

書夢溪筆談後一

宋志夢溪筆談二十五卷，通志二十卷，惟文獻通考云二十六卷，與今本合。世又別行補筆談二卷，續筆談一卷，見商氏稗海。明馬元調合刻本以補筆談所標卷目至三十卷，且不合原書篇第，徑删去之，悉依原書十七目分類，即此本也。四庫全書提要疑括初本實三十卷，後定爲二十六卷。乾道二年，湯修年校刻，相承至今。而所謂補筆談、續筆談者，或稿本流傳，藏弆者欲散附各卷，逐條標識所據，仍三十卷之初本，故所標有二十七卷、三十卷之目。按此説似矣，而猶未盡。今以稗海所録補筆談原本證之，「不御前殿」以下十條，皆故事類，云補弟二卷。「廊屋爲廡」以下十二條，皆辨證類，云補弟三、四卷。「興國中」條樂律類，云補弟五卷。「皆適符今卷」至「子午屬庚」條與卷五、六、十「甲子納音」條爲類，而云補弟六卷。「十二律每律名用」以下十一條皆樂律類，在卷五、六，而云補六、七卷，是樂律分五、六、七三卷也。「十月遇壬」條、「海潮」條、「曆法」以下七條，雜出於卷七、八象數一類，而云補弟八、弟九、弟十等卷。是象數類亦分三卷也。王沂公以下四條皆人事類，在今卷九、卷十，而云補十一及十三卷。「王子醇」以下六條，皆權智類，在今卷十三，而云補十五卷。「李學士」以下五條，皆藝文類，在今卷十四至十七，而云補十八卷。「兵車制度」以下三條，皆器用類，在今卷十九，而云補二十卷。「韓魏公」以下二條，皆異事類，在今卷二十一，而云補二十三卷。「宋景文」條譏謔類，在今卷二十三，而云補二十五卷。「吴道子」以下十條，蓋雜志類，在今卷二十四、五，而云補二十六、七、八卷。「自莽草」以下十五條，皆藥議類，在今卷二十六，而云補二十九、三十卷。皆迥與今本不同。按今本所分十七目，多有可議者。二十四、五卷諸類雜陳，然名爲雜志可無論。他如樂律類「海州士人」條，當入藝文、人事類。「寇忠愍」條當入權智。「貢舉人」條當入故事、藝文類。「書之闕誤」條、「音韻之學」條、「王聖美治字學」條、「史記年表條」、「切韻之學」條、「棗與棘條」，書畫類。「古文已字」條、「鯉魚」條，繆誤類。「竹箭」條、「瓦松」條、「車渠」條，並當入辨證、譏謔類。「司馬相如」條當入辨證或繆誤、辨證類。「陽燧」條、「解州鹽澤」條，藝文類。「王聖美爲縣令」條、「豳州僧行均」條，技藝類。「賈魏公」條當入雜志、技藝類。「鍾乳石」、「芎藭」二條，繆誤類。「段成式」條當入藥議。又「李溥」條當入官政、技藝類。「散筆作隸」條當入書畫。神奇、異事二類，往往相涉人事、官政二類，可互易者數條。象數類中，術數、曆法、易卦、運氣前後錯出，都無倫次。竊意當日隨筆紀述，略依類比，釐爲三十卷。時自增删，未有定本，故多寡不一。妄人得其一本，横分十七目爲二十六卷。湯修年見而刻之。昭文張氏謂二十六卷之目未必真出自存中手訂，是也。而别本逸出，猶存三十卷之舊，好事者更欲以餘稿分補，遂於各條標識卷第，以類相從。觀補筆談所標，但有卷目，不言某類，可知原書本未嘗分類矣。今本卷五樂律一凡二十三葉，卷六樂律二僅四葉，何不并爲一卷？卷十四藝文一凡八葉，卷十五藝文二凡九葉，卷十六藝文三僅二葉，何不并爲二卷？分卷如此，極爲無謂。又可知非著書人原帙也。補筆談「十二律」并「清宫」一條與今本卷六、弟四條止數字不同，其「子午屬庚」條首又一説，云明承「原論、納音」條來，餘亦多有與原書複見者。然則當日增删未定，多寡不一，流傳稿本各有不同，無疑也。而馬氏乃輒據今本删其卷弟，分隸十七目，又區「子午屬庚」一條爲象數，「王沂公」以下四條爲官政，「宋景文」條爲雜志，則并失原分十七目之意，斯不謂之無知妄作，可乎？沈氏原書既不可考，今本獨行，惟當與補筆談各存其舊，慎毋以意編纂，使古人胡盧地下也。

書夢溪筆談後二

趙與時賓退録云：廣陵所刻夢溪筆談弟十八卷，「積罌之術」注中「又倍下長得十六」當作「二十四」；「併入上長得四十六」當作「二十六」。士大夫知算術者少，故莫辨其誤漫記之。按：趙氏所據卷數錯誤，並同今本。又云廣陵所刻，蓋即湯修年刊於揚州者也。檢湯跋，偁證辨訛舛，凡五十餘字，疑者無他本不敢以意驟易，姑仍其舊。然則此書之譌謬相因，其來久矣。今以馬本弟十八卷「算術」條勘之，猶不止。如趙氏所舉塹堵法，云：「併上下廣折，半以爲之。廣以直高乘之。」又以「直高」爲句。以上廣減下廣，餘者爲股。句股乘弦，以爲斜高。此尤謬誤。當云：「又以直高爲股，以上廣減下廣，餘者半之」爲句，句股求弦，以爲斜高。積罌術注：「先以上二行相次，率至十二，當十二行也。」當作「當十一行也。」「以上廣乘之，得二十二」，當作「三十二」。「併二倍及下會」，圓術注：「退上一倍。」「倍」皆當作「位」。「以高乘之，得二千七百八十四」，當作「三千七百八十四」。此條微波榭刻十種算經曾採附數術記遺之後。孔荭谷非不知算術者，亦仍其誤，何與其他脱文譌字，前後誤連諸本相埒？昭文張氏刻本雖依稗海，而以意改竄，尤多可笑。補筆談一補弟四卷「十件其弟」六條，「古人謂章句之學」以下至「亦不可不謹」當别爲一條。馬本不分，則止九件。張本「横析書曰成湯既没」以下别起以足其數，則本相連者忽斷，而應斷者仍連也。補筆談二補弟十卷「後七件」，馬本脱去。「五辰條」，張刻又以「五辰條」合下「五運六氣」條爲一，而「割素問」以下别爲一條，尤爲續鳧斷鶴。存中書考論精博，大有資于觀覽。予再三研推，似勝俗本，安得好事者重刊以質同有昌歜之嗜者。

書夢溪筆談後三

存中於曆算確有所得，其隙積、會圓二術，可補古法所無。其論漏刻盈縮，謂冬至日行速，天運已當作「未」。期而日已過表，故百刻而有餘。夏至日行遲，天運未當與下「已」字互易。期，而日已至表，故不及百刻，亦甚近理。蓋日在最卑右旋之度，見速則赤道度見遲。日在最高右旋之度，見遲則赤道度見速。此百刻之所以有盈縮也。然今西術亦略而不言，豈以所差甚微與？其論曆家氣衰，每日消長常同，至交一氣，則頓易刻衰。故黄道有觚而不圓。蓋古法麤疏，約加限度。進退不以漸，則平行而成，等邊之形，有觚不圓，職是之故。又謂黄道環天正圓，循之則其體至妥，絶之則有舒有數。以圓法相蕩而得衰，則衰無不均。以妥法相蕩而得差，則差有疏數。相因以求從，相消以求負，從負相入會一術以御日行，所言尤爲入微，當爲郭瀛臺平立定三差所自出。惜其術不傳，至欲以十二氣爲一年，不用閏月，則於古聖王敬授民時之意大相背謬。夫十二月爲年，從月也。二十四氣爲歲，從日也。周官正歲年以序事，各有所當，並行不悖。存中所論，即回回、西洋閏日之法，而施之中國，可乎？存中又旁通樂律，筆談所述往往可見唐宋遺制。其紀二十八調殺聲，與姜白石歌曲、張玉田詞源相證，七角調每加宫前一聲，出本均七聲之外，即宋史樂志所謂俗。又於七角調各加一聲，流蕩忘返者也。其謂樂中有敦、掣、住三聲，一敦一住，各當一字一大字。住當二字。一掣減一字。敦即詞源所謂頓，敦、掣、住即今唱家板眼。一掣減一字，即詞源所謂反掣，用時須急過也。此非明於聲律者不能言，乃指霓裳羽衣爲道調曲，致爲王晦叔所譏。又以琴弦惟十三汎韻，爲正聲，似又不知琴音，不盡當徽者何與？

東園叢説跋

東園叢説上中下三卷，昔從館本鈔出，刊入指海弟三集，頗有脱誤處，無從補正，姑仍之。

頃韓緑卿中翰示我新得滂喜園藏本，中有姚舜咨印記，黄蕘圃跋，信爲舊鈔本。共上下兩卷，其下卷即刊本之中、下二卷，與上卷卷帙相若，不知何以中分。末有判府吴大卿劄子，則刊本所無。每葉十八行，行十八字，劄子一葉，亦十八行，行十六字，末題「朝請大夫、知舒州軍州事吴宗旦劄子」。書中於「匡」字、「貞」字、「桓」字、「姤」字音同「構」。避作「康」、作「正」、作「洹」、作「遇」。又於太宗、仁宗、高宗及朝廷上意等字皆提行，或空格，劄子亦有提行處，當是宋本原式。惟「籌邊圖」條「國家祖宗」句誤連，蓋仿鈔非影寫故，中亦不免脱誤也。然以校刊本，則賴以補正者甚多。大者如下卷「執中無權之説」、「浚井焚廩」、「孟子辭齊王以疾而出弔」三條，刊本蓋以其駁孟删去，其「月蝕」、「衝土」、「王氣候」三條，刊本脱去中間十八行，而以「氣候條」後半節接「月蝕」衝條前半節，聯合爲一，非舊鈔本則不復可讀矣。案：李如篪仕履無聞，惟據自序知爲括蒼人，宋時未置括蒼縣，蓋居括蒼山也。而官桐鄉丞。又據「三江」條而知其嘗爲通州酒官。宋無桐鄉縣，觀其於吴劄子題判府大卿，而吴偁李爲知丞議郎，是時桐城屬舒州，疑桐鄉當指桐城。吴爲知州，丞乃屬官，故相偁謂如此而其式用劄子也。正德崇德志載李爲崇德人，考今桐鄉本古崇德縣地，豈因桐鄉丞而致誤乎？然志言李字季牖，未見它書。又言所著有東園叢説及樂書，則又與劄子中「樂本」一語相合，必有所據。豈李晚遷崇德邪？抑其子孫遷居崇德，而并以其祖爲崇德人邪？又李自序題紹熙壬子，周庭筠跋題紹熙甲寅，刊本誤「熙」爲「興」。或據之謂壬子爲紹興元年，甲寅爲紹興三年，而書中載有紹興六年後事，及偁高宗廟號，且語、孟合偁不似南宋初語。「北辰」一條似曾見集注，其論渾天亦似歐羅巴入中國後語，遂疑爲近人僞託。案：紹興元年乃辛亥，非壬子。三年乃癸丑，非甲寅。紹熙三年壬子，五年甲寅，上距紹興初凡六十年。書中「坡詞」條明載其父與王子家同直祕閣，語東坡卜算子詞事在紹興三年。云：「其言三蘇事甚多，愚幼小不能記憶。」可知著書作序，不在其時，明乎「紹興」乃「紹熙」之誤，則又可知李與朱子同時。朱子論孟集義序作於乾道壬辰，李或曾見其稿，且北辰之說發於祖暅之，何必集注蓋天即渾天之説，發於崔靈恩，何必歐羅巴？觀其論地深厚之數，及天地之形二條，於地圓之理全未解得，必非曾見歐羅巴書者。蓋總以「熙」、「興」一字之誤不及，致詳，生諸轇轕耳。今既得校補，涣然冰釋，漫識卷尾，以復於韓君見舊鈔本之可貴如此，願韓君寶之也，長至前三日。

跋浪語集

同治癸酉瑞安孫琴西廉訪將移任皖江，以此集見詒。薛艮齋於永嘉諸子中尤矯矯，其學主於實事求是，坐言起行，非空談性理，自託程朱者所可同日語，惜乎早逝，未竟其用也。廉訪公子仲容孝廉校訂精審，聞别有札記未刊。予檢弟十三卷有八陣圖讚并序，其三十二卷又重出之。惟「新都」作「廣都」三見。「陣形雖八」作「維八」，餘皆相同。據後跋，乃其從孫師旦所編，何疏忽乃爾？未知札記中曾及此否？四月十六日是夜月食甚時，正如初四五夜月耳。

書曹集銓評後

山陽丁君儉卿所編曹集銓評，昔歲馬端愍公嘗以屬洪琴西觀察。觀察以爲私家著述弗應。及曾文正公自直隸再任江南，劉君恭甫乃始終成之。魏武諸子，固以陳思爲最賢，然謂其嗣位能遠過子桓，未敢必也。其太和二年求自試表，見録於昭明，讀者每偁之。顧當曹仁被圍，魏武欲遣往救，爲子桓所忌，逼醉以酒，使不能受命，況此時而能授以兵柄乎？其自憤抱利器而無施，乃不知正以此遭忌，可謂智乎？舊集久佚，今本皆後人綴緝而成。丁君復爲之增纂。偶記豳風東山詩正義引陳思王螢火論曰：「詩云：『熠燿宵行』，章句以爲鬼火，或謂之燐，未爲得也。天陰沉數雨，在於秋日螢火夜飛之時也。故云『宵行』。然腐草木得濕而光，亦有明驗衆説，並爲螢火，近得實矣。」云云。此條未采，恐所緝尚未盡也。

書遺山樂府後

昔歲華亭張梅生嘗校刊遺山樂府五卷，所據鈔本題爲「何義門校」，然譌脱百出，誤者未盡校，校者又未必然，因别爲訂誤一卷。而卷一諸長題原本脱去，僅鴈丘詞「雙蕖」、「怨遇」、「仙樓」三題從詞綜、歷代詩餘、詞苑叢談録出，附訂誤中。又采其漏載爲補遺一卷，刊甫竟而梅生病没，予爲作序印行。其後復從友人轉借得一鈔本，譌脱及校語與前本無異，而諸長題具在，乃悟前本乃鈔者苦繁删卻耳，因亟爲補録。又從錦機集、花草粹編、敬齋古今黈、山堂肆考諸書搜采異同，彙入訂誤，付梅生後人重刊之，未印行而遭流寇之禍，板片悉燬。予所存本亦失去矣。今年來皖，於李壬叔處檢得印本，即予所轉贈者，愴然如對故人，吟玩不盡。頃華君若汀出舊藏鈔本見示，亦題「何義門校」，與予後所借得者大略相同，惟多補遺一卷。然弟五卷末朱筆跋語尾已剥落，不知其姓名。又據所偁趙清常自記從各書采録，補遺如其數，當有四十首，而今只二十三首，又複出其二，祇二十一首，則此又非跋者所見本也。卷中校訂殊鹵莽，竊意義門即疏於詞，亦不至如此，恐是託名。又憶盧學士抱經堂集遺山詞跋言五卷本爲錢唐淩雲翰所編，而此跋謂趙清常所藏。淩本僅數十闋，以爲淩未見五卷本，則更謬矣。鈔本脱爛不可讀，爲依刊本補全，别有訂正處及可疑者揭於眉上，他日有重刻者，宜知所審擇云。

跋花草粹編

此編大致以花間草堂爲主，益以樂府雅詞、天機餘錦、梅苑及各家詞集，旁采詩話、雜記、叢談、小説，間亦附箋本事，其取材甚博，足資泛覽。惟弟九卷録董穎薄媚西子詞，本出雅詞，起排遍弟八，次弟九，次弟十。攧次入破弟一，次弟二，虚催次弟三，衮遍次弟四，催拍次弟五，衮遍次弟六，歇拍次弟七。煞衮前九段依吴越事敷衍，末以王軒遇西施事作餘波。如今曲散套，其排遍攧入破虚催滚遍催拍歇拍煞衮，乃曲中節拍緩急，疏密高下换調之偁，如今曲亦有引子「過曲賺犯煞尾」等名，各有次弟，不可淩亂。乃謬以入破居首，排遍次煞衮之後，文義倒置，實不知而作。至其決擇之不精，校訂之疏舛，或名或字或别號之體例庬雜，此明人書籍通病，無足怪也。

書清芬集後

明歸熙甫以女子未婚守志爲過禮。近世江都汪容甫復作議以佐其説。甚哉！二君之不知禮也。古聖人緣情以制禮，度夫中人所能行者，著之而不責以卓絕過高之行，此禮之所以通於天下、萬世也。然其中有隱微疑似之間，不能顯著之，令者則以俟知其意者之善擇焉。哀公問於孔子曰：「禮，男必三十而有室。女必二十而有夫也。豈不晚哉？」孔子曰：「夫禮，言其極也，不是過也。男子二十而冠，有爲人父之道。女子十五許嫁，有適人之道。」推此則禮文之不可泥明矣。是故三年之喪，禮也。世有若劉瑜之服除二十餘年，布衣蔬食，常居墓側者，君子不以爲非也。不能食粥，羹之以菜，有疾飲酒食肉，禮也。世有若張敷、杜栖隱之不食鹽菜，哀毀傷生者，君子不以爲非也。師没心喪三年，禮也。世有若子貢之三年，以外築室獨居者，君子不以爲非也。汪踦殤也，能執干戈以衛社稷，則喪之如成人，君子亦不以爲非也。若如二君，論則茲數子皆可議矣。且二君所執者，曾子問之文也。其文曰：「既納幣，有吉日。壻之父母死，已葬致命。女氏曰：某之子有父母之喪，不得嗣，爲兄弟，使某致命。女氏許諾，而不敢嫁。壻免喪，女之父母使人請壻，弗取而後嫁之。」夫其不敢嫁者，正以女已許人而重之也。壻弗取而後嫁，而不責以堅守者，所謂度中人所能行也。而後嫁者，難辭也。又曰：「取女有吉日，而女死，壻齊衰而弔。既葬而除之。夫死亦如之。」注曰：「女服斬衰，夫斬衰，何服也？服以斬衰則儼然其大矣。而不責以守節者，亦度中人所能行也。」設於時有矢志不嫁，或以身殉，或願事舅姑者，君子亦悲其情而許之。而容甫氏乃比之齊、楚之君死魯、衛之臣，號呼而自殺，則必爲狂易失心之人。烏乎！是何言也？昏禮納采：「主人筵于户西，西上，右几。」注曰：「將以先祖之遺體與人，故受其禮於禰廟。」曲禮：「女子許嫁纓」，注曰：「女子許嫁，繫纓，有從人之端也。」許嫁之初，其重如此，而比之魯、衛之臣於齊、楚之君，其不爲狂易失心之論乎？昔者齊侯之女嫁於衛，至城門而衛君死，保母曰：「可以反矣。」女不聽，遂入，持三年之喪。弟立，請同庖，女不聽。衛愬于齊，齊使人告女，女作詩曰：「我心匪石，不可轉也。我心匪席，不可卷也。」見列女傳。蓋本韓詩説。又衛女嫁于齊太子，中道聞太子死，問傅母曰：「何如？」傅母曰：「當往持喪。」喪畢，不肯歸，終之以死。」見樂府詩集引揚雄琴清英。此二女者豈不知有既葬除服之禮哉？矢志不嫁，節著千載，容甫又將比之魯、衛之臣號呼而自殺乎？高子問於孟子曰：「夫嫁娶者，非己所自親也，衛女何以得編於詩也？」孟子曰：「有衛女之志，則可。無衛女之志，則怠。」見韓詩外傳。此即所謂卓絶過高之行，不可以責之中人者也。以卓絶過高之行而謂之狂易失心，吾不知容甫之心何心也？熙甫氏曰：「女子在室，惟其父母爲許聘於人，而已無與焉。夫己身，父母之身也，以己身許嫁者，父母也。父母許之，而曰己無與焉。」此復成何説乎？且夫禮非强人而束縛之，馳驟之也，亦求其心之所安而已。微、箕、比干皆謚爲仁，伊、周夷齊各成其是。孔子聞孔悝之難，曰：「柴也其來，由也死矣。」而無所褒貶於其間，此所謂各求其心之所安也。禮三代不相襲，今古異宜，父在爲母婦爲舅姑服皆期，而今則皆三年。二君其能執古禮以反之乎？孔子曰：「禮與其奢也，寧儉。喪與其易也，寧戚。」以今世俗波靡，日趨浮薄，苟，有卓絶過高之行，實足以激厲人心。而二君者又從而非議之，其亦異乎孔子之論禮矣！然熙甫亦自知其言之過，故於張氏女貞節記斡旋之，舉三仁夷齊爲況，而容甫遂怙終焉。奉賢徐母吴孺人未婚夫死，在室守志十五年，聞姑病，泣請歸。徐侍姑撫嗣子得厚成立事聞於學，使者旌其廬，士大夫有歌詠其事者，得厚彙刊爲清芬集，乞言於虎。虎讀臨川、昆明兩學使序，辨熙甫之謬，引而未發。又未及容甫所議，故爲推而詳之，不自覺其辭費也。

華亭南蕩張氏支祠記

南蕩張氏支祠，華亭令西充周君煒記之矣。道光十二年，系孫布政司理問烒等。洎群從兄弟承先志而廣之，建堂曰「敦睦」，左築「留景軒」，以備齋宿。左右夾室爲藏祭器及餕餘之所。前爲亭，以處樂人。整而不華，質而不陋，君子以爲有禮。或曰：「禮，大夫三廟，適士二。」理問於秩，視士不當及。曾祖曰：「今家廟，實祠堂也。廟之制有室有寢，祠堂則一室而已，不可以廟例。且古無廟之鬼，有禱，則爲壇以祭。大夫士有大事省於其君，干祫及其高祖。」然則無廟者非常祭耳。非常祭則無主，今何以有主？曰：「自仕不世禄，而宗法亡，廟制廢，於是有祠堂。

此古今之變也。禮緣人情而作。喪服：父在爲母，及婦爲舅姑，皆今重於古，而合於人情，則制禮者因之。程子言高祖自有服，不祭，甚非。今會典品官皆得立家廟，庶士、庶人則爲龕於寢北，自禰以上皆得及其高祖，從今制有主宜矣。」曰：「古者左廟右寢。朱子家禮：君子將營宫室，先立祠堂於正寢之東，今立之墓側，禮與？」曰：「權也。唐會昌間敕百官京内置廟者，但準於所居處置。然居處偏狹，鄰里無可開廣者，卒不能如制。蓋勢有所格，不必盡繩以制。漢人多建祠堂於墓所，仿而行之，不亦可乎？」曰：「記以大夫聲樂皆具爲非禮。特牲、少牢二篇無奏樂之文，作樂於亭，不已盛乎？」曰：「禮嫌聲樂，備非嫌用樂也。大夫判縣士，特縣顯著，經文饋食禮文不具耳。衆仲之對羽數曰：『天子用八，諸侯用六，大夫四，士二，有其舞斯有其樂。』豈徒虞身而已乎？夫陳於階下，則褻雜於堂上，則逼此亭之所由作也。是故禮者通上下之情，達古今之變，殷周損益，各因乎時，從宜從俗行之，而無所窒礙者也。」世俗不知禮意，輒執古制以相稽，率發其凡於。此若張氏源流世系，與其絫代隱德，周君記詳矣，故略之云。

金山張堰鎮義塾記 代畢子筠大令。

古者閭里之塾設之於官，由是以達於庠序既立之師矣。自閭胥以至州長，又各以其期屬民讀灋。考其德行，道埶善則書之，惡則糾之。而又於庠序之中行興賢、序賓、正齒位之禮，使人知尊卑長幼之誼，衣冠揖讓之文。誠以爲化民成俗，莫先於學也。後世制不如古，而義學之制猶近於古之里塾。然貧人所求，數與方名而已，而或者猶諱入義學，忍使其子弟日游，敖以入於不肖。夫徒以貧爲諱，而不知不肖之可恥，此俗之所以日壞也。昔原伯魯不説學，而閔子馬知周之將亂，不學之敝，其至於此。張堰鎮距金山治南三十里，士商工賈群萃而處，蓋二百年於斯矣。近俗靡敝習日甚，往往有棄其恒業而嬉於淫博者，頑獷之徒，攘臂市肆，以强陵弱，童稚習於聞見，效爲謔浪。亦遂有群聚叫囂，睥睨自雄者。於乎！不有以維持之，其流失敗壞，未有所底止也。咸豐五年，錢廣文熙泰捐資創置義塾，延吴江徵舉孝廉方正董君兆熊爲之師，凡貧無力者，皆得就學。又設立賞罰，以示懲勸，廣置經籍，以備成材者觀覽。意使編户之子稍知字義，易於就業，而不爲游手好閑。其有可造之材，則亦不至於湮没。廣文之用心，可謂厚矣。抑予有進者，鄉飲酒之禮尚矣。鄉官講約，即周禮屬民讀灋之意。今既久不行，宜略放其意，而酌减其儀節，以時行之於塾，俾有所觀效。又約凡往來於塾者，衣冠端肅，言行必擇，如是耳擩目染，恍然知尊賢之可慕，而禮節之不可失，奇衺之可恥，而刑罰之不可冒。其能讀書爲士者，於此始基，或罷而爲農、工、商、賈，亦不至入於不肖，則一閭里之塾，而轉移風俗之幾在是矣。記有之，君子尊讓則不争，絜敬則不慢。不慢不争，則遠於鬥辨，而無暴亂之禍。夫事固有作於數十年之前，而效見於數十年之後者，廣文其有意乎？廣文介海寧李善蘭茂才屬爲之記。予老且病，而胸中怦怦，時有不得已於世者，遂略言之。若夫究其端緒，則茂才其聞之矣。

養泉記

金陵冶城山朝天宫，明建也，咸豐三年燬於粤賊。今用衆議，即其地改建郡學，巴州廖君綸實總其事。宫左舊有飛霞閣，牆壁甍橑僅存，廖君少葺之，以息司事。閣北對雞鳴山，自鍾阜迤而南，遠近諸山咸見，於其東面登眺者萃焉。廖君又循閣下百步，得廢井，問之道士，曰：「太乙泉也。」浚之，泉甘而洌，瀹茗以供客，咸曰：「美哉，太乙何減永寧。」虎以爲「太乙」之名用道家言耳。今將易爲儒宫，奚取於是？夫井久廢而復用於世，由廖君。廖君之自號曰「養泉」，請即以名之。孔子之傳易，曰：「山下出泉，蒙蒙以養正，聖功也。」又曰：「巽乎水。」而上水曰井。井，養而不窮也。坎之爲卦，陽得中以率二陰，故君子以常德行習教事。其在蒙曰果行育德，在井曰勞民勸相，蓋君子之所以修身。即其所以自養，而其教民亦所以養民也。苟在上者率此意以爲教，師儒遵而行之，俾民勿内於邪，勿惑於異端悠謬之説，其爲養也大矣。夫坎，水也。水者人之所不可一日無。教與養亦人之所不可一日廢也。故記之，俾飲是泉者顧名思義焉。

顧尚之別傳

國朝曆算之學，陵越百代，蓋自宣城梅氏始；而同時吴江王氏亦能研究中西，深涉竅奧。其後學者各以心得著書自見，然大都主於發明西法。惟元和李氏解釋三統、四分、統天諸術用數之原，及正負、開方、方程、天元、如積之術。甘泉羅氏發揮四元，演爲細草，古法大昌。而咸豐以來，西人新術益入中國，錢唐戴君煦、海寧李君善蘭別以其術精求對數，超出西人本法之上，於是不特古法爲土苴，即西人舊術亦筌蹄矣。吾友顧尚之氏，曰積世、積測、積人、積智曆算之學，後勝於前，微特中國，西人亦猶是也。舊法者，新法之所從出，而要不離舊法之範圍，且安知不紬繹焉？而別有一新法在乎？故凡以爲已得新法而舊法可唾棄者，非也。中西之法，可互相證而不可互相廢，故凡安其所習而黨同伐異者，亦非也。烏乎！真通人之論哉！君名觀光，字賓王，尚之其別自號也。世居金山，以醫學行於鄉里，爲善人。君生未能言，即識字，或呼壁間字，輒手指之，百不爽。每啼哭，輒以此餌之。能立後，常持箸醮水畫之，若作字者。父教以讀書，日夜輒數十行。九歲畢五經、四書，學爲制舉文。十三補學官，弟子旋食餼。三試鄉闈，不售，而祖父相繼没，遂無志科第，承世業爲醫。鄉錢氏多藏書，恒往假瓷讀之，遂博通經傳、史子百家，尤究極古今中西天文曆算之術。靡不因端竟委，能抉其所以然，而摘其不盡然，時復蹈瑕抵隙而蒐補其未備，如據周髀算經「笠以寫天，青黄丹黑」之文，及後文「凡爲此圖」云云，而悟篇中周徑里數皆爲繪圖而設。天本渾圓，以視法變爲平圓，則不得不以北極爲心，而内中外衡以次環之，皆爲借象，而非真以平遠測天也。開元占經、魯曆積年於算不合，君用演紀術推其上元庚子，至開元二年歲，積知占經少三千六十年。又以占經、顓頊曆歲積考之史記秦本紀、始皇本紀，知其術雖起立春，而以小雪距朔之日爲斷，蓋秦以十月爲歲首，閏在歲終，故小雪必在十月。昔人未之言也。李尚之用何承天調日法，考古曆日法朔餘强弱不合者十六家，君以爲未盡强弱之微，别立術以日法朔餘展轉相減，以得强弱數，但使日法在百萬以上皆可求，惟朔餘過於强率者不可算耳。授時術以平立定三差求太陽盈縮，梅氏詳説敷衍未明。君讀明志，乃知即三色方程之法，謂凡兩數升降有差，彼此遞減，必得一齊同之數。引而伸之，即諸乘差則八綫、對數、小輪、橢圓諸術皆可共貫。讀占經所載，瞿曇、悉達九執曆，而知回回、泰西曆法皆淵源於此，其所謂高月者，即月孛。月藏者，即月引數。日藏者，即日引數。特偁名不同，亦猶回曆之偁歲，實爲宫分日數、朔策爲月分日數之類是也。其論婺源江氏冬至權度，推劉宋大明五年十一月乙酉冬至前以壬戌、丁未二日景求太陽實經度，而後求兩心差，乃專用壬戌。今求得丁未兩心差，適與江氏古大今小之説相反，蓋偏取一端，以伸己見，其根誤在高衝行太疾也。西法用實朔距緯求，食甚，兩心實相距，術繁而得數未塙。君以前後兩設時求食甚，實引徑得兩心實相距，不必更資實朔，較本法爲簡而密矣。西人割圜，止知内容各等邊之半爲正弦，而不知外切各等邊之爲正切。君依六宗、三要、二簡諸術，别立求外切各等邊正切綫法以補其闕。杜德美求圓周術，用圓内六邊形起算，雖巧而降位尚遲。君謂内容十等邊之一邊，即理分中末綫之大分，距周較近，且十邊形之周，與邊同數，不過遞進一位，而大分與全分相減，即得小分，則連比例各率可以較數，取之入算，尤簡易，因演爲諸乘差表。可用弧度入算，而不用弧背真數，然猶慮其難記，且仍不能無藉於表，因又合兩法而用之，則術愈簡，而弧綫、直綫相求之理始盡。錢唐項氏割圓捷術止有弦矢求餘綫術，君以爲亦可通之切割二綫，因補立其術。西人求對數，以正數屢次開方，對數屢次折半，立術繁重。李氏探源以尖堆發其覆捷矣，而布算猶繁。且所得者，皆前後兩數之較可以造表，而不可徑求。戴氏簡法及西人算學啓蒙並有新術，而未盡其理，君别爲變通，以求二至九之八對數，因任意設數，立六術以御之，得數皆合。復立還原四術，又推而衍之爲和，較相求八術，自來言對數者未之聞也。君又謂對數之用，莫便於施之八綫，而西人未言其立表之根，因冥思力索得之，仍用諸乘差法迎刃而解，尤晚歲造微之詣也。其它凡近時新譯西術，如代數、微分、積分諸重學，皆有所糾正類此。君於輿地、訓詁、六書、音韻、宋儒性理以至二氏術數之學皆能洞徹本末。尤喜校訂古書，綴緝其散佚。嘗以馬氏繹史尚多漏略，寫補眉上，字如蠶子，無空隙。錢通判熙祚輯守山閣叢書及指海以屬君，君以治病，不能專力，舉文虎自代，仍常佐校讎，中多所商定。别校刊素問、靈樞，用功尤深。錢教諭熙輔輯藝海珠塵壬、癸二集及刊重學；錢縣丞培名輯小萬卷樓叢書；婁韓中書應陛刊幾何原本後九卷君皆與參訂。君視疾，不以饋有無爲意，性坦率，貌黑而肥，衣服樸陋，不知者以爲村野人。嘗有富人招君，君徒步數里，遇雨，因跣足至門。僕豎詰姓名，告曰：「醫者也。」入則主人相視，錯愕耳語，以爲冒顧先生來者。診已定，方伸紙疾書脈及病狀，引據内經、仲景，洋洋千百言，曰：「向所治皆誤，今當如是。」主人乃改容爲禮，具肩輿以送。君大笑不受，仍跣足歸。本善飲酒，然三四行即偁醉，固强之數十觴，縱談忘告起矣。咸豐間粤寇日逼，人心惶然，强以算理自遣。十年，遭母喪，明年，賊入鄉，避亂東走奉賢、南匯間。既而暫歸，藏書多毁壞零落，而次子澐爲賊虜驚，憂不復出。明年，婦唐及季子源先後死，慘悼成疾。將終，以所著書屬長子深，曰：「求爾師爲我傳，及李壬叔序之。」遂無它言，卒年六十四。深嘗從文虎游。壬叔者，李善蘭也。深、澐皆諸生，當賊至時，深獨挈君書逃浦江東，得以免。君所著，曰算牘初續編，凡二卷；曰九數存古，依九章爲九卷，而以堆垛、大衍、四元、旁要、重差、夕桀、割圜、弧矢諸術坿焉，皆采自古書而分門隸之；

曰九數外録，則櫽括西術，爲對數、割圓、八綫、平三角、弧三角，各等面體、圓錐、三曲綫、静重學、動重學、流質重學、天重學，凡記十篇；曰六曆通考，則據占經所紀黄帝、顓頊、夏、殷、周、魯積年而爲之考證；曰九執曆解，曰回回曆解，皆就其法而疏通證明之；曰推步簡法，曰新曆推步簡法，曰五星簡法，則就疇人所用術改度爲百分，趨其簡易而省其迂曲；曰古韻，則本休寧戴氏陰陽同入之説，兼取顧、江、段、孔諸家，分爲二十二部，雜以詩、騷，證其用韻之例，上皆種別爲卷；曰七國地理考，以七國爲綱，隸諸小國於下，而采輯古書，實以今地名，凡十卷，曰國策編年考，求策文年次先後，以篇目四散隸之，始周貞定王元年，訖秦始皇二十六年，爲一卷；曰周髀算經列女傳吴越春秋華陽國志諸校勘記，皆記其異文脱誤，或采補逸文；曰神農本草經，曰七緯拾遺，曰帝王世紀，皆所輯古人已佚之書；其曰古書逸文者，即所以補馬氏繹史者也。餘凡所校輯，已刊入守山閣叢書及指海者不復及。以上皆君所手訂，其身後深所搜括而文虎爲之别編者，曰算賸餘稿，曰雜著，凡若干篇。君又據林億校注傷寒金匱，謂今次非是，别各編宋本目次，於傷寒論審訂譌舛，略采舊説，間下己意，爲注未成書，僅成辨脈、平脈、太陽上中凡四篇。嘗以學者讀禹貢不得其條理，因爲之釋，遠近争傳寫之爲讀本，然往往牽於俗見，以意改竄，失君本指，别見文虎序中。蓋君於學實事求，是無門户異同之見，不特算術爲然，而算術爲最精。夫後有作者，君所未知不敢言，若其既見，則可謂集大成也已。

論曰：觀顧君之幼慧，殆所謂生有自來者邪？或者乃謂以君之學，籍不出諸生，壽不及古稀，宜若天靳之者。烏乎！孔子曰：「求仁而得仁，又何怨？」君所志者，博大弘達，綜貫天人，亦既得之矣。雖貴爲王侯，壽如彭鏗，何以易此？彼委巷拘墟，得失長短之見，小人哉！小人哉！

唐端甫别傳

浙江有好學博文之君子曰唐仁壽端甫，别自號鏡香，世居海寧州。年十四，補諸生，人以爲功名未可量。顧不喜事制舉業，讀書好古，究極名理。同學濮陽滂者，才氣空一世，與君言，大折服之，訂性命交。是時嘉興錢警石先生爲州學官，博覽載籍，實事求是，君從之游，益聚書，求購宋元以來善本參校同異，日不足繼以夜。錢先生深契之。同里管庭芬，仁和羅以智，宿儒也，皆引爲忘年友。君嗜酒敦交，讀書暇集二三雅故飲酒論古，或穨然醉卧，不知客之告去也，用是以爲樂。咸豐十年，粤賊竄浙江，君挈家航海，遭大風，舟幾覆。避居浦江，稍以醫術得酒食。同治三年，扶母柩歸，宅已瓦礫，依婦家莊以居。無何，婦又没，負影孑立。是時錢先生亦展轉避寇，由浙東以至皖江，常念君不得消息，以語其次君今京卿應溥。同治四年，應溥奉錢先生喪回浙，物色君，乃偕至金陵，言之今相國合肥李公，佐烏程周侍御學濬校刊史記集解索隱正義合注本。時文虎亦預書局，始與君相識，懽如故交。六年春，曾文正公自河南還金陵，知史記工未竟，命文虎同校，益與君相親。乃重訂校例，或如舊本，或刪或改，分卷互視，遇所疑難，反覆參訂。既而合肥公議以金陵、蘇、杭、武昌四局合刊二十四史，君分校晋書、南齊書，又覆校續漢書志，遂以史記札記屬之文虎。後又與文虎同校史記集解單本，蓋相處九年。同治十二年，文虎以衰老辭歸，君悵然不樂。别之後，書問往復，歲率六七次，遂以文虎所爲舒藝室隨筆授之梓氏。君爲人淵默，好深沉之思，於古今人皆不肯輕相坿和，亦未嘗偏執私見以示異。博觀約取，務適於道，詩文不多作，作必有所見，尤篤於行誼家。故小康族戚朋友來告者，皆能得其意。所師應時良者，詩人也，老無子且窮甚，君與濮陽涝爲營生壙，又集其詩若干卷將壽之世。其避難歸也，家雖破，猶有所存，悉讓其弟。同局德清戴望病篤，以後事屬君，君經紀其喪，護之還浙。烏乎！然則好學博文，又烏足以盡君哉？君於醫有神解，治沉疴往往奏效。幼患痰喘，當四時之交，寒煖更變時，則屢發，發即不得坐卧，輒自處方服之而愈，愈即縱飲無所忌。其後服某官祕方白丸子，病發漸稀。光緒二年春，君書來言：「邇者宿疾似已，而精神反不如曩，納穀尤少。」又言：「夏秋間將回浙嫁女，道松江視公。」文虎疑白丸子之弊，復書誡之，而止其繞道之勞。其六月得劉君壽曾書，則君死矣。烏乎！君以宿慧席祖父資，得縱力學問，而盤根錯節，卒困頓以死，豈天者固不可測，而人之窮達壽夭果不可以常理論邪？君卒年四十八，三女皆適士族，一子嘉登隨侍書局自課之。君没後，涇洪汝奎觀察留嘉登行館，從師讀君所作散佚。嘉登將集之以存其概。觀察曰：「是必能繼父之志。」烏乎！端甫其不死矣。

舒蓺室雜著乙編

舒蓺室雜著乙編卷上

復何補之書

得書審近狀甚慰。拙稿向不甚示人，惟極知己始出奉教，乃徒相推譽，而無一言益我，何邪？鄙人總角即學爲五七言，長益嗜之。及今思之，中無實得，而徒刺刺不休，即造詣如古人，亦屋下駕屋耳，況萬不能乎？至欲以此相標榜，更爲謬妄。儌幸傳名，與儌幸科第，有何高下？且此念一萌，心術已壞。詩以言志，其志可知。近日唱和，題圖酒食角逐之事，愈繁而可厭，直是不作詩，庶幾謝絶應酬。僕非矯情，實見其無益，且無謂耳。補之天資絶人，氣方英鋭，將大用力於詩古文辭，此誰得而沮者？然竊不自揣欲，補之屏去衆蓺，專力於軒岐之書。君家累代名醫，補之祇承家學，又靈敏善會，應手著效，何不因此而益充之？取素問、靈樞、難經、傷寒、金匱，下至後世諸名家書，究其會，歸而辨其舛謬外參之於臨證。其有扞格，則深思而闕疑，勿泥古，勿徇今，勿强書以就我，務求其實用而已。如此數年，當爲國工。夫坐言起行，而有實用於世莫如醫。詩古文辭，無用之空言也。徒因其名高而事之惑矣。且醫固技也，而可進於道。詩古文辭藝能之末事，未見其高於醫。若云載道之文有功於人心政治，此固甚善然又不可徒求之詩古文辭也。且讀書當觀其通。善通之者，洴澼洸之藥可用於戰陳，鑄金之術可移之鑄人。苟不其然，誦詩三百，不能專對。精微如素問，不當僅以醫理盡之。補之誠專力於此，其於道當有左右逢源者。僕多欲寡擇，初汨没於辭章，繼又泛濫於考證。律曆之學，每自念於斯世斯民，一無所濟。坐費日力，悔恨填膺，補之遽以品學見獎，令人媿赧無地，用敢抒其耿耿者貢於補之。惟僕之愛補之者，深遂不自覺其言之唐突也。幸諒之。

復謝幼伯書

伏承賜書。言向來爲學之方，既已心儀之矣。及讀詩文集，卓然皆有所爲而發。子剛又盛言足下能力苦食淡，自守有素，益傾慕不已。若僕者逃難羈旅，舊學荒廢，方自恨日以衰老，不復能進於是。而足下且惓惓於鄙人，則得無過聽人言而未之察與？僕少時涉獵書史，嘗有志古人之學，而依人爲活，多輟少作。心氣麤濁，不耐精思，又無賢師友爲之先導，知我者笑之，以爲徒自苦。然心好之不自已，復不自力，悠悠忽忽。夫何知年歲之不我與也？遭亂幸存，寄跡白下，思慮秏散，雖從事鉛槧，聊以遣日，何能爲足下益邪？輓近不乏高才宏覽之士，乃微窺其所悦，不離於史公所謂聲色芻豢，佚樂勢利者，即他日得志，其所爲可知也。足下獨克自振拔，而其文辭又不肯苟徇世俗之愛憎，如此足下方在中年，益肆力以極其心力之所至，過此以往可二十年，其必有以自立。夫一時之榮名固不足言，即傳世與否，亦何可知？而君子必汲汲於此者，孟子言：「理義之悦我心，猶芻豢之悦我口。」非以求名於世也。古人之書，度足下既博觀而善擇之，無俟鄙人之姁姁無已，則欲足下凡詩文勿輕作，俾積之久而始出，詞則雖不作，可蓋爲之不能不用心，而用心雜則兩不能精，此僕昔所以自誤者，敬以告。大著史論不激不隨，固可與集並行。所輯論學一卷，自學問根本所在，然置之坐右，自爲體驗則可。近有託爲道學者，人挾一帙以自鳴，足下非其倫然，勿示人以朴也。僕之所見，止此而已，深負下問之意，無任慚悚。伏惟亮察。

答劉恭甫

去臘得手教，欣審侍奉安吉。鄙人入春以來，居處如恒，祇諸冗叢雜，不得竟日静坐爲苦。平生於古文實未致力，何敢浪言？竊以爲所謂桐城派者，非桐城獨闢一法，蓋韓、柳以來大家名家相傳如此，實自古以來皆如此；特韓、柳諸家則有轍跡可尋。然韓、柳功深，蘇氏才高氣盛，介甫瘦硬奥衍，皆不易學。惟歐、曾平正，易於入手，故中材以下喜效之。桐城由震川以上溯歐、曾，固古文正軌，然專以風神唱歎爲宗，此則望溪猶不如是，而惜抱啓之。蓋永叔之效子長者，未嘗無神似處，特後人功力不及，近於空疏，後世學惜抱者奉爲祕笈，自鳴一派，此又非惜抱意計所及也。衎石文頗學柳，而質實處近李習之。曾文正公極爲折服，鄙人不特未學桐城，兼亦未敢窺衎石樊籬。人來强求者，妄一應之，何足言古文？兄淵源深厚，出其緒餘，陳之述作，固當直舒所見，不患不中繩墨。若彼專門之蓺，分道揚鑣可也。端甫別傳宿諾，久乖聊以塞補農之請桐城乎？衎石乎？皆當屏之門牆之外矣。閱畢幸轉示之。

送王季平學博之任崇明序

吾友王廣文季平將攝任崇明，行有日矣。或曰：「季平與子厚，古人臨别贈言，獨默爾可乎？」予曰：「固也。」凡校官之職，督率士子，佐有司教民整風俗而已。故其秩不高而任與令等，其見於上官也，禮貌有加焉。吾吴俗尚浮靡，他郡不暇論。蘇松所屬爲州廳縣者二十有二，雖肥瘠不同，而皆不免於敝，太倉、嘉定少減焉。惟崇明孤縣海中，力田務本，俗尤樸儉，雖富厚者亦與他邑寠人等，豈成邑在後，風氣未開？與抑産於是土者，秉質獨醇？與國家功令，校官除授不出省，惟辟本郡。自粵寇内犯，迄十餘年，江以南郡邑無完境，獨崇宛然無恙，蓋隔於海故也。或曰：「亦由其民樸厚，富者不暴殄天物，貧者循業守分，耐艱苦，苟免凍餓幸矣。故不生盜心，其免於寇宜也。」季平遂輾然曰：「不亦善乎？此固吾桃花源也。」予曰：「不然。蘇松之人，辟地於崇者多矣。以爲桃花源可也。子則非徒辟地而已，固以正士習，移民俗爲職守者也。崇之俗，信善矣。吾不知辟地於此者，能欣慕而從其敦樸乎？」不然。崇之人，將轉相慕效，而長其浮靡，以漸漬於諸邑之敝俗，則官斯土者病也。風俗之興，倡於士。其壞也，亦始於士子。且以身督率而誨喻之，由士以及於齊民，俾保其善俗而不至於敝，其庶幾無負此行與？此吾所以期季平也。乃書之以爲贈。同治元年春二月。

送張子剛歸南昌序

南昌張璲子剛，天性純摯，言其母苦節撫孤狀，未嘗不流涕也。貧不能讀書，恥爲商賈，行治篆刻，游卿大夫間，名聞於時。資以養母，怡怡然也。粵賊陷金陵，大帥集兵攻剿，以末秩從軍江左，奔走兵戈間，有所感發，每寫之以詩，蕲達其胸臆而止。既而從節相湘鄉公於皖南，隨至皖城。去冬訪予賓館，投詩以質，忳乎仁人孝子之思也。或者乃惜子剛少讀書，疏於學問，類不能充其所至者。然使無子剛之至性，雖讀破萬卷，充其學以幾於古人，奚以爲故？吾重子剛也。春正月，子剛請於湘鄉公，暫歸其鄉省母，束裝來別。詩有之曰：「王事靡盬，不遑將母。」又曰：「陟彼屺兮，瞻望母兮。」子剛之歸也，訴思親之苦，話道途行役之勞，感人事之盛衰，惜歲時之奄忽。俪湘鄉公愛人以德之意，而欣然復叙家庭之樂，試誦詩之所云，爲母夫人效萊衣之舞。視彼徒以高車，駟馬金玉，錦繡震耀於鄉里者，何如也？

送宫保曾撫軍養疾歸湘鄉序

剛果雄厲之氣，足以鼓衆志，振懦頑；攻無堅城，守無彊敵。而其一發無餘也，則亦不足以持久，何也？氣非素養也。公孫丑卿相霸王之問，孟子答以「四十不動心，而要其功於養氣」。養氣與不動心，無二道也。故曰：持其志無暴其氣，心一動而氣爲之僨矣。夫不動心於爵位，猶人所能也。處功名之極盛而不動心，則非素定於中者不能。孟子曰：「禹之治水也，行其所無事也。」君子之於功名亦行其所無事而已矣。我湘鄉節相功名爵位，天下所仰望也。其接見下僚及寒素之士，從容和雅，使見者不自覺其矜平躁。釋其中之所養淵乎？莫可得而喻也。抑嘗登皖城，周覽形勢，及觀賊將遺壘處，竊歎其易守而難攻。有爲文虎言今宮保沅浦撫軍攻克皖城事赫赫若目見，私意撫軍爲人必剛果雄厲，有異於節相者。是時撫軍方圍攻金陵。金陵，天下之名都也。其形勢十倍於皖，賊居之久且衆，而撫軍以五萬之衆當之，身病，餉又不給，群方爲撫軍憂，而撫軍以爲必克。今年夏六月果破之，十二年之巨寇，一朝而殲，江南之人以爲再造。朝廷爵賞稱其功，斯亦大丈夫之所謂得志者矣。及來金陵見撫軍，則又從容和雅，若無有其位之尊，功之顯者，蓋其中之所養廓然於功名爵位之外，豈非孟子所謂不動心而行所無事者乎？於是歎撫軍與節相固親兄弟，其學同，其志同，其所養無不同，而果非徒用其剛果雄厲之氣以就功名者也。然今撫軍方以病得請於朝，將假歸湘鄉，論者嘖嘖偁其功成名遂身退，合於老氏之義，竊以爲非也。古人之所謂大功難居，急流勇退者，此爲不善處功名者言之爾。豐功偉烈，一動於心，不自知其著於言色，識者窺其中之所存，故老氏戒之。撫軍，儒者也，其視爲君與民除殘去賊，皆吾學問性道之事，曾無幾微功名之念動於中，而何足以老氏之説溷？今楚北餘寇未盡，而邊境猶有叛擾者，撫軍之年及孟子不動心之歲，方宜與節相一其心力，奠安四海，内致君堯舜，而外登斯民於仁壽之域，而後謂之不負所學，何言退乎？吾且見撫軍之疾勿藥有喜，而朝廷百姓之元氣，將漸以復也。同治三年十月。

送楊峴大令之湖南劉翰清太守之臨淮大營序

今之幕府，古之從事也。唐制從軍久者，得爲大郡。故有入幕不數年而歷顯要，爲諸使者。軍興以來，統兵大帥尤以搜羅俊乂，舉賢任能爲事。往往出幕府而握兵柄，持憲節功名，彪炳於天下。蓋幕府固人材之藪也。其耳目聞見，較親於人，而所至山川地理之形勝，饋餫之難易，軍情之離合，寇形之盛衰變幻，與凡大帥所措施，莫不孰察之，而存於心。久及其措之裕如固，不啻取懷而予故。造就人材，莫速於此。今猶古也。楊君、劉君皆以名孝廉橐筆從軍，楊君由晋歷秦、蜀，劉君客楚北胡文忠公幕，皆見重於主人。及今毅勇侯湘鄉節相開府皖北，遂皆聚於皖。同治二年，予亦以節相招至皖，與二君定交。楊君經學出長洲老儒陳先生碩甫之門，劉君學問醰邃，世其家傳，尤精三禮，常過從議論，談笑未嘗不相洽也。去秋隨節相自皖來金陵，所居尤近，相見益密。今年夏節相奉朝旨北征，辟劉君入幕府，而楊君亦將應湘南李撫軍之聘。二君年皆未艾，出其素所醖蓄，以佐平寇患，澂清四方，掇旌麾而出生斯民於疲癃災眚之餘也。其何憾？予所感者，我輩皆遭寇亂離故土，飢驅偶聚，雖用學業文藝相説，而亦不無同病之憐。三年於此矣，一旦分手以别，其能已於惘惘乎？予衰老不能荷戈躍馬，從節相以北，而三湘九疑亦神往而力不能俱。將歸謀蒓羹鱸膾，徜徉九峰三泖間，以聽二君飛騰於功名之會也。閏月之望，與周侍御學濬、歐陽員外兆熊、方少尹駿謨、張郡丞斯桂、李司訓善蘭公餞於秦淮水榭。昱日序此爲贈。

送楊卓庵太守離任序

在小戴之記有之曰：「民之所好，好之。民之所惡，惡之。」此之謂民之父母，言臨民者當以民之好惡爲好惡也。至於用舍人材，則亦有然。孟子論國君進賢退不肖，不聽於左右諸大夫，而必國人之爲聽。烏乎！彼左右者便嬖，使令之人其所謂賢與不可，固不足據。若諸大夫則儼然搢紳之流，何乃與左右便嬖等哉？高才者慮其勝己，敦厚者嫌其椎魯，淡泊者疑其不近情，豪爽者憎其疏率。因而詆之曰躁，曰僞，曰僻，曰粗。君子之接人也，坦然率其本性，未嘗以蜂蠆之毒虞人，而不知其日在羿之彀中。且夫君子之與左右便嬖所處不同，若諸大夫則比肩共事，不能無交接。其伺之也益密，往往患生於不及防，禍至於不可測，其毒有甚於左右便嬖者。夫當進而不進，必有不可進而進者。操用舍之權者，所宜慎之又慎也。惟國人之與君子者名位隔絶，其臨於我上也，撫我則以爲父母，虐我則以爲仇讎，好之惡之，人情不甚相遠。泰誓曰：「天視自我民，視天聽自我民。聽天之視聽，且寄於民。」然則欲進賢退不肖，而不徵之於民，是其聰明乃過於天也。楊侯守我郡十年，以民之好惡爲好惡者也。士紳軍民皆安之，今將以倅左遷以去，群以爲大戚，有爲詩歌以送者。文虎衰老，才竭不能爲韻語，輒述其硜硜之見以贈，願侯它日開府正方面，進賢退不肖勿忘此意也。

陳潁莊六十壽序

世之奉佛者，唪經以求福，戒殺放生以求壽，施捨以求利益，如是其皆得乎哉？持奉佛之心以立身處事，不與福壽利益期，而往往得福壽利益。若夫持福壽利益之心以唪經、戒殺、放生、施捨，則是與佛爲市也。且夫佛固願人之皆福壽利益，而實不能使人福壽利益。然則福壽利益之柄何所操？仍操之奉佛者之心而已矣。我友陳君潁莊，少孤事母至孝，先意承志，凡可以得母歡者，無不竭力爲之，以至於壯且老如一日也。嘗爲表戚姜氏主出納。姜君病亟，婦少子稺以屬君，君毅然曰：「諾。」姜君没，君設法隔别内外，條理井井，事大小悉以身任，恩比於義，節比於禮，勞怨無所辟，卒撫其孤成立婚娶而後已。君廉幹精敏，其爲會計，調度周密，未嘗有失誤。而取與寬平，不私其利。與人交和而有節，急難必爲躊躇處置，不使之向隅。流離、窮乏，蒿心、棘目，量力賙恤無所吝，未嘗不唪經、戒殺、放生、施捨，而實無福壽利益之想。蓋其事母也，任事也，治生也，接物也，無異其奉佛也。而其奉佛也，則亦猶之其事母，任事、治生、接物而已。吾所謂持奉佛之心以立身處事者，蓋如此。佛教衆生以無住相布施。又言飯千億三世諸佛，不如飯一無念、無住、無修、無證之人者，蓋一求果報，即所謂住奉佛之心本空，而福壽利益之念礙之，即非奉佛如君者，殆真能空其心者哉？始君相不合壽法，年踰四十納妾，僅得子而殤。再納數年，仍窅然，人方以爲憂。前年竟得一子，今君年六十矣，太夫人年八十五，康强怡悦，日抱孫爲樂。而君承歡其間，扶持抑搔，孺慕無間，其爲福壽利益孰大？於是豈與佛爲市而能然哉？惟其不以福壽利益爲心，而福壽利益相隨而至，吾故揭此以爲君壽，而并以勸世之奉佛者。

黄小田儀部七十壽序

維昔宫保勤敏公以文章學術受知三朝，由部曹改詞垣，洊歷大卿，入參樞府，侍直南書房。勤政之餘，賡揚相接，傳誦者以爲虞廷喜起，殆無以過。及縣車致仕，優游林下，歌詠太平，年登耄耋，康彊不衰。海内仰望，以爲陸地神仙。蓋當中天極盛之際，應運而生，宜其壽考福澤如是其隆也。我友小田先生，公之季子也，少承家學，與諸兄雁行並起，登拔萃科，官禮部十餘年，以儀郎請假侍養，遂不復出山。或者以謂君以貴公子爲京朝官，名公鉅卿，多其故舊，交手推轝，聲名文采振耀四方。建牙持節，車前八騶，旦暮可待。乃抽簪歸里，絶意進取，豈其有高世之志與？何其不能與勤敏公後先輝映哉？而不知非也。父子入仕，沃承天寵，高尚其志，非所宜言。蓋君子之仕也，當内度諸己，外度諸時，力足以有爲，則官無尊卑，皆可以致我匪躬之節。苟不其然，則與其觸藩於中道，毋若善刀而藏也。君既終養，屬海疆多事，歲比不登，盜賊生心，駸駸窺伺。當事者不爲意，君惕然憂之。咸豐三年，粤氛肆擾，吴楚之交，豺狼比跡。君遂挈家避難於我郡之金山，自是而郡城，而南匯，而上海，寇來無方，靡所止居。而第宅丘墟，賜書零落，百年喬木，炬爲烽燹。夫以勤敏公遭際之盛，不及二十年而君之所遭如此，宜有不堪回首者。然使當是時，仕爲高官，權不全屬，或且從而掣肘，進退惟谷，將何以自處？乃歎君之不復出山，其度己者明而量時者審也。其不能與勤敏公接踵媲美者，時爲之，勢爲之也。君待人無城府，喜怒無所飾。其避難金山也，依其婚錢氏，文虎亦館於錢，一見即推誠相與，日以詩酒相過從。如是十年，雖倉黄亂離，未嘗有數月之别也。去夏五月，文虎將之皖，君餞之曰：「皖，吾鄉也，而不得從子往。明年予七十矣，子名能文，其以文壽我，且待子歸。」文虎曰：「敬諾。今及期而絆，不能如所約，請先之以文而推君不仕之意，以質君。」或曰：君壽種也。如勤敏公之福澤壽考備，今古幾人？君之境固詘矣，天其將伸之以期頤之壽。或曰：今軍威不振，江浙大郡，次弟克復，嗣君子慎方以材能，積勞勩膺上游保薦，將見蒸蒸日上，以追繼勤敏公世德，而續君未逮之志，則謂君之壽考，福澤將比隆於先公，其誰曰不然？是二說也，文虎固樂聞之，因並舉以爲君壽。同治三年六月

湘鄉公六十壽序

同治九年秋，朝廷念東南久困，元氣未復，復命我宫太保相侯湘鄉公總督兩江。兩江士大夫下至軍民聞之皆如望。歲是時，公方以疾在假，再上疏力辭，詔不許。冬十月，公六十初度，賜壽額曰「勳高柱石」。有加禮。公疾少間，乃入覲謝恩請訓旨，仍速公赴任。公於是三至江南矣。我朝開國以來，惟章佳文端公四督兩江。昔公將赴直隸，文虎敬録文端事爲況，固亦私冀公復來，今果如所祝，豈非此邦之幸與？蓋朝廷知公在江南久，深悉其人情土俗，官方吏弊，駕輕就孰，有非公不可者。昔文端之在江南，無赫赫之功，其遇事鑑空衡平冰解理釋，不眴嫗而人感其德，不苛察而人服其明，不繁辭告誡而人樂爲用命。未嘗遍閱閭閻，而民間疾苦若口與之言，而身與之接。其於屬員虚衷傾聽，不設成見，而卓識所在，堅定不移，又非浮議所能動。於漕河諸政，尤力任其難，至今嘖嘖在人口。其受知兩朝，屢膺重寄，有由來也。公之於江南，出

水火而登衽席，固文端所未有。然公歸功諸將，不以此自居，而其性情德量，用人治事，則有與文端若合符節者。聞之江南之民，於文端之至，若嬰兒之就哺，而文端每至江南，忻然如歸故鄉。日者公之來也，民肩踵相接，引領遥望，庶一見公顔色，歸則以誇其婦子，以爲公其復來撫我育我。竊意公顧瞻周道，當亦有忻然如文端當日者。蓋人以情相接，無今昔之異也。抑文虎猶有所冀焉。文端之最後任江督也尤久，蓋閲十餘年。乾隆三十年聖駕南巡，文端年七十，賜「壽有韋平介祉」之額，使公得久於其任，以次正人心，善風俗，興利除弊，續前未竟之緒，而益充之。自此十年，恭逢盛典，豈特媲美文端而已哉？南山有臺之序曰：「人君樂得賢則能爲邦家立太平之基。」其五章曰：「樂只君子，遐不黄耇。樂只君子，保艾爾後。」古者君臣契合，與國同壽，考垂令聞於無窮，有如是夫！有如是夫！文虎老矣，昔歲送公時，曾不意復能見公。明年將歸覛枝棲，與田夫野老尋承平之樂，事它日芒鞋杖笠，重謁鈴轅，爲公期頤之祝，或不麾之門外乎？請以此序爲驗。

孫勤西廉訪六十壽序

當咸豐同治間，壽陽祁文端公、湘鄉曾文正公以德業學問文章焜曜海内，章甫縫掖之士莫不仰首希望，以爲泰山北斗。而二公獨推許今皖臬瑞安孫公不置。惟公以名翰林直上書房，出入承明金馬門，摛華掞藻，風采蔚然，僉謂臺閣之極選。既而論事觸諱，一麾出守。於時寇氛方熾，佐籌戎幕，一攝廬鳳觀察，旋以家難去。展轉十年，與公先後起開府封圻爲大帥者比比，而公始拜今職之命。人或以爲滯，而公孜孜焉。方推溯永嘉之學，究極其義理文章，將上追古人，下啓來哲，而自成一家。著述仕途之利鈍，非所計也。或者謂公端醇長厚，本以詞臣爲京朝官，蓋宜文學侍從衡文之任，而刑名簿書爲屈，是又不知公也。儒者之業，兼本末内外而貫之者也。見之於素守，即可施之於事功修齊治平舉而措之，豈徒爲誦説而已？且夫古大臣敭歷中外，藉以上稽、吏治，下悉民隱，豈有所擇哉？今陳臬之職，不爲不尊，所系不爲不重，三載考績，外擢方面，内陟卿貳，以躋宰執，非異人任。由是上承文端、文正之緒，而益劑其未及爲以報，當日所期許，合義理、學術、文章、事功而一之，誠無忝於永嘉之學哉！公於古文法桐城，於詩法蘇、黄，於書法顔、柳，皆本之文正而絶不同。蓋各自其詣力所造，而不必襲其跡。其於治事，當亦如之。然則使公督兩江，未必屑屑焉。循塗守轍以爲蕭規曹隨，而當求其不盡之意，其斯爲善，學文正而已矣。昔在癸亥之歲，文虎以文正招至皖，與公以詩文相契。明年，公赴廬鳳任。後六年，公來金陵，益相習。而公子仲容孝廉好許鄭之學，亦常商榷疑義。凡六閲歲，交不爲淺矣。今歲八月之吉，爲公六十壽辰，迥隔千里，外不獲預稱觥之列，而禮不可嘿而已。又不當以浮辭導諛，輒述公所以爲學者以爲序。同治甲戌秋仲。

朱秋畋六十壽序

士所以爲四民首，何也？誦詩、讀書、績學、明理，行修於家庭，道合於仁義，智足以知人，才足以任事。彼農工商賈有質美而未學者矣，短於識而昧體要者矣，局於才而僨事者矣。若夫罔利而不知止者，未暇論也。士所以長四民以此。今有不爲士而無媿於士，且希見於今之爲士者，則吾友秋畋奉直，其庶幾乎？君世籍休寧，蓋徽國文公之裔。方靈皋集有朱孝子傳，即君五世祖也。君幼有至性，先意承志，得父母歡，贈君在郊公立品端毅，好讀西銘、小學及呂省吾、陳文恭公書，以授子弟曰：「常肄此可上希賢哲，次保身家，且爲人倫鑒。」夫人能讀書知禮法，則識自高，趨向自正，不溺於物欲矣。君奉之終身，以持躬應世，未嘗一日忘。其於贈君一話一言，屢緬述之，片紙隻字，什襲無失。暇常出以省覽。居喪哀毀盡禮，鄉黨稱焉。兄弟七人，君次最後。先世遺居，推讓諸兄，而己賃屋以處。諸兄相繼没，撫其孤弱，皆俾得所族。有典公產者，每贖以歸。公其門内之行如此。君之棄儒而習賈也，受贈君命，以食指繁治生自立，遂游滬上，勤於所業，主人倚焉。委以重大，精審周詳，未嘗有疏失。其處事也嚴，而公和而有節得人，人心盡其力。爲人謙謹不妄語，開誠待物無隱情。尤忼慨喜結納，有告卬須者，必委曲成就之。

且爲計久長，故無不感頌者。滬城思恭堂者，徽寧人寄殯所也。當咸豐癸丑、庚申間，滬兩遭寇亂，停櫬千餘，倉卒莫可爲計。君倡議盡瘞之。賊至，堂屋皆燬，而千餘櫬者幸全。乃籌款修堂，益擴其制，君之力爲多。君既廉於取，又見義必爲，不私其財利，故囊橐常蕭然。其應於外者如此。然則所謂行修於家庭，道合於仁義，智足以知人，才足以任事，而不以利爲利者，君非其人與？其於今世之士，吾未敢較量其同異，竊嘗自計，蓋亦忝附士類，以擬於君，曾不足當百分之一，以是每負疚於夙夜也。君有四丈夫，子長者以今年補博士弟子，餘幼皆讀書。惟九月既望爲君六十壽辰，青浦沈君鋭卿屬文以爲祝嘏，因具論之以見大賢孝子之後。名父之子，雖爲商賈，猶愈於庸士，使君效一職，治一方，其必能以循吏著，而惜也其僅以餉餫叙職而未施其用也。然君之子既爲士矣，安知不本祖父之訓，而施之於仕也？又安知聯翩而起者，不承祖父之訓，而相繼以施於仕也？君雖素不能飲，聞斯言也，當引觴而哂曰：「窮達，命也。」使兒輩不忘祖訓，以勉於爲士，其善頌善禱矣夫。

姚衡堂先生八十壽序

凡物積之厚者，其澤必大；源之遠者，其流必長。河出於巴顔喀喇山，而至星宿海也。蓋三百里又二千七百餘里，其間或潛或見，或匯或散，然後至於大積石山，而其流益盛。若夫潢汙行潦，夏秋雨集，忽然而漲，不旋踵而消，此無它，無所蓄積也。孟子曰：「原泉混混，不舍晝夜。盈科而後進。」混混者，其源也。不舍晝夜者，絫積也。盈科而後進者，遲之又久也。孟子所言者，學也。而人世興衰，久暫之幾，視此矣。吾衡堂叔太公，於外舅堅香先生爲從祖行，其先皆自浙西而遷松江，其在今金山境二支，自明已來，科第相望，惟郡城支潛德未曜。垂三百年至公，始以拔萃科捷南闈。又後十餘年登甲科，入詞林，今文孫松泉叔舅又領鄉薦，人見其功名之表著，而不知其積之厚也。見其科第之相屬，而不知其源之長也。然而公之意則曰：「此吾不舍晝夜之時耳，未可謂之盈科也。」公既散館，改户曹，文章品望，名公卿争相引重，入參侍從，出膺憲司。旦夕間事，而公澹於榮禄，遽請假歸，遂不復出山。家居，以學術表率後進，有司之庭，非公不至，有所任必盡瘁而未嘗及私。咸豐間以團練保甲護衛郡城，賜四品銜花翎。公悚然不自以爲功，語益恭，氣益下，自奉儉薄。如布素叔舅，春秋方富，風采隱然，公時時勖以進德修業。若惟恐其稍自放者，此其所謂不舍晝夜者乎？今有掘地者，不半施而得泉，敖然號於其友曰：「吾所儲江湖莫及也。」它日其友過之，牛蹄之涔耳。此亦溝澮之涸已。夫禹之導河，積石也。曲折三千里而至龍門，經華陰歷底柱，迤邐趨大陸，然後播爲九河，同爲逆河以入于海，地道也，天道也，而人道備矣。公好學，至老不倦，於書喜讀乙部，尤孰班氏。偶舉所疑以問人，雖自鳴淵博者不能答。視聽聰察，步履似五十許人。去年學使者歲校例合，重遊泮水，而杜門謝客。今二月十六日爲八秩壽辰，恭人同庚，淑德懿行，偕莊白首，熙朝人瑞也。然公仍遜謝，命家人毋受賀。其和氣謙德，恂恂然見於顏色言語之間，淵淵乎不可及。殆所謂原泉混混有本者，如是矣。然則在公猶積石之始導耳。自是以後浩乎沛然，誠未能量其所至也。敢持是以爲鞠朏之獻。

湘鄉相侯歐陽夫人五十壽序

同治四年，歲在乙丑，實我湘鄉相侯收復金陵之次年。官舉其職民，還其業，遠近振奮，争自濯磨，以幾我皇上暨相侯維新之治。春二月，一二君子不期而集，咸曰維月之吉，爲相侯夫人五十壽辰。夫人高門懿行，榮於族黨。曩者相侯治兵討賊，頻歷艱險，遂以廓清吴楚，然而不問家事且十年。實惟夫人能以勤儉率下，内政克治，俾我相侯，無内顧憂。夫相侯以清德儉節砥厲一世，即不敢他饋獻。顧吾曹以文士託宇下，宜有以爲相侯暨夫人壽者。文虎曰：「然夫祝嘏之常辭，不越富貴壽考，夫人既兼之矣，何待致頌？若夫仙佛荒誕之説，非所以陳於大君子之前，而亦不當述於儒者之口。」諸君子曰：「然請聞子之所以壽相侯暨夫人者？」文虎乃言曰：

「夫以相侯之任，與其所得於聖賢之學，而獨以清德儉節率厲群下者，何哉？蓋爲治之本莫大乎移風易俗。風俗之美，莫美於儉與勤，而莫敝於奢惰。儉與勤常相因，而奢與惰每相長。夫奢惰之敝起於忽微，而每至於流失敗壞，而不可止一事之豐，曰少自充焉爾。久之，事事求稱，而不覺其入於華靡矣。一時之逸曰少自息焉爾。久之習於晏安而不覺，其流於驕慢矣。一家之奢效之者，十猶未止也。一人之惰化之者，百猶未止也。是故富貴而奢惰，將失其富貴。貧賤而奢惰，有不止於貧賤而已。且夫窮奢之敝，必爲所不當爲，而欲所不可欲。極惰之敝，必百事廢弛，而莫可爲理。其係於世道人心，非小小也。今天下之毒，中於奢惰，而我江南爲尤甚。向者之難，蓋亦少瘉矣。然而積習相沿，恐有不能悉改而復蹈故轍者。夫奢惰之端自婦女始，而君子及人之化始於齊家。我相侯之清德儉節，固已衆著於天下矣。竊聞前年夫人之自湘至皖也，紡績之具，纍纍滿署。自皖至金陵，亦如之常時。船自作勞，督率家人婢嫗，或至深夜，寒暑不減。自公子以下，衣無珍褏，食無兼味。夫以兩江制帥之養，侯夫人之尊，而下同於寒畯之居室，若此者何也？恐少自弛，而奢與惰乘之也。然則相侯之所以齊其家，而夫人之所以爲内治者，可知已邦之大夫士庶民，苟體此意，自勉以勉，其家人有不感動而則效者乎？由是慕義遷善，頑者廉，懦者立，挽數百年來浮靡媮惰之習以返於純朴，是則我相侯移風易俗之本心，而夫人與有助焉。」諸君子曰：「亮哉！如子之言，維我相侯與夫人足當之矣，請録而獻之。」以爲壽謹序。

周母沈太淑人八十壽序

爲人親者，莫不欲其子之賢且貴也。爲人子者之於其親，莫不欲其壽且康健而已，得長奉侍也。然而不可必得也。得之矣，亦既賢且貴矣。去家仕宦千里或數千里，晨昏定省之職，託之家人於孝子之心，有大不安者。即幸就養官所，而公私不得兼，盡視專其心力以事親者，固有間矣。若吾縵雲侍御，可謂能養志矣。夫侍御掇巍科爲名，翰林視學桂管，還登西臺，方是時，聲望蔚隆，公卿争相引重，海内仰風采者，咸謂内陟卿貳贊綸扉，外填封疆，可計日待。而侍御毅然陳情乞養以歸，非矯也。蓋奉侍膝下之樂，人子所最不易得者。而既僅得之，固不可以自失，抑上揆諸國家孝治天下之意，下示士林以名教之重，亦所以敦厲風俗也。咸豐辛酉，湖郡圍急，侍御奉太淑人避地滬上，旋依節相湘鄉公於皖郡。去秋，復自皖遷金陵，朝夕奉侍，先意承志。凡太淑人飲食服御，皆身自檢視，偶出，未嘗不歸。小有疾，衣不解帶，至能起坐而後已。侍御年踰知命，孺慕無間。太淑人年八十矣，康彊如五十許人，猶喜操作，親中饋事，蓋不欲安養自逸，以是爲家人倡率其平，昔内治之勤可概見矣。昔嘗怪潘安仁既以板輿奉母爲樂，而屑屑自叙通塞羅陳王畿之盛，此心慕巧宦，繆爲閑淡耳。今觀侍御之爲人，蕭然怡然，若忘其曾爲達仕者，蓋惟太淑人能不以榮顯介意，善成侍御之名，亦惟侍御真能盡其愛日之誠，以悉力於孝養，豈潘令之所可同日語哉？太淑人生侍御兄弟六人，孝廉君以學問節義焜燿一郡，學士君早達而未竟所志，惟侍御與兵部君表率諸孫，聯翩繼起，家慶未艾。歲八月之吉，爲太淑人誕辰，適兵部君之子聯捷春闈，觀政吏部，遂父子請假省親，爲太淑人介壽。某等不敏，於文不足以揄揚太淑人之德，與侍御兄弟父子之孝，且賢顧辱侍御，交厚不能已於言也。謹次區區爲祝嘏者，引其端云。同治乙丑。

李母王太孺人八十壽序

昔東坡母程夫人督二子甚嚴，嘗讀范滂傳，慨然太息。東坡前請曰：「夫人許軾爲滂否？」夫人曰：「汝能爲滂，我顧不能爲滂母邪？」東坡兄弟卒以文章氣節名天下，人以爲非此母不生此子。蓋天地清淑之氣，萃於一家，不徒老泉之文行以啓二子，亦惟程夫人之賢有以養之。至今論蜀之人才，無出蘇氏右者，不其難哉？吾友中江李石芝明經，東坡鄉人也。爲人寬厚長者，而才識宏遠。其族弟眉生觀察，仕於吴，招君來游與某等交甚洽，因得稔知尊母王太孺人之賢，則以爲庶可與程夫人媲美也。今夫古之學者，誦詩讀書，求聖賢之精意，以得聖賢之行事而效之，此一事也。若乃書升論秀，行、舉言揚，此自在上者造就人材，圖賢共治之所爲，又一事也。兩者各行其是，而不可謂上以此求，下以此應。設上無其舉，而君子可不學乎？後世則不然。詩書之業，求應舉而已矣。朝夕所志，功名利禄而已矣。得志則侈，然自放不復。憶向者所習之，云何失志則怨天尤人，不可以終日嘻。習俗移人，賢者不免，何太孺人能獨見其大也。太孺人之督明經兄弟也，其嚴如蘇母。明經兄弟敬憚之。嘗應鄉試，報罷不敢對太孺人。太孺人曰：「毋然。讀書望成好人。功名，性天外物，是有命焉，不可强致，何介意爲？」亮哉斯言。微特讀書者知此，無幾人也。人情莫不以榮利期其子。榮利之得失，其子如故也，而喜怒隨之以變責之。以好人喻之，以性天而引之以知命。此丈夫所不能言，而出之巾幗，以視程夫人，奚媿哉？先是明經先尊修職公棄儒服賈委家政太孺人。太孺人治之釐然，各當以賢孝勤能聞於鄉里。眉生觀察少孤露，太孺人視之如明經。兄弟宗黨以爲難。咸豐十年，黔匪竄入蜀境，李氏子弟相率習爲技勇。太孺人曰：「此無益於禦亂，徒長悍戾。它日敗行危身基此矣。」力禁之，乃止。蓋其深識卓見，雖蘇母無以過。然則有母如此，明經其勉爲東坡兄弟哉？蜀有巽巖子者，文章氣節，蓋東坡之流，張南軒比之霜松雪柏，安見李氏之不可繼起也？歲某月，爲太孺人八秩壽辰，某等匏系一方，不獲登堂拜母，敬述向所稔聞於明經者，遥爲太孺人壽，且重有冀於明經兄弟云。

周浦紀略序

吾里中一邑，倉署在焉。漕艘自浦江入三十餘里，即倉兑糧甚便。地近上海，俗少向奢，百貨闐集，而士之讀書掇科名者，亦爲邑最，浦江以東偁繁盛焉。歲道光癸未，水潦，大饑。鄉人多蒔吉貝，頻歲傷水布直又絀。耕織交困，運河、淤淺，漕艘。遠泊江口，既而以海運罷，倉署燬不修，悉改糧爲折色，商賈並減色，士亦或以貧廢讀，固已非昔比矣。咸豐癸丑，土匪滋事。越辛酉，浙寇東竄，逃亡死喪相比，市肆爲墟，高門大宅十毀七八，西市河塞，舟楫不通。於是吾里之衰極矣。夫里之盛由漕倉，漕倉由水道利。水道不通，商賈日替饑饉，盜賊復相繼，夫惡得而不衰？嗟乎！自癸未至此餘四十年，而盛衰之變若此。假更數十年，其衰極復盛邪？抑一衰不可復興也？後之人徒據目前而不得其所以盛衰之故，將有議前人之闕者，是不可無紀載也。吾師惺齋姚先生有喆嗣曰石一，沉静温厚，淡於進取，課徒自給。於金石篆隸恪承吾師之傳，逃難轉徙，處之灑然，士之能守者也。今年予自金陵返，君以所撰紀略示，卷帙不多，而凡所當載靡不備，後之考論盛衰者有所依據。且以資邑乘之采取，君真有心者哉。憶兒時嘗見糧艘泊永定寺前。寺萬佛閣，邑人所登高也。其側儲華谷葬處，銀杏大數，抱市南袁山。松墓，舊有碑，今則灰燼耳，瓦礫耳。里中耆舊，無一在者，即同輩僅間一二存，而予亦頽然見二毛矣。讀君此書，令我茫然若隔世寤也。同治五年八月。

小滄桑記序

小滄桑記者，鐵梅翁所記咸豐庚申，粤賊下竄，奉母避難及往來城鄉所聞所見。至同治癸亥，大軍肅清松郡，克復蘇城，四年中事也。其間流離之苦，殺戮之慘，兵勇之焚掠，西人之倔强，攻守之得失，傳聞之雜出，官弁之賢否，民心之驚恐，驢頭馬脯，鶴唳風聲，皆詳載焉。烏乎！粤賊之起，如毒蛇，如猛獸，如飛蝗，如聚螘，日夕蔓延，遍歷數省，淺識之徒，將謂如焚如焱，殆無撲滅之期。而不知二三年間，冰銷瓦解，蓋烏合之衆，理無久存。其至於蘇松兩浙，則惡已稔，志已極矣。埽除殄滅，勢所必至。吴越地處沃壤，風俗奢淫，嗜好無常，不免於暴殄天物。或且忘其本根，不顧廉恥，罹禍之由，可深長思矣。然而遭亂以後，所爲有過於前者，此何故哉？讀君此記，宜痛定思痛，或有補於鑒戒，不得謂之徒記事而已。傳曰：「願君無忘在莒。」此之謂也。仲夏十日文虎識。

丁氏族譜序

族有譜諜，所以敬宗祧，辨支系，毋使溷於他氏，亦毋使他氏之得冒乎吾族也。抑非徒此義而已。古人作史序，列往聖前賢行事，以示後世，俾讀者有所矜式，以自奮。至於譜諜所書，則更切近矣。維彼先世，礪節砥行，可師可法，以垂裕後嗣者，子子孫孫能謹守，而奉行之勿失，俾祖宗之澤綿延於無窮。曰：如是則爲孝子順孫，不如是則爲不肖，其所以學爲人者，不更捷於史書哉。予覽郡志及上南邑乘，並載丁公務輿兩還遺金，其子守安兩割股療親疾。兄弟孝友喪偶。不再娶，守安子壽徵以不獲奉養，改號陟思，志終天之憾值年饑出遺米三百石，施振無德色，慨然歎以爲此，皆古人風誼之見於史册者。而適在吾邑，將訪其後裔，以考求其世。頃丁君竹村以所訂支譜來乞序，乃知務輿公者即其五世祖也。據述先世自汴從龍南渡，其何代始遷浦東，譜失不可考。可考者務輿公以上四世耳。而務輿公以下至今凡八世，皆奉陟思公教，讀書守分，游庠食餼不絕。夫仁人孝子，友兄悌弟義。夫善士出於一家，而後人能讀書，紹其先澤，此其家未艾也。竹村曰：「宗譜自宋以來，支派甚詳，遭變失墜。陟思公重修之。十一世伯父書圃公續之。咸豐辛酉，亡於粤匪之擾，今祇就舊藏支譜增葺，他無考者不敢濫及。然不無憾於殘缺。」予曰：「此無如何也。子第無忘先德，克自振厲，以訓後人，終當興子家，又奚憾焉？」竹村樂善勇義，咸豐末，嘗僦屋安置金陵難民，并勸富人量捐衣食。同治間又嘗倡舉代葬，暴露屍棺，可謂無忝爾祖矣。予既重君世德，又昔與書圃翁善，而憫其嗣君之殉難以卒，而竹村故伯兄柳塘又昔與予同學也，於其屬樂得而爲之序。光緒三年歲次丁丑春正月。

沈氏支譜序

昔知過見知伯驕貪，乃逃去，改姓爲輔。及知伯卒滅，而輔氏獨存，後世偁其知幾。吾以爲，幾之所在，惟静者能知之，亦惟安於淡泊而後能静。彼身都榮利，貪求無厭以没，其身非榮利之溺人，人自溺耳。吾邑沈氏，有六世祖諱維四者，本嘉興世族，仕元爲參軍，以兄萬三豪侈，作詩以諷，不聽，遂棄官隱居浦東。彼非惟忘其富，并忘其官，至今保有其子孫，而萬三卒爲明祖所籍没，豈非安於淡泊，故能知幾，其神哉！上舍穀燕爲公十六世孫，續纂支譜言自公東遷，或居撥賜莊，或居沈莊腰路毛灣召稼樓，或寄居青浦，子姓繁衍，能世守其澤，不汲汲於榮利。其世系居處，墳墓皆釐然可考，由此以上溯祖德，皆公一綫之延。昔爲流寓，今爲土著，噫嘻盛矣！抑予有咨者，譜云：族本嘉興，而郡邑志皆作吴興，或當時采訪之誤。志偁萬三有從兄萬二，而譜作秀二，豈別一人邪？又許元溥吳乘竊筆載：嘉定、安亭萬二富甲一郡，聞人誦明祖詩有「不如江南富足翁」句。歎曰：「兆已萌矣。」遂棄家游湖、湘。其後江南大族皆籍没，獨此人獲令終，其名與志合。譜亦有嘉定一支，其事則又與公相似，豈所傳誤邪？上舍屬爲譜序，因並書以詒之，當必有以解予之惑也。光緒丁丑春正。

利造橋張氏世譜序

邑利造橋張氏，其先宋南渡時自河南遷松江，再遷周浦鎮，至金一公時尤繁盛，人偁其地爲張家浜。明永樂初，驅富民填燕京，族乃離散。金一公次子字仲清，留爲利造橋鄔氏贅壻，遂家焉。是爲始祖。萬曆己亥，七世孫表創爲譜，至國朝嘉慶丙寅，中更三修。十五世孫大經復詳明增補，義例大備。越今又七十年矣，人事變遷，興衰不一。十七世孫鑫有憂之，約同族諸君分任采訪，體例一遵舊譜。不攀援勢利，不遺漏微賤。至於異姓，繼續有不可絶，或出蒙它氏，或來嗣吾宗，必著其實，俾後有考。凡不遑自恤，隳其家世者，則削之。鑫少孤，以母教成立志之，無一日忘悲。已不能致顯揚，因述母苦節狀，求當代賢人君子錫言。又籲大吏請旌建坊，以爲百世瞻仰，孝可知矣。其修譜也，扁舟所至，飢渴寒暑，無所避。還歸舟中，即泚筆記載，逆旅則閉門排纂，非要務不出。如是三年，而後蕆事烏乎？予家自明世倭亂失譜，系先君及文虎兩世，少孤不知先世支屬。惟幼聞先祖母言，出自張家浜，而自高曾以下先塋皆在龍游港，於張家浜近。近塋有張氏云，亦出張家浜，先祖時常相往來。先本鉅富，明太祖罪其嘗助張士誠財，摧折之，致破家。所説又不同。文虎生也晚，不獲聞先輩緒論。又畢生奔走衣食，不暇考求始末。行年七十，孤宗倀倀，似續將絶，自恨不可爲人，不可爲子而已。君忠信篤實，爲人謀必盡心力，其行事多可書，修譜其一節也。於其請序，書以志吾媿。

育嬰同善惜字局徵信録序

人萬物之靈，天地之所甚愛也。愛其生，則必恤其死。人能體天地之心，以爲心則生相愛，死相恤，是即天地所以生人之幾，而人之所由以生也。孟子曰：「人皆有不忍人之心。」又曰：「惻隱之心，仁之端也。」夫人心所不忍，孰有大於生不能育，死無以殮者乎？於此而漠然無所動，於其中是忍也，即不仁也。人而不仁，斯大拂乎天地愛人之心，而人心將不可復問。積而成二氏之所謂劫者。劫，非天地之所爲，而人心之所召也。或曰：「子之爲此言也，爲育嬰同善發也。顧今育嬰同善所在皆有，而流賊所至不免於劫，何也？」曰：「人有衆寡，心有真僞，一二人爲之,而欲免千百人之劫,猶杯水救輿薪之火也。陽襲爲善之名,而陰竊其利,猶卻行而求前也。夫視人之生死,漠然無所動於中者,不能免於劫者也。借人之生死以爲名,而營私求利者,自速其劫者也。免劫之道如何?曰挾資者出其資,無資者盡其力,將之以公,而執之以誠,既以自飭,亦廣以勸人。廣以勸人,則其爲善不可限量也。孟子曰:「善與人同樂,取於人以爲善。」是故接嬰施棺之舉,非徒爲善,亦所以救人心也。「張堰向無接嬰局,同善施棺,舊有而絀於費。於是諸君子興義舉,修集資設局,觀其條例周悉則,諸君子之用心可知也。或曰:「接嬰施棺,誠所謂生相愛,死相恤者。若惜字會之設,其可緩者與?」曰:「夫字,上自帝王卿相,下至百工技藝,所以立身治民,成業資生之本,而一日不可闕者。使天地之間,無字則上下亂矣。人之所以爲萬物靈者,以其識字也。字之於人如此,其急而子以爲可緩,何也?」在局例有徵信録之刻,諸君子以予僑居此土,諈諉作序,不敢辭也。尤願閲是録者,聞風興起以諸君子之心爲心,以求合於天地愛人之心,而無杯水輿薪之慮。詩曰:「永言配命,自求多福。」何有於劫哉!

彭城醫案序

虎幼時每聞我母言先君嘗患漏瀕危,得錢先生聖功藥之而愈,輒心儀之。少長,飢驅索米,不甚歸鄉里，忽忽老矣。年來與修邑志，往來局中，乃知錢先生諱時來，號杏園，聖功其字，實當世名醫也。王君藹儒，乃言鶴沙有劉君意亭，即錢先生女夫，盡得外氏之術，醫名前後相埒，所著醫案以傳其子。今文孫樹滋觀察將授之梓，且求弁言。噫！虎不知醫，何以序劉君書哉？顧感慕錢先生餘五十年不得讀其書，而今始知其親炙之人，則讀劉君書如讀錢先生書矣。嘗謂俗醫之弊有二焉，略記湯頭，不問病之原委，苟取成方影響以應病家之求，其弊浮涉獵本草，不知君臣佐使之義。雜藥亂投，急圖取效，見奇其弊躁，此二者其意皆非有憾於病者，然而草菅人命往往有之。今觀劉君之案，細意切脈，詳析病狀，如法損益，循序漸進，不求急效。於佗醫所診不苟同，不立異，惟中病而已既效矣。仍諄諄告戒，慮其佗變惡，有所謂浮與躁者。藹儒言聞劉君診病後，有所疑，每炳燭檢書，不卧達旦，以視鹵莽滅裂以幸一試者，其用心何如哉？當乾隆間，吴門葉君天士以醫名噪一世，門人采集其案，爲臨證指南，學者奉爲準繩，乃吴江徐洄溪嘗評騭其利鈍。劉君又從而補之，兼論徐之是非。醫道之難如此，然讀劉君此案，神機獨運，實深得葉氏用藥之意。蓋其於指南服習甚深，故能掇其精微，而遺其糟粕。此又非貿貿於葉書者所及知也。好學深思者，展卷之際，先體認其所列證狀脈候，沉思其爲何病，宜從何治，然後視君所斷論，及所用方藥一一勘合而折衷之，庶幾得君之意，然非一朝一夕之功矣。抑又聞錢先生有手批明秦景明幼科折衷，劉君亦嘗拾遺補闕，盍出其書，與所評指南合而授梓，俾從事斯道者大開神智，其有益於壽世壽人，豈有涯涘哉？藹儒其以是復於觀察也可。光緒建元乙亥日在南斗。

華嚴墨海集序

道光二十九年夏，與錢君葆堂寓禾郡幻居庵。庵僧出示明賢分寫華嚴經八十一卷，本青鎮寶閣寺僧道琳所集而移貯此者，凡明季蘇、松、嘉、湖名宿皆預焉，予作長歌葆堂爲之記。既歸，因憶華亭張小我曾得董香光所書華嚴墨海册，乃從其後人假閱之，與幻居所藏殆若合契。按册中有陳眉公古華嚴庵記，言寶閣僧道琳募書華嚴經三部，後得古華嚴庵故地，復之庋經一部，其一蓋存寶閣第，不知何年徙於幻居。咸豐五年秋，與葆堂再寓幻居，請寫本諦觀，其第四十九卷原本散失，國朝曹三才補書。跋云：「癸酉夏日，過禾郡，訪項東井於幻居，獲觀華嚴經。」云云。末題：「康熙甲戌。」然則幻居之有是經，其來久矣。予所不解者，眉公記末題「萬曆己未」，記中稱「垂壬子經竟」，而是經每卷後識年月者，率在萬曆壬子至丙辰五年。其第四十卷李紫庚書則題「崇禎壬午」，且後眉公記「二十四年」，豈記語不實？抑其後有所更易？或亦散失補書耶？夫寶閣之經，既轉徙幻居矣。張氏藏册，有趙凡夫篆書「古華嚴庵」額及眉公記，又董香光書「華嚴墨海」四字。蓋所以題經首者，其餘唐美承、朱平涵、文湛持錢。塞庵、范浄如、釋葦如、方坦庵、侯豫瞻、李竹嬾題記，皆讚頌寫經，復庵功德者，則是册從華嚴庵散出可知，抑不知所庋二部之經猶存人間耶？其殘於兵燹，飽於鼠蠹，而散爲飄風耶？葆堂曰：「雲煙過眼，俄頃變滅，事何可料。」是經雖經轉徙而宛然無恙，幸也！予既爲製函什襲，將并寫經人姓名、題識及册中額記、詩跋彙刊一帙，命曰：「華嚴墨海集」，俾後之覽者知此經緣起，子盍序之。噫！夫諸賢文章，氣節炳炳不朽，何有於區區墨蹟？而葆堂之懷仰古人，情深護惜，欲使幻居永爲世寶，其意非俗人所能□也。錢唐吴穀人祭酒詩集有幻居庵觀華嚴墨海歌序，謂經十六帙，帙首皆趙宧光篆書，今皆失去。又謂庵舊有董文敏書金剛經及金字法華經，今已不存。按今董書金經具在，其金字法華經實非董書，豈祭酒所聞誤？與墨海餘波，得牽連書，俾後來者有考焉。咸豐六年五月。

讀有用書齋雜著序

讀有用書齋雜著者，吾友韓對虞舍人遺稿也。君少好讀周秦諸子，爲文古質簡奥，非時俗所尚。既而從姚先生春木游，得望溪、惜抱相傳古文義法，尤究心世事。讀書有得援古證今，筆之於紙，不爲浮薄華藻之語。觀其所以名齋者可知也。西人點綫面積之學，莫善於幾何原本，本凡十五卷，明萬曆間利瑪竇所譯止前六卷。近歲英吉利末士偉烈亞力續譯後九卷，海寧李壬叔寫而傳之，君反覆審訂，授之剞劂，亞力以爲西洋舊本弗及也。外若新譯諸重學、氣學、光學、聲學諸書，君每自校録，復爲之推極其致，往往出西人所論外，故其發之於文益奇。先是，君父瘦山翁以仁厚端直偁於閭里。及君舉於鄉，猶遜志劬學，群謂必大其門。逮咸豐初元君翁没，未殮，盜乘喪入室。君撫屍曰：「勿驚我父，室中物恣而取。」自是家小落。十年夏，流寇犯松，藏書、板片、古器、書畫與所居屋俱燼。君倉黄走避，道塗觸暑，鬱鬱發病死。所謂天道誠不可知邪！去夏，君之子伯陽以遺稿來屬序，予爲編分上下二卷。烏乎！君每得善本書，輒以見示跋其。後幾何原本之刻，君約予與顧君尚之同校定。今君與顧君俱没，獨予憔悴遷徙，學日荒落，索然無可與語者。讀君文不能無悲。君著述放失所存止此，然亦既足傳矣。伯陽能讀父書，當繼君之志。古人有言，惟有文爲不朽，與有子爲不死。予文無足傳，而子又早死，它日誰爲之求序於人哉？悲夫！

遷鶯堂彙稿序

南昌張子剛以其十一世祖尚書公遷鶯堂彙稿乞序。蓋刊本已亡，此其後人綴緝者，略以類次，不分卷。傳寫多踳誤，文有脱至半篇者。朱錫鬯明詩綜僅録其訪趙元戎築塞一首，豈當時已不見完本邪？予案：南昌志載：公以嘉靖丙戌進士，改庶吉士，授禮部主事，遷郎中，爲浙江提學副使，轉遼東苑馬卿。去官，遼人爲立生祠，歷仕至南京兵部尚書。致仕歸十三年卒。平生清苦，始終一節，諸子至不能自給，其爲廉吏可知矣。又閲蔡九霞補輯廣輿記偁：「公在留都，時度險要，分水陸兵聯絡首尾，俾江南北免倭寇荼毒，則固有功於吴者也。」而明史李遂傳謂其所募振武營兵素驕悍，致嘉靖三十九年二月之變，以此罷職。蓋御兵之難，不特恩威不可以偏廢，而法度政令尤不可以不盡善也。文集末有擬答京書稿，云：「今言者不能究明初法之善，又不明言江營將士驕惰之，故與夫壞法之由，乃含糊設端，欲奪而改之。」疑所指即振武之事。當日蓋有從旁掣肘，而不可明言者，讀史者所宜旁搜記述而審其是非也。抑昔曾子固與王介甫同鄉井，又同出廬陵門下，交甚厚，而介甫終位未嘗引舉子固，亦時有腹誹。或以爲晚年異趣。予聞子剛言：「公初亦與嚴嵩交好，中道遂絶。」夫介甫執拗，又惑於小人耳，若嵩則身爲窮奇檮杌矣。然當其讀書鈐山堂時，又惡知其不肖至此？公之與嵩交，或在其時乎？公詩文平實，不求異人，而和平大雅之致，讀者自見，今不具論，而略論其世以爲序。同治十一年南匯後學張文虎撰。

夢蟾樓遺稿序

歲壬辰秋，晤江陰繆布盧於白下，學亭而境困，廉介自守，慷慨重然諾，有古人風。心韙之，遂定交。明年春書來，以省試報罷。後旋悼亡，意氣衰颯，若不自持，因作書慰之。今秋始寄示所撰劉孺人小傳，乞序其遺稿，然後知君固瑰異士，乃劉孺人者，亦賢婦也。士不得已，奔走衣食。歲持所入，以事父母，畜妻子，苟不足，猶不免如北門詩人所云者。抑不至入門交謫，或稍識字，日手一編，咿嚶妝閣，間不省親操井臼爲何？事米鹽，陵雜將，身自經紀，即磊落俊偉。若布盧。吾慮其方寸亂矣。孺人秉祖訓，事太姑君姑，克盡婦職。食貧習苦，力勤贍養，使布盧坦然，無内顧憂，得以其間畢力於學問，意固遠矣。寒鐙板屋，朔風怒號，紡績之聲與村欜上下窮愁無聊，傷懷念遠，發爲吟詠，其音悲涼蕉萃，而其志屹然如千丈之松，經霜雪而不落，令人讀之隱然。見陋室窮巷中有此賢夫婦者，繄豈尋常閨秀比哉？布盧性簡傲，落落寡所合。自孺人之没，再試仍被放，又連遭兩喪，境日窮蹙，益思孺人不已。手編此稿，以傳其同憂共樂之意，平日糟糠之誼可知也。烏乎！閨中良匹若孺人於布盧，蓋古梁鴻、孟光之亞，不幸而不能偕老，宜其感念如此。布盧之言曰：「自孺人卒，而世遂無知予心者。」嗟乎！悲已！

大吉芊室遺稿序

張家鼒調甫輯其先人瘦峰先生遺稿成，屬文虎序之。文虎知先生深微調甫，屬且有不得已，於言者迺爲之序曰：今天下才儁之士，相尚以科名，相厲以場屋。制舉之業外則聲色貨利焉而已。其能閑静自守，退而爲詩古文辭者，百不得四五焉。其又能因流泝源，返求經訓，庶幾乎實事求是之學者，則百不得一二焉何者？人情辟難趨易，迂遠之行，不足以儌名利，而徒見非笑於世，故人率不樂爲。即有爲之，而人事之擾，境遇之困，又往往中道罷去，故必有其識，有其境而後竭。吾才力以赴之，然而成不成，則亦有命焉。烏乎！予悲夫以瘦峰先生之才、之識、之境，可蘄至於是，而卒不及至爲可惜也。先生補諸生，即棄舉子業，負郭之田，足以自給。晨夕一編，未嘗問家人生産。顧羸瘠善病，病發或絫旬月，稍閑即擁書而坐。歲丁亥，予假館南蕩，先生時相過從縱論詩文。先生曰：「近人爲詩纖佻猥瑣，頗類俳優，矯其敝者，或襲七子之空腔，或貌漁洋之神韻，其爲僞體一也。古文一道，尤極榛蕪。夫五代下無駢體，明一代無詞，國朝諸賢，皆起而振之。古文則雪苑、勺庭、湛園、堯峰、望溪、惜抱數人而已。顧無以過元之道園、明之震川也。且夫詩文二者，皆不可無學，學必以治經爲本。治經必先形聲、訓詁、名物、象數，由是以上探古聖賢立言之意，與其制作之精，乃免於空疏鹵莽師心臆造之敝。因爲論易卦氣爻辰，升降消息，書僞古文孔傳之謬，詩毛傳、齊魯、韓三家同異，禮鄭康成、王肅異義，古韻部分諸家不同，説文五百四十部，明六書之恉。」予深韙其言。蓋予之從事古學，先生實啓之。先生於史尤孰南北朝，於十六國疆域形勢瞭若指掌。自朱、陸異同，姚江、白沙源流，門户皆能言其得失，而參同悟真南北五宗，舉其宗旨，靡不該貫其博而能通如此。予不信二氏説，又厭性理之膠葛，恒致駁詰，先生拂然争之，過即怡然不以爲忤也。烏乎！今去先生之没且九年，每過所居，未嘗不徊徨歎息也。以先生之才與識、與境，使天假之年，而不以病困其所成就，當必有可觀者。乃既病其身，復促其算，年僅知命，忽以永逝，顧藉此區區詩詞以自見。烏乎！豈非命與調甫質美好文，不屑屑於制藝，將志先生之志而竟先生之所學也，輒引其緒而告之。

存希閣詩序

烏乎！予與布廬以詩定交十五年，未嘗再面也。然書辭通問，歲率五六往復，每發函伸紙，如對一室，而今不可復得矣。悲夫！君爲人伉爽，質直好義，當壬辰秋，予應試金陵闈中，聞君與人談詩，滔滔徹旦。俄予卷污題詩，號壁將出，君見而驚咤，走筆和之爲同號生，傳鈔殆遍。八月望，君訪予逆旅，步月淮青橋，議論風發泉涌。明日，集秦淮水閣，誦近句，皆卓然有所見，已而别去。烏乎！孰知其不復見也。君家世積德，君尤雄於文，人方以遠大期君，顧秋賦屢絀，是年喪其室劉孺人。無何，君父自嶺右歸，卒於家，君母繼之。祖母衰老，子女皆幼，課徒不足以自給。歲壬寅，避海氛，徙家常州，目疾屢發，境益窘。橐筆依南昌曹太守於淮，於揚，旋依昌黎韓給諫於清河。丙午秋，扶病八闈，榜發，仍被放，遽鬱鬱以死。烏乎！詩人多窮少達，自古已然。然君之爲人，豈徒以詩人盡者？方其阨塞困窮，且謂天故。屈折之俾，盤根錯節，以老其材，而大其用，而孰意竟止於斯哉！自十五年來，凡有書問，率以道誼學術相規勉，不暇言詩。君没後，徐君蓉鏡始輯君舊作寄予，則君之性情境遇咸具於是。至其暨陽懷古諸作，微顯闡幽，激揚忠義，慨然有尚友古人之志，讀者即未識布廬，亦可想其人。然則予之僅與布廬一面，又豈足恨哉？徐君爲布廬高足弟子，嘗校刊劉孺人詩稿，布廬之喪，徐君實經紀之。又掇拾遺詩，將以付梓，尹公之佗取友必端，我於徐君益思布廬之爲人矣。徐君所輯布廬詩凡五卷，總二百一十有四首，予汰之得百五首，合爲一卷。

望杏軒詩鈔序

往與我友計先生介周論詩，先生亟偁陳君雲莊。雲莊族叔祖母，予從姑也，居相去五十里，未識面。比予客柘西，與計先生蹤跡益疏。庚寅春，省墓歸，邂逅雲莊，草草數語，揖别去。自時閒歲，或一晤，晤即不能久敘。君復深自匿，未嘗言詩，予亦弗及也。辛丑冬歸里，大雪寒凍，不得出。雲莊忽過訪，投近稿屬序。蓋至是始得讀雲莊詩矣。雲莊詩善用意於一二語間旁見側出，達其所見，其光黝然，其味醰然，其名雋處出入韋柳，乃心服計先生偁之不虚。雖然，計先生與雲莊相聚蓋稀，昔所偁皆雲莊少作，今雲莊老矣，困躓場屋，閱歷艱苦，行年五十，懷抱悒悒，將盡發之於長謡短吟。以它人爲之，宜不能無激烈，然其詩抑然自下，絶去圭角有所規諷，出以和平温厚，蓋所養有與年俱進者，不知計先生論之又當何如也？予與雲莊同邑，且葭莩親，然生十六七年始聞雲莊名，聞名六七年始相識，又十餘年始讀其詩。人生遇合，遲蚤之數如此。雲莊數與唱和者，曰鐵岸上人。鐵岸上人者，寶山蔣劍人也。亡友周金圪嘗言劍人才落魄詩酒間，既而髡爲僧。今年夏，予訪雲莊邑城，知鐵岸居知止庵，兩往不值，悵然返，豈遇合固有不可必者邪？抑必遲之，又久如雲莊而始晤邪？於序雲莊詩，牽連及之。大計先生故與鐵岸善，予且質之計先生。

鐵岸詩序

古詩僧最著者，六朝惠休，唐無本、貫休、齊己、皎然，宋惠洪，國朝元璟。讀其詩，見其人，類皆異于俗。僧之所爲，蓋天下奇傑卓犖之士，不得志於時，往往託此而逃，非心惑於其教也。予所知近世有二人，曰元和祖、觀覺阿，寶山妙塵鐵岸，皆由儒入釋。覺阿詩清迥超妙，淵澂鏡澈。鐵岸俗姓蔣，名金和，號劍人，予耳其名二十年，今年秋乃遇之松郡北郭，談藝甚洽。出詩相質，取徑梅邨，而充以昌谷、義山，寓奇峻之氣，於沉博絶麗中與覺阿同工而志趣各異。蓋鐵岸之境有尤足悲者。鐵岸少讀書，喜談經濟，挾術干當世卿大夫，無所遇，遂以酒色自污。會丁母艱，遂絶意進取，易浮屠服。浮沉江湖，間曩時意，氣衰颯盡矣。然當酒酣耳熱，拔劍起舞，婆娑狂態猶昔。嗟乎！以鐵岸之才與其識，豈惑溺於異教者，卒之淪落不偶，去儒而俠，去俠而僧，而區區僅以詩名一世，是可悲也。雖然，天下奇傑卓犖之士，不屑爲逢世之術，懷抱抑塞，無所表見。或以詩傳，或以僧傳，或并不必以詩與僧傳，憔悴於飢寒，偃蹇於道路，日暮途遠，古今同慨。烏乎！獨鐵岸乎哉！道光二十三年癸卯仲秋。

守山閣賸稿序

吾友錢錫之之没於京邸也，識與不識皆咨嗟歎息，謂以君之才，未及禄仕，又不永其年壽，爲可惜也。解之者曰：「人壽之修短，豈係乎此哉？」有以數年爲壽者，爵禄位望，烜赫一時者是也。有以數十年爲壽者，若世所偁上、中、下三等之壽是也。有以數百年數千年以上爲壽者，道德、功業、著述不朽者是也。錫之年雖不永，其所輯守山閣叢書及指海微顯闡幽，剖析是非，參訂同異，皆足附古之立言者，以自見海内好學之士，皆欲得其書。朝鮮使人至，以重價來購，其可信今傳後無疑也。然則世之擁軒蓋而享期頤者，蔑有加於此矣。嗟乎！斯言也，固將以矯世鎮俗而未爲知錫之者也。錫之藴高才，雅自抱負，其居鄉以利濟爲己任，手定義田、義塾規條，爲贍族計。創與善堂，以給窮乏。嘗欲大濬秦山塘，以利一鄉灌溉。謂地方大患在人無恒業法，宜修保甲，禁遊民絶倡優，博塞而重懲豪猾，則良民安而莠民無所容。其入都求仕也，謂苟得一官，將有所建立以自試而卒焉。以病没，彌留時猶諄諄以義田屬其後嗣。由是觀之，其不欲徒以劬學好古，博虛名於世明矣。古之君子，不恥其躬之不顯，而憫其道之不行。不憂其名之不立，而憾其澤之不被於天下。後世錫之，蓋有慕於此區區著録之傳，豈足慰君地下哉！雖然，天下事皆欲出之於己，雖聖哲有所不能盡，子孫相繼，則太行、王屋之峻可移而厝之。方錫之之出指海之已成者，僅十月二集，今其孤哀録殘稿，重爲校訂，又得八集，合前爲二十集，復蒐輯君所爲文筆及詩屬予編次，附於指海之末，其用心可謂勤矣。易曰：「鳴鶴在陰，其子和之。」推此以往，微特義田、義塾之舉屈指可計，而凡錫之所有志而未逮者，其必能次第成之。然則錫之雖没而不死者，固在也，夫何憾哉！錫之於辭章之事非所措意，復隨手散佚，今所存皆得以諗好君之爲人者，且以勉其孤云。道光二十有六年八月既望。之廢紙中。及友人所代記其序跋諸篇已見於守山閣叢書及指海者不復録，凡一卷，率爲之序，

薜石山房詩存序

古人言詩曰志，曰性情，曰興觀群怨，明乎必有所爲而作也。詩之教温柔敦厚，然刺無禮曰：「胡不遄死，要思我。」曰：「豈無他人，惡譖人則。」曰：「投畀豺虎，投畀有北。」類不能免於過激，而孔子皆取之。孟氏之言曰：「不以文害辭，不以辭害志。」烏乎！盡之矣。後世應酬牽率之作，不足以言詩。至若飾詞藻，嚴聲病，絶去圭角，不敢有所寄託，以取忤於世。初接之文采爛然，及徐而察其作詩之旨，邈不可得。殆所謂無非無刺者，與薜石山房主人少跳宕不羈，中歲境益蹙，未嘗芥蔕，與人言詼諧百出，雜以笑駡，方撫掌高譚，眴閒忽已飈去。好爲詩當其得意，吟唱自喜，告以疵纇弗顧也。人所擊節者，他日或改竄不存一字，其沉雄雋邁，奇譎險奥，往往出流輩而率直晦澀之病，時復有之。是故辭不必皆醇，事不必皆確，美刺不必皆當其實，而觸物志感，因題立意，皆非無所爲而作，讀者當自得之。歲戊申秋，君擇其尤粹者如干首將授之梓，先以示予。烏乎！謂君之詩遂無戾於古，予不敢知。以呧世之苟取容悦謬自附於風雅者，

蓋徑庭矣。故樂贊其成而識其簡首。

海棠巢賸稿序

熊先生露蕤，自次甲辰以來詩爲一卷，授虎曰：「君嘗勸予無作詩，今訂賸稿竟，將如君言，殆不可無序也。」虎辭不獲命，乃受而讀之，大都述舊聞，紀遺事，流連桑梓之作，而於感時傷老尤致意焉。嗟乎！方先生壯歲，橐筆出門，舟車所至，與其賢士大夫交遊酬唱，極山川詩酒之興，逡巡三十年，如白駒過隙，不可復睹，宜有感慨係之者。且先生自負肝膽，重氣誼，挾其豪宕感激之氣，北出盧龍塞，外歷燕、趙、韓、魏之郊，南浮閩、粵，再涉汾水，僅得詩千首。及其老而歸也，入門而喪其偶，子媳皆病廢，孫男女幼，家徒壁立，則依其母黨，爲童子師。當是時，愛先生者莫不爲先生憂，顧無策以處先生，而先生以詩自娛晏如也。見親故所處有不堪者，則又爲之踟躕嚬蹙，欲手援而不得，則仍發之於詩，憂思紆鬱而不能自已。夫以豪宕感激之氣，至變而出於憂思紆鬱，此豈先生始計所及哉？比者耳重聽，肝病時作，稍食酒即困而孰寐，蓋先生老矣。今夫世事人情日遷而月變，假使先生精神意氣無異往昔，過此更數十年，其憂思紆鬱，當有眠今益甚者。高岸爲谷，深谷爲陵，自古人言之而卒無如之何也。虎之勸先生無作詩，以此敬復於先生，以云序則何敢然？何敢然？

先生得序，以書倆謝，且云張理堂約予南塘度歲，子與堅老宜以人日前來。會春正文虎侍外舅堅香先生，如期往，則先生示疾已兩旬，體甚憊，而神明不衰。曰：「微子兩人至，予目且不瞑，姑留數日，爲予處身後，可乎？」又曰：「賸稿子所序，今以畀子。」文虎唯唯。既而先生病益劇，其子熙春奉先生歸衛城，時上元前一日也。越三日，復與同人往視疾，疾少間，相顧色喜而返。返十有三日而訃至，則先生逝已十日矣。其明日遂往哭之。烏乎！先生年逾古稀，詩名滿人口。客遊三十年，瀕於險而免者數矣。言旋十載，卒得遂其丘首之志，亦復何憾？而不能無憾者，天不憖遺，老成凋謝，濱海之區，風流閴寂，未見有能繼起者。我思古人，不禁齎咨涕洟也。賸稿係先生手定，惟鬼唱鮑家墳二十字爲病中絶筆，今次於後，亦可見先生之以詩爲命矣。平生未嘗填詞，去歲始爲之，素工詞者歎無以過，並附之。文虎前序言不盡意，以先生已見，不復改竄，乃附識顛末而授之梓氏。庚戌春分日，文虎又識。

六半樓詩鈔序

詩之道至易而至難。身之所即，耳目所及，心思所會，隨其抒寫而皆可合於賦、比、興之義，可謂無難矣。及其隱栝錘鍊，使俗者雅陳者，新繁者縮之簡，隱者達之顯，往往同寫一景而工拙殊科，同舉一辭而妍醜異致，此豈易言者哉？取乎人之意中，而出乎人之意外，斯易與難兼得之矣。同郡蔡梅茵先生耽於詩，行役疾病，不暫捨。其爲詩出入誠齋、放翁之間，善寫人意中事，讀者解頤咋舌，徒詫其新異，而不知皆尋常目前之境，蓋真能取之於易而出之以難者。行年七十，詣愈純，氣愈下，以予之不敏，猶屢介張丈二。如以前後稿相質，且屬爲序，其精益求精，而不恥下問如此。近世少年才士稍解五七字，即泰然以詩人自命，不惟未知其難，并不知其所以易，其眂先生何如哉？抑予聞先生爲人樸厚，不設城府，每有大裘廣厦之願，嘗代友償逋，負千金無後言。受欺於人，未嘗校平，居惟苦吟爲事。世事之往復，物情之變幻，以及家人婦子，米鹽瑣屑，意有所得，皆託詩以諷。今讀其稿，觀我觀人多見道之語，至詠古歌行，激昂慷慨，誅奸諛於已死，發潛德之幽光，隱然詩外有事在。然則向者徒屑屑於難易之論，猶淺之乎測先生也。道光三十年歲次庚戌日在星紀。

井眉居遺稿序

外舅姚堅香先生少與兄古然先生齊名，人比之二陸，先生亦高自期許。以諸生入成均肄業，名噪都下。屢試京兆，不遇歸，授經浙西，廢制舉業，自放於詩古文詞。晚客鶯湖，與諸君子唱酬爲樂凡數年。己酉、庚戌間，從子杏士迎侍吴門，因課諸從孫讀。是時，先生病痁已四五年，旋止旋作，年老肝疾數發，或終夕哮喘不得卧，今年遂不復往。仲春，攜虎訪屠君荻樓於嘉善。居二日，虎以營葬祖父先回，挈婦至周浦，不謂一月之間，先生之歸而遽病，病而遽没也。致使先生之女病不及侍湯藥，而終不及視含。烏乎！虎之負先生多矣。初，古然先生以詩與虎爲忘年交，將爲其從女相攸，未果而卒。又後五年，而先生晤虎於張溪，言甚契，乃屬盧君晴野訂婚焉。見虎所作東坡生日集井眉居記。烏乎！虎寄居甥館十有七年。外姑盛孺人没，室無它人，先生每出，數月歸則如賓客然。酒次各述所聞見，多不當意者，輒嚱吁咨歎，或出近作命評論之。曰：「子無嫌，此事固不以年齒輩行限也。」其虚心如此，譚蓺相協，則歡笑如友朋。烏乎！今不可復得已。先生豪邁不羈，善議論，嗜酒，釂數斗未嘗見醉容。然自患痁後，不復多飲，人亦不敢勸也。飯尤寡，日不及米三合，雖彊自振厲，非復昔日豪縱矣。嗟乎！先生生於華族，比長，家日益落，思以功名自奮，既不得志，生三子皆夭卒。繼遭兄喪，益悠忽不樂。晚歲煢煢，撫今追昔，嗟衰歎老，悲涼寥落之致，恒見之於詩。憂能傷人，古今同病，豈特二竪之爲患哉？案先生與戴銅士書云：「拙稿自爲編次，得古文二卷，雜著一卷，駢體文二卷，古今體詩十卷，詩餘一卷。」其上云年皆六十則，當在壬寅。今檢遺稿，自一卷至弟五卷，起嘉慶庚申迄道光壬辰。弟六卷起道光甲午迄丙申而缺癸巳，迄乙未三年作。又無七、八、九卷，弟十卷起丁酉迄戊戌，無十一十二卷；弟十三卷起迄己亥，其庚子至戊申不著卷數，又缺壬寅年作。其弟十五卷爲己酉年作，而庚戌所作又不著卷數。詞則附於册尾，寥寥數痓闋。此外惟雜著一卷，駢體文一卷而已，先生自言舊作古文一册久失去。駢體文多代人所作，欲删去而未果。填詞本非所長，偶涉筆亦隨手散佚，然則所謂自爲編次云者，徒意欲如此，實未寫定也。屠君首先倡議刻先生遺集，吴君穎仙亦言鶯湖諸君惓惓謀梓先生詩，因屬爲整理，廼以鄙見抄出古今體詩四卷，於少作取十之一二，中年十之三四，晚作十之六七，而詩餘附焉。雜著駢體卷袟無多，合爲一卷，屬友壻鈕莅汀繕寫清本，並授剞劂。昔古然先生所著紅林禽館詩詞，爲山陽李芝齡尚書取去，選存六卷，未刊而尚書薨於位，并原稿失之。先生每以爲恨，嘗命虎搜羅百一，録爲小册。適同郡姜丈小湄續選松江詩鈔，嘉善黄霽青太守續選詞綜，輒分寄之。烏乎！文士畢生坎壈心血僅存，若又聽其蟲殘鼠秏，忽焉漫滅，如後死之責何？虎不敏，本與先生兄弟，以文字相契合。及爲婚姻，尤用是切劘，故不敢以僭妄辭。雖然，先生往矣，虎所去取果，無戾於九原邪？抑猶不免於身後之憾邪？蓋無以知之矣。咸豐紀元歲在辛亥十月，子壻張文虎謹識。井眉居詩録四卷，附詞一卷，雜著一卷。刊印後咸豐丁巳杏士復輯紅林禽館詩詞二卷，授梓而兩集板俱燬於粤寇，常以是戚戚。光緒丙子，重録紅林禽館詩一卷，詞一卷，井眉居詩二卷刊之，聊存梗概，别有跋，今不載。

紅林禽館賸稿序

金山姚氏門才之盛，爲邑首望。我伯舅古然先生與外舅堅香先生承累代家學，以詩古文辭雄儕輩間，有雙丁二陸之譽。維時蘇卿、水北二先生於先生爲叔父行，亦以才藻負時望，風雅萃於一門，人往往豔偁之。及外舅與先生先後入都，名公卿争相羅致。會故大宗伯山陽李公奉命視學浙中，邀先生襄校閲，繼復從李公移節江西，蓋李公與先生父芳漵公本同登嘉慶辛酉拔萃科，而素愛先生才及書法，折行輩爲友，命先生子詒孫受業門下幕中，日以文字相切劘。所至登臨攬勝，唱和不絶，極湖山賓主之樂，故題詠益多，所造詣亦益進。李公既終任還朝，先生家居寂寂，時作近游。道光己丑冬，訪友南蕩，與文虎，一見如故，相識訂忘年交，出詩相商搉。明年人日，訪先生栖雲館，縱談竟日，乘醉歸。先生踏月送至舟次，至今歷歷心目。間其四月，先生再至南蕩，居兩日而别，自是遂不復見先生矣。先生豪邁好交游，不屑屑生計，幕游所得，輒隨手散去，以是長貧。益侘傺不自聊，將束裝游嶺南，會病淹滯，逾年竟不起。迨文虎就婚姚氏，時先生没已五年。每與外舅語及此，未嘗不唏噓太息也。先生詩雋快，出入蘇、陸，詞亦在蘇、辛間，於國初諸家最近，迦陵嘗手自删訂爲四卷。先生没後一年，李公典試浙江，盡索先生手稿去，將甄校授梓，因循不果。會李公薨於京師，稿遂不可問。嗟乎！李公與先生三世交誼甚重，其索稿以去，特爲先生千古計，乃人事牽率，以至於此。此先生之不幸，而詒孫之所爲深恨至痛也。抑豈李公意哉？詒孫恐先生手澤，從此湮没，乃掇拾殘賸，及廣求之。戚友間，所留遺者僅得詩詞各一卷，付剞劂氏而屬文虎爲序。蓋是時先生平生故舊零落殆盡，存者或爲達官，數千里外，無暇事筆墨，而蘇卿、水北兩先生及我外舅皆相繼下世久矣，猶文虎嘗辱先生知，而又附於婚姻之誼，雖不文，奚敢辭謹序？先生爲人梗概如此，雖吉光片羽，未足以盡先生之奇，亦俾讀者有以論其世也。

鐵杉吟館詩序

處困約而克自守者鮮矣。冠儒冠，服儒服，凡可以營勢利者，靡弗爲見。自守者則笑之，以爲彼誠材不足以與此也。聞其言者從而效之，於是自守者鮮矣。二如張君之境，抑困矣。其志潔，其行醇，其家事治，父子課徒給食，指他無所問也。其戚有以館爲家者，病歸，無所依，君爲之賃屋，謀醫藥，卒則治其喪，葬其高誼如此，豈徒自守而已哉？父聽鶴先生嘗輯雲間志略稿，未竟，君續成之。興至間爲詩，同里毛山子、馮少眉、蔡梅茵皆忘年交，相贈答唱和，其所著鐵杉吟館詩自然淡雅，不爲壹鬱激切，矜才使氣之言，蓋如其爲人。夫内不足而外自飾焉，詩雖工僞也，處困約之境，而壹鬱激切，以才氣淩轢人者，雖自守不可以終日也。若君庶兩免之矣。君豪於酒，晚病咯血，戒飲，詩亦不復作。去夏，以微疾卒，年六十二。嗣君某某等以文虎與君交，久屬序，其詩謹述君爲人，以告讀者。咸豐八年首夏。

王雲卿詩稿序

平湖王雲卿，美才工書，予識之五年，未知其能詩也。去冬避寇金山，一再訪予。抱甕居，以詩稿見屬。思雋而語工氣味温然，如其爲人。客告予曰：「雲卿寢饋於詩，興至援筆立就，歲得數百首，殆將充之以至於古人，何如？」予曰：「凡學固求其至也。求其至，莫若專且勤，苟專且勤，無弗至者，而俗以爲性情有近有不近，非也。弗專弗勤，雖近猶不能至。予總角學爲詩，師友皆曰孺子可教也。於是益自喜以爲誠。近之稍長，嗜好益雜，一蓺未就，厭其苦而遷焉。及遷它蓺，復然。逮老且嬾，益一切罷去，輒舉其悔以勸人。今雲卿年甚富，才甚美，求之又專，且勤如是，雖其它大者遠者猶至之不難，何有於詩？夫詩源於性情，動於閲歷，根底於學問，而恢擴於交游，雲卿苟充其所至以蘄，至乎其未至於古人，必有所從入，必有所從出，而大遠乎時人者。」客笑曰：「子既不能至言之，何夸也？雖然，所以爲雲卿則善矣。」乃書以爲序。

張春水風雨茅堂稿序

上海王叔彝觀察以手校吴江張春水徵君所爲詩二卷示予曰：「此二十年老友，不忍其泯没，子盍引其端往同里計？」介生流寓滬城，落落寡所合，獨徵君好偁其詩，題其集，予嘗讀而和之。久之晤徵君於郡城友人，坐未通意草草别去，自是不復見。前年乃聞徵君死矣。徵君形骸土木，一三家村學究顧不知其詩，乃滔滔清絶，超然名雋，非其胸襟空闊，焉能爲此？若負土嫁妹諸作，發於至性，意朏而語摯，則又異於流連光景者矣。予嘗怪相識問論徵君，或偁許過當，或從而詆毁之，何也？士窮困不得志，寧凍餓以死，此爲一身計可也。若有父母之養，妻子之累，即不能不衣食於奔走，然挾其技以遊四方，求升斗之助，不可必得也，而尤悔隨之。徵君之詩曰：「錢神那不尊，韋布那不賤。」又曰：「終歲困行役，妻子累此身。」此亦足悲矣。夫阿私所好，而失其實者，非也。浮薄不諒，輒相呰謷者，亦非也。寧凍餓以死者，非爲名高也。衣食於奔走者，非以爲龍斷也，蓋皆有所不得已而就其心之所安。論者乃必責人以所難，不亦刻乎？介生之窮如徵君，而志趣稍異。前徵君没，叔彝嘗録其詩於可作集。今於徵君此稿復惓惓不置，將梓而壽之。徵君詩信傳矣。如叔彝之好風雅而篤友誼，豈不可與詩俱傳哉！

緑雪館詩序

偉甫所爲緑雪館詩詞，道光、咸豐間嘗鐫行矣，燬於粤寇。同治八年，金山錢賓之爲校刊，自丙午迄丁巳夏詩一卷，而少作無與焉。今年春，偉甫以病没於鄉里。仲秋，季子引之以餘稿，來請審定，則自丁巳夏迄壬申所作也。蓋不下七百餘首，予爲删存百四十餘首，合爲一卷，與賓之所刊略相當。乃序之曰：始偉甫言詩，輒曰青丘、漁洋，蓋本武康徐雪廬典簿之論。繼乃泛濫於前後七子，晚益自放，或出入誠齋、放翁間，蓋自少至老境！地不同，其發於情因之而變有不自知者。偉甫席祖父資，無聲色貨利之好，以與人詩詞唱和爲樂。既閱歷世，故奔走名場間，講求當代利弊，家稍稍落矣。辛酉之難，南鄉殘破，展轉播遷。寇事漸定，復以海塘工終歲役役，狂風烈日間未嘗以爲苦，而詩詞贈答亦無一日廢，邂逅通姓名，接談笑，俄頃飛箋至，數十百言如宿搆，人皆奇之。去歲秋杪，與二三同人相聚郡東郭復園，席間論古今詩詞流派正變，及世事得失，娓娓不絶，大聲高唱，氣如少壯。是時君年七十三，坐中皆側耳而聽，無能插齒牙者。群相偶語，謂壽不可量，乃歸不五閲月而遽病不起。予聞引之言，没之前夕，猶據几作書，神明不亂，蓋其方寸明達不以貧富、憂樂、艱易、死生爲累，故隨所處而皆有以自遣，而悠悠之口徒以詩人、詞人推之，亦淺之乎？言偉甫矣，予與偉甫定交四十二年，遭亂以來，舊友零落，日益以稀，存者惟偉甫爲最久，抑知偉甫者無以踰予。然則論定君詩者非予而誰？宜引之之以此見屬，而予亦不能它諉也。是爲序。光緒二年歲次丙子孟冬。

蘋花水閣詩存序

予既序南塘張氏詩略，燮庵復出丙齋蘋花水閣詩草示予，曰：「丙齋幼孤，先府君育而教之，子所知也。其補學官弟子，先府君不及見，無何，避寇浦江東。疾病顑頷，悒悒死。遺詩一卷，乞子删定而序之，以存其人，可乎？」烏乎！丙齋、梅生皆後來之秀也。丙齋之生，後梅生十二年，其死後八年，得歲又减其四。二人者，其聰明同，其不悦制舉文而好吟詠。同梅生疏秀韶令，天真爛然，其詩如之。丙齋亦略同，而筆加開展，使天假其年，當必有所成就。乃皆未竟其業，而短命以死，何哉？蘋花水閣者，丙齋讀書處也。自其先尊小我翁時，予常與篠峰輩偕止其後能丈露茬館，於此予歲恒一再訪。每飲，丙齋必侍坐，丈間命出其詩，以爲可繼諸父兄，讀之信然逮熊。丈没，予至南塘，丙齋必來邀。癸丑春，相與探梅白雲庵，予戲折一大枝歸。至水閣，失足墮水，重裘皆濡，遂宿閣中，燮庵以爲笑。今思之，忽忽若昨日事耳。辛酉之難，此閣遂燼。明年而丙齋卒。烏呼！十有三年矣。前年丙齋之子馳受知學使者，其季桐未冠，尤好爲詩，將謀刊丙齋遺稿。予爲删存若干首。丙齋之性情，與其聲音笑貌如見焉。而梅生子淵亦方從燮庵學詩，重校梅生所爲鉏月吟館詩及曼陀羅館詞付梓氏，然則梅生、丙齋皆有子矣。壽之修短，何足論哉？同治甲戌立秋前一日。

一樹梅花老屋詩序

道光戊子，始識鐵梅翁於宋允奎紀堂坐上時。予館浦南張鴻卓篠峰家，每歲科應試，偕至郡城，與君及紀堂祝康城省堂、諸桓碧泉、顧誕朝頤堂皆年相若，過從遊燕，談詩角藝，雜以謔浪，笑傲無所不至，若世間無老死事者。無何，紀堂以病蚤世，予就秦山錢氏館，校訂叢書，絶意進取，稀至郡。即至，亦稀入城。省堂棄帖括爲醫，頤堂中拔萃科，後授經城鄉，二君皆先後卒。篠峰屢攝校官蘇常間，碧泉試縣令湖北。粵賊之亂，予避居滬上，既而走皖江，遂客金陵十年，音問隔絶。光緒乙亥，於郡城涂晤君，行步甚蹇，曰：「病乎？」君曰：「老也，非病也。子齒少我一年耳，向者干雲拂日之氣，喑嗚叱咤，垂白從軍，與公侯抗禮自居何等。何今亦寂寂也？」

相與一笑而罷。明年春，篠峰老病卒。是秋，君亦没。回憶五六少年燕游歡笑，不知天日，若前日事，而忽忽四十年，消磨向盡，惟碧泉存問亦且病廢。予於諸人中最不材，備歷險阻，獨得後死，然老且衰久矣。求如昔時意興，安可得哉？君於予婦族爲尊行。去年冬，君從子松仙以君詩見屬，中惟送碧泉一詩，爲咸豐甲寅作，餘則自己未調試杭州，及庚申避亂以至同治己巳十餘年中詩耳。蓋君少歲於詩不甚經意，旋爲之亦旋棄之，晚年始録稿，故所存止此。君爲人洒脱無城府，似近率易，然當衆論紛騰時，出一言足以傾坐，其詩亦然。觀其撫時述事，觸目感歎，及殷殷於朋友之誼，慨然自見胸臆，誠非塗飾性靈者可比也。松仙穎秀於群從中尤爲君所期望。君之没也，惘惘不已，謀梓其詩，予删次爲三卷，而述今昔之感，以引其端。光緒四年歲次戊寅仲夏。

妙香齋集序

詩古文詞之於時文，有以異乎？曰：「無以異也。」譬之古詩近體不同者，格其因物託諷，謀篇立意，奚以異？然則世人高言詩古文詞，而薄時文，何與？曰：「今之爲時文者，倩妝巧笑，以求悦目，其見薄於人宜。雖然，彼爲詩古文詞者，果皆免於倩妝巧笑以求悦目乎？是故志時人之志，以爲詩古文詞亦時文耳。志古人之志，以爲時文，即亦何異於詩古文詞？自勝國以來迄乾嘉，前諸先輩其爲時文，借題發揮，舒寫心得，各有其獨至者，不乏人試。移此以爲詩古文詞，必有異於俗之汶汶者，或爲或不爲，或存或不存，蓋其偶也。」楊君樸庵以時文名吴越間久矣。同治甲子，相見於金陵，其人古之人也，其偁説古之道也，其爲詩古文詞，古之志也。然則其時文必不爲時俗之所爲可知矣。顧屈於場屋數十年，至歲庚午始舉於鄉，一上春官，試遂裹足。或勸之，君曰：「技不足逢時偶倖獲，庸可再？」仍以其日用講習者教授於鄉里。予自金陵歸六年今春，復遇之滬上，如平生歡，乃以其妙香齋集屬序。君行年將七十矣，劬學如少年，每有所作，必精思而出，故所積不多。予以爲吾黨之陳無已也。卷中諸名士評騭，丹黄爛然，固已抉摘精微，皆得其窾。會荒眊無以益。君顧嘗怪外人徒以時文推君，故論其古今一致者以質。君未知有合乎？否也。光緒己卯陽月。

大軍克復金陵詩序

今皇帝御極之三年，江浙郡邑次弟肅清，惟金陵城大而固，首逆負嵎，悍賊所聚儲峙充積。僞忠酋李秀成者，尤桀黠，自蘇竄逸入爲謀主，誓以死守。維時節相湘鄉公控制上流，而公弟浙江巡撫中丞公暨彭、楊、鮑三師圍攻未下。既而三師上援江西，軍勢益孤，有議請益師者。中丞公曰：「見軍五萬，苟用命，何爲寡？」五月己巳晦，克其地堡城，益修攻具，重賞罰，躬冒灼暑，百道並進，馮城肉薄，死者山積。自朔迄望，晷刻靡息。乙酉，地雷發裂其郛，呼躍争進，死寇冢突，并命巷戰。而我軍八面鏖集，逸者罣羅網，攖者入釜鬵，梟雛畏戮，自火其窟。桀酋將遁，搶之民舍。洪秀全先伏天誅，兩兄同惡，一殺一獲，自餘群螿，靡有孑遺。自賊陷省會，馮爲窟穴，下躙吴越，所至靡爛。中更大帥統兵圍剿，未集厥功，至是凡十二年矣。上自搢紳，下迄黎首，莫不以手加額，以爲復睹天日。湘鄉公既飛章奏捷，即馳入大營勞師，籌議善後。兄肩裴公之任，弟建入蔡之勛，督責無待於韓宏，助戰勿勞乎允武，旬日之間，殲此大憝，淮西之捷，何足擬也？蓋湘鄉公自咸豐二年練兵楚南，攻克武漢，遂圍九江，規復江西全境。我文宗皇帝有元戎之命，總制三五江，移軍皖南，而中丞公久屬行間，拔安慶，東復巢縣含山、和州，身先士卒，晝夜督戰，文臣之勇，健將莫及。聿惟我顯皇帝慎簡忠良，知人善任，皇太后、今皇帝聖明弘廓，任賢勿貳，俾湘鄉公得專閫外之命。俊乂同升，將士同力，機宜所在，内舉勿避，用克成此鉅功，豈偶然哉？豈偶然哉？皇帝嘉公功，晋銜太子太保，爵一等侯。中丞公晋太子少保，一等伯，並賞戴雙眼花翎。中外臣庶，歡欣抃舞，咸曰允哉。蓋誠服二公之忠勛，而信朝廷爵賞之不僭也。文虎辱公知，敢以詩獻曰：

狼角變色，自彼坤維。爲虺弗摧，化爲鯨鯢。踰江淮河，朔南東西。鼎沸魚爛，所至則糜。躪楚蹂吴，鳥跡獸蹄。於赫金陵，帝王所遺。龍蟠虎踞，穴鼬與鼪。洪水滔天，溺我蒸黎。我公治兵，自湘而北。敷心腹腸，手臂勠力。水涌陸驤，武漢眴克。遂陵九江，誓埽殘賊。欃槍退舍，仰見軫翼。惟帝聖智，命總揚域。移軍皖南，披斬荊棘。入險出險，終開梗塞。皖實楚尾，居吴上流。不掎其角，曷搗其喉。時惟介弟，勇齊於謀。剖窟破翳，窮其鵂鶹。東剚巢含，遂鏺和州。公來坐鎮，居中運籌。乃請於朝，分命李侯。規略三吴，以次克收。石城言言，攻圍二年。落其爪牙，猶負厥堅。中丞曰吁，其又可延。駿我雷輜，奮我電鞭。鼓角出地，梯衝降天。横裂其巢，飛沙騰煙。梟獍殄滅，秦淮血填。帝嘉公功，光復土宇。爾侯爾伯，伯仲伊吕。而公穆然，念兹黎庶。孰恤爾喪，孰瘳爾瘝。孰田而廬，孰衣而糈。申我官箴，戒我師旅。祛敝除害，百廢具舉。登民春臺，歸報聖主。

送湘鄉公移督直隸詩序

兩江總督，轄地方千數百里，節制三省，兼鹽漕河諸政，近又以欽差大臣總夷務，其任視它省爲尤重。江南號財賦甲天下，然歲屢歉，重遭寇亂，民生凋敝。自軍興以來，戰餉犒師，鉅細公費，舉出民間，欲取之以方而無怨於下，其治尤難。今宫太保爵相湘鄉公以咸豐十一年拜江督之命，其時大江南北皆盜藪。公自祁門督諸將，轉戰至皖，以次蕩平諸賊。同治三年秋，始蒞江寧城郭空虛，惟兵卒游民耳。公首請開科，舉行鄉試，藉以招集流亡。又復諸書院，聘求通儒宿學爲之師，試優等者厚其糈。戒軍吏毋擾市肆，設局貸牛種以勸耕。於是士民麕集，賈者歸市，農者歸野，駸駸生聚矣。明年夏，公督師北征，士民惝怳冀望，謂公將復來。及六年春，公以病奉詔回治所，則皆歡忻鼓舞，曰「我公歸乎。」相率郊迎，不啻愛子之迎慈父母也。公深體物情，識力堅定。又知人善任，出之以寬厚，故人樂爲之用。其處己儉約，起居衣食無異書生時，人亦樂效之。比年外籌軍餉，内修舉廢墜，庶司百職暨邦人士凡有事於官者皆自矢公，慎不忍欺公，而聲威所及，夷夏景服。公奏特設長江水師提督備非常。度險隘，分置營伍，俾向者有功將士得以次借補。特開書局，冶城山，校刊十三經、四史，以惠來學四方。求見者時以禮接，無所隔閡。公以其間與從游之士講論道德文藝，考求載籍，或復圍棋賦詩，蓋其才德氣量包乎職事之外，故向所謂難者處之，從容有餘裕也。今年夏，撚蠥殄除，軍儲少緩，公方議請薄賦輕徭，減市廛之征，大紓民困。朝廷以公久勞於外，命入填畿輔，民皆皇然，曰：「公之於我，庶幾起癃癈而肉白骨。且天子既以公賜我吴，何又奪我公？」去也傭夫里媪争籲於士大夫之門，曰：「曷不留我公。」士大夫者亦相與私議，冀幸公少留，如寇恂故事。文虎竊以爲不然。公朝廷元老，當佐天子治平天下，聲教訖四海，俾含齒戴髮之衆，無一夫不被堯舜之澤。而區區私一江南，隘矣。江南離京師遠，保定近圻，朝得旨，夕可報奏。今朝廷以群盜既平，急求端本善俗，久安長治之道。眷言輔弼，置之左右，豈能曲徇民間私請乎？自來督兩江者，每不能久於其任。公拜命至此凡八年，然席暖僅二十餘月耳。故事則然，且使繼公任者，皆以公心爲心，就公所行舉而措之，是不啻公常留於我江南也。公雅意文學，所在文士萃焉。文虎不肖，幸從諸君子後，依公六年，於公之行，諸君子各爲詩文以送，謹序公所以爲政。於是邦與邦人瞻戀不忘之意而系之以詩，凡四章，其一曰：

江南幾陸沉，惟公實再造。比年加潤澤，漸以起枯槁。苦熱與汝涼，苦寒與汝燠。祈雨雲油油，祈晴日杲杲。仁心隨所感，稂莠化禾稻。祝公留十年，使我家室好。民肥公愈瘠，天子恤元老。詔公歸京師，公歸一何蚤。虛茲借寇情，歎息到窮媪。

其二曰：

以公爲嚴師，百司自相程。以公爲慈母，百姓皆乳嬰。軍旅思教養，依公爲父兄。遠夷慕聲威，望公爲神明。公曰吾何施，施之惟一誠。一誠之所格，足以通物情。誰爲後來者，此意無改更。蕭蕭西北風，吹公東北征。冀公一日留，緩公一日行。

其三曰：

治城一培塿，忽復成泰岱。巖巖夫子牆，三山孰敢背。聖澤所旁流，儒末同灌溉。惟公振文教，亦以恤士類。嗟嗞窮老生，亥豕久自昧。侯門多濫竽，忽忽踰五載。進固非所思，退亦敢輒退。遷史百卌篇，讎校詎一再。明年剞劂成，歸去還種菜。

其四曰：

公來山川喜，公去愁山川。山川何愁喜？人心視之然。鍾山何連連，豈無豺虎跧。江水何湛湛，或有蛟龍眠。阱亦不在陸，網亦不在淵。消弭固有時，須公留十年。豺虎爲麋鹿，蛟龍爲鮪鱣。江水何湛湛，鍾山何連連。旌麾一回顧，目極東南天。

唐十八家文録序

世人論古文輒，曰「唐宋八家」。又曰：「昌黎起八代之衰。」不知唐之與宋原委既殊，門户自别，非可概論。至起衰之功，斷推元道州爲首。弟其文散漫未立間構，若獨孤梁權規模粗具，而猶苦肥重。惟昌黎氏原本六經，下參史漢，錯綜變化，冠絶百世。要其學出安定而實淵源於毗陵，則未嘗無所因也。柳州初工駢體，後乃篤志古文，其才氣陵厲，足以抗韓。至於學識根柢，遜韓多矣。同時若劉賓客，才辨縱横，間以古藻，亦柳之亞。元相滔滔，清絶開宋人一派，李、皇甫皆學昌黎，而一得其理，一得其辭，亦各自成門徑。牛相文筆刻露，議論透闢，沈下賢喜爲小篇，戛然自異。杜牧之雄奇超邁，實爲蘇氏先導。孫可之源出韓氏，而專務奇峭，要其獨至處不可及。世以孫、劉並稱，然復愚則近於險怪矣。皮襲美根據深厚，若在韓門，當肩隨習之。陸魯望不衫不履，野趣自得，頗有似元道州者。羅昭諫懷才不試，好爲寓言，出以過激，每不中理。然固唐一代人文之後勁也。予録唐文凡十八家，源流遷變，概見於斯，以破唐宋八家之説之固陋。學者苟就其所近擇途以從，則當取全集而孰復之，勿以方隅自畫。此外如蕭茂挺、李遐叔、吕和叔，非無傑搆，往往雜以駢語。符厚之佳處不出獨孤梁權範圍。李元賓奇偉而純以辭勝，未脱綺麗之習。白傅平衍而不免於冗。歐陽行周氣息近古，而所詣未成，不能與李、皇角立。李衛公史論篇幅短隘，蓋無意爲文，故今所録皆不及云。咸豐丙辰長夏。

海嶠一塵序

海嶠一塵者，熊丈露茌暨其族弟少海所輯金山衛城一隅之人之詩也。其所輯始國初，迄近世，或接其世，或否，間及流寓。而畹仙翁者，則其族祖海莊先生，則少海父也。顯達與有專集行世，則弗與何以弗與主乎？逸也。何主乎？逸乎？爾窮陬僻壤，輶軒所不至，蕉萃專壹之士，屏世俗之好，矢志歌詠，泊焉終身，蓋數十年。而殘簡凋落，若將湮滅，則靄然傷之。是編之輯，以發幽光，備文獻也。然則曷爲止於一隅？遠則采訪不易，得又難遍也。予嘗從熊丈登南城，人户寥落，如郵落然。南望金山，岌然在海中，波濤連天，潮汐汩没，磳砿回遹，日夜無已。噫！此數君子所望古遥集，寄其抑塞無聊之慨者非與！

南塘張氏詩略序

同治丙寅春，予自金陵歸，訪舊南塘燮庵司馬，出所輯張氏詩略，屬爲之序。諾之而未有以應也。越九年，予辭書局返，燮庵招至銕花仙館度夏，復申前請，乃序之曰：所謂南塘者，蓋華亭之下鄉，在古張涇堰之南，查山之東，西南距金山衛城六里所，俗曰茅柴蕩者是也。張氏族居於此，以耕讀世其家，以忠厚儉朴訓其子孫。父兄子弟，率以風雅相尚，髫齔之年，便沾沾以詩句爲象勺，故幾於人人有集。然二十年來，朴厚之風漸漓，而風雅亦少衰矣。咸豐辛酉，浙寇東竄，流離播遷，毋論已刊之本，及其板片皆燬於火。即篋中稿草，亦多散佚。惟聽鶯、蘚石、銕花三集存。燮庵曰吴俗子弟習場屋文，應科舉，即不得學爲吟詠。而我祖父以來弗之禁者，以謂陶寫性情，優柔以養其志氣。爾自遭寇，族衆中落，或無力應試，率棄書不事，又不能爲農夫、商賈，蕩逸無所業，則攝於外誘者有之。吾之爲是録也，掇拾殘賸，存什一於千百，夫非謂區區卷袟，遂足以傳世也。用示族人及後之子孫，俾知祖宗家法由其詩以上緬其人，庶幾歸真返朴，即不能事舉業，亦有足以寄志念而閑外好者。予曰：不亦善乎？予之幼也，蓋嘗望見虛谷翁。自道光丁亥篠峰招課，其弟飛卿假館橫經草堂，因得遍交雲老、瘦老諸昆弟。既去館，秦山仍歲時一至，南塘群從長幼，若燮庵、梅生、丙齋輩争以詩相商推，而康城熊丈、露荏適館於此，提唱風雅，駸駸極盛。迨咸豐之間，老成凋謝，少壯者亦或不免蘭摧玉折之感。至是蓋不及五十年，而今昔盛衰之故不勝屈指矣。然予觀燮庵三孫，長者尤馴謹勤讀，好書籍。梅生、丙齋之子皆喜吟詠。篠峰年踰七十，猶矍鑠，勇爲詩古文詞，裒然數鉅册。燮庵雖老病，亦不廢詩，將如驂之靳焉。爲族子弟倡率，由是言之，又惡知其不再盛也？夫詩之教曰：「思無邪。」觀感懲創，胥具於是，以是並於家乘傳之子孫。百世之下，采風問俗者，猶得執此編而名其鄉里，曰：南塘張氏之居，其不負燮庵輯録之意也哉。

緑雪館詞選序

偉甫弱歲即喜爲長短句。初專效姜、張，後乃擴充於南北宋諸名家，有所仿擬，皆能得其神髓，而尤嚴於聲律。蓋元以後詞家往往率意爲之，近世諸老始興言復古。然康熙間欽定詞譜民間既不能家有其書，而萬氏詞律疏漏缺誤，不盡可據，非取古人所作畢力研究，無以悉其分刌諧律之妙。偉甫寢饋於斯，蓋四十年矣。吴門戈君順卿精於倚聲，獨引君爲同志，要其微至之處，戈亦以爲弗如也。緑雪館詞前後付梓者凡已若干卷，今秀水孫融次公選同人詞，復徵及於君，因録尤愜心者爲一卷。索予爲序，且曰：某於詞蓋無以及諸君，若律則庶乎附驥，此君自謙云爾。若予者，亦嘗從事於律，而執筆矯强不自勝，遂復放逸詞，乃出君下遠甚，未嘗不服君之持論嚴而能不自恕也。

萬竹樓詞鈔序

鄕有以子鶴所刊賀方回詞，見詒者服其蒐輯之勤心識之。壬戌秋，僦居筠溪，子鶴亦避寇寓此，以許姬殉節事索題，並惠讀萬竹樓詞，於是始知子鶴。蓋子鶴雖祖居莫釐，而常客我郡席，故資無他嗜好，獨好爲長短句。以爲言情之作，莫善乎此。又嘗與其鄉先輩戈順卿遊，多聞緒論，故其爲詞持律甚嚴，而用意深細，其師法在姜張二窗，凡世所尚，以叫囂爲豪，塗飾爲麗，尖刻爲巧者，皆所不屑也。中年得許姬，閨房静好，唱和爲樂，人謂神仙中人。比遭亂傾覆，姬駡賊死，君逃難奔走，轉徙浦江南北，索居淒愴有不堪回憶者，然其於許姬感悼不已，時見之於詞，而今昔菀枯之感，未嘗及焉，亦足見其其志趣已。今年春，予歸自金陵，君合前後稿凡二册，屬爲序。予曰：「存稿不必多，貴精而已。請簡爲一卷以示君。」君曰：「諾！蓋予知君，君亦自知之深也。」有議此卷爲少者，其非子鶴知己也？與同治丙寅長夏。

張偉甫紀事圖序

華亭張偉甫述其宦跡所至，從公奉職，因時感事，紀之以圖，前後凡四。道光二十九年，權丹陽教諭，奉太守檄嘉山近處藍洲、團洲勘水災，察户口，以待撫恤。是爲雲陽勘水圖。咸豐元年，權元和訓導，以大府命，率諸生講約城鄉，稽察民户，是爲鴻城講約圖。咸豐三年秋，權寶山訓導。時紅巾賊竊踞上海，君隨今觀察長沙黄公於吴淞口江灣、大場、真如諸處練勇守邏，是爲吴淞備防圖。咸豐四年秋，權嘉定教諭，隨今方伯太康劉公集衆防衛撫慰人心，激勸輸粟，是爲疁城勸餉圖。偉甫少好遊，能詩，爲武康徐雪廬典簿高弟弟子。尤工詞，出入南北宋諸家，所至模山範水，脱手成集。中歲留意世事，廣坐高談，指陳利弊，風發泉涌，頷汗津津然。聞者相視而笑，或竟遁去，君不顧也。常欲得一官自效，既試於鄉，屢詘，家益中落。年近五十，始以學官履職近邑，鬱鬱不自得。然其歷事公勤自矢，凡心口力所能自盡者，靡弗盡也。偉甫長予五年，昔歲相聚，年皆少壯，以古今相切劘，其所以期待者甚厚。忽忽三十餘年，瓠落無所成，乃以寇難逃命奔走，家口零落，轉徙靡定，久不得消息。去年夏，相遇滬上，彼此穨然老矣。數平生親故，死亡略盡，存者或散處四方，獨我兩人如萍漂水，忽然復合，悲慨之餘，則又破涕爲笑。自予來皖，偉甫屢以書詞詒問比復，以前圖屬識緣起，求當代通人題詠。噫！別偉甫又一年矣。須髮白者益多，精神日益衰，則偉甫之老狀可知也。然偉甫今方爲方伯公治稅嘉定、寶山間，殫心任事，其言曰：寓體恤於督勸，而不以病商者，病公壯哉！吾讀偉甫近詞，而喜其意態猶昔也。

同治三年孟夏南匯張文虎撰於皖城賓館。

舒藝室雜著乙編卷下

書趙序甫李二姐傳後

道光二十二年春，予訪趙君星甫紀勳。於郡城。君出其□兄序甫繼勳。所爲李二姐傳示予，且屬題其傳。曰：「余弟維嘉姬人李氏，京師人，無名字，家人以二姐偁之。年十五歸維嘉，性敏慧，授以孝經、列女傳，皆能成誦。事上循循有規矩，自先太孺人下皆愛憐之。聞人述古賢媛節烈，輒嘖嘖偁歎不置。維嘉夙病哮喘，歲常三四發，發必累月。姬侍湯藥，夜不解帶，無怠色。歲辛卯，維嘉以郡曹奉檄粤西，挈姬偕往。道漢陽，疾大作，遽卒。姬吞金以殉，年十九。」傳止此。異哉！二姐一侍姬，無飢寒之慮，無内憂外患之迫，乃計不反顧，以身殉主，若是乎其決也。傳言其於孝經、列女傳皆能成誦，聞人述古賢媛節烈輒嘖嘖偁歎，豈慕其名而爲之邪？烏乎！士大夫讀書談道，論古人往事，刻責無已，錚錚然高自期許。一旦臨大節，首鼠兩端，進退不能自決，卒至潰敗決裂，乃多方以解免，何暇計平昔哉？所貴乎書史者本以發後人之仰慕而效法，二姐其真能知此意哉？或者乃曰：孝不必滅性，節不必身殉。二姐非有所不得已，可不必死。而死是輕生耳。不得爲烈。噫！是烏知夫古忠臣、義士、孝子、烈婦遇難捐軀，萬世一瞑，非有所求於悠悠之口也。各成其是而已。若較量於可死不可死之間，其不至首鼠兩端，進退不能自決者尠矣。蓋小人不樂成人之美，往往多所訾議，如此星甫曰：維嘉之卒也，二姐撫屍，一嗚咽，趣入内。大婦怪之，方哀慟未暇，詰有婢聞二姐嘔噦，入問之，不答審視，氣已絶，救之不及矣。蓋維嘉之得疾，非一朝一夕矣。二姐之意，以爲生則依之，没則殉焉。此其蓄積於侍疾時者已久，不待臨事而始決，故倉卒之間，從容自絶，而無所繫戀。瞻顧於其際，此其性情獨摯，而非徒慕其名而爲之者矣。予甚惡夫不能效其人而好爲刻覈之論者，故識之以勸世之願爲忠臣、義士、孝子、烈婦者。

禮部遺集跋

右過庭小稿一卷，誓墓餘稿一卷，避弋小草二卷，萍軒小草二卷，萍軒詞草一卷，律賦賸稿一卷，試帖賸稿一卷。吾友當塗黄小田先生，爲宫保勤敏公季子，以拔萃科官禮部，歷遷郎中，請省親回籍。及勤敏公薨，遂不復出山。君性坦率，豪於詩酒，世居蕪湖，有湖山之勝。有勸以之官者，笑而不答。居數年，咸豐癸丑，避寇至吾郡，依其戚金山錢鼎卿學博。既以嗣君子慎筮仕於吴，遂僑居郡城。庚申、辛酉間，又避寇屢遷至滬城，鬱鬱不樂，傷時感事，恒發之於詩雅。篤於朋友，與予定交十年，尤相得酬唱頗多。同治癸亥，予將赴皖，君餞之曰：「皖，吾鄉也，不得從子，子去予獨行踽踽矣。」愴然而别。别三年，書問無虚月。歲丙寅春，予自金陵暫歸，見君猶健步，然不能多飲，詩興亦減矣。又一年，君得眩瞀疾，中愈，至冬復病，竟不起，年七十有三。卒之前三日，猶作書寄予，與訃俱至。悲夫！子慎既奉君歸葬，乃謀梓君集，屬任校訂。凡過庭、晢墓、避弋諸稿，皆君自定。萍軒詩詞予稍删其漫與者。律賦、試帖放外集例附後。爲名之曰禮部遺集，凡九卷。君詩本其先公家法，實導源白傅，其人與世皆具集中讀者，宜想見焉。

伏敔堂詩録跋

敬叔詩蓋發軔於韓，放於蘇，斂於黄，又假道於誠齋，乃伐毛洗髓，而自成其面目。其屐齒所及，頗近擰石，或擬之袁、趙，固有相似者而實非也。道光庚戌，始與君訂交郡城，其後君從李小湖學使入閩，既而以小官需次浙江，時以近作寄予。及粤賊陷蘇，君翁媪及兩弟均徇難，道梗不得返。徐樹人中丞撫閩，檄君去。同治初元，予避寇滬城，君弟鹿門以君書及此册示予，蓋刊之閩中者。其明年，予赴皖軍。同治丙寅春旋滬，黄小田儀部又以君書及續刊癸亥以後詩授予曰：「敬叔聞君將歸，留滬數日不至，今又赴浙矣。」予頗以爲恨。又明年，而聞君死於浙。嗟乎！蓋自丁巳一别，遂不復見矣。君爲人坦率簡略，或議其狂，實虚衷服善，未嘗自以爲是。其詩戛戛自造，不肯一語隨人腳跟。究其所從來，皆有師法，非浪使筆墨者所能藉口也。後刊之本爲周縵雲侍御索去，僅存此帙。燈下泚筆，不覺潸然，己巳仲秋上弦記。

吴南坪柈湖詩文録跋

同治戊辰夏，南坪翁來金陵，本湘鄉公舊交也。居署中，時相過，從遂訂交，以詩文集及所著國風原指、論孟辨證見示，是時年六十五，聰明健步，東遊吴會，三月而返。深秋賦别，約明春再至，而湘鄉以是冬移任京畿。庚午復蒞兩江，君以老不復出。今春以詩文稿刊本寄湘鄉，分詒諸友。值公薨，薛叔芸觀察代致之。展卷間，如對故人，我知其聞湘鄉之訃，當爲絶弦也。壬申孟夏下弦。

周叔米詩跋

叔米先生績學好義，發爲詩歌，上下古今，豪宕感激。其於賢人君子，將尚友千載而與之揖讓講論也。其於姦諛之徒，幾欲握拳透爪，口唾而手戮辱之。烏乎！詩以道性情，豈不然哉？而兒爲風、雅者，諧聲曼辭，摽竊近似曰吾唐音也。温柔敦厚之教也。吾以爲此詩中之鄉愿而已。屬東南多故棘心蒿目，有不忍聞睹者。君據事直書，不少假借，或靳之，君曰：「此小雅之義也。詩以傳信，匪以傳疑，讀我詩者，其君子邪？則當感動奮發。其非君子，則亦不暇讀我詩矣。」所著駕雲螭室集凡若干卷，又采摘南宋故事，爲新樂府，意内言外，亦以寓譏切。覺厲大鴻輩摭拾瑣細，徒供談資者有莛楹之别。其它西湖雜詠、古泉詩雖皆絶句，往往小中見大，信乎洪鍾無纖響也。光緒建元季秋，君與寶山陳同叔介、青浦何補之見訪於郡城之復園，出示全集，深厚淵博，不禁望洋向若而歎，而猶謙抑其辭，屬爲論定，豈非修人問天之高於侏儒哉？假讀三月，往往有取我胸臆而出之君筆者，即又不解已之，何以久不能自達也？書此以坿楮尾，東坡生日。

蓼蟲吟稿跋

載馳之四章曰：「控於大邦，誰因誰極。」其卒章曰：「百爾所思，不如我所之。」蓋婦人之思，忳而壹。義憤所發，有過於大夫君子者。蓼蟲吟一編，身當寇亂，深思遠慮，有魯監門漆邑女之志。至其直書所見，激昂慷慨，則得之家學爲多，抑亦載馳之嗣音也。光緒建元嘉平月。

跋張文敏畫朱竹

文敏書法冠一世，畫則少有傳者。嘗於柘湖姚氏齋頭見尺幅，折枝梅姿致高絶，今不可問矣。此用枯朱筆作竹根，矯健有千鈞之力，横出一枝，秀勁無匹。自跋引蘇語，謂人間當有數百本，吾恐未必有二本也。光緒丙子春，鳳山攜示屬跋，藉識眼福。

馬慎甫慎庵圖跋

才如諸葛武侯，而以謹慎偁況，凡人乎？然孔子言慎而無禮，則葸何哉？君子義以爲質，禮以行之，非義之所在。戒謹恐懼，惟恐蹈之慎也。義之所在，勇往必赴，惟恐失之亦慎也。豈徒畏葸之謂乎？故由慎而充之曰敬，曰誠，曰存心養性，不愧不怍，其功無盡由不慎，而積之則放辟邪侈，以極於無所忌憚。詩曰：「戰戰兢兢，如臨深淵，如履薄冰。」斯君子之慎也。咸豐十一年冬，遇慎甫滬城，沉静簡默，誠如其字。别三閲歲矣，今來金陵相見，訢然以此圖見屬。夫山林泉石，文人學士之所以陶情適性。及放者居之，或至於詭辟傲惰，君獨以「慎」名庵，思深哉！慎甫高才盛年，由此積小以高大，幾於聖賢之域，蓋未可量。要其始終，當得力於此，予爲之跋，非以阿君，亦冀自警云。同治三年冬仲。

書顧女刲臂圖後

吾邑顧竹虚翁二女先後刲臂療母疾，聞其事者爲詩文以紀。翁族子翯以示，且乞言。予謂刲臂之事，當倉皇急遽計，無復之迫而出此。若一轉念間，即不能爲矣。世俗或執不敢毁傷之説爲疑。夫不敢毁傷者，以身體髮膚，受之父母也。今以父母之身療父母之疾，豈與凡毁傷等乎？殺身成仁，孔子猶取況於父母，且由刲臂推之，其至性過人可知也。其侍疾之際，必能盡瘁竭力可知也。其平日服勞奉養，必能先意承志可知也。由是以事舅姑，侍夫子，其必且禮備而誠至可知也。即其孝而概其賢，庶幾乎哉？夫君子不必以己所能爲者，責人若其於人之善，必先返之己身能否，而後爲不欺其志也。是册也，備志乘之采，達輶軒之聽，以坊表於鄉里不無益於教孝，故爲之書其後。

書盟心古井圖詩册後

鳳山所爲盟心古井圖者，予既爲之題。越五年，予歸自金陵君款門來謝，出所輯題詞以示，則已刊印成册。鴻章鉅篇，炳炳滿紙，乃謂之曰：「母夫人之節大著矣，抑子亦孝子矣哉！」鳳山泫然曰：「鑫即不肖，何忍借吾母之苦節博孝子名哉？竊聞母之述吾父素志讀書，以失怙就賈，常有是鬱鬱冀不肖之能繼其志。而不肖復以貧，故棄書，烏乎傷哉！鑫，賈人也。功名不足以自顯，文采不足以動達官貴人，思惟求當代立言。君子錫以華衮俾吾母之節，附以不朽，此鑫之願。若先生所言，適重鑫不孝之罪耳。」鳳山端厚誠實，由衷之言，可信也。抑嘗繹其行，述而論之，以爲兄之子猶子也，兄死而撫其孤子以成立。篤於天性者，或優爲之，若夫妯娌之間，相聚三十餘年，而無一言之間，此誠母之温恭淑慎，足以感之。然而其用心良苦，而所以訓其子者，至深且切矣。卒之叔中落，而鳳山常濟其乏。叔無子而鳳山兼承其祀。善乎！韓子夏之説詩曰:「冬種桃李,春得其華,夏得其陰,秋得其實。」豈不然哉?因書於册末,以告世之處骨肉間者。同治癸酉冬,自金陵返,書此時初識鳳山也。

江南提督忠愍陳公祠堂記代黄小田。

緊古藎臣,效命疆埸,竭力盡智,扞蔽一方,不幸而捐軀殉國。既已家喻其節,人懷其德矣,而好義之士猶必追溯生平,莊其廟貌,俾崇祀於勿替,其非徒示感慕而已,亦俾瞻仰者有所動心觀效,知爲國家守土當如是也。維軍門同安陳公之涖任江南也,甫七日而以防堵英吉利駐吴淞口,與士卒同起居飲食,撫之如親子弟。惟擾居民者治如法,它皆無問。日訓以禦敵事宜,及施放火器利便,軍亦倚之如父兄,如是者三年。道光二十二年夏,英人由浙窺吴口,兵艘大集。五月丙辰,公率師拒之,自爇大礮,毁其三艘,敵逡巡將卻,而别將守小沙背者引兵潰走,敵從其處登岸。督師亦退舍,遽馳使招公俱,公揮之,益爇礮迎擊。火藥且盡,敵火槍雨至,中公要害。武進士劉國標負公奔數十里,匿葦蕩中。乃走嘉定告督師,迎公屍殮狀貌如生事。聞天子軫悼,下部贈恤如制,准立廟殉節所在及原籍。於是吴淞口及上海各有公廟矣。松江郡城爲提督建節之處,紳士即西門外秀甲園舊址,因故屋數椽祀公,顧未遑崇飾,十餘年於兹。上舍王釗達夫乃慨然曰：「郡城去吴淞口餘百里，自公戰死，敵據上海，我郡人民走避星散，幾空城者數月。由是以思公三年障蔽，郡人實受其福而不知所報，可乎？」於是唱謀於衆，集資更新，益擴而大之。督飭群工，不避寒暑，又自措千金，以資其絀落。成之日，凡官於斯土者，及都人士女，四方商賈跪拜瞻仰，莫敢不敬，莫敢不肅。益咄咄道當日禦敵事，或歎息泣下。烏乎！自英國受撫，不數年而粤賊大起，蹂躪吴楚，所至城邑望風先靡，其能如公身先士卒，奮勇殺敵，絶吭折脰，而無所退避者，幾何人哉！幾何人哉！某避寇松城，躬逢盛舉，王君因介青浦，何昌治補之，屬爲記，且言王君故寒士，而能好義向善爲不可及。予於是益歎王君用心之厚，而公忠義之氣入人深也。烏乎！登斯堂也，其爲國家守土，宜知所自奮矣。

丁氏祠堂記

予既爲丁君竹邨序其族譜，竹邨復進曰：「市南舊有支祠一所，八世祖昭德公兄弟所建，歲久失修，先父蔗園公暨書圃伯父欲改爲宗祠，沮於衆議，未幾竟圮。先父病將没，諄諄以此志命吾兄弟，絀於力，久不能舉。遭粤寇之難，族益貧。同治癸酉，致祭於始祖本泉公墓，慘然念兄弟五人，今吾獨存，齒將六十矣。設負遺命，何以對先人？乃即墓前謀於族衆成丁以上人日輸五文。光緒乙亥始卜地立堂屋神橱，猶不能備物。議增輸五文，猶未敷，乃稱貸集資，歲收所輸以償今，而後將以次修舉焉。慮後之人不知始事之艱，而忽不加意，仍請記之以垂久遠。」烏乎！自廟制改爲祠堂，而大夫士庶皆得以申其報本追遠，尊祖敬宗之意。顧惟有力之家能特建祠宇，貧者僅置龕别室，而高門大宅，起居華焕，問其祠屋，則曰：「未立世家。」宦族雖有宗祠，榱桷不完，神橱傾毁者比比也。寇亂以後，燼於烽燹，蕩爲瓦礫，拔宅它徙，自同於空桑者，更不知凡幾。竹邨家事中落，課蒙自度，乃能節衣縮食，銖積寸累，以爲此舉，遠可以對列宗，近無慚於乃考，其意念深矣。後之人監此艱勤，宜如何擴充增益，使之勿替哉！夫祖宗積德，以詒子孫，子孫之所以報稱者，族譜耳，宗祠耳。猶憚不爲此，而恣縱於聲色嗜欲以自敝，其身至於荒墜，厥緒宗嗣覆焉。聞竹邨之風，亦可自勉矣，乃因其所述而爲之記。光緒丁丑正月。

上海徽寧思恭堂記（代涂觀察。）

宣歙多山，犖确而少田，商賈於外者什七八，童而出，或白首而不得返；或中歲萎折，殮無貲，殯無所；或無以歸葬，暴露於野。蓋仁人君子所爲傷心，而況同鄉井者乎？滬邑瀕海，五方貿易所最，宣歙人尤多。乾隆中，好義者置屋大南門外，備暫殯，此思恭堂所託始也。然區隘，苦無以給。嘉慶間，諸司事捐貲，又廣勸樂善者，以次斥大之，始有聽事丙舍，以便辦公。增冢地，以廣埋葬，儲費以施歸柩。道光中，休邑汪方川太守攝觀察至滬，善之，迺倡建西堂，請免地徵，諸茶商助施衣衾，復捐釐置産，以裕經費。於是堂之制益擴充矣。今夫作事，謀始固人所難，然有其舉之，而繼長增高，以底於美備，非實心力以任勞者，孰能之？若夫美矣！備矣！而深思遠慮，即事應變，俾前人之功不墮，而後於我者有所遵循，而無廢弛，則尤有難者。當咸豐癸丑、庚申間，滬兩遇寇亂，堂故停櫘千餘。司事者謀出倉卒，毅然埋之。賊至，堂屋爲所毁，而櫘得無恙。烏乎！其功悳所保全衆矣。然嚮非此堂，又何所藉手乎？迄賊退，興修重葺，費踰萬千，不勞而集，焕然如故。議者以爲非倡始者無以資，後人之緣起，非繼事者無以成。今日之寬裕，又非敏達善任者，無以從容御變而不失其常。諸君子以予鄉人請爲記，予竊慕方川觀察之高誼，又適承乏，是邦不敢辭，如其實書之，若其條例之善，與諸君子姓名，則具於徵信録云。

横溪新室落成記

歲己酉，雲閣宗老始搆新室於横溪之上，令子象九勤督之，期年落成，屬爲之記，未有以應也。越歲癸丑，粤氛内擾，土匪乘隙滋事，不罹於難者幾希爾。此鄉地僻而土腴，俗樸以儉，富者易爲畜，貧者易爲守，城邑之人望爲樂土，顧何以致此？蓋人心風俗漸漬於不自知，習尚日以靡，資生之計日以絀，於是富者削，貧者或鋌而走險，所由來可思也。張氏世讀書積善，居此逾二百年，雲翁長厚儉約，象九亦能守家法，其教後人者可知。然消長之機，不可不防其漸也。故記之不頌而以規。

思桂堂記

金山熊露茌先生，故豐城人也。明初以世襲指揮衛金山，遂家南門。國朝順治初，其五世祖蕙生公始遷於今所居。草堂堂後有桂先生，因以「思桂」名其堂，屬記於南匯張文虎。文虎曰：「敢問『思桂』之義，可得聞乎？」先生曰：「嗟乎！吾少也，常嬉戲此桂下，花時裴褢忘去。及壯，出游燕、齊、趙、魏之郊，南至甌、越，垂三十年，去家恒數千里。每寄書，必問桂無恙否？白首倦游歸，入門而吾桂如故，則色然以喜。往者颶風，堂且圮。海氛之來，一日數警，居人率鳥獸散而吾以祖父留遺，守之不忍去至於今。今以是名堂，豈惟桂之云？欲使與堂爲終始也。」文虎曰：「然則桂之齒長矣。」先生曰：「然。吾年八九歲適潘氏長姑者嘗指以示曰：『人生顧安得如此桂乎？』予幼見桂婆娑，然今桂不改，而予行老矣。是時姑年五十許，其没也，年九十，今又二十餘年矣。」文虎曰:「嗟乎!文虎家杜浦,老屋東廂前桂高過屋極。文虎七八歲時,及見之,愛之如先生昔日也。既而鬻於他氏,惘惘再遷。今就婚此邑,將亦爲金山人矣。歲時省墳墓,過老屋,傾穨十八九,設葩而居者數家。問桂樹,則摧爲薪久矣。聞先生言,能無感乎?雖然,吾見若高門大宅,朝版築而夕易主者多矣。三槐五桂,田氏之荆,不旋踵而榛莽焉。蓋祖宗創業之盛,而守之難如此。然則區區衡門,老屋固無足道,而先生之所以名此堂者,益可深長思也。」先生曰:「然。幸卒爲吾記之。」遂書之爲記。

復園記

郡城出披雲門百十步曰馬衖,有廢園,徵之志,蓋即元陳家園也。自元以來,不知幾易姓而屬青浦陸氏。咸豐初,故友陸雪亭嘗招與金山錢學博鼎卿,暨其季子子馨飲於園之亭,今二十餘稔矣。子馨家遭寇播遷,學博既没,展轉數載,近始購居此,遂更新其園。去歲,予自金陵歸訪,子馨喜其歛蹤弛之才,以就軌範,爲名之曰「復園」,其堂曰「謝華啓秀」之堂,馳書皖江孫廉訪書其額。今春復來,工以次落成,子馨請一一名其處,乃記之曰:

「謝華啓秀」之堂者,假陸士衡賦語也。堂南面纍石爲山曰「石林」,以界於園中。屈曲爲蹊徑，其平處多蒔牡丹。堂之左曰「肄書廎」，廎側有楝一株甚繁，取鄭虔事名之。堂之右曰「玉暎山房」。玉蘭高三四丈，花時瑩照，如在元圃。其上有樓，古松當窗，晝夜聲謖謖，題曰「天風海濤」。子馨昔由天津航海，遭風濤之險，願無忘在莒也。出山房，繞廊稍右有室曰「松石間」，又右小亭臨水，曰「萍簃」，其水曰「勺溪」。沿溪而北，曲徑右石級曰「雲磴」。納級而登樓有廊曰「涼月」。宜夏之夕樓以宿客，名之曰「盍簪」。又上曰「山光塔影樓」，此學博昔題城西小樓者，今因之。下磴，左略彴，渡勺溪，棗樹橫斜，作花時香微而清，名之曰「棗香橋」。橋東入石林，蠡旋而上，有亭翼然。桂十餘樹，環其周，向陸君招飲處也，名之曰「金粟亭」。北面與「謝華啓秀」堂相向。下亭，左循廊數步，有室如船，曰「壑舟」。旁臨勺溪，舟之前老梅、玉蘭、緗桃、雜花、翠竹間之有臨流之樂，無陸沉之慮，守之以定心，其勿爲大力者所負哉。循勺溪左轉，當「涼月廊」之下有欄檻，與老梅隔溪相望，曰「耐寒檻」。檻東月洞門，當棗香橋檻北有板橋，佇立間輒憶林逋詩句，題之曰「暗香疏影過橋」，則仍入壑舟也。下金粟亭，右循廊曰「春陰館」，以階下多海棠，取陸放翁詩名之。又右小亭曰「且止」，可小憩。又循廊稍北曰「味蠟庵」，黄梅二樹交香前後，誰謂蠟無味哉？其南垣有扉，通石林庵，當啓秀堂。東南出庵，即堂涂矣。勺溪僅一曲，然冬夏不涸，蓋有源也。子馨本以郡司馬筮仕浙省，厭奔走之勞，而歸真返樸，以求林泉之趣，何必平泉金谷哉？夫臨水足以洗心，撫景足以適興，觀草木榮謝，足以悟盛衰之理。俯仰今昔，足以辨憂樂之端。易曰：「中行獨復。」又曰：「不遠復，无祇悔。」此吾所以名園之意也。光緒元年仲春之月，南匯張文虎記。

記高麗人書畫

高麗人申緯行書劉眉士書盟歌二紙，李䞉草書出師表二紙，玄齋長安寺圖絹本一幅，權園雜寫意小品絹本四幅。緯號紫霞，官判書。䞉官翰林供奉，嘗先後奉使來朝，與熊丈露茳相唱和。玄齋、權園，皆古人，不可考，并不詳姓氏，歲己酉秋，九訪熊丈南塘，出此以示曰：「某至井眉，三見君之子，雖幼，顧其意甚相親類，有夙契者，聊以此贈，稍長或當憶老夫。」虎敬謝，攜以歸，授兒子錫卣曰：「熊叟賜，若高麗國人書畫，其寶藏之。」錫卣展卷孰視，甚喜，俛而思，舍而作曰：「高麗國去此幾何？」曰：「蓋六千里。」曰：「六千里熊叟且惡乎得此？」曰：「叟在京師時彼人以貢使至，以詩接洽，乃得之。」曰：「敢問叟曷爲至京師？」曰：「叟壯年好遊，嘗客京師，既復出之山西、河南、福建，離家輒數千里。今老而歸爾。」曰：「叟老而歸，又曷爲不家居而居南塘？」曰：「叟失其配，子若媳皆病廢，不得已授徒南塘，非居之也。」錫卣愀然久之，曰：「叟僊矣。然叟能至南塘，何久不來此？」曰：「叟聾且多病，足弱易傾跌，故不得來。且昔者叟嘗來此，若憶其狀乎？」曰：「憶之。軀長以偉，修眉而廣顙，頳顔而白髭，語則屋壁聲鏗然若相應。」曰：「來何云？」曰：「與外祖父與父言詩，深夜不倦。」指案閒海棠巢詩鈔曰：「此固熊叟詩也。」曰：「能誦之乎？」曰：「能。」「能解其義乎？」曰：「不甚解。」「然則熊叟何如人？」囁嚅而不能對也。嘻！孺子何知，又奚責焉？乃并詩授之曰：「若識之他日能解是詩，蓋當知熊叟之爲人也。」高麗今復名朝鮮，從俗所便，故仍舊稱。道光己酉九月十二日記。

孤麓校書圖記

浙江文瀾閣在西湖孤山下功令願讀中祕書者，許領出傳寫。道光乙未冬，錢錫之通守輯守山閣叢書苦民間無善本，約同人往僑寓湖上之楊柳灣。去孤山二里許，面湖環山，上有樓，樓下集群胥。閑日扁舟，詣閣領書，命抄畢則易之，往返數刻耳。同人居樓中校讎，湖光山色，滉漾几席間，鉛槧稍倦，凝睇四望，或行湖濱數十步，意豁如也。朝日夕月，晦冥雨雪，湖之變態，不窮而皆得之。伸紙舐筆之際，奇文疑義，互相探索，旁徵博引，駮詰辨難，或達昏旦。游西湖，率以春夏秋無至冬者至。又群日夜讀書，一樓若未始知有西湖者。鄰人相笑，傳説以爲癡，而不知湖之奇，吾曹盡之矣。文瀾閣書多勝俗本，然篇目卷次與提要時有同異，或絶不類。有有目無書者，亦有名在存目者，不盡四庫全書原本也。是役也，以十月初至西湖，居兩月，校書八十餘種，抄書四百三十二卷。同游六人，金山錢熙祚，熙泰顧觀光，平湖錢熙咸，嘉興李長齡，南匯張文虎。越六年而守山閣叢書竣，通守乞吴興費丹旭補圖，識昔游而屬文虎記之。

十三間樓校書圖記

西湖寶石山之半，蓋有宋十三間樓舊地，爲東坡守杭時治事之所。云今地入彌勒院郡人瞿君世瑛重葺樓三楹，仍舊額曰「十三間樓」。己亥庚子秋，錢君熙泰續文瀾閣校書之役，偕予兩寓於此樓，前爲後湖夾岸，即錦帶橋西南邪對孤山之放鶴亭，予詩所謂「開窗看放孤山鶴，萬古逋仙共髯翁」是也。動止飧寢，皆在竹陰嵐翠中，臨窗泚筆，緑暎毫楮，執卷而諷，與梵唄相應。天未曙，聞鍾磬聲，悠然披衣頓起，視群山猶夢夢也。中間出游湖上諸勝地，西至天目、九鎖，南渡江，登會稽探禹穴，訪蘭亭修禊處，或一再宿，或逾旬乃返，返則仍校書於此樓。時績溪胡農部竹邨、元和陳文學碩甫同寓湖上。胡君精三禮，方爲儀禮正義，補賈氏之疏漏，陳君專治詩毛傳，亦作疏以糾孔氏。時時過從，商搉疑義，蓋讀書之樂，交游之雅，登臨游覽之勝，三者兼之矣。昔東坡居杭游，跡止於洞霄宫，未嘗過浙東。其時牽於一官，讀書交游之事，能如今日與否，固未可知，而吾兩人以物外之身兼斯三者而有之，非厚幸與？錢君笑曰：「東坡讀破萬卷，交遍賢士大夫，身行半天下，而子乃以是傲之，慎矣。」予曰：「東坡大矣，何敢言？雖然，茫茫宦海，名編黨籍，舟車所至，曾不得一日安處。老竄窮荒，備歷憂患，其視吾兩人閑鷗野鷺，翱翔山水間，安知不顧而樂之，抑豈惟東坡將當世，實有企羡之者。」錢君慨然太息曰：「有是哉！子之言蓋有爲而發也。」既歸，倩工作十三間樓校書圖，遂書其語爲記。時道光二十年臘月。

師琴友酒圖記

師琴友酒圖者，滬城沈君揖甫自寓其所樂也。滬城夷夏雜處，商估雲集，珍奇巧玩，妖冶姝麗，蕩心炫目，不可殫悉。君皆無所樂，獨樂從賢士大夫遊，侍養之暇，篤志風雅，尤善鑒別書畫，四方文藝之士挾技而登門者，若鳥投林而魚適淵也。蓋觀於此圖而知君之所樂，異於世俗之所謂樂矣今夫琴之於樂猶三代之遺制也其將有事於此也。必先正躬壹志，凝其神，調其氣，然後引緩而鼓，其疾徐止，作進退往復之，際穆然不啻與古君子相酬對於几席間也。今夫酒之爲物，惡濁而貴清，舍漓而取醇。君子飲之以通鬱滯，釋憂思，和血氣，而合賓主之歡。是故以琴爲師，而君之所師可知也。以酒爲友，而君之所友可知也。雖然有進焉，今夫古人之於琴禁吟猱，絶綽注，取其和平，沉實沉寥淡泊之意。或乃苟取摽急浮脃之音，以娱俗耳。此與琵琶筝笛何别乎？今夫古人之制飲禮，登降有序，酬酢有文，獻爵有數，或乃叫譹屢舞，沉湎而不知止，此與溺口腹而縱嗜欲者何别乎？然則君之爲此圖也，將與二三師友同樂，其樂以古人之意交相勉，而以其失交相規，其真異於世俗之所樂矣。噫！彼肩摩轂擊，朝優伶而夕狎邪者，固無足以知君之樂，若夫流離顛沛，啼飢號寒，避寇於兹土者，雖知君之樂而不能有其樂也。有客瞿瞿，爵而徐趨，四顧躊躕，援琴而謳曰：「山嶄嶄兮，水深深。思古人兮，求其音。竹箭有筠兮，松柏有心。君子樂胥兮，異苔而同岑。」揖甫肅然而起，洗盞謝客，援琴而和之，屬南匯張文虎爲之記。

沈葵軒家傳

公諱某，字某，别自號葵軒，金山國子生。幼慧，從吴孝廉籍亭學，吴不輕許與，獨器重公，期以遠大。而公父椿塘公官滇南，母陸常病，不離床笫，因廢書治生所，入寡家計益絀，乃就幕浙江。先是，某君者嘗爲公家操奇贏，挾資行賈，中道會朝廷開捐輸例，某君遂藉其資如部，既納而後報謝。椿塘公怡然命復書曰：「君大才，宜以時自展，是區區者，媿不足大裨君，奚謝爲。」某君遂以縣佐，歷數年，擢鎮海令，至是迎公至署，再拜曰：「某不肖，微公家不及此。今某幸以上游舉爲縣令。縣令，朝廷親民官，舉動關一邑，恒惴惴懼，無以稱顧。嘗辱公知，願聞所以，無負此職者。」公曰：「國家承平久，以寬大爲治，民相習爲夸靡，不知禮義，有司務嚴科斂，不恤民隱，以政教爲具文。刁黠之徒，創立邪説，誘民罔法，敢爲悖亂結黨，援犯畿輔。山東河南相繼騷擾。今教匪甫平，歲比不登，民氣未靖，急宜申禮教，明賞罰，緩追呼，省疾苦，嚴保甲，以緝匪類。清訟獄，以釋株連。撫之以恩，而示之以禮。」此書生常言，然苟力行之，政不出此矣。夫鎮邑，濱海俗頑而鄙浮，夸而易動，不得其具不可得而治也。乃爲某君畫一所以爲政者，邑大治。僴，令君爲神父公之教也。公爲人誠恪，令君信之篤，事無大小，倚公以辨。公益自任，竭心力爲之，勞瘁無所恤凡數年。於是患咯血，常念父老母病，不得已出遊，爲負米計，鬱鬱自傷。病益進，半年卒於幕所，時嘉慶二十五年也。年四十，娶張氏。四子，次儁曦，諸生，書瀍劉文清。

屠巖香公家傳

公諱玉基，字魏陵，别號巖香，世爲嘉善人。性亢直，重然諾，急公好義，率爲地方倡植選悞，拯急難，雖竭資，無所悔。友張某將死，託孤於公，公撫之如己子，爲之納粟，入國學。朱某者，欲入監無資，公亦代納粟焉。貧乏賴以舉火者數家，邑令喬有惠政，被劾將去，君悲其枉走，送之，餽以千金，卒得開復原官。里有訟不決者，輒就公，公徐以理折之，皆心服去訟，遂已。遇無賴子，勉以善，不悛則痛斥之。酗酒博塞之徒，率帖息改行。當是時，其所居里曰「張涇滙」者，俗偁醇厚，云公少孤篤孝，事祖父母喪葬盡禮，以母命婚，嫁同産弟姊妹皆從厚。伯父未婚而夭，其所聘女相繼死，公以長宜嗣請於女家而合葬之。年逾五十，事母孫，孺慕無間，及母卒，哀號欲絶，屏絶葷酒。既小祥，猶時時涕泣，竟得病卒，年五十二。公産僅中人而豪於施與，又好排難解紛，故聞其名者，或以爲任俠者流，然乃不知其内行肫摯。若此，烏乎不可及也。長子某，早卒。公繼娶姚余婦之諸姑也，生鈁，謹厚，事母孝，有父風。與余善，述君行，請爲之傳，以系於家乘。

姚蘇卿先生小傳

蘇卿先生，金山詩人也，姓姚氏。名清華，字麗藻，號蘇卿。姚氏自明中葉以來世以功名德業顯江浙間，至先生獨以詩名遠，近皆偁蘇卿先生云。曾祖宏緒，翰林院編修；祖培益，刑部員外郎；父念曾，湖北應山縣知縣。先生幼慧，父授以漢魏六朝唐人詩，輒能解悟，間效吟詠，戛然自異族黨間，固以詩人目之矣。父没，年十七，孤貧無以葬，有族人棻爲江西巡撫，千里走謁，投詩甚喜。會大置酒滕王閣，先生居末座，俄分紙賦詩，先生操筆立成，合座傳觀，咄咄皆歎服。巡撫益奇之，欲留幕中，以母老辭歸。旋喪母，服闋，補庠生。秋賦屢報罷，遂棄舉子業，悉力於詩。先生於古人詩靡不窺，李、杜、韓、蘇諸大家集皆背誦如流，舉其立言之旨，一一不爽。及其下語，神施鬼造，自成一體，未嘗有所規仿。武康徐熊飛雪廬、仁和汪農竹隱、嘉興張廷濟叔未，皆與先生爲文字交。同邑丁繁培溉餘，嗜先生詩尤篤，爲梓其弦詩塾集六卷行世。先生修髯短視，好讀書，手不離卷袟，爲人醇謹狷介，誘掖後進，如恐不及。與人語，喔咿若處子，然其論古今史事，是非得失，忠佞賢不肖，遇所不平，掀髯張目，面發赤齗齗，不少假借人。率迂笑之。先生既鬱鬱不得志，門祚衰落，所聞見皆非顧無可語者。年且老，行自傷，恒發之於詩，慷慨激烈，淋漓酣嬉，欲起古人而友之。年六十六，白髮盈顛，改號「壽雪子」，作壽雪子歌，今著集中。道光十年，文虎始見先生，先生贈以詩云：「君從意外逢知己，我幸生前見替人。」後五年，文虎娶先生從孫女，就婚姚氏，與先生曰過從，以詩相商搉。二十三年秋，文虎游燕，辭先生，先生曰：「子行矣，予老病且憊，不得復見，柰何？」淒咽而别。後先生兩馳書京師，乞爲小傳，皆不達。比明年五月，文虎自都回，而先生已前三月卒矣。先生一子，殤。嗣從子某，夭。復立從子某之子某爲孫。先生卒年七十有一，所著弦詩塾集。晚年悔其少作，病中删訂改竄爲四卷，藏於家。

張文虎曰：先生，詩人也。或曰先生非特世所偁詩人而已也。學者讀先生詩，如其自傳焉。予重先生命，不敢辭，謹述先生生平梗概，及其所以爲詩者如此。

繆介夫先生家傳

先生諱福照，字錫蕃，號介夫，江陰人。世讀書好善，鄉人所偁繆善人家也。先生少惇重，天性孝友，好學攻苦。屢試被放。歲饑，家中落，走依其戚某於湘潭，轉之廣西，客博白令博君幕。既博君擢知左州，將别，延先生密室，陳白金三百爲壽，曰：「以左州遠家，累留博邑，某不得已入。煙瘴多病，事未可知，敢以妻子託。」别出千金，曰：「脱異日有緩急，某子少，乞爲料量。」先生曰：「敬諾屬。」博手自封記。未逾年，博暴卒，有黠僕稔託金事，潛率匪人，夜入先生室，盡劫囊篋以去。然博所授金故在枕函中。明日徑持金請見博夫人、公子還之，指示博君所手識，塵封如故。而以前白金三百爲賻。博夫人、公子乃大驚，泣下拜，卒經紀其喪。俾回旗，絶不言被劫事。初，博白試童子，人贄四緡，得録名以上。寒士率罷試，先生言於令，免之，就試者數倍。博君去，先生客大嶺埠鹾商，家地荒落，民居尟少，薪米雜物期五日互市，貧不能豫儲。或三旬九食，陰雨益無所措。先生遇墟集，輒多市物備貸，恒以時周恤其極貧者。居六年，嶺人感之，嶺故多私梟貧無恥者，迫飢寒，往往爲竊盜，至是相戒，毋使梟入境而誓勿復行竊，曰：「柰何辱繆公。」繆公且去，衣冠擕土物，送者盈塗，欷歔歎息，至無所見乃止。去嶺之平樂，再客南里，久之，歸病卒。嘗誡其子曰：「我别家二十年，足跡幾萬里，以一身歸。然吾好急人之急，所存契皆人負我，子孫賢，何用此？不賢，徒累人，其亟焚之。至世上無名錢，吾未嘗敢用豪氂。凡用無名錢者，快一時，久必獲禍，汝志之。」子徵甲，長厚有父風。

張文虎曰：先生廉潔，不苟取而氣誼忳摯，忠厚之意，惓惓於物，所謂古君子與？雖窮而在下，無所表著，然即一二事可見，其爲人觀，其遺誡知繆氏之未有艾也。明德之後，必有達人，爲先生後者，可弗勉與？

鳳翔府知府柯亭朱公家傳

朱公諱琦，字又韓，號柯亭，一號鶴聞。其先汴人，宋南渡時遷松江，遂爲著族。明山西布政使、右參議海曙公，諱正色，其曾祖也。祖兑餘公，諱之驥，由府庠貢入太學，有聲幾社，别有傳。父松列公諱竦，上海學生，高節醇行，爲郡守方公岳貢所重。公幼慧，日誦千言。及長，博覽群籍，尤好陸宣公奏議、大學衍義。試有司，屢困。兩入都無所遇。川東道曹公節民攝蜀臬，邀入幕時，兼綜茶、鹽、驛三道，公所治井然。藩司金公儁亦每以事咨，爲忘形交。居三年，忽心動告歸。未幾，吴三桂寇川東，人皆爲公幸，公愀然顧以不及與曹平其難爲恨。築别業泖上，讀書古松下，以詩自娱，曰朋松集。康熙十四年，大軍剿鄭錦，公佐閩藩姚公啓聖幕。十七年，姚公擢總督，進拔十三寨，漳泉十五城以次恢復。方中秋，宴集諸將，捷音至，姚公舉盞屬公，有「報最同君脱戰袍」之句。明年適粤東，將循新例納粟。應試時，尚之信力猖獗，粤撫即金公也。挽公勸入資捐縣令，留佐軍幕。賊平，始謁選，得山東曹縣。力剔姦弊，弭盗賊，舉廢墜。河決城南，日夜董役築隄，疾風暴雨無所避，田廬賴無恙。總河靳文襄公以諳練河務，舉授兖州府同知。馬陵山諸缺口，水由青萊諸山下。夏秋，水發，直趨郯城，匯駱馬湖入黄河，勢尤險。舊有禹王臺當其衝，相傳本禹所築，捍水入沭河以歸於海者也。明季郯令取臺石壘城，水遂上溢爲害。總河王公新命議復之，勘估需金二萬兩，以任公。公結茆工所，寒暑不輟，工速竣而費不及半。猶牽河工靡帑案解職。總河于襄勤公知其才，舉監理大工。久之，叙勞補湖北襄陽府同知，遷陝西鳳翔府知府。治行俱如曹。渭水溢，寶雞、岐山、扶風、郿四邑皆被災，公方謁撫軍於郿，民愬災者蜂聚。撫軍曰：「無然爾，朱太守能活爾。」公温語拊循收災，呈三千餘紙，皆唯唯退。即縣示渭河兩涯，令民插牌，災地，四隅書明田數，誣報者許自首寬免。乃案實清丈，不數日繕册請振。撫軍服其敏。鳳翔領八州縣，簿書殷湊，公剌斷平允，案無留牘，訟庭闃然。無何以鳳翔令誣揭前令，公坐失察，罣吏議事旋雪，而公竟引年歸。民攀留數十里，建祠祝之。會户部題請開復，有勸駕者，公曰：「人苦不知足。某一介寒畯，遭逢聖明，官至郡守，涓埃未報，顧年力就衰，獨宜退休林下教子孫，爲異日報稱地耳，何戀棧爲？」公幹練有謀略，爲當事所重，然勤慎謙退，以清白自厲。常以勉其後人，著有曹南東魯江漢西岐諸讞略。其族高安文端公爲之序。自奉素儉薄而御下以寬，於戚族誼尤篤。歸田二十年，卒年九十。子二：毓沆，字德先，岐嶷能文，十六入婁庠，殀，以毓淞子椿嗣；毓淞，字匯三，例貢生，年十二隨公鳳翔，劬於學，尤屬意經濟。嘗侍公夜治文書，有疑讞試之，應機立辨。公固愛其慧而憂其體之弱也。無何，亦夭卒。論曰：公參閩廣軍事，蓋六七年，佐平二逆，大帥倚如左右手。苟竄名捷書，覬叙一官，慮無不得，乃僅以貲郎注選，何邪？近世庸吏皋皋訿訿，苟取充位，它日志乘爛然輒數百言。予讀郡邑志，僅不失公姓名，豈子孫所述舉不足信與？蓋榮瘁顯晦，皆有幸不幸存焉。儌倖於一時，遺譏於後世。今人所矜而昔人所耻，予於是知公之志矣。

都察院左都御史性齋朱公家傳

鳳翔公之孫椿，字大年，性齋其别自號也。幼孤露，育於大父母。年十一，從鳳翔公謁高安文端公浙江撫署。一夕署後古樹忽産二芝，大如槃，文端喜曰：「是兒它日當遠大。」因命小字曰「雙芝」。公行止厚重，而内實穎敏。嘗從鄉先生董宏武學舉子業，顧喜古人歌賦論議之文，私效之。董見而笑曰：「孺子焉用此？」然頗奇許。鳳翔公春秋高，二子皆前没，益愛憐。公年十八即爲入資注府通判。先是，柘林諸處海水衝突，頻爲民患。雍正二年春，朝命文端公馳駟履勘集有司紳士策所以捍禦者，鳳翔公預焉。既請帑，采石築塘，大工未集，而鳳翔公卒。公承先志，勤效力，木石之用，沙水之宜，如素習凡十年。乾隆四年工竣，議叙一等，銓授湖北荆州府同知。旋攝石首縣事，又兼沙市通判。沙市號疲難地，當江口水陸衝要，商旅所集，姦暴叢生。公至，勵保甲，嚴出入，禁博徒，窮盗藪，法在必行，民大治。督運入京，引對稱旨，擢浙江金華府知府。倡義倉，興社學，士有貧不能娶致訟者，給以錢幣，即公庭命之婚。義烏民墮水死，其族假以陷所讎。案已論抵，公察其誣，釋之，民以爲神。遷温處道，署鹽運使，以大母喪歸。服闋，補福建興泉永道。下車即訪獲闖棍三十三人，搜起煎製鴉片器。密緝漁户楊成美、許二等虜劫商民案，盡獲之，置諸法，境內戢然。坐温處道任内誤薦教授王某鐫級引例捐復，補湖北驛傳鹽法道，督治武昌關政，兼權武漢黄德道。建議改設應山諸驛，而量裁水驛，以省勞擾。疏調鹽引以紓商力。黄州大水，按行災區稽口授食，無濫缺。黄梅江隄直鄱陽湖口，首當其衝，公履隄周度，申請加築，遂絶崩潰之患。擢廣西按察使，聽斷明允，無留獄。上林土匪陸李能聚衆爲亂，冒瘴癘疾，馳撲滅之，釋其波累者，以二十餘日蕆事奏入，帝嘉悦。梧州徼接安南，有廣東嘉應州姦民越境滋事，其黨千人。公馳勘，分别流竄，無所枉縱。遷雲南布政使，清釐積案，安插耿馬土司罕朝瓛等，皆懷德畏威。土夷遷内地者游惰無恒業，仰給於官，日久難繼。公請散處民間，官貸之錢，俾得務農。懋遷選其壯者編入軍伍，帝命阿文成公蒞滇，詳核如公議。嘗出勸耕，見父老，教之糞田戽水，以江南農具詳著圖説，頒布郡縣。調廣西布政使，公用心精密，遇事不苟，故自丞守歷監司，並以幹練爲上游所倆。及躋藩臬，務持重，總大綱，不事苛察。常以屬城數十人户萬億而官民闊絶幽隱，纖曲無由身接而目察，舉動少誤爲害無已，故往往慎守成憲。然其有所施，爲必長顧遠計，每出一令，上下翕然，雖智能之士莫之易也。述職入覲，帝從容問所歷官，土壤沃瘠，歲時雨暘，民情習俗，政事劇易，公敷對如響，皆中體要。帝益嚮用，就晋本省巡撫。俄以兵部右侍郎召，尋拜都察院左都御史。未幾以疾卒，年七十有五。公性和粹，未嘗立厓岸，然猝遇艱險，坦然無所懼。相傳官湖北時，以萬年吉地購巨材，奉檄入黔，絶八寨，度萬山，窮索谿峒。嘗陟山，顛見巨蟒，方屈首飲澗中，尾盤古松，長數丈，從者悸避。公色不動，徐戒無譁，輕行踰嶺，竟無恙。人皆以爲難，公第曰：「此天幸耳。」嗜書籍，蒐羅甚富。公餘，卷帙不去手，著有作吏要録、間中集，藏於家。公子侯補中書科中書煐，煐子國學生基，基季子府庠生錫光。以鳳翔公及公狀來乞，爲家傳如此。

論曰：記載或云：公父未婚而夭，所通婢遺腹生公，外舍僕隸私養之數年，始以獻。故有父無母。然公自撰鳳翔公行述，言初生鳳翔署，四年而生父没。又十年而陳恭人没。章章可考，殆傳聞失其實，與予覽公子煐暨門人宋思仁所列公事實年次，有不相掩者，輒以公所自述參定之，著於篇。

浙江黄巖鎮總兵世襲騎都尉羅公家傳

公諱光炤，字映寰，别號朗亭。先世廣東饒平人，明嘉靖間，有巡按廣西監察御史普者，公六世祖也。曾祖士鈐，國朝康熙中應大將軍和碩康親王募征臺灣，積功授左都督，世襲騎都尉，歷湖廣鎮筸協副將，入籍福建漳浦。祖鳴淇由，騎都尉歷浙江温州中營游擊。公父若桐，隨任娶於瑞安，遂居之。公幼即沉嶷，舉止端重，然聰穎絶人。九歲學爲詩，會有乞塾師題劇場額者，戲屬公。公應聲曰：「當真看。」一坐驚異。十四棄舉業，習騎射，未冠技已絶倫。公父不樂仕進，命公襲世職，補閩安水師營都司。時臺灣逆匪林爽文反，提督海澄公黄公仕簡率師籌剿。乾隆五十二年春，公隨總兵郝壯猷剿賊。南路大木降、大湖崙、仔頂、新園橋、仔頭，二十六戰，乘勝復鳳山，旋以兵單爲賊所襲，潰回郡城。隨將軍常青效力，敗賊柴頭港。參將潘滔被圍三坎店，公救之。時夜分，命爇火四山爲疑陣，乃當先殺賊二百餘，圍乃解。又擊破屯匪，焚其寮，再敗賊柴頭港。港故産鹽，當臺課之半，賊涎利屢犯，顧野無可守，公命壘鹽爲壁，力敵數十晝夜，五戰卻之，卒保全埕。復搜剿南潭、竹戈厝、三坎店並山岡，蔦松莊諸賊十一戰，斬級無算，生擒賊目蔡懷、蔡陣等十餘人。奉檄由水路援東港運道，而賊據上游，官軍不能相應。公捨舟揮兵疾擊，斬獲過當，賊潰散，乃置義民，復斥堠，饋餉始通。總兵魏大斌援諸羅，命公以五百兵駐鹽水港。賊至，敗之。調援鹿仔草，大戰於半天厝、無影厝、大崙等處，五勝之。時賊圍諸羅，復奉檄馳至，自辰及午突圍入。參贊大臣柴大紀命備西門，賊來攻戰，敗之。乘勝至南門，拔它將於圍。是時城中糧且盡，請救者爲賊偵獲，圍益急。公乃命别將陳師誘敵，自選卒出北門抵大木，均刈賊莊禾，賊截於牛欄溪，戰敗之，獲禾三百餘石，歸以餉軍。於是日與賊戰，五戰五勝，賊益大發兵圍城，僞帥擁旗幟，瞰城氣熾甚。公大呼，直前搏之，賊大亂，火槍雨發，倉卒間鉛丸洞胸貫背，昏絶兩日始蘇。召醫剜之，丸入骨不可出。及嘉慶初，公以川沙營參將引見，睿皇帝問臺灣時戰狀，命大臣驗視傷痕，頭等賞戴花翎。公之被主知始此。當公之受傷也，賊益晝夜攻城不息，公裹創督戰，激厲所部，以一當百，賊畏之，呼爲小羅軍。被圍凡六月，而將軍福康安公大兵至，始解圍，命哨捕水掘頭賊賴月等捦之，諸羅乃肅清。天子以官兵義民守諸羅，效死勿去，易邑名曰「嘉義」也。五十三年，隨提督蔡攀龍剿賊中路，戰於灣裏溪，獲楊學鄧等二十六賊，梟之。戰於定山，令槍礮先發，以牌隊猝乘之，短兵相接，賊大敗，獲其僞征西將軍楊君選龍堤。案此據年譜書之。欽定平定臺灣紀略作「楊臺選龍是」。參贊大臣海蘭察公命公擊牛頭莊賊，大破之，俘百七十餘人，遂檄公任行營收訊事。公刱立竹牢，分禁男女，以三等定罪。脅從者編入義民，初犯未傷官軍者刺字，再犯者劓刵，傷官軍者斬。從賊婦女如之。童稚及婦女被掠者榜親屬歸之，無枉縱者。又命捕牛稠山賊陳拔萃等斬之。獲火藥鉛子槍礮有差。凱旋，委督辦善後，册籍叙功，以水師營游擊陞用。當公曾祖士鈐從征臺灣時克紅毛城等三十六島，殺賊萬四千餘人，功常冠軍。今公復立功臺灣，相望百年，抑可謂善繼矣。歷任福建澎湖左營游擊，江南奇營游擊，川沙營、吴淞營參將，京口協副將，浙江黄巖鎮總兵。所至力振綱紀，尤嚴緝捕，屢獲巨盜。時蔡牽柳阿全方横行海上，獨不敢近公所轄境。其任川沙也，川營故多守戍，有月餉，無裹糧，不足以養生送死，故人不樂爲兵，皆市井無賴充籍而已。公特捐廉爲倡，集資生息，以助喪葬。又令一兵有事，衆兵各助制錢二，凡可得十五緡。應募者日衆，乃練之，遂成勁旅。其任吴淞也，有姦民販私，竊搰海塘，邑令往禁之，勢洶洶將反。令倉皇歸，牒請發兵。公以精卒百名赴隄，徐遣老成弁兵反覆申諭，稍暇，出不意，猝捡其首事者數人。且急築塘，半日而蕆事。其任京口也，當嘉慶二十一年英吉利使徑由天津入貢，嚴旨申飭後命遵貢道歸國。守風京口，公整飭卒伍，嚴守備，宣布德意，親慰勞，恩威並施。英使私詢公姓名爵位，畏而敬之。有誤傳高資東境鹽梟拒捕者，鹽政飛檄發兵府縣，移催絡繹，至僚佐來請，公徐曰：「已部署矣。」久之寂然。夜漏二下，出高資覆稟示衆曰：「予固知此事之罔也，蓋鹽巡與肩販者鬥，不勝張其辭以聳鹽政，圖報復耳。」或問公：「何以知其罔？」公曰：「高資張都司素能，詎事聞鹽政而無一字稟予者？」衆咸服公静鎮。其在黄巖最久，酌定海捕章程，籌益經費，添設資糧篷索。歲時巡洋，會哨不恤勞瘁，別用小艇，僞飾商人以弋盜，故獲盜尤多。道光初元，奉旨回奏訓練兵丁事宜，略云：到任來，督演官兵馬步諸技，不使一日間斷，弁兵習常技既精，仍令兼習拳勇，視優劣爲賞罰。勤惰爲勸，懲其將備。千把務令於本營，本哨之兵明紀律，洽志意，一旦有用，則不啻臂指之相使。至舟師，除該兵本技外，令習風雲、沙汕、柁繚、丩椗諸事，槍礮逼近，乃發戧舦，力争上風，策精於勤，冀一日收一日之功，一兵得一兵之用。公軍政概於斯矣。海中南田山袤延數百里，草樹蒙密，口岸斗險，故盜穴也。有司以土性肥沃，議召墾。浙撫帥公承瀛以問公，公以地縣海中，墾之徒爲姦人利，擬以石浦同知分巡其地，仍撥弁守之。冬則焚其柴草，俾姦盜無所匿。帥公韙之，如其議。浙舊設米艇，歲修重制，府欲裁之。下黄巖、定、温三鎮會議，公獨持不可。云：嘉慶初，安南夷艇入寇，官軍以戰船仰攻非便，創造米艇，費至鉅。今遽裁汰，非有備無患之意。議遂寢。蓋公忠孝，豈弟兼文武略？當官勤慎，善撫士，嚴而有恩。事上以禮，有所咨必以誠告，故所歷諸大帥皆重公。公益自撝謙循循然，所謂儒將也。公在狼山開百婕詩社，與馬有章、李惠元、張桂林、季惇、李懿曾、馮元錫唱和。其在京口則所交應讓、徐元佐，皆知名士。自作擘窠大書，顔其堂曰「澄懷」。其不廢文事如此。休致六年，道光十四年舊創發，卒年八十。子景含、景鄂、景晧。含先卒，鄂二品蔭生，今河南候補知州。晧，國學生。

贊曰：凱旋彙賞，功歸專閫。史體記載，大略而已，偏裨勞勩，豈能縷析哉？予據羅公年譜，書公功尤詳，蓋家傳宜然。且以見爲將者，非徒坐擁齎糧進退觀望而已。當嘉義圍解，公威名日著，忌者或讒之。蔡公授以老弱卒，戰守具咸弗備，以試公中路。故産竹，公令多取竹立栅，塗土爲帳，削竿爲矛，鋭其根以代鹿角，裹糧於衣，摶以土，爨篠葉以造飯。慰疾痛，均勞苦，有獲悉以賚衆，故所向有功。蔡公按所部歎曰：「君才未可量，吾過矣。」遂折箭訂交，呼以弟。昔之爲偏裨者如此，噫！

愚庵錢公家傳

公諱樹芝，字瑞庭，別號愚庵。先世自奉賢遷今之金山。祖鏗嗣，父溥義，皆以行誼從祀郡孝悌祠，事具松江府志。公兄弟六人，公其弟五也。少習舉業，試有司不利，遂棄去。居家，篤行善事。族子咸熙，少孤敏悟，特延師課之，卒舉於鄉。咸淩早故，婦節孝，撫孤存恤倍至。又助貲，營葬其三世。妹沉夫死殉節，家徒四壁，經紀其喪葬，招撫諸甥男女，卒爲婚嫁。他族戚貧乏者，周恤之類此。嘉慶十九年，大旱，將赤地。公倡議疏濬秦山塘，日冒暑往督畚鍤，於是支港通利，農田稍有收，公之功也。歲歉，發倉中粞米，量給窮户，率以爲常。自奉儉約，敝衣疏食如寒素。而凡橋梁溝堰，衣寒食飢，醫藥棺殮，有益於人者，惟恐弗知，知之惟恐應之後也。性寬厚，待人無上下必以誠，遠近識與不識皆曰：「錢公長者，治家有法。」延名師課子，禮貌肫至，諸子定省，則述先世德澤，勉以孝悌忠信，至成人猶不置生。無他嗜好，間以金石書畫自娱，然無所凝滯，志專於爲善也。卒年六十九。五子：熙恩、熙輔、熙祚、熙哲、熙泰，熙祚出繼弟樹蘭後。公以國學生議叙縣丞，用熙輔官封修職郎。

張文虎曰：爲善而見於顔面謂之德色，内豫策其圖報謂之市心。此或勝於嫂溺不援者爾。

予嘗見公謙下樸訥，其於善行所無事，或面偁之，蹙然曰：「此祖父所常爲，吾奉行之，慮弗及爾，何足偁者？」烏乎！爲善不當如是邪？

章斗山家傳

予與張鴻卓偉甫不相見者四年。同治二年春遇於滬城，相對如隔世，各慞恈述避賊困頓狀。少間偉甫遽曰：「子知吾妻有詩人章韻之乎？」予曰：「不知也。」曰：「子誠不知韻之，韻之且有求於子爲渠翁作家傳，而取必於卓，子其毋辭。」予曰：「異哉！予文何足傳，求之如是其摯也。章氏何如？」偉甫曰：「翁之先，即世傳東坡所和楊花詞章質夫者也。明有工部主事憲文者，翁之九世祖，有兵部員外郎，國朝賜謚節愍，入忠義祠。簡者其七世祖也，家世以儒名庠序間。翁之父焕，母雷，俱以孝聞於鄉里。」予曰：「請聞翁之行誼。」偉甫曰：「翁孝子哉！當十二歲時，父病劇，翁籲天求代，至五日父忽若囈語者再三，云增壽一紀。翼日遂瘳，後果歷十二年而終。翁年五十餘，猶孺慕無閒。」予曰：「孝子哉！此一足傳矣。」偉甫曰：「翁五世以上祖墓大宗中落，翁肩任祭埽。從子汝桐少孤露，翁撫之如己子，卒以成立。門人夏某，力學而家貧翁，返其修脯，凡及門者多有所成就以去。翁爲人正直，恥干謁於朋友，忠告善道，無後言。咸豐元年，詔舉孝廉方正。郡邑上翁名，力辭不就。」偉甫又曰：「翁少歲以文爲郡先達雷曉峰、徐雲舫所重。世傳撥鐙法，學顔魯公書，著性理輯解、章氏本支譜、尊聞書屋詩草，藏於家。餘凡爲制舉家學者，不暇舉也。」明日手韻之所爲家狀以示，與偉甫所述略同。烏乎！士惡行不副其文，今翁之孝與凡行誼既足以自傳，即何賴予文？姑爲之以酬其意可也。翁名夢斗，字兆星，號斗山，後改名倬，又號改生，婁諸生。子錦早卒，次汝梅，即偉甫所謂詩人章韻之者也。偉甫曰：「郡城兩遭賊躪，喪亡離散，無復有人言詩文。言詩文者，韻之一人而已。」

惺齋姚師家傳

文虎束髮從吾師東渠姚夫子習句讀，師見，以爲可教，教以對偶、五七言詩。稍益以文選、唐律賦、經解、古文辭及制藝以應學使者。不售，時道光三年也。是秋，東渠師病卒。其冬，文虎丁遭先祖母、先君之喪，貧不能負笈，就館里中訓童子。於是吾師惺齋夫子詔之曰：「子文不利於應試，其以所業來爲子正之。」文虎固不喜爲制舉文，歲不及十篇，或復蹐弛不合軌範，師輒舉以戒門下士，然意實期許。越三年，文虎倖入學。明年就館柘西，歲時省墓返。或應試郡城，謁師一二面。逮道光十四年冬旋里，而師已捐館舍矣。悲夫！師諱煒琥，字超南，別號惺齋，居南匯之周浦鎮，世業儒聲庠序間。考諱伯驥，嘉慶丁卯舉人候選直隸州州同。師昆弟五人，其季即吾東渠夫子也，惟師爲州同公後，餘皆出後伯叔氏。州同公没，師猶未冠也。讀書課徒，束脩所入，竭力養母。母火安人性嚴毅，督責備，師下氣怡色，務得母歡。入邑庠之年而吾東渠夫子以暴疾没，火安人所尤鍾愛也，哀慟不自勝。師百計解慰，常踰午夜，俟母寢適而後退。飲食服物，母所不喜，弗復陳，所悦必極力以供。逮火安人没，喪葬盡禮，纖屑無遺憾。人以爲寒士所難。師天性和易，無疾言遽色，其爲文亦如之。典雅合度，不事馳騁，而理無弗達。歲科試，輒高等，學使者知爲名宿，隆異之。善飲，工八分書篆刻，求者常闐門。雖醉走筆，應之無難色。里育嬰堂者，師高祖某公所創建，世相繼經理。師每司月徒步察嬰，行數十里，嚴寒甚暑，必親往然。師自火安人没，常悽愴傷懷，言及必垂涕，境益蹙，名心漸灰。甲午科以戚友勸勉，至省門，未入闈，遘疾歸，二日卒，年四十有二。配金氏州同公同榜生奉賢金公女，後師某年卒。二子，長其鈞，字石一，能世家學；次其鉞，嗣吾東渠夫子；女一，適九品銜楊天森孫。三師著有桐陰閣詩文集、成語二千字文、古字彙考，皆未梓。嘗輯自明以來一家應試制藝律賦爲吴興試藝，刊於家塾，讀者歎其門才之盛。嗟乎！文虎自受業師門，兩夫子皆以殊常見待。盛年悠忽，餬口四方，今穨然老矣。無所表著於里巷，其可愧也。夫石一以狀來乞家傳，因并叙從學始末附見焉。東渠師諱煒球，字海南，先惺齋師三年入府庠，詩文超邁，援筆立就，爲同輩所推服。

卒年僅二十有四。嗣子其鉞者，亦未婚而夭，師遂無後。悲夫！悲夫！

王望溪家傳

道光甲申，予始館同里王君家，課其子世彦。王君隱於賣藥，然風雅，工隸書，山水宗董文敏，尤長墨竹，豪於飲。時君戚文學，周墉堅伯亦能畫，顧不善飲。予少能飲，又不知畫。然三人者常相聚，聚未嘗不設飲，談笑爲樂也。其秋，君以鄰火沿燔其屋，移居市東，則與予及周君居尤近，而君家以火中落。明年遭父喪，境彌索寞。自是予館浦南，君客滬城，周君遠遊粤東，數載歸，不得意。偶相聚，相對惘惘，欲尋向者之樂，不可得矣。咸豐癸丑，粤賊據金陵，閩廣匪亂滬，君困賊中三年，家益窘，而世彦從予同客柘西，稍得以所入助贍養。及辛未，粤賊自浙東竄，予挈家旋故里，見君猶康健，惟天寒則龍鍾見老狀。其冬，賊又東遂，各逃難相失。予棲滬城，世彦奉君及家口航海居海門，踰年返。同治癸亥，世彦約予僦屋市西同居，日無事與君酌酒談往事。是時，周君没二十年矣。且歎且感，不自意其身之尚在也。然相聚不半月而予以湘鄉節相招赴皖。是年君七十，予郵詩爲壽。明年君喪偶，移居市北。丙寅春，予自金陵歸，視君加衰颯矣。及今年三月再歸，聞君寢疾，亟往視，則時時作喘息，飲食甚微，然言語性識了了，猶能起坐，醫者皆言脈如平人。於是閒輒往視，問君何所苦？君曰：「苦夜不得寐，寐則恍惚不可名狀，又多畏怖，常須人伴。」噫！此陽欲絶而陰上乘可虞也。君命工繪小像，爲獨立圖，屬予題其首。題數日，予赴金陵，又數日而君訃至。烏乎！與君交四十有六年，而今已矣。君爲人坦率，無城府，孝於親，友於兄弟，睦於族，信於友，苟成人之美，未嘗以無力辭。君諱渭熊，字文載，别號望溪，祖籍浙江之慈谿。曾祖諱某，始遷川沙。父諱元材，字茂春，再遷周浦，仁厚長者也。君生於乾隆六十年乙卯，没於同治八年己巳，年七十有五。配周孺人，後君一年生，先五年卒，别有傳。一子即世彦，國子監生。孫某，年弱冠矣。世彦敏於事，事親至孝，及一切與人皆如君。烏乎！周君没無子，予子避難力竭，病死於滬城，獨君享高年，有令子，能繼君志，君不死矣夫。

陳孝子傳

人子事親之禮，具曲禮、内則諸篇，顧未聞有以此稱者，豈庸行不足異。與抑無其實而强飾其文，不可以終日也。而今乃得之陳孝子。陳孝子云者，其鄰里鄉黨所共稱也。其狀曰：「孝子之事父母也，晨興趨寢門俟啓而入問安，視盥漱問所欲，雖甚難得，必致之先，意承志惟謹。

晚俟父母息乃息。出告反面，有所喜必潤色之以怡父母，有所怫鬱無絲毫見於色。如是終父母世未嘗改。」又曰：「孝子父病死，長號過百日。繼以母老多病，强制哀慰母。側席母室，衣不解帶。聞母聲即起問狀，餘二十年寒暑無間。或以事出，雖遠，不外宿。咸豐十年，粤寇犯松郡，孝子負母行二十餘里，至上海之顓橋乃止。當危急中，奉侍無少缺。夫其居常也，如彼其遇變也。如此謂之孝子，宜哉！」狀又曰：「孝子謹於祭祀，魚菽之薦，必誠必敬。族人修譜及建祠屋墓舍，必竭力以助。戚友告貸，雖缺乏必盡其意。其自奉嗇，待人寬，勤於事事，嚴於教子，又餘事爾。」烏乎！大傳有之曰：「親親故尊祖，尊祖故敬宗，敬宗故收族。」經有之曰：「愛親者不敢惡於人，敬親者不敢慢於人。」吾不知孝子之習，於禮何如？如狀所云，固深合禮意者哉！狀又曰：「道光二十九年，孝子母病篤，乃默禱天，割股肉和藥以進，病竟瘥。同治九年，母又病，遽没。孝子日夜號泣，誓隨母死。或慰之，孝子曰：『吾婚嫁事畢而事親之志未償，何生爲？』越六十五日，憊甚，命其子曰：『余死以墨衰殮其，早謀所以葬祖母者。』遂卒。」或曰：「刲股之非，昔賢已論之，經言毁不滅性，而孝子近於不勝喪於禮何居？」曰：「先王執中以制禮，使夫過之者，俯而就不至者，跂而及孝子者，過乎中者也。抑愈見平日之所以事親者，天性之真，而非矯飾於文貌，此不可以議孝子。」孝子姓陳，初名裕猷，字仁山，别號菊巖，婁邑人。少讀書，應有司試，屢絀，納粟爲國子生，改名宗源。父春元，監生。母范，宋文正公二十四世孫女。世居松郡西郭外之南埭里。避寇顓橋，以故居燬，遷天馬山。其殉母以卒也，年六十有一。有子四，曰某、某、某、某。沈君樹鋒以狀來，爲作陳孝子傳。

姜雲亭家傳

往嘗聞郡先輩范君雲卿，述姜先生雲亭之孝與其好善也，事必徵諸實，不欲爲無益之舉，而博慷慨之名，心竊識之。它日於廣坐中望見顔色，聆其緒論，誠盛德長者，而服范君之不虛譽。今讀恩慶編益詳先生家世，蓋德門之興，非偶然天爲之，抑亦人爲之也。先生諱熙，字懋昭，别號雲亭，華亭附貢生。自父格堂府君以上凡六世，皆以孝行節義，蒙朝廷旌表，别有傳，具於譜。先生性至孝，喜讀書，旁通醫家言，平生所爲善事不可殫舉。最著者，創蠲華邑賓興田一節，爲善之大者，尤孝之大者也。初先生祖次謀府君鄉試，病逆旅，力不能致醫藥，歸而遂卒。孺人陳傷之，苦節四十餘年。病革，語先生父曰：「苟能自立，必思所以助寒畯者。」而格堂君以家累重，不得如志，爲憾以勖先生。先生念之不敢忘，力勤撙節，家稍充遂，首蠲田以爲合邑試士賓興費。自是以後多有聞風興起者。寒士懷才欲試，或以窘乏寢，得此資以成名者比比。群歸功先生，先生竦然曰：「此吾先志也。」獨營建宗祠及先世孝子坊，置義莊，贍族田，給貧寡，乳孤幼。稍長者資其讀書習業。創立尊親義塾，延師課里中寒苦子弟。鄰右戚族婚嫁喪葬，皆有以周恤之。文廟洒埽，會文昌祠堂、豐備積穀倉郡城同善堂、青浦同仁堂皆蠲田爲助。又置義冢，收埋遺骼。道光癸未、己酉雨水災，蠲資尤倍。先生産僅中人，人以爲難，咸偁道之。先生又曰：「此吾先志之所推也。」烏乎！善則歸親，先生之好善也，蓋其孝也。先生雖樂施濟衆，未嘗有德色，至於僧道寺院，土木道觀，則不聞喜捨，此又異於世俗之所謂好善者。其好學至老不倦，著有敬學堂文稿一卷、宗規一卷。恩慶編者先生所輯六世旌表傳略及當代名流題詠也。所校梓者，有張蒿庵老子説略、陳文恭公訓俗遺規及遠祖宋白石道人詩詞集，板皆燼於兵燹。同治元年，先生避亂於青浦爨賢港宗祠，一日飯畢，放箸即逝，實無病也，年八十有三。子三，崧南、金絨、品純。金絨以先生事略及恩慶編求爲家傳，固昔所心識也，不敢辭，因掇其大者著於篇。

浙江候補知府林公家傳

公諱鈞，字陶然，號怡如。先世籍福建同安，曾祖諱彦貞，始遷居松江西門，葬於横山。祖諱潤玉，少與戚吴設質庫，奉賢東門，遂家焉。後吴逋公款監追，乃竭資産代償，家以中落。父諱國賓，諸生，常客外母，患風疾。公尚幼，侍奉惟謹，每晨必視母膳兩後入塾。弱冠一應有司試，以貧故棄儒，治生養親，能先意承志。家漸隆，讓祖遺屋與兄瑜，自構居隙地。奉邑善堂向附三神廟，將廢，公過之，見額惟善字存，歸告於父，父曰：「孺子勉之，天下惟善爲不朽耳。」公遂奮志倡建同善堂於邑廟東，規制詳備。是時胥吏積弊，鄉有人命案，四隅見炊煙者無不横擾，民患苦之。公建議畫定經費，由善堂給，弊遂絶。相傳邑爲言子所至地，倡立專祠，又增葺節孝祠，置田恤嫠。邑城中高而窪，遇水潦四門，皆不可行。乃倡甃石街道路便焉。它類此者多。或偁之，則曰：「吾父所教耳。」父母没，皆極哀毁，喪葬盡禮。其居鄉如此。道光之季，以縣丞需次浙江，補山陰，攝上虞令。大吏嘉其能，舉卓異，調署寧海。咸豐元年，署嘉善。二年再署上虞，題補黄巖，調烏程。五年調山陰，保陞同知，擢知府，仍留視邑事。公所至，以除莠安良，興賢愛士爲本。理積案恒至夜分，平情讞鞫，慎敲朴，寬株連，獨嚴於盜賊，不惜重資緝捕，故民皆懷德畏威。於其去也，輒相與歎息。其在烏程也，有長與某謀佔其弟遺産，親屬挾弟未字女訴府，府委訊。公呼女略問數語，命肩輿送之歸。斥某曰：「爾讀書明理，不念手足情，致閨女露面涉訟邪？亟還弟産，嫁如己女，否則執法重懲不爾貸。」某數强辨，卒不可易。有弟兄争産者，令當堂講家人禮，久之皆感泣去。粤寇逼境，上游命勸捐助餉。時當收漕民悍，弗應，且滋事。知府欲威之以兵，力請緩，諭以大義，卒樂從。增設義塾，養濟院，蠲廉課士，拒絶苞苴。縣聯於所治，曰一秉至公。兩造毋庸，請託分文不取。四鄉莫聽招謡，士民以爲信。其在山陰也，有張孝子者，以小販竭力養母。母病癱，常扶持之，垂二十年。己不娶而爲弟娶婦，以延宗祧。公首訪得之，爲建坊營屋，助饔飧焉。林烈女者，李某童養媳也。有蕭山生寓於家，豔女色，重金啖媪，媪逼女，不從，閉置絶餐。某夜歸，復逼女，仍執不屈，乃絞殺之。負屍將棄城外，方登，巡卒至，倉猝倒植城下，反索女於母家，遂涉訟。或見女屍以報，乃繫某於獄六年，未竟。公理獄，究得實，雪女冤，論如法，爲建祠及坊曰：「林烈女絶之於李也」，其爲縣令如此。十年署寧波府，時省垣初復，賊逼嘉湖；餉需支絀，公以恩義激勸，數月得百餘萬。大吏奏保道員。廣匪肆虐郡中，將謀不軌，密請於提道率兵搜緝，得無事。十一年冬，賊陷紹屬各城，四路環撲，援絶餉缺。激厲軍民，登陴死守，如是兼旬，而奸夷有通賊者。城陷，公自墜不死，復自縊者三，從小閤跳而下又自剄，皆遇救免。適舊部踵至，知提道在定海，遂招集民團往助之。同治元年四月，從攻寧波，自辰至未，一鼓克之，捡獲賊數百。主兵者欲殲之，公請鞫釋脅從者三百餘人。寧紳陸某充賊僞官肆惡，城復，猶厠紳列招要，乃以蠲事邀至署。午餐餐畢，略詰問，縛而誅之，衆以爲快。方獻馘夷人驟馬至致救，公曰：「陸某，中國罪人，殺之何預爾事？設爾西人有犯法當殺者，而我阻之可乎？」夷語塞而去。又籌餉增募壯勇。八月，督帶廣濟軍，身先士卒，攻克紹屬各城，旋以前失守處分被議，委赴上虞辦蠲，月得二十萬，遂克紹城，而公已積勞成疾矣。二年，總辦山會米鬮，力疾從事，紹紳聞公來，皆踴躍恐後。三月而集事。當大事能任重如此，大吏皆知公得民心也。咨請開復藩司，蔣公益澧頗重公。進攻嘉興，函招不能往。是時公久病，然神識不衰，終日危坐，猶自檢公牘，遺命薄斂，勿濫訃。卒年五十八。配顧恭人，先公十年卒。莛室何孺人。子二，孫九。公天性孝友，既官浙，痛父已殁，乃迎養兄瑜於署，事大小必以咨。公餘貲悉歸之，自奉廉約而樂成人之美。友陳寶善自金陵逃出，解衣推食，俾習幕，助鬮府，經歷爲游揚當事間。旋得知縣洊，擢知府。凡族姓姻故稱貸者，必量助之。嘗曰：「吾自筮仕歷二十年，家中不增一屋，不置一畝，庶可對部民耳。」及其卒也，幾無以斂。烏乎！予與公仲子惺煒交，述公生平多可紀者，撮其要爲家傳，足以見公爲人矣。

張沛霖時霖兄弟合傳

張九思，字沛霖，九宜字，時霖兄弟也，仲清十六世孫。九思年十四，父殁，伯兄作霖以任俠破産，家貧甚。鄰有操布者，日睨之，遂能其業。主識其誠篤深，見任以所。入孝養盡禮，擇壻嫁姊，與時霖次第婚娶。凡族窮無所依者，悉牽引之。俾成業，作霖病臌，舟輿四出，求治不言無錢。死復爲之斂。年三十五，積勞發病卒。子鑫僅三歲，家無贏餘。時霖摒擋兄喪，請嫂同爨，奉嫂如母，撫鑫如己子。營葬三代，每述兄樂善好義，受欺不較以訓鑫，而自謂不如勉以成立。性忠實，一如兄，排難解紛，不以宿怨辭。晚境洊絀，有告窮乏者，猶力周之。然疾惡太嚴，性復疏忽，卒亦爲人所欺，以貧窘云。

孝匄傳

孝匄姓哈，回種也，居安慶城南門内。哈排巷長，不滿四尺，臂攣脛蹠，肩背戾舌，强語噓噓不可辨。日匄於市以養其母。母年垂八十，衣服完好，充然不知其爲匄者母也。當粤賊陷安慶，時人民逃散，不及逃者率遭賊毒。孝匄母子不能行，獨相守不去。賊憐其孝，亦恤之，卒得全。烏程周學濬御史，首爲孝匄行述其事。海寧李善蘭繼之，且約所交集，貲月給其薪水，遂不復匄於市。兵部員外郎武昌王家璧，孝子也，父以累成滇，徒步往省者再，卒奉以歸養。是時江南賊未平，父勉以報國，促從軍皖營。聞孝匄事，慨然願助之，且爲詩。詩成，而父訃遽至，投筆踊哭曰：「吾愧此匄，吾愧此匄。」

讚曰：孝匄傫然負人形，肩背手足口語皆不靈，而獨知孝其母，蓋其心全乎人也。彼靈於肩背手足口語者，視孝匄蔑如也。然肩背手足口語之靈，徒人形存耳。王兵部之言曰：「吾愧此句，吾愧此句。」人亦毋以肩背手足口語傲句哉。

張母陳孺人傳

蜀魏國忠獻公之裔，居南昌大木山者，在明有南京兵部尚書諱鏊，設險備倭民，蒙其福，其十一世孫璲以孝行爲今爵相湘鄉曾公、合肥李公所知，即陳孺人嗣子也。璲與予善，述孺人之行，詳云孺人姓陳氏，邑布衣斗輝公。女。年二十歸贈徵仕郎茂東公，三月而徵仕君服賈貴陽，孺人事姑盡孝。是時徵仕君祖翁年九十餘，善病，孺人奉養惟謹，勤於操作，每鉏園采樵，晝紡夜績，以佐日用。凶歲餌杞根、榆葉、觀音粉石脂也，從其俗稱。以充腹，而甘旨無缺。洎祖翁没，姑欲減食，指時令居母家。居母家，鍼紉所出，仍以奉姑。忽一日心動，歸視姑，則姑方病急。求醫藥月餘，目不交睫，病日甚，乃刲股和藥以進，卒不效。姑撫之曰：「汝侍我瘁矣，如命何？汝夫久無耗，吾死，汝往尋汝夫。昔我舅遺所拄杖，今畀汝，當佑汝行，且保汝壽，似我舅也。」姑没，孺人百計終喪事，遂遵姑命，單身三千里赴黔，而徵仕君已病，不久卒。孺人銜慟摒擋，衣物，護柩歸南昌。無子，境益困，有人所不堪者，孺人未嘗言苦也。如是數年，徵仕君有疏族子幼失父母，無所歸，孺人憐之，飲食之以爲常。初，孺人嘗夢徵仕君子一丸藥，至是復夢。或予柏一株，植庭中甚繁，以告其族、族老者，曰：「兆其在此子與？」遂勸撫以爲子，孺人從之。命就村師，識字名之曰「璲」。孺人畜之厚，教之嚴，曰：「不從艱苦中磨厲，即不得成人。」璲稍長，亦能體母心，然自度貧不能讀書取仕進，又意不喜近市廛，乃學爲篆刻圖繪，得升斗米以養母。間作詩見志，人稍稍重其孝。既而遊京師，湘鄉公偁之，名益起。及公督師祁門，璲以小官留營。同治三年，克復江寧，委攝如皋典史。乃迎母至任，繼又委理安豐鎮差缺，攝鹽城典史。孺人謂璲曰：「官無大小，宜盡職一也。且自尚書公以來，世以清儉力勤爲家法，汝勿負職。吾日噉菜羹，亦飽。不則，雖列五鼎，吾不食也。」遇水、火、蝗、旱，惻然禱天，幾廢寢食。烏乎！孺人之孝，之賢，之刻苦，厲節，天報之以孝子，宜哉！璲泣下，曰：「璲何能孝？凡璲之得以爲人皆，吾母教耳。」璲又言孺人在黔時，徵仕君有友某託積金而遠遊，臨没以屬。他日某至，孺人詰姓名畢，即出金還之。某感泣，將分金爲謝。孺人曰：「吾夫不負友，吾不負夫，奚謝爲？」卒不受。自黔歸，攜一婢，視若己女。稍長矣，歲荒，族人勸鬻之以度歲。孺人曰：「不餓死，當禮嫁，忍賣女救飢邪？」見孤、寡、老、弱、窮、餓者，每輟食食之。比鄰一家十餘人病疫，親戚屏跡，孺人以微鹽煎湯飲之，爲其啓閉者月餘。里有死無棺者，抽壁板與之。其好義如此。璲鹽城得代，奉母居江寧，踰年奉檄于役京師，歸而孺人病篤。湘鄉公貽以人蔘，服之，竟不可治。同治十年四月壽終，年九十五，果如姑所言。

王孺人傳

王孺人者，盧氏，浙江黄巖舉人堉之女孫，處士肅烒之女，而王君某之室也。幼穎慧，通五經大義，旁及文史。年十四失母，哀毁不食，處士固喻之，彊食。無何，處士病，求醫久不效，乃泣告天，請以身代，封左臂肉和藥以進，病果愈。稍長，適王君事翁姑如其事父母，諸叔小姑幼，教之讀書，若弟子然。及於婚嫁，皆盡心焉。勤治内事，率以身先，妯娌子就外傅入，覆其所業，必精熟而後寢。暇則伉儷以詩唱和爲樂。咸豐十一年，粤寇竄浙東，是時王君父及仲叔兩弟相繼没矣。王君與季挈全家避難邑之石嶅，轉徙蒹坑，地在萬山中。兄弟每重趼踰嶺數十里負米返，孺人先潔膳奉姑，以次及長幼，己獨餐薯蕷，或薄糜和麥屑充腹而已。及明年十月，寇退，得歸而孺人已病矣。亂後益困，猶力佐王君理家，焦勞不得息。同治四年竟卒，年四十有六。孺人生子五，長禹堂，邑諸生；次元祁，國子監生；次士鏞、士驥、士鏡。孫四人。所作詩散佚，禹堂收輯之，凡一卷，曰焦尾閣遺稿，藏於家。烏乎！孺人在室爲孝女，既嫁爲令妻，爲順婦，爲賢母，且備極艱困而不失其常。使爲男子，亦士之貞者矣。而年止於此，蓋甚矣夫。天之不以貧富夭壽爲禍福人也久矣。

張烈婦傳

咸豐十年夏五月，粵寇竄松江。十三日擾婁之天馬山，鎮監生張世寰妻鄒氏沉水死，世寰從妹如皋訓導金山胡光宅妻挈其幼子女繼之。是日，郡城陷，文武官皆遁，惟婁令卞乃譝戰敗死之。張烈婦者，青浦鄒某女，在室以孝聞。及歸，張姑前卒而夫常負米外出，獨事邁舅十餘年，無違禮。撫小姑、幼叔，飲食、衣履、紡績、誦讀，周且摯。姒婦卒，遺三孤，育之亦如此，皆以至成人。舅疾篤，佐夫侍湯藥，晝夜不息，竭嫁具以濟匱乏。遭喪盡哀，族黨偁焉。張故貧，烈婦躬操勞不自恤，率諸女篝鐙，治女紅至午夜，益課諸子，以塾師所授書必使成孰已。乃偁說古人忠孝節烈，立身行己，曰：「勉旃爲人，當如是也。」粵寇陷蘇、常，勢且亟。胡孺人者，世寰叔父婁庠生錫保女也。自郡城避地，依世寰家。烈婦謂之曰：「寇深矣，設不幸遘難，吾與若惟捐此命，完白骨耳，毋偷生，辱先人。」及世寰郡城歸，賊已逼，婦麾使速去，遂與胡孺人走避深林間。賊掩至，烈婦遽赴水，胡孺人抱攜子女從之，皆死。事聞忠義局，奏請旌表曰：「烈節坿祀昭忠祠。」烏乎！人情好生而惡死，彼烈婦豈獨異哉？孟子曰：「所欲有甚於生，所惡有甚於死。」誠講之有素也。胡孺人者，蓋亦奉教於嫂久矣，夫惟卞令爲無媿於二女子哉。

張節母唐孺人傳

張節母唐孺人，邑沈莊唐振初女也。母李氏，無子，苦節課女童以自活。孺人承母訓，讀四子書，通大義，適六竈張沛霖賢，孝知大體，動必以禮，無疾言遽色。比舍之勃谿詬誶者皆爲之感化。年二十八，夫故，子鑫生。甫十三月，孺人指門前井，自誓勤苦撫孤，和於叔娣，傾心下之。孤就傅，歸勖以成立，無微不至，俾事必稟承叔父，終身無閑言。沛霖之斂也薄，且殯，孺人常以爲戚。鑫既以服賈起家，厚治父葬。值叔中落，孝養如事父母，且力行善，孺人至是乃有喜色，曰：「好爲之，然汝貧家子稍裕止，勿負人財。」既而曰：「吾今而後可見汝父於地下矣。」同治三年歿，年五十七，其族戚閭里皆額手曰：「見孺人守節凡三十年如一日也。」鑫爲人敦厚，依仁義，長人鉅德，每偁重之，泫然曰：「鑫幼孤露，未嘗多讀書。鑫之所以得成人，不見棄於長者者，惟吾母之教也。」乃以孺人言倩善繪者爲盟心古井圖，求當世題詠成巨册刊之。十二年，大吏彙題入祀節孝祠。光緒二年建坊，見邑志。

儒林郎布政司理問雲閣張公行狀

曾祖文璣，太學生；祖一籌，金山衛學附貢生，贈奉政大夫；父應柏，例貢生。公諱烒，字用和，號雲閣，先世出自南宋魏公。宋末有太學生湍者，始由蘇州徙居華亭，遂著籍焉。公幼慧，總角就傅，有所問難，師倉卒或無以應，輒奇許之。及長，工爲制舉文，每一藝出，識者交口歎服，以爲相如、子雲之流。而近世時尚號爲清真雅正，實乃漸趨於空疏。公文典重，不苟徇俗，學使者顧疑之，以爲非風檐寸晷所能爲，以是久困於場屋。道光三年，以捐振奉旨議敘重九品。公志在正途，將納粟，入南北闈，以一發其素所藴蓄。無何，病痁數載，不任奔走，恒悵悵不自得，而年且頹然老，遂援例就職布政司理問。杜門養痾，以詩文自娱。公詩抒寫性靈，不規規於聲病，要達其所見而止。烏程張鑑序其集比之白樂天楊誠齋，非讕言也。有手訂聽鶯館詩文稿行於世。公爲人疏直，乍接之若簡傲然，稍相習乃益和易。處事誠信敦篤，表裏若一，遇親族及故人子弟，諄諄然勉以讀書治生，無墜先業。自奉儉薄如寠人，獨樂善好義。鄰近之疾苦無倚賴者，率月給其空乏。又捐置義冢，以葬暴露。水旱災荒，濬河築海塘。修葺文廟，肇建書院，每捐資爲倡，有司先後式其廬以爲鄉里表率。季弟振宗病卒，二子皆襁褓，公經紀遺業，條里井然，償逋負，贖棄産，三年之中，復其故有。撫其子如己子，教誨不倦，以至成立。烏乎！骨肉之間，嫌怨易積，屠沽市販，欺陵孤寡，影射乾没，此人頭畜鳴耳，於士族何有？然古人拮据捋荼，綢繆牖户，猶不免於流言，君子讀鴟鴞之詩，爲掩卷太息也。公處危疑之際，決然自任，逡巡十六年如一日，内外無閑言。烏乎！難矣！公高祖士正以善士著名郡志，祖一籌以行誼崇祀郡孝悌祠，公繼其後，可謂無忝也已。道光二十九年，始命子家鼎營新築於所居之北，常兢兢以苟完苟美爲勖。既成，乞余文記之。咸豐四年，公年七十，親友將舉祝，公扁舟近游避之。冬十一月，微疾，處分後事，纖屑無遺。且曰：「我死，其乞某爲狀。」脱然竟逝。公娶吴安人，先十三年卒。子家鼎，八品銜捐職翰林院待詔。女適職員華式儒。孫三，聲夏、聲盛、聲永。夫人非瑰跡奇行之爲難，而庸行不爽之爲難。鉅人長德之生，恂恂呐呐若無以異於衆人。及其没也，遠近戚然，追溯平昔，以爲此鄉此里無復有。如是人者，其亦可念也。夫家鼎奉遺言來告，義不敢辭，謹狀如右。

韓月泉述

韓君諱承恩，月泉其自號也。江蘇婁縣人。幼孤，性謹慤，長服膺宋儒書，仕爲浙江杭州府照磨，進捐府通判，署温州通判。民俗盛賭博，宰耕牛，通判俸薄，取資焉以爲常，君獨不然，嚴禁之，俗以革。咸豐末，金錢會匪亂作，道府縣皆先出，君亟馳告總兵葉趣，招巡洋水軍擊之，半日而復。一月賊復至，復擊退之。巡撫王壯愍公知君材，命主温，屬團練曰：「事從所宜，掣肘者揭之。」近地土賊皆懾伏。同治元年，護台州府知府。台俗彊悍，好鬥健訟，匪徒恒劫質人取材，而勢豪坐分其利。君慨然曰：「俗之敝由治不平也。」於是大修政刑，勤於聽訟，日不足，繼以夜，案無留牘，請謁不行，民皆以爲善。受代署同知，駐天台，綜理民團事。粵寇犯金華，據東陽爲要隘，葉鎮檄君赴剿，君選台勇數百人直趨東陽，親冒死督戰，賊敗遁去。獲倉穀萬石，盡發民間平糶，民大感悦，厚餽，君概卻之，强之，受一襆被一騎而已。二年，復護府事。天台許姓族數千人，子弟不肖者或事剽掠，君過其地，呼許父兄告誡之，皆叩頭流血，誓禁勿再犯。抵郡，即誅盜設卡者一人，台民既服君前政良者，喜黠者懼，皆願奉灋。君欣然曰：「台俗可化也。」乃興學校，以時宣講鄉約，糾工新校士館。台屬仰米於黄巖、太平，亂後道梗，商賈居奇，民大困。君嚴緝土匪，通轉運，禁遏糴，招商賈，米價漸平。先是，有積匪徐景朋者，據黄巖之奇田爲亂，地險絶，前守莫能問。君急圖攻之，而鎮將頓兵不應，因請於大吏。發兵未至，而參將某縱匪出，先突同知希慶營。希死，將襲城，有密報君者，君亟馳入城爲備，而參將告大吏，謂：「希死，君不在行間。」大吏始疑君，會都司楊應龍率兵至，而參將密嗾景朋遁，君曰：「賊渠不可失也。」縣重賞購獲景朋于温境，誅之。復馳至太平，捕斬餘黨王明功，奇田遂平。乃定讞上大吏，而邀功者已先報捷，大吏遂劾君姑息於前，張皇於後，罷君職，然奇田匪梗，化久不誅，渠魁患且無已。當君之還民，炷香燃燭以迎，且張燈爲慶。及聞君當罷，乃大譁，群聚請留，代者逡巡不敢至。是時君已病，方力疾校士，促代者至，歸以印綬，而民間愬曲直者猶日詣。君又祠神請減衆算，益君壽，君竟卒於校士館。君故素封，咸豐十年燬於寇，至是囊篋蕭然，萬民走哭，争斂錢爲賻弔者塞衢。喪歸，所過道路多嘖嘖稱君治者。宿逆旅，逆旅主人噫曰：「此韓太守耶？向非公，此路絶久矣。」予與君從兄應陛善，嘗識君，沉静人也，乃不知其能爲循吏如此，以有用之才詘於不知己，而鬱鬱以死，悲夫！

書劉軍門逸事

陳作梅觀察，名鼒，溧陽人。言總兵陳振邦剿捻陳亡，無子，其妻方娠，扶櫬南歸。至清江，忽有陳姓者，亦總兵也，自詭爲振邦子，欲奪其喪斂賻資。婦大哭，伏櫬上，某强推之，下顛而小産。婦憤甚，自縊，家人控告，府縣官及憲司皆相視嘿嘿。於是劉軍門省三名銘傳。方奉檄赴山東過此，聞之大怒，命卒縛某至，數其罪，即斬以徇。知其事者皆以爲快。軍門今之健者，功在史册，不勝書，書此以志逸。

書潘塏

同治二年春三月，淮逆苗沛霖復叛，據懷遠，破潁上，圍蒙城。夏六月，再破壽州，勢張甚。安徽巡撫唐訓方駐軍臨淮，僅自守。是時，大軍方圍攻金陵，欽差大臣節相曾公駐節安慶，頗患後顧。於是壽州老儒劉本忠獻策，言三河尖練長潘塏與沛霖有隙，塏有智略，得人心，可用以剿賊。曾公亦知其人，即命本忠招之，塏感泣，乃宣布曾公威德，凡向爲沛霖所脅之十三營衆十餘萬，地數百里，皆願倒戈殺賊。浦霖攻蒙城，久不克，南有楚師，黨羽瓦解，餉道絶，勢大蹙。冬十月，科爾沁親王僧格林沁大兵至，沛霖衆潰，爲其下刺死，淮南北遂肅清。塏族居霍丘之三河尖，蓋五百户，業耕且讀書，應童子試，罷去，以然諾重鄉里，事多取決。咸豐六、七年，蒙亳間捻匪起，衆至六七十萬，突至三河尖，塏族被害者十七八，廬舍灰燼。不半年又至，塏子立勳與塏先後虜，展轉不得脱，乃僞爲賊謀，多倖中，賊以爲奇，漸見委任。久之與諸酋埒所部常七八萬私與官軍通消息，每以計逸其被虜者，乃集諸酋議曰：「我曹衆且百萬，不難以横行天下，而徒聚處一隅，此自盡之術也。請分兵掠要地，而大營居中應援，勝算在我矣。」衆酋僉善，塏自願北竄，乃行數日，徐語其衆曰：「我等皆朝廷赤子，不幸被脅，今幸脱虎口，獨不憶鄉里墳墓乎？」

衆不敢應，塏曰：「爾輩勿疑，誠將終爲賊則殺我，其願散歸鄉里，則我亦從此逝耳。」衆皆泣羅拜，塏遂散其財帛，資以路費，七八萬衆一時俱散。塏乃隻身奔壽州，謁巡撫翁同書，自陳且言賊中情形，翁甚喜，賞五品軍功牌，命與沛霖合辦團練事。沛霖者，本鳳臺諸生，爲人狡而險，尤淫毒。當賊起蒙、亳，沛霖藉團練名招集不逞，輒殺其不附己者。或攻鄰團，奪其所有，鳳、潁數百里間懾其暴，皆附之。屢受薦舉，至川北道布政使銜，然非其意也。塏知沛霖叵測，不欲屬翁曰：「汝不彼附，恐不汝容也。」塏不得已，見沛霖，語竟夕，沛霖大悦，宿志盡露，塏乃佯爲腹心，若向所以待捻者，沛霖不疑也。十一年春，沛霖反，攻壽州，徵塏，塏急至，城已陷。沛霖大殺掠，塏力調護之，收所虜婦女遣還其家。沛霖欲分掠光固五屬，塏曰：「不可，五屬本在我團練中，其地富厚，盍釋之爲它日籌餉地。」沛霖以爲然，五屬卒得案堵，不陷爲盜藪者，塏之力也。是年冬，朝廷命四路進討，沛霖懼，遂通連粵匪馬永和，令渡淮，困潁州。又嗾捻首張樂行據淮上以牽制諸軍，塏憂之，乃密遣人説樂行曰：「沛霖，爾讎也。其反覆，爾所知，今勢迫相招得志，且相噬矣。爲爾計，其廣收民圩以自備。」樂行信之，如其言。塏急啓沛霖曰：「樂行，我讎也。今乘我急，廣收民圩，因以爲利，患在心腹矣。」不省，則復馳白沛霖曰：「樂行圩日增，氣益熾，我十三營且向彼衆懼且譁，猝有變，柰何？」沛霖心動，乃約合攻之。同治元年正月朔，出不意擊樂行，破走之。於是欽差大臣勝保遣兵來解潁圍，塏因説沛霖曰：「勝公，君之保師，盍助解潁圍求自贖乎？」沛霖從之。是時塏先已納款於我軍，乃往謁巡撫李續宜，言始末，且曰沛霖雖受撫，爲緩兵計耳，不可恃。李然之，彌重塏，令立勳。開勳中營，駐防三河尖，而勝袒沛霖甚，令淮北團練屬沛霖如故，而仍札塏爲沛霖貳。沛霖已知塏不附己，銜塏，塏陽奉沛霖，特不與相見。無何，諸大帥引兵它援，沛霖遂復叛，如塏言。劉君故嘗招塏，知塏始末，爲予述之詳，且曰：「當沛霖圍蒙城，僧邸未至，微塏掣沛霖肘，蒙城必陷，陷則賊必北竄，後患且未易除也。」僧邸既滅沛霖，以塏父子先納款，免死戍邊，而塏守三河尖，嘗武斷鄉里事，或遂殺人。河南道御史奏塏父子不法，同治三年四月，追塏立勳，還斬於市。

昭武都尉江寧駐防佐領兼步軍統領卓佳公墓誌銘代作。

咸豐三年春，粵逆洪秀全由楚入吳。二月丙戌，陷江寧，駐防佐領輝翰泰公以其屬百餘人戰死，闔族殉節。烏乎！忠義之氣能使人同生死，蹈白刃，糜軀折馘，若鳥就陰而水赴壑，豈非恩信洽於平時，而大節著於臨事哉？烏乎！盛矣！公少好兵家，言讀史，至古忠臣義士每歎息泣下，尤慕宋岳忠武之爲人。其御下以仁，善善而略其惡。貧不能婚葬者資之，其致命遂志，得士心而樂爲之死，蓋有以也。先是，道光二十二年，英吉利犯江寧，城閉，獨開通濟門，公勒兵嚴防，稽出入，間諜無敢近，晝夜不輟，凡兩月餘，上游益倚重公。當粤賊之東竄也，大帥悉兵駐九江城中，無備，公憂之，以語家人。家人曰：「脱不幸，惟闔室以殉耳。」公喜。及九江兵潰，大帥退回江寧，賊隨以至，急攻城。儀鳳門陷，公死力抵禦，賊披靡，公追之出城，而城西兵薄，賊爭援而上勢，不可遏。忽二騎馳至，曰：「主闔門殉節矣，某等來助主殺賊。」視之，乃親卒關方吴三藍也，公壯之。是時所部卒僅存三百餘人，公曰：「俱死無爲也。」揮之去，去三之二，餘皆從公。遂追賊至漢西門，賊益衆，公創甚，復奮刀殺賊目數人，力盡自絶。從兵大哭，皆死之。而公族二百餘人，或溺或焚，或自殺，或赴敵死，無一免者。公時年六十。公姓卓佳氏，諱輝翰泰，字子辛，世籍滿洲，從龍入關，駐防江寧，代有功，七傳至公。公生三年而母卒，育於世母黄。稍長，事父及繼母、世母，色養盡孝。及其没也，每祭薦必哭失聲，以恩義率三弟，有過則設祭先人，泣而自責，弟皆感化。由行伍補驍騎校，歷遷佐領，兼步軍統領。其居官嘗曰：「惟儉可以助廉，惟恕可以成德。」其訓子嘗曰：「士子喜聞諛言，學問必不進。縉紳喜聞諛言，晚節必不終。」此公所以自勵以勵人也。公考諱福格，妣郝，繼妣傅。配張，生子延齡，七歲而張卒，不復娶。當賊至，時延齡先以會試赴禮部，不與其難，而延齡妻胡子文愷女三人，及公已嫁女洪氏婦，并老嫗趙母子皆先公殉節。公没後十年，而延齡爲舒城縣知縣。明年，大兵圍剿，賊窮蹙無所逃命，江寧垂復。延齡故與某友善，以書與狀來，曰：「今而後可告我父於地下矣。將負骨營葬，豫乞銘於子。」某不敢辭，謹銘之曰：

卓佳之先，代有藎臣。式是吴邦，威惠克信。公遘其艱，寇來薄闉。奮旅一揮，群醜聿奔。孰蹈我瑕，豺狼滔天。城亡與亡，室家既淪。裂眥鬫諤，胡恤我身。桓桓百人，并命一辰。生爲國殤，死爲厲神。殄滅仇讎，後十一年。江水湯湯，有山嶙嶙。風馬雲車，往來茲墳。

誥封恭人晋一品太夫人錢太夫人墓表

太夫人，故掌山東道監察御史錢君諱以同之配；候選員外郎，應晋三品銜花翎，貴州候補知府，議叙候選道應桂、知府銜花翎，福建候補同知應豐之母也。光緒二年三月，没於揚州行館之次。越明年秋某月，諸子奉柩歸葬於御史君之兆閣學。仁和龔公既銘之矣。應晋等復固請爲表墓之文，辭不獲命，謹按狀述之。太夫人系出華亭鞠氏，年二十四歸御史君。當是時，姑張太君以節孝賢淑爲女宗師。太夫人兢兢奉侍，惟恐失意旨。井臼操作間即勤鍼黹以佐菽水。洎御史君以甲科官兵部，乃侍張太君入京就養，孝慎持家，内外無缺。俾御史君盡力於職事，如是凡數十年。張太君没，御史君以哀毁卒，銜慟督諸子，護兩喪回南。時寇盗充斥，冒荆棘霜露，不自恤，卒歸葬祖塋。咸豐十年，金陵賊下竄，所至奔迸，太夫人曰：「受國恩厚，死難分也。」諸子涕泣，請勉避居鄉間。及寇退，歸而産已罄，乃典質衣飾，率子婦親饎爨浣紉，日惟兩餐，淡然不言苦。常述張太君之教御史君者，告諸子謂人當求自立，困阨非所憂也。應晋等先後得官，而應桂以籌黔捐駐揚州，迎母孝養，果如太夫人所期。太夫人慈和節儉，務持大體，絶遊觀喜捨，以爲徒費無益，而振恤窮乏惟力是視。是可以風閨閤矣。卒年七十四，蓋與張太君同壽。生三子；有孫三；二女：一適翰林高廷楝，一適候選道張臚壽。

憑几圖銘

几己音義俱别，古不通訓，惟孔沖遠曲禮正義云：「几可以扶己，蓋聲之轉也。」錢文學熙泰爲憑几圖，取惟己可憑意。予謂己有可憑，有不可憑。任事植德，飭躬懋學，可憑者也。氣質之偏，意見之蔽，不可憑者也。在易渙之二，曰：渙奔其机，悔亡渙散也。奔亦有散義，二失位無應，而下憑於初陰，明當去其私心，斯不失其中。故傳曰：「渙奔其机，得願也。」然則君子之修己，務審乎可憑，不可憑以求，得乎中正之道，則真能反求諸己者矣。銘曰：

據之毋偏，撫之毋顛。偏則蹶覆，顛則折足。几哉几哉，何以安其體哉？儀禮有「司徹受宰几」。注：「几所以坐安體。」

候選訓導錢君殯志

予初識錢君于南蕩。張氏，越七年，君從弟錫之輯守山閣叢書，若指海，招予佐其事。君多藏祕袟，時假校録，過從考論。越九年，而守山閣叢書成。後二年，錫之邀予同至京師。明年，錫之没，予南歸，君握予手曰：「錫之已矣。指海稿未竟，盍贊成之乎？」予曰：「然。」又六年，指海竣事而君又没，可悲也。君狀貌偉岸，大耳廣顙，爲人寬厚，無城府，好善樂施，人咸謂長者。法宜得長壽，乃其卒也，年僅五十有四，豈相人之術不足信邪？抑天之報，施善人果不必以壽考邪？君性洒落，不問家人事，好與客歡笑。圍棋賭墅，勝敗皆欣然然。自錫之之没，君常鬱鬱，或言及之，輒絫吁增歎，隱然爲門户憂。蓋其所見者遠，非他人所知也。少困于童子試，及爲學官弟子，遂絶意進取。久之，用例注籍儒學訓導，亦未嘗赴選人。家居簡，出以書史自娱，其訓子弟以讀書爲善，敦本睦族，無墜世澤。烏乎！可謂篤實君子矣。君諱熙經，字心傳，别自號漱六。先世自奉賢遷婁之南鄉，今屬金山縣地。祖溥義，父樹立，皆有隱德。君生於嘉慶元年四月，卒於道光二十九年十有一月。娶張氏，繼室雷氏，子培名、培繼、培炳。培繼嗣季弟熙文爲後。孫銘庚。培名等請文其殯室。予惟識君三十有三年，不爲不久，斆學相長，開誠無隱，交不爲不深，是弗能辭也。乃爲之銘曰：

宜厚其福，綿其齒而。止於此將，以涘其子。

文學盧君墓志銘

君姓盧氏，諱祖潢，字申濤，號蓀塘，世籍範陽，再遷至松江之張堰鎮。曾祖燦，祖以恭，父開書，均以學行著。君穎敏篤學，幼孤，事繼母二兄，孝友如禮。同邑楊履基以當湖陸氏學教授鄉里，君從之游，業大進，然自未冠補博士弟子員，十應鄉舉，不得志，乃絶意進取，閉户著述。居不蔽風雨，圖史纍纍盈几席，丹黄甲乙，寒暑不徹，視榮禄利達蔑如也，竟卒以老。著讀易要義、書詩春秋、三傳要旨、三禮彙説、十三經臆説、讀史信筆香草編、蓀塘偶筆，詩文集凡若干卷。君行誼篤實，恂恂有古人風，遠近稱長者。年七十，門人將舉觴爲壽，瞿然曰：「程子言人子生日，念父母劬勞，當益悲痛，顧置酒爲樂耶？」是歲修族譜，冬建宗祠，記之曰：「子弟讀書，則明理安分，即不得禄位，猶無玷宗祖耳。」其訓後人如此。君生乾隆十五年庚午六月四日，卒道光二年壬午十月二十日，門人私謚文肅先生。配蔣，子有椒，次有棠。後君九年卒。孫二，寶煦、寶烈，以儒繼其世。道光某年，卜葬君於邑十六圖之原，銘曰：

爵在天修者，人有隱德者。昌其門不於其躬，於其子孫乎？

永安磚研銘

歲戊戌夏，金山葉堃華於烏程山中獲古磚，大者準今尺袤九寸，廣半之，博寸有四分。文曰：「永安二年七月廿日吉。」小者袤及廣博各減十之二三，文同，無「吉」字。案：涼張實、北涼沮渠蒙遜、北魏孝莊、西夏乾順皆有永安年號，然非其地。晉惠帝建元永安，不及期。此爲吴孫休元無疑。永安二年，當魏高貴鄉公甘露四年，蜀後主景耀二年，歲在己卯。一統志稱孫和明陵在烏程縣西北爾，時猶未遷，若太史慈，則不應至此始葬。蓋無可考矣。葉君琢以爲研，堅緻而澤，屬爲銘，銘曰：

磚之歲二十六，己卯其季，於今三之一作爲研，共葉氏書繪。

壽字磬研銘：

既和且平，乃踐爾形。

美人研銘：

堅貞自持，守汝黑如守雌。

暖研銘：

其德外圓而中堅，窮陰凝寒，而春盎然。是宜侯於即墨，而湯沐於温泉也。

方研銘：

沉静端厚，宜大而久。保艾爾後，視此石友。

井字研銘：

爾鑿爾耕，大横庚庚，汲古則亨。

田字研銘：

幽巖氣清，孕此貞璞。良工得之，既磨既斲。置之座右，師其端樸。毋曰石田，學古有獲。

印櫝銘：

而開闔，而出納，名與器，戒之驕。

令聞令望，出言有章。實能容之，以莫不臧。

印規銘：

無偏無頗，君子印可。

大理石几銘：

耆屠崛山，仙靈所蹕。割此片雲，入我一室。盛暑若失，壺天日長。嗒焉坐隱，灑然而涼。

鷹羽扇銘：

六翮徒豐，以累其躬。何雌何雄，颯然清風。

鵝羽扇銘：

毋曰皓皓，而失之傲。

眼鏡匳銘：

含章有光，用行舍藏。

砭刀銘：

兵者凶器，去惡則利。

趙禮亭遺像贊

同治建元壬戌之秋，予賃廡三林塘禮亭翁之居。翁長者，練習世事，爲人謀忠，且至令子閬峰尤和易，使予有賓主之歡，忘客居之苦者，其父子也。翁年幾古稀，樸而勤，矍鑠善談，夜恒三四起。天未明，即聞謦欬，啓户治家，秩然有條理。好施方藥療人病，躬鍾鍊，不少倦，意其壽方未艾，乃予訪友滬城，往反五旬，而翁已病没二十日矣。閬峰出此圖，請題爲五十許時小像，面目鬚鬢猶未蒼，神氣奕奕，如欲語者。憑几坐，左右瓶盎皆蘭，有少年侍立石闌間，即閬峰也。翁喜蓺蘭，亦以名其子云。噫！以翁之仁而不獲上壽，以翁之健而遽奄忽以没，天與！蓋翁自言嘗三遇險，卒幸無恙，則天之祐翁久矣。贊曰：

猗嗟哲人，藹藹其仁。浩浩其真，不耀於身。不華於紳，世靡俗淪。人組我純，逸樂用惛。人甘我辛，衰齒聿臻。人積我勤，行佩言嚚。人漓我醇，有來諮詢。告之諄諄，有來矢陳。謀之肫肫，世事之紛。物情之棼，孰繁不綸。孰宰不均，家庭恂恂。鄉黨云云，繄此哲人。胡不百春，豈知人之於善也？如蘭斯珍，既培其根。既溉既頻，曰啓其芬。匪躬是親，抑將蕃衍其子孫乎？

趙氏先世圖像贊

武進趙君惠甫，以世家子佐戎幕，不就官，間示其先世遺像。及桐城張君所爲小傳，乞題敬各系以讚。其一曰隱君西溪公力田肇緒圖：「延陵故封，土厚俗良。靈秀所集，飛鸞之鄉。有農而隱，菑畲既臧。根深實茂，報以熾昌。」其二曰隱君復溪公服疇遺穀圖：「君子有穀，詒爾孫子。服田力疇，以續以似。不耕而穫，恥我耒耜。豈徒要終，亦慎其始。」其三曰隱君見瀾公莊橋施振圖：「人飢我飽，仁者所羞。人沮我往，勇者不憂。匪曰豪舉，見善則由。宜祠一鄉，爲邦人休。」其四曰儒士元台公蓺蘭肯搆圖：「蓺蘭如何，如蓺黍稷。深培勤溉，不遺餘力。庶幾芳香，與人同德。風流餘韻，至今未息。」其五曰兵部止安公篷門教授圖：「學優則仕，斯士譽髦。出爲循吏，入主清曹。睠言懷歸，栗里之陶。授經環堵，舒嘯東臯。」其六曰尚書恭毅公振旅格苗圖：「恭毅錚錚，兼資文武。綏靖苗疆，惠兹南楚。長帥柏臺，筦計農部。謇鄂立朝，其仲山甫。」其七曰侍讀裘萼公玉堂校書圖：「名父之子，衆望所歸。天禄石渠，藜杖生輝。從軍西域，陟岵永懷。忠孝克全，是曰大魁。」

魁星贊

斗口一星，建用平旦。軒乎舞之，日華雲爛。下臨三台，上承戴匡。摛文受禄，爲天下光。

錢容齋晏坐静養圖贊

人生而静，諸欲擾之。方寸馳騖，多在坐時。天君泰然，物孰浼我。酬酢百端，如一室坐。何以曰静，何以曰養？此與讀書，是一非兩。

錢葆堂跛仙小像贊

頤其神，葆其真，好古而不戾於人，和光而不同其塵。其度淵淵，其貌恂恂。人曰先生何病乎？而我以爲善全其天。

張夔龕倚石圖贊

艮爲小石，可以補天。藏器於身，介如石焉。磨而不磷，豈曰未堅？焉有所倚，得魚忘筌。

韓瘦山遺像贊

猗與先生，有睟其容，有植其躬。高巖秋浄，大澤春融。其執事敬，其與人忠。克儉於私，克勤於公。其操心也精詳，審慎而不爲苛刻。其應世也安舒，和易而不苟異同。此一人之私言，稽於衆，而皆以爲可宗。噫！先生之没五年矣，而過南埭者猶仿佛其遺風。

韓緑卿像贊

沕乎其若愚，淵乎其若虚。貇貇乎獨行其志，而勿蹶勿趨。人皆以爲迂也，將蘄至乎？古之所謂儒。

姚魯琴未濟圖遺像贊

未濟六爻，既濟在中。内陷外麗，窮不可終。火水失調，當求其通。君既研究夫素靈，豈不如伯陽之參同？嗟已往之莫質，徒想像乎儀容。恤乎若憂其濡尾，愀乎若憾其道窮。苟利涉而爲方雨之鼎，抑悔亡而爲出泉之蒙。曰此其中有天焉，又何問乎吉凶？

徐雲舫水部遺像贊

才可詞林，而屈於部曹。仁可大年，而未及中壽。没可祭於社，而志傳無有。嘉慶戊寅，修郡志，距水部没已千年，而人物志無傳。謂天故嗇其遇以豐其後，長洲王惕甫教諭墓誌中語。孰知夫俗世之榮名，皆先生之所否。故其言曰：飾於外者一，則存於中者九。蓋以約者失鮮，而抱獨以自守。嗟斯人之汶汶，姑埋照於樽酒。是將歸真反樸，而豈徒託楞伽以不朽哉？教諭號楞伽山。

徐雪村像贊

知者創物，巧者述之。述者之巧，或過於師。卓哉徐君，實事求是。服膺西學，深會其旨。辨別性質，研精覃思。技也進道，格物致知。古貌古心，行年六秩。鐵中錚錚，呼之欲出。此二文殊，化百東坡。海印發光，是一非佗。像用西人照影，鏤鋼印之，以贈知友。

坐右箴

箴者鍼也，知其疾之所在而刺之，以自警也。昏眊索居，莫爲藥石。反觀内眡，譬諸病者之呻唫而已。

父母生汝，天地畜汝。誦詩讀書，徒屑屑於言語。行年七十，以何自許？聲聞過情，無本實懼。色取仁而行違，將小人之歸，而爲大賢之所拒。

錢子和學博哀辭

我友金山錢君子和，質通敏，風雅好古，凡詩文、書畫、金石、篆刻，一見輒能言其利鈍真贋，雖習其事者或謝弗如也。遇事機警而沉鷙果斷，所欲爲雖百沮之不爲退，不欲爲雖至親暱勸之亦不爲動。然其與人交，宛委曲全，無傲容厲色。家世聚族秦山之陽，君以居隘，遷張堰鎮，於是始設局，濟嬰、恤、嫠、賒棺，皆爲之倡。張堰俗素醇，近習擩染日積壞，君憂之。謂拯之宜自童蒙始，獨捐資置義塾，延名師以教貧不能執贄者。邑志距修且百年，力任纂刻網羅文獻，舟車輒自隨，人服其勤。歲八月，病利下體，素彊弗之恤，既小瘥矣。俄肝疾大發，醫不能治，踰兩月竟卒，年四十九。當病甚時，猶以義塾邑志屬其子培廉也。君諱熙泰，字子和，以廩貢生需次訓導，一署靖江學。烏乎！君抱雋傑廉幹之材，未適其用。又方將修舉廢墜，期大有益於鄉黨，而奄忽以没，倫輩傷之。南匯張文虎爲之哀辭曰：

余壹不知天之生才兮，孰成而孰虧。果冥冥然司其振墜兮，抑紛然聽其自爲。惟才之難兮，家與國均翳。夫人之矯矯兮，固以邁乎等倫。俾逢時而效駕兮，範馳驅於中路。將與騂騮方軌兮，豈中駟之所得争。其窘步出不惛於所任兮，居亦屏植乎家巷。匪吾儕之阿私兮，夫既觀其施用。盛衰之倚伏兮，疇測其當然。奮賁獲之彊圉兮，孰能使之回天。矧世路之幽險兮，左雷淵而右弱水。蝮蛇蓁蓁而伺人兮，山魈狰獰而環視。殫智力以周旋兮，猝不知釁之所起。悲哲人之萎謝兮，惜良材之既艱。苟杞梓之易摧兮，毋若樗櫟之自全。固脩短之有數兮，又曷以免夫涕漣。亂曰：敦牂之歲兮，月維孟冬。霜凄凄兮，七星其中。鬼車鳴兮，鵂鶹從君不留兮。噫乎逐曉月而長終。子割肱兮婦欲殉，蹇鬼伯兮悍弗愍。魂魄兮，何之，風爲馭兮雲爲旗。俛青山兮采石，豺虎嘷兮安馳。越山巉巉兮湖水涸，風鶴驚兮氛以惡。嗟昔游兮今焉託。君之樓兮峨峨，琴松風兮衣薜蘿。君之齋兮碧梧竹，儵儵兮史與圖。讀父書兮君之孤，薦羞脯兮陳菱蘇。君歸來兮不可呼。

祭蘇文忠公文

惟同治二年十二月己亥望越四日癸卯，後學某等謹具牲醴果茗致祝於故宋贈太師、資政殿學士、文忠蘇公之位。曰：烏乎！自公之生八百二十八年矣，其没也減六十六，則七百六十二年也。公之生也，如章惇、舒亶、王珪、蔡確輩，黨同伐異，惡直醜正，忌公毁公，齮齕公，且欲殺公。彼小人不足計，乃文學如介甫，首以褊見困公，忠信如君實，亦以不順己抑公。知公如宣仁哲廟，卒不能崇用公，以至於放逐，而公之生窒矣。然彼小人者與公同生，與公並死，而其名亦與公並傳，至今人謂之何而七百餘年以來，思公者尊之曰翁，親之曰髯，敬之曰先生，神之曰仙，流連慨慕而不能已，若欲公之復生者。自古文章學問，忠節義行如公者亦有人，不過傳於史册，述於文人之口已耳。獨公之名，則下至婦人、孺子、庸夫、販豎，無不知之？而慨慕之者何？公之窒於生前，而大昌於身後也。過此以往，更百千萬年，日月不毀。公名長存，而某等以蜉蝣之生，當流離顛沛之餘，干戈戎馬之地，歲暮客居，無聊抑鬱，而覥然求公於冥漠，公其笑之耶？其憫之耶？其恝然置之耶？抑將鑒其誠而翩然來降也。尚饗！

祭蘇文忠公文

維同治四年月日，某某等謹以庶品敬薦於有宋太師文忠公東坡先生之靈曰：隆冬沍寒，雨雪未晞。乾坤枯槁，景物凜凄。句芒首駕，前載青旂。春風一吹，萬象融怡。有如先生，窮歷險巇。昔詘今信，於千萬期。人心至公，天道無私。狂雲妬月，何成與虧。昔歲祀公，皖江之湄。大盜未平，師方合圍。歲晷再更，遲公於斯。公所舊遊，能勿來思。俯仰劫塵，慨焉嗟咨。六朝勝地，兵戈幾罹。陵夷至今，靡有孑遺。鍾阜峨峨，大江瀰瀰。飛仙往來，真靈不迷。佳茗一串，清泉一卮。松醪一榼，梅花一枝。獨酌無親，誰爲配之。虞卿范伯，功在烝黎。子容平税，西山拯饑。高名亮節，屹然可齊。謝公之墩，澗水成溪。青山捫蝨，有鬼長飢。挈之俱來，式食庶幾。山高水長，天空鳥飛。佛瀍平等，公聽曰宜。尚饗！

告靈文

維道光二十四年正月丁丑，皇清例授承德郎，候選府通判，金山錢君雪枝卒於京師逆旅。越五月壬午，其友某某。等護君之靈歸自京師，乃爲文而告之曰：天道難知，鬼神莫測。於維哲人，乃罹此極。烏乎哀哉，君之材質。綀達英明，理無弗燭，察無弗精。君之待人，沖和渾雅。開誠布公，無所私假。君之處事，不激不隨。適中合節，見義必爲。君之居家，睦姻任恤。鄰里鄉鄙，有如同室。君之嗜古，旁搜遠紹。微顯闡幽，悉心探討。君之筮仕，爲顯揚故。迪前人光，匪禄是慕。君之赴選，某等與俱。自秋涉冬，風霜載途。君之至都，飲食靡損。長路雖勞，曾無疲頓。君之旅次，一室琴書。喧闐北里，過之驅車。君之御冬，怵然興歎。契彼窮塗，餽之薪炭。君之入春，殷然色喜。謂銓有期，屈指歸里。君之初病，謂无妄疾。醫藥弗神，劇於七日。君之將卒，神明不衰。處分後事，纖屑靡遺。烏乎哀哉。目斷吴雲，魂飛燕岫。視天瞢瞢，俞扁莫救。三千長路，遠隔所親。視君玲者，惟予二人。悠悠衛河，滔滔汶水。踰河溯江，送君歸止。君有兄弟，痛切連枝。君有妻妾，淚盡空帷。君有田廬，秦山之下。君有圖書，凄涼鄴架。君有遺言，爰立喆嗣。安分讀書，允承君志。君靈在堂，君歸及門。宅君恒幹，用此招魂。烏乎哀哉！

祭錢警石先生文

維同治二年十二月癸酉朔，越十三日乙酉，謹具清酌，庶羞致祭於皇清誥授朝議大夫，前浙江海寧州學訓導警石錢公之靈曰：烏乎！天不憖遺，老成凋謝。文苑潛輝，儒林失藉。羲御埋輪，星躔速駕。逆旅羈棲，鄉關重阻。鴛水雲霾，龍山雪沍。鶴返何年，鴞飛止舍。撤瑟一辰，修文長夜。滔滔大江，悠悠千古。烏乎哀哉。吴越之錢，世惟王孫。慶流吴郡，德聚一門。粤若文端，忠孝克敦，以燕以詒，作吏惟循。公實少孤，喪如成人。十八遊庠，屢冠其軍。一舉雖絀，猶然壯年。公曰噫嘻，既失我親。科第何爲，抱恨終天。肆力於學，及詩古文。篤行在躬，庶乎承先。孝友爲政，學也兼禄。念昔西安，示我高躅。遵彼海濱，鄒魯豈獨。春風一噓，菁莪棫樸。黌舍聿新，圖書滿屋。毛詩、三禮，鉛黄反覆。史遷班范，烏焉詰籀。拾遺補闕，舛誤必燭。旁采二何，細書累牘。丁度集韻，洪适隸續。志乘雜編，數難更僕。胸羅四庫，手定七録。官冷身閑，其曰可讀。公齋名「可讀書」。公官海昌，實在壯時。閲歲卅七，先後於斯。大府曰吁，此用世才。爲國薦賢，於子宜之。公稽首辭，病且不材。海堧一隅，惟州之司。七十餘年，文獻不菑。記載缺然，公力主持。扁舟鄉曲，采訪往來。橋梁水道，聞見異詞。人文風土，節孝窮嫠。有隱必彰，靡簡不該。五十二卷，卓然史裁。公之爲人，恬淡淵雅。喜怒不眦，以迪純嘏。軾轍皆賢，無忝名父。伯登賢書，仲佐文部。公曰吾衰，何戀簪組。翩然乞休，歸我林下。學徒攀留，公豈棄予。主講安瀾，歡喜鼓舞。長公之喪，公心始苦。託物怡情，達觀自寫。次君洊擢，入值樞府。公曰慎旃，勿自滿假。階登六命，覃恩兩睹。而公漠然，自適其所。頤養天和，率我常度。浙西之亂，爰始庚申。會垣既陷，禾郡實鄰。挈家避難，依於墓田。航海東遷，越辛酉春。自甬渡滬，茫茫寇氛。溯江而西，公則傷神。遠别先塋，勞勞夢魂。公病在心，幾殆及身。爲魯靈光，巋然告存。皖公之區，節鉞是巡。賢才所趨，公亦遄臻。萊衣侍養，定省晨昏。敦詩説禮，談藝津津。玉真禊帖，先公所珍。解遘來歸，公色甚欣。出示同好，題詠紛紛。公於此時，百鬱一伸。謂公康彊，眉壽無已。耄猶好學，重孶范史。小極不虞，執卷强起。何圖入冬，醫藥莫理。病既不支，猶憶鄉里。知克蘇州，將還檇李。悲哉此言，河清難俟。夢匙碧雞，歲非辰巳。哲人其萎，國無君子。烏乎哀哉。邦之公卿，及士大夫。識與不識，莫不粢（（歔。何況吾徒？或同里閈。地連吴越，誼託崔盧。拜德公床，詣子雲居。交契忘年，教窺緒餘。言笑猶昨，形容窅如。烏乎哀哉。壽逾古稀，公年已遐。著述煌煌，公學不虚。仲參戎幄，公志克攄。諸孫繩繩，能讀楹書。全授全歸，公何憾與？東望鄉國，豺狼未袪。釣遊之里，蕩爲丘墟。千里作客，三載爰鶋。歸葬何時，寧不躊躇，烏乎哀哉。壺酒簋飧，几筵不華。思公平生，其來徐徐。尚饗！

祭曾文正公文

烏乎！公之生也，天固將以大任責公。當其立朝而侃侃，人已欽其不苟異而苟同。及粤事之起，毅然舉義，雖疑謗交集，而公自矢其孤忠。創水師以剿賊，沿大江而遂東。歷百戰以至皖，屢瀕危險，而賊亦潛避其鋒。惟其推心以置腹，故自僚屬將卒，莫不踊躍而樂從。於是知師干之總，非公莫屬。此所以蕩平吴越，而卒收其全功。烏乎！公雖有兼人之稟，胡文忠語。固已疲於戎。行之十載，況又盤根錯節，無一日之息，而往來奔命於南北之衝。以江南之艱鉅，當大創之後，維持補救，豈敢安坐鎮，旨命公坐鎮兩江。而自託於哀慵？此其未臻於上壽也。蓋鞠躬盡瘁，而不由於六氣之沴，二豎之攻。烏乎！公之器識度量，遠超乎世見之外，故其和氣謙德，實能自忘其功業之盛，與爵位之崇。其於文章學問，洞悉本末。每自視，欿然與人爲善，而亦不眩於門户之詡。其接物也靡義漸仁，而使之自化。其垂訓乎後嗣也，惟義利之辨。忮求之戒而孝悌之是宗此不特古來將帥所未有即名臣大儒，亦尟及其從容，固宜邀非常之曠典，而蒙特謚於九重。烏乎！黄流洶洶，西寇猶兇。陸有蛇龍，莽有伏戎。假公數年，庶諸患息。而元氣漸充，乃一朝而長。逝使天下，感喟於無窮。烏乎！公何往乎？彼野哭而仰睇者，徒見光燄之燭。空其騎箕尾而上升乎？將臨照乎斗牛之分，而全吴士庶永託於帡幪。哀哉！尚饗！

祭錢子馨文

維光緒二年，歲在柔兆困敦，十有一月戊午朔，通家世侍生張文虎謹具清酌庶羞，致祭於皇清誥授奉政大夫，浙江試用同知錢生子馨之靈曰：昔歲甲辰，判府溘逝。越卅三年，哭君兩世。天乎人乎，兆我卜筮。君初病，予以京房易筮之，大凶，竟如期。烏乎哀哉！孰爲之制，維教諭公。秉鐸鳩茲，君生黌署。克岐克嶷，長爲白眉。衆望屬之，跅弛無方。惑於娛嬉，寇患之偪。家室既毀，兩入京都。瀕險幾死，家難聿臻。跋胡疐尾，幡然改轍。實憤實悱，我來郡垣。止君復園，顧名思義。相喻不言，纘緒三載。迪光於前，力有所詘。次第及焉，維昔先世，見義必爲。捐資贍族，醫藥布施。微顯闡幽，校訂忘疲。君曰予任，維其令儀。无妄之疾，中瘳忽變。匪醫之辜，天奪其算。煢煢兩孤，長者甫卝。蓄志未申，百事既涣。去秋予病，君日省視。親進蔆朮，禮如子弟。何圖期年，予存君鬼。撫今追昔，奚能不涕。昔哭判府，羈旅京師。哀從中來，旁觀涕洟。今復哭君，念此益悲。悲君世澤，匪特我私。烏乎哀哉！尚饗！

舒蓺室賸稿

舒蓺室雜著賸稿

橘賦

琁璣之精，毓兹嘉植。孤根尟依，脩幹自直。緑葉散藻，素華去飾。抱質守時，桃李減色。芒角森起，不可狎暱。萎蕤琴堂之際，蓊茸廣庭之隅。日晅月薄，風蕃露濡。疏萼含瓊，密榮吐珠。始夏及秋，經霜轉腴。累丸結翠，重球耀朱。超柚越橙，與衆果殊。嚴寒不零，其節堅也。金顆焜煌，其文明也。馨香甘美，其質貴也。几筵是珍，其品純也。儲供藥囊，其用章也。三閭之頌，未盡其德。安仁所賦，陳義尤仄。銜華佩實，君子所式。含章可貞，以貢王國。

卷石小隱圖賦 圖繪「手拈蘭花，獨坐石上」像。

卷石主人，埋憂積思。嗒焉有悟，乃以卷石小隱圖屬客曰：「客知我者也，爲我賦之。」客曰：「唯，唯！」

爾其雲根岞崿，山骨連蜷。神斤劚削，鬼斧雕鐫。秋霖蒸而蘚積，春雨滴而苔穿。既非醒酒之石，著異於平泉。又非北山之巖，托蹟於飛仙。誰其偃仰以自息而坐卧乎？一卷乃有人兮，適然踞此。非夷非惠，不衫不履，異惠施之。據梧似南郭之隱几，翛若無待，竦若有俟。眇予情其信芳，指瀟湘兮沅澧。世有履絶壑，蹈長林，捫岃崱，攬崎崟，悵行路，而作歌。感猗蘭而拊琴，曷若此之容栖。止訂苔岑，目不見豺虎之突噬，耳不聞猨狖之哀吟，又何不可以舒嘯傲寄遐心也哉！若夫物有靈蠢，地有異宜，頑者磊塊，險者厜㕒。豫則占介石，困則悲蒺藜。與夫薰蕕氣，别蕭艾性。移或入室而俱化，或當門而見夷。此皆主人之所浩歎，而非客之所能知也。

仲吕還生黄鐘説

三分損益之術，始見管子地圓篇。專主琴弦，以得五聲，度分未言及律吕也。自淮南子、史記、漢書推之，以通於律吕，於是有隔八相生、上生下生之説。然管子五聲終於角之六十四，自角以下，不能用三分。於是以黄鐘通分，至十七萬七千一百四十七，以生十一律。而後人又謂仲吕宜還生黄鍾。二千年以來，紛紛聚訟，屢變其術，而迄不可得。明鄭世子朱載堉謂三分損益，猶曆家四分度之一，四分日之一，與夫方五斜七周三徑一，皆舉大略非精義，乃別立新法，借方圓相函術，用句股開方求得。蕤賓、南吕、應鍾、倍律與黄鍾比例得倍正半，諸律以爲無仲吕，不能復生黄鍾之患。近時錢唐戴君煦本之又專主黄鍾一律用遞乘遞除，求連比例，得諸律分，與開方所得數吻合，著有古分音義一書。此書未刊，向於李君善蘭處見之，後在金陵書攤購得錢唐項君名達象數一原，其弟六卷中亦有此術，蓋即戴所補也。項書亦無刊本。其術以黄鍾九寸爲一率，林鍾六寸〇〇六豪七絲八忽爲二率，仲吕六寸七分四釐二豪三絲八忽爲三率，求得半黄鍾四寸〇九釐九豪九絲八忽，倍之得八寸一分九釐九豪九絲六忽，與古律分數既乖，而所得黄鍾仍不能塙合。且夫黄鍾九寸者，本十分之寸也。以九分通之，爲八十一分，便於三分損益耳，豈真八寸一分之謂？辨見秦氏五禮通考。至於弦音以粗細分，而長短則一因琴弟三弦，其音合於黄鍾之宫，故亦命爲八十一分以起五聲之度，非言其長短也。今以管子音分合於黄鍾，一均五律之分，黄鍾八十一，林鍾五十四，太蔟七十二，南吕四十八，姑洗六十四。黄鍾、太蔟、姑洗，三陽律，其降殺皆得九分之八。林鍾、南吕二陰吕，其降殺亦同，然則凡兩律吕相間者，其降殺同也。林鍾得仲吕九分之八，則以林鍾反求仲吕爲六十分〇七五，蓋八分之九也。仲吕爲林鍾八分之九，則夾鍾得仲吕八分之九，爲六十八分三四三七五。大吕得夾鍾八分之九，爲七十六分八八六七一八七五。由是以求半黄鍾。

夫半黄鍾之於仲吕，中隔六位。猶林鍾之於黄鍾也。其於林鍾，中隔四位。猶仲吕之於黄鍾也。今以林鍾約黄鍾爲三分之二，以仲吕約黄鍾得四分之三，而林鍾四分之三，仲吕三分之二，皆得四十分〇五，適合半黄鍾之分。若倍仲吕取其三分之二，即正黄鍾矣。夫黄鍾能生諸律，不必藉仲吕還生，而數必還原，無往而不返之理。今得之乃簡易，如此向以爲不可求者求之，未審耳。且以四分之三例之，蕤賓之於大吕，當得五十七分六六五〇三九〇六二五，夷則之於夾鍾，當得五十一分二五七八一二五。無射之於仲吕，當得四十五分五六二五。應鍾之於蕤賓，當得四十三分二四八七七九二九六八七五。上皆中隔四位。尾數皆度盡無餘，取夷則四分之三，爲半大吕。南吕四分之三，爲半太蔟。取無射四分之三，爲半夾鍾。數皆吻合，惟應鍾四分之三爲三十二分有奇零，與半姑洗不合，然而不必求也。古樂縣鍾磬，一簴十六枚，爲十二律，曁黄鍾、大吕、太蔟、夾鍾之清。見江都江氏筠樂縣考。宋人以律配字，自合字至緊五，凡十二律，曁黄、大、太、夾之四清聲，亦止於十六，無半姑洗也。若夫律吕之管，前長後短，弦音命分，亦前多後少。以前求後，例用損；以後求前，例用益。陰陽上下，緣飾其名，勿泥其跡可也。史記上生者四，其實三，其法下生者倍，其實三。其法，即今屢乘屢除術也。今具諸數如左：

黄鍾八十一分；

大吕七十六分八八六七一八七五；

太蔟七十二分；

夾鍾六十八分三四三七五；

姑洗六十四分；

仲吕六十分〇七五；

蕤賓五十七分六六五〇三九〇六二五；

林鍾五十四分；

夷則五十一分二五七八一二五；

南吕四十八分；

無射四十五分五六二五；

應鍾四十三分二四八七七九二九六八七五；

半黄鍾四十分〇五；

半大吕三十八分四四三三五九三七五；

半太蔟三十六分；

半夾鍾三十四分一七一八七五。

半黄鍾得黄鍾二分之一，無射九分之八，上隔一位。南吕三十二分之二十七，上隔二位。夷則八十一分之六十四，上隔三位。林鍾四分之三，上隔四位。仲吕三分之二，上隔六位。夾鍾二十七分之十六，上隔八位。餘放此。

若從蕤賓起，順行迭取九分之八，則得夷，則無射、半黄鍾、半太蔟、半姑洗，爲陽律一終。從應鍾起，順行迭取九分之八，則得半大吕、半夾鍾、半仲吕、半林鍾、半南吕，爲陰吕一終。以知其數非倖合也。

琴弦協律説 附譜。

弦音倍半相應，竹音倍半不相應。弦音徵羽變宫，陰陽互易；竹音陽律陰吕各自爲調。琴七弦，首弦爲倍徵，三弦爲宫。自古皆夢夢，我聖祖仁皇帝欽定律吕正義始發其覆。通州王氏坦著琴旨，以證明之，此古今言樂家一大案也。然王氏謂琴弦祇論五聲，不必更牽律吕。夫孟子言師曠之聰，不以六律不能正五音。五音無定，而律吕有定，音與數相倚，聲與律相隨。五聲十二律，旋相爲宫，職此之由，乃矯枉過正。若弦音與律邈不相涉者，斯亦過矣。今依王氏以角音遞轉爲宫，準以十二律，其音分無不相應。

黃鍾宮即正宮調。

一弦	倍林鍾百〇八分　濁徵
二弦	倍南吕九十六分　濁羽
三弦	黃鍾八十一分　宮
四弦	太蔟七十二分　商
五弦	姑洗六十四分　角
六弦	林鍾五十四分　徵
七弦	南吕四十八分　羽

仲吕宮即徵調俗謂蕤賓調。

一弦	倍林鍾　濁商
二弦	倍南吕　濁角
三弦	黃鍾　濁徵
四弦	太蔟　濁羽
五弦緊	仲吕六十分〇七五　宮
六弦	林鍾　商
七弦	南吕　角

無射宮即商調俗謂姑洗調。

一弦	倍林鍾　濁羽
二弦緊。	倍無射九十一分一二五　宮
三弦	黃鍾　商
四弦	太蔟　角
五弦	仲呂　徵
六弦	林鍾　羽
七弦緊。	無射四十五分五六二五　少宮

夾鍾宮即羽調俗謂慢宮調。

一弦	倍林鍾　濁角
二弦	倍無射　濁徵
三弦	黃鍾　濁羽
四弦緊。	夾鍾六十八分三四三七五　宮
五弦	仲呂　商
六弦	林鍾　角
七弦	無射　徵

夷則宮即角調俗謂慢角調。

一弦緊。	倍夷則百〇二分五一五六二五〇五　宮
二弦	倍無射　商
三弦	黃鍾　角
四弦	夾鍾　徵
五弦	仲呂　羽
六弦緊。	夷則五十一分二五七八一二五　少宮
七弦	無射　少商

大呂宮

一弦	倍夷則　濁徵
二弦	倍無射　濁羽
三弦緊。	大呂七十六分八八六七一八七五　宮
四弦	夾鍾　商
五弦	仲呂　角
六弦	夷則　徵
七弦	無射　羽

蕤賓宮

一弦	倍夷則　濁商
二弦	倍無射　濁角
三弦	大吕　濁徵
四弦	夾鍾　濁羽
五弦緊。	蕤賓五十七分六六五〇三九〇六二五　宫
六弦	夷則　商
七弦	無射　角

應鍾宮

一弦	倍夷則　濁羽
二弦緊。	倍應鍾，八十六分四九七五五八五九三七五　宫
三弦	大吕　商
四弦	夾鍾　角
五弦	蕤賓　徵
六弦	夷則　羽
七弦緊。	應鍾四十三分二四八七九二六八七五　少宫

姑洗宫

一弦	倍夷則　濁角
二弦	倍應鍾　濁徵
三弦	大吕　濁羽
四弦緊。	姑洗六十四分　宫
五弦	蕤賓　商
六弦	夷則　角
七弦	應鍾　徵

南吕宫

一弦緊。	倍南吕九十六分　宫
二弦	倍應鍾　商
三弦	大吕　角
四弦	姑洗　徵
五弦	蕤賓　羽
六弦緊。	南吕四十八分　少宫
七弦	應鍾　少商

太簇宮

一弦	倍南呂	濁徵
二弦	倍應鍾	濁羽
三弦緊。	太簇七十二分	宮
四弦	姑洗	商
五弦	蕤賓	角
六弦	南呂	徵
七弦	應鍾	羽

林鍾宮

一弦	倍南呂	濁商
二弦	倍應鍾	濁角
三弦	太簇	濁徵
四弦	姑洗	濁羽
五弦緊。	林鍾五十四分	宮
六弦	南呂	商
七弦	應鍾	角

三寸九分爲含少説

十二律吕各自爲管，陽律陰吕，各自爲均，見於周官、國語。而不能通於弦音何也？管音分於長短，而圍徑無殊。弦音分於巨細，而長短則一。故律管以寸分計，而弦音則用通分以命度。以黄鍾之寸命爲九分，九之爲八十一分，三分損益，以生諸律。然以三爲法，而兩音相比，格於九分之八。乘除有不盡之數，則或收或棄，遂與律管乍合乍離，疑律管級數實平差耳。史記律書上九、商八、角七、徵六、羽五，原本錯亂有衍字，此依嘉興王氏元啓史記正譌。據此則五音相去皆無奇零不盡之數。晋書樂志載列和言笛孔率短一寸七孔。聲均與史合。歙淩氏廷堪燕樂考原亦主此論。今驗之簫笛之類皆然。竊據吕氏春秋言伶倫取竹於嶰谿之谷，以生孔厚竅，均者斷兩節，間其長三寸九分而吹之，以爲黄鍾之宫，吹曰含少。漢書律曆志嘗引之，而失其要領，無怪後世言樂家之習焉不察也。間嘗以此三寸九分減黄鍾九寸餘五寸一分，用十二律除之，得四分二釐五豪，爲每律之平差，乃置黄鍾九寸以四分二釐五豪迭減之得數如左：

黃鍾九寸	大呂八寸五分七釐五豪
太蔟八寸一分五釐	夾鍾七寸七分二釐五豪
姑洗七寸三分	仲呂六寸八分七釐五豪
蕤賓六寸四分五釐	林鍾六寸〇二釐五豪
夷則五寸六分	南呂五寸一分七釐五豪
無射四寸七分五釐	應鍾四寸三分二釐五豪

乃以應鍾再減四分二釐五豪，仍得三寸九分，爲黃鍾之清聲。依前論黃鍾之於仲呂，猶林鍾之於少黃鍾。黃鍾之於林鍾，猶仲呂之於少黃鍾。今以黃鍾爲一率，仲呂爲二率，林鍾爲三率。二三率相加，一率減之，得四率三寸九分，二率三率互易亦同。此即仲呂之還黃鍾矣。依此法亦甚徑捷。案呂不韋人不足道，而其書皆門下之客集腋而成，未可以人廢言，姑記其説以質通人。

學樂雜説

周禮春官太師掌六律六同，以合陰陽之聲。陽聲，黃鍾、太蔟、姑洗、蕤賓、夷則、無射；陰聲：大呂、應鍾、南呂、函鍾、小呂、夾鍾。陽聲左旋，陰聲右轉，取其合辰，即大司樂所謂奏黄鍾，歌大呂；奏太蔟，歌應鍾；奏姑洗，歌南呂；奏蕤賓，歌函鍾；奏夷則，歌小呂；奏無射，歌夾鍾也。此律管也。若用之樂器，則不能以一器兼衆管，或參用一陽一陰相和折半之度，見律呂正義。然亦有陰陽分用者。今笛有黄鍾笛，大呂笛，俗謂雌雄笛，亦曰姑洗笛、仲呂笛。蓋笛用角律，見晋書樂志。姑洗爲黄鍾之角，仲呂爲大呂之角也。古之笛即今之簫。今之笛，古之横吹，其用略同。獨用則自爲一均，合用則相和以應。宋人以管色配十二律，黄鍾配合字，大呂、下四。太蔟四。同用四字，夾鍾、下一。姑洗一同用一字，仲呂用上字，蕤賓用勾字，林鍾用尺字，夷則、下工。南呂、工。同用工字，無射、下凡。應鍾凡。同用凡字。用字同者，後律一均，皆爲前一均之中管。黄鍾無同用字，而有高宫一均，則亦中管矣。勾字介於上尺之間，而仍從前律，故蕤賓爲仲呂之中管。又以六字爲黄鍾，清下五爲大呂，清五字爲大蔟，清緊五爲夾鍾。清謂之四清聲，自合字以至緊五共十六聲。今笛用上尺工，凡六五乙。配宫商角變徵，徵羽變宫，七音而各加倍半。竹音倍半不相應，當云清濁。自低上字至高乙共二十一聲，然低上、低尺、高五、高乙不恒用，則自低工至高六亦祇十七聲耳。

夢溪筆談云：正宫大石調、般涉調皆用九聲，高凡、高五、高工、尺勾、高一、高四六、原誤句，今正。合大石角，原脱「角」字，今補。同此。加下五、此黄鍾一均也。下五則宫前一聲。高宫、高大石調原脱此四字，今補。高般涉，皆用九聲，下五下。凡、工尺、上下、一下、四六合、高大石角，同此加高四。此大呂一均也。高四，則宮前一聲。中呂宮、原脱「宮」字，今補。雙調、中呂調，皆用九聲，緊五下。凡、高工、尺、上下、一四、原誤「下四」，今正。六合、雙角同。此加高一、此夾鍾一均也。高一，則宮前一聲。道宮、小石調、正平調皆用九聲，高五、高凡、高工尺、上高、一高四原誤「下四」，今正。六合、小石角同此加勾。此仲呂一均也。勾則宮前一聲。南呂宮、歇指調、南呂調皆用七聲，下五、高凡、高工尺、高一、高四、勾歇指角同，此加下工。此林鍾一均也。「下工」則宮前一聲。仙呂宮、林鍾商、仙呂調皆用九聲，緊五下。凡下工尺、上下、一高四、六合、林鍾角同。此加高工。此夷則一均也。高工，則宮前一聲。黄鍾宮、越調、黄鍾羽，皆用九聲，高五下。凡高工尺、上高一、高四六、合越角同，此加高凡。此無射一均也。「高凡」，則宮前一聲。此説黄、大、夾、仲、夷、無六均皆用九聲，獨林鍾一均祗用七聲，未知何義。至七角調皆加宮前一聲，則萬寶常所譏流蕩忘返者也。見宋史樂志。

唐會要：天寶十三載七月十日，太樂署供奉曲名及改諸樂名。太蔟宮時號沙陀調；太蔟商時號大食調；太蔟羽時號般涉調；太蔟角；林鍾宮時號道調；林鍾商時號小食調；林鍾羽時號平調；林鍾角調；黄鍾宮；黄鍾商時號越調；黄鍾羽時號黄鍾調；中呂商時號雙調；南呂商時號水調。此所列宮調前後淆亂，且復不全其大意，則亦以宮、商、羽、角爲次也。案宋樂志，范鎮言自唐已來至國朝，三大祀樂譜並依周禮。然其説有黄鍾爲角。黄鍾之角，黄鍾爲角者，夷則爲宮，黄鍾之角者，姑洗爲角十二律，之於五聲皆如此率，而世俗之説乃去之字，謂太蔟曰黄鍾、商，姑洗曰黄鍾角，林鍾曰黄鍾，徵南吕曰黄鍾羽。蓋樂人苟趨簡易，唐時已然。今據唐會要所記，惟太蔟商太蔟爲商。之爲大食調，黄鍾之商。林鍾商林鍾爲商。之爲小食調，中吕之商。黄鍾商黄鍾爲商。之爲越調，無射之商。中吕商中吕爲商。之爲雙調，夾鍾之商。南吕商南吕爲商。之爲水調，林鍾之商，即揭指調，見柳耆卿樂章集。與宋人所偁合。若太蔟羽，太蔟爲羽。則宋人謂之正平調，亦曰平調。中吕之羽。林鍾宮則宋人謂之南吕宮。林鍾爲宮。道調宮則宋之中吕宮。中吕爲宮。林鍾羽林鍾爲羽。則宋之黄鍾羽。無射之羽，宋人呼無射爲黄鍾。亦曰羽調。黄鍾羽黄鍾爲羽。則宋之中吕調。中吕之羽。至般涉調則宋之南吕羽，南吕爲羽。實黄鍾之羽，不知何以譌爲太蔟羽也。俗工傳習相承，不追溯所從來，而儒者載筆，亦有所不及辨，致參錯如此。

宮調之分，何也？宮立宮羽主調，大不踰宮，細不踰羽。舉其聲之大者而言，則曰某宮；舉其聲之細者而言，聲細者高。則曰某調，其實一也。曰黄鍾宮，則知其羽必南吕。曰黄鍾羽，則知其宮必夾鍾。古謂之移宮换羽，今謂之旋宮轉調，俗云翻調是也。竹音翻調，以正宮調爲主，視其四字所加爲某字調，絲音翻調，亦以正宮調爲主，視其四字上所加爲某字調。四爲羽音故云調。皆即旋相爲宮之理，而絲竹不同者，其生聲取分異也。

欽定律吕正義續編載西夷七音，曰：烏、勒、鳴、乏、朔、拉、犀。烏與勒，勒與鳴，乏與朔，朔與拉，拉與犀，相去皆全分。嗚與乞，犀與烏，相去皆半，分亦迭相旋轉。凡當嗚字、犀字位者，皆爲半分，與合四乙、上尺、工凡之次合，蓋亦主絲樂而以倍徵爲首音也。

樂府雜録以去聲爲宮，入聲爲商，上聲爲角，平聲爲羽。又云上平聲調爲徵聲，晉亂不可解。近世填詞家奉爲祕籥，又從爲之辭。案困學紀聞載徐景安樂書，以上平聲爲宮，下平聲爲商，上聲爲徵，去聲爲羽，入聲爲角，似矣。然上下平分配宮商，殊無意義。宋人詞集惟柳耆卿、張子野、姜白石多注宮調，尋其叶韻，皆不如所云。又宋人按譜法，以輕清配上去，重濁配平入。驗之白石詞旁譜，亦不盡然。蓋字有出、送、收三音，既長言之，則首尾中間轉合處自有曲折，不特論陰陽四聲而已。徒以一字配一音，豈非所謂「叫曲念曲」乎？朱子亦嘗論之，叫曲念曲，亦見筆談及詞源。今琴家調弦，以平當達理定準五聲，則是以陽平爲宮，陰平爲商，入聲爲角，上聲爲徵，去聲爲羽。與方密之通雅以啌嘡上去入爲五音同，勝於徐景安之以上下平分宮商矣。然五音之分不盡在此。

送金苕人大令移任吴江序

同治癸酉夏，吾邑大令金侯介、錢京卿子密寓書以修志事，屬任總纂。虎固辭不敏。是年冬，歸自金陵，聞閭巷間藉藉偁金侯之賢，以爲廉而明，慈而威，其自鄉間來者亦然，蓋莫不神明之，父母之也。既而侯以按事至里，款門顧訪，申前言甚切，且責以桑梓之誼，虎不得已，請效采訪分纂不獲命。它日數以書往復，又屬諸君致詞，曰：「志議僉同成否，唯子一言。」乃不敢不承命。今年春二月，置局於署。左積穀倉，與者若干人，於是常往來其間。接侯議論及觀侯所以爲政，其於民之疾苦，士之賢否，市肆之利弊，風俗之盛衰，水利之通塞，道路之遠近，汲汲訪求，唯恐其弗悉也。見義無不爲，見不便於民者改之，唯恐弗速也。其以事來白者，無早晚得徑達。自胥役以至司閽，無得而隔閡焉。中世州邑膏腴之缺，不及期輒代去，攝事者或止、數月，故往往以官爲傳舍，求免過而已。侯之來攝也，而孜孜日夜，不遑息如此，蓋其用心摯而任事勇，刻不忘其爲親民之官，故不肯以久暫異視，而恤其勞瘁，乃今而後，知民之所以偁侯者有由來也。歲八月，大雨累旬，棉薾多壞，禾稼生耳，易豐而凶農，民戚戚無以爲租賦。已而相慰曰：「侯當活我。」無何，侯移吴江，則相與錯愕無所措。邦之士紳亦不虞侯去之速，皆惆然不慊。侯曰：「吾固五日京兆耳，新侯慈惠，宰奉賢日數以公至於此地，久且孰，其不廢舊令尹之政而益修之明矣。若其風雅博學，於志乘尤優，吾無慮。獨吴江澤國，地遼闊，民頑多盜，諸君何以益我？」群對曰：「夫地有不同，然而其本然之心一也。侯之治吾邑已效矣，請即以其治治吴江而行之勿普。夫何民之不可感？何俗之不可遷？吾知不待期年，而松陵甫里之間頌神明父母者如吾邑矣。」乃相與餞侯於局之比玉堂，能詩者各有所獻。虎忝侯深契，不敢以不文辭，謹序以贈行。

吴江令沈君六十壽序

自古治民之官，莫急於牧令。牧令賢，則上下蒙其福，不賢且受其敝。是故一方之牧令，賢則一方治。苟天下牧令皆賢，即天下無不治矣。夫廉吏尚矣，然偏於慈仁，則豪强玩法，而胥隸得因緣爲姦，持以操切，則良懦困而悍者走險。自寇亂以來，幾二十年，所在盜賊蜂起，固桀猾莠民，相率煽動，毋亦治之者，失其中乎？吴江賦重而俗敝，地濱太湖，姦宄易匿，號偁難治。咸豐末，陷於賊。同治初元，雖既收復，而民户逃散，屋燔毁十不存二三，無可倚以爲治者。上游議幹吏任其邑事，皆顧望莫敢應，獨海昌沈君慨然願行。至則繕完修葺，安撫招集，事必身親，耳目口舌手足無須臾暇。又以其間督諸槍船，助官軍擊賊，屢有殺獲。有賊而冒爲弁者，秩二品矣。君廉知其狀，以計執而誅之。主者大怒，將殺君，賴撫軍令宫保合肥公救之免。當是時，吴江四面皆賊，人人爲君危，君坦然處之，卒幸保全城邑，居民亦稍稍引歸，家室復聚。蓋君之智勇足以任之也。同治三年，賊既蕩平，天子念東南困苦，特詔減賦。君宣布恩德，實力奉行，又詳覈科則，減數定額，勒石示民，其僻遠不能遍知，則刊板廣行，俾永絶胥蠹經造之弊。又於四鄉分設公所，迭臨之，令民自納賦，亦即以聽訟，胥役無所藉乎，案無留牘。君之始至也，所設施邑，士猶不能無疑。君至是，民遂大和，治蒸蒸日上。詩曰：「不侮矜寡，不畏彊禦。」又曰：「不剛不柔，敷政優優。」沈君有焉。初，君以吏員筮仕於吴，布衣糲食，時斷炊，未嘗取民一錢，知君者謂江南清官弟一。嘗行夜，霜重，寒戰不止。或以告太守，太守衣之，君始裘。蓋君之廉，人無不知者。然其不可及者，詎獨以廉乎？方今大河以北，鉅盜未殄，豕奔狼突，然豈盡願爲賊者？殺之不可得而盡殺也。試得如漢龔遂、任延之徒數十人散布州縣，撫而治之以助兵力所未及，捻蠥殆不足平。若君者非其選。與君長君某篤厚，侍任，佐君、治家；次君能虎俊爽有才，見從合肥李公軍。次方推君所行，佐李公立大功，而君亦將推此以治劇郡。晋監司正方面，爲中興名臣。一州邑之任，豈足以概君哉？三月之吉，爲君六十生朝，某等遠不獲奉巵酒爲壽，謹述君爲治大略，質引觴者。其或不以爲祝嘏之諛辭也哉！

何母吴太孺人五十壽序

歲在上章閹茂之夏，青浦何君補之以其母氏吴孺人事略求爲壽序，意勤且厚，予弗能卻。顧久之無以應，匪敢緩也。孺人行誼甚高，教三子皆成立。補之方以古文辭及姚先生春木之門，所交皆吴越名士，以予褊陋，何足以益君？故不敢漫然獻言，雖然，不可無以塞責也。孺人本蘇產，年及笄歸何丈書田。姑老，大婦多病，家素好客，食指累百計，集内外事不擇勞怨。連治喪葬，子女昏嫁，竭力處之以暇。猶從事女紅，未嘗言況瘁，至今如一日，非所謂賢而能者？與昔班大家爲婦四十年，夙夜劬心，勤不告勞，何以過此？且婦人之德，匪勤儉之爲難，而能明大義，持大體之爲難。富貴利祿，世人之所同嗜也。讀書守道，澹泊明志，則非賢達者不能知，且不能言。自書田丈没，家用稍絀，有進析產及業賈計者。孺人呼三子曰：「兄弟和好，族之休徵，奚析產爲？且吾以一身任家事，汝兄弟安分勤學，毋廢前業。吾含飴弄孫，日聽汝輩讀書，即貧何憾？若傾身障簏，與傭販爲伍，此吾所不願見也。」由孺人之言，使生爲丈夫，固知有異於世之逐逐於榮利者矣。其必能讀書守道，澹泊明志，可決也。抑非明大義，持大體者，孰能言之。去夏，補之奉孺人避水災僦居郡城，座客常滿。是歲大歉，物用騰貴，日事典質，而中閨怡然，未聞詬誶。蓋孺人之賢而能化於其家，如此豈區區勤儉自喜者所可幾哉？今孺人年五十矣，補之兄弟謀所以爲壽者，孺人嚴拒之，乃乞言於同人。予昔嘗及侍何丈，又謬爲知補之者，敢引其端。

王母傅太宜人八十壽序

惟同治十一年歲在元默涒灘□□之月，梅叔大令將治觴爲母太宜人壽，而徵文於素所習君者。竊聞太宜人年登八十，康强如中歲。三子、九孫、三曾孫，子婦、孫婦、女孫、曾女孫幾二十人，承顔繞膝，歡笑無間，熙然有皇古懷葛之風，人不勝其忻羨，則以爲天之獨優於王氏。及讀大令所撰太宜人事略，乃知其盤根錯節，殖基厚而流澤久，得此於天，非偶也。在記中庸之篇曰：「故天之生物必因其材而篤焉，故栽者培之。」善哉，言乎！今夫人之福澤，由精神生。精神之運，心術之動也。是故志立則氣固，氣固則神凝，神凝則和而不散。處順境而溺者其志昏，處逆境而怫者其志鬱。昏則弛靡而不可持久，鬱則矯激而入於乖戾。惟善持其志者，榮利逸樂不足以動之，坎坷艱困不足以折之。其處已恭勤刻厲，而不以榮瘁殊，其與人慈祥仁愛而不以順逆異。何哉？其志立也。竊謂太宜人有不可及者五焉。其初以來婦，事病姑壹志，竭力勞苦，有婢嫗所不堪者。如是四年，未嘗有惰容，不可及一也。及其獨操家政，則勤儉率下，條理秩然，有餘以施匱乏而已，無私入，不可及二也。析産無所分，怡然不較，不可及三也。葺舍馬厩，側別居，孑立備極，艱苦無怨言，惟勉子讀書而已，勤鍼黹積，資以給用，不可及四也。贈君遠歸，具陳所復，産籍而無德色，不可及五也。凡此皆烈丈夫所僅見者，而得之巾幗，不亦難乎？古者良臣居筦算之任，而不私其利，履艱難之會而不回於屢困，轉危爲安，以亂爲治，而不居其功。大小雖殊，其用心一也。蓋太宜人出名門，嫻禮法，而志節堅定，不爲境遷。故雖歷艱困而不改其和厚之度，此吾所謂志立則氣固，氣固則神凝者也。宜其晚享兒孫之樂，而貞幹之體，至老不衰哉！大令以軍功叙勞階郡丞，其之官沛也，太宜人勉之以先德。沛地瘠民貧，俗褊而急疾。大令廉約自守，而優游馴擾之，民皆愛戀不忍舍。其有得於太宜人之教乎？大令與次公皆從仕江南，其季以遊學，至板輿奉侍一門雍睦。回憶曩者拮据捋荼時，不當逌然於天之默佑，以有此乎？抑知天之所培，實人之所自栽也。大令兄弟它日陟州郡，登臺憲，祝太宜人期頤之壽，其無忘所自哉！

何氏經説序

自乾嘉以來，儒者修明漢唐經訓，纂述古義，力反明人空疏腐爛之習。綴學之士翕然向風，各鳴其所得，可謂盛矣。而執持之過，或不免於穿鑿附會，矯其弊者，則又挾宋儒緒論以與之敵，其醜詆漢學，幾於洪水猛獸。所謂楚，固失之齊，亦未爲得也。若何先生庶執其中矣。先生生當雍乾之際，學問文章爲奉邑冠。吾友何補之嘗爲吾言，先生所著書猶在，顧未得一見。去秋鄒文學升才以經説二卷示予，上卷皆成篇之文，下卷則單辭雜義，其於經義皆融會全文，沉潛反覆，以求一是，無門户之見。凡漢説之窒礙者，固不肯輕信，而宋説或不盡然，雖程朱未嘗回護焉，異於齊楚之相笑矣。其所取資於易，則欽定折衷，於詩、書、春秋三傳，則彙纂，於三禮則義疏。前人所疑，以己見析之，每涣然冰釋。或亦爲之補苴，語氣和平，得解經之體，足爲後學式也。先生名僅見郡志、古今人傳。會重修奉賢志，亟補入儒林傳及藝文志。今其嗣人將以是書授剞劂，因述其大旨如此。

壬寅聞見紀略序

予讀華亭野史、壬寅聞見紀略，輒感慨太息也。方吴淞失事時，予適以事至郡城。蚤起聞陳軍門陣亡，上海陷，敵且至，郡人驚怖遷徙，市肆皆罷。婦女倉黄出避，輿船價驟騰急不可得。有哭泣徒步者，予亦倀倀回秦山。自是火輪船入浦江，歷東西汊，擊毀礮臺。郡中戒嚴，備漢姦甚密。秦山距郡五十里，音耗不得達。六月初，予再至郡，人户猶寥寥，或盡室去，或留一二男子視門户，惟壽州甘肅兵縱横街市，執長刀，睥睨向人，横索漫駡，狀頗猙獰。嗟乎！東南久不見兵革矣。江蘇聲明文物，敵窺伺已久，向之恫疑虚愒而不敢進者，徒以吴淞守備者嚴，而内地虚實與夫内洋沙汕有所未悉，故時時測量，游奕偵探動静，迨歷三年，虚實備審。鎮海一陷，藩籬盡失，長溪嶺之戰，狎視中原將士久矣，遂由乍浦蠶食滬瀆，蹂躪京口，直逼江寧，狧穅及米，勢所必至。烏乎！我江省所恃以爲長城而無恐者，衹一陳軍門，而軍門則死矣。劉進士國標者，太湖人，初以漕務黜籍，從裕制軍防堵上海。制軍赴浙，以屬陳軍門。當敵飛礮中將臺，紛紛登岸，兵卒潰走，敵槍如雨至。惟見軍門帽左右攲側，且避且爇礮回擊。無何火藥盡，身中三槍乃踣。劉急負之，奔鉛子洞。足趾自左傷右，力盡匿葦蕩中。日暮，追者稍止。撫軍門身，喉間嗚嗚然，手指天者三呼曰：「好男子！」遂絶。是時劉足創傯甚。中夜，飢欲死，力以泥塗軍門屍掩之。明日匍匐至嘉定，告其從者乃返屍成殮。此予壬寅秋親訪劉君而得之者。啓視兩足，創痕猶未平。烏乎！軍門忠勇無待言，如劉君者，豈非大丈夫哉？使海疆將帥皆如陳軍門，偏裨以下皆如劉君，而又得總統如林制軍者，爲之居中規畫講求船礮，練習戰士，夫何至此？敵之入吴淞也，列木偶船旁期試我礮力。其逼江寧也，以千人舁鉅礮，置鍾山顛下瞰城。官民大怖。及撫議成，徑棄之去。察之乃範土成者。其愚弄我中國類如此。且所謂鴉片者，腐草穢土，於人無益有損。顧嗜者之死靡悔，禁之不止，至釀成兵禍，亦既創鉅痛深矣。今上海北郭外洋樓林立，所貨皆奇技淫巧，無濟實用，而實以鴉片爲主。姦徒雜處，卧榻鼾睡，晝夜漏巵，斗量車載，而上下怡然若忘其已事者。野史氏之書，始自吴淞，終於洋艘出江入海。嗚呼有旨哉！

金山錢氏家刻書目序

家刻書目者，金山錢子馨纂輯其家嚮所刊書之目也。錢氏世好善讀書，藏書甲一邑，尤喜校刊名人著述，父兄子弟相爲講習，自乾嘉間已盛矣。道光中，錫之通守輯守山閣叢書及指海，書凡數百種，間校勘異同，附以札記，考訂家以爲善。咸豐之初，鼎卿學博續輯藝海珠塵壬、癸二集，及刊西人重學，夢華少尹又輯小萬卷樓叢書繼之。夫刊布書藉以傳古人之精微，而已之心力亦附以傳。儀徵阮文達公之論曰：「於人謂之有功，於己謂之有福。」蓋有味乎其言之也。咸豐之末，浙寇東竄，逃難解散，荏苒十餘年，播遷甫定。同治甲戌，予歸自金陵，子馨招予至所居復園曰：「先世遺書盡失，板片亦煨燼。亂後竭蹷不能重刊，使前人苦心一朝湮没，不孝之罪也。私心竊計先彙歷世所刻諸書目録、序、跋及校勘記，爲一編以行世，它日力稍舒當次弟刊之，何如？」予曰：「此亦不得已之舉也。」顧書籍既散佚，廣求之收藏家，僅有存者，展轉三年，始得略備。又副以近時所刻，凡得十卷。它善書及所選制舉文不預焉。書成，而猝以病卒。烏乎！子馨以郡丞筮仕浙江，既而翻然乞假歸。家既中衰，力任艱鉅，不復作出山計。於予侍奉盡禮。予病扶持醫藥，如親子弟，孰意其逾年而長逝乎？予哭以楹聯曰：「一木苦支撐，必欲使漏室重摧，天何此酷；三年勤纂輯，初不意前徽莫續，命竟難回。」誠傷之也。子馨娶於上海王詩禮，舊族也。至是使其從子仲穀來請曰：「逝者之志，不忍没也。夫子許任校讎，將以書目授梓氏。」予諾之。自去歲之夏至於今，凡八閱月，而刊成，因述其緣起於簡首。光緒四年歲在戊寅上巳日。

孟東野詩録序

宋敏求所編東野詩集凡十卷，五百十一篇，分十三類，惟聯句以著韓集不入，今世所偁宋本者也。昔韓緑卿中翰嘗以示予，蓋即汲古毛刻所據本，毛間有所改正。中翰遭亂病没，予以歸其後人。頃從唐君端甫借此帙，亦即其本而印手迻之。燈下率録百三十一首東野詩，戛戛獨造，高簡處出古人上。平生爲境所迫，不無戚戚於貧賤。東坡超曠，故不喜其詩。元遺山至詆爲詩囚，亦太過矣。獨昌黎以爲劌目鉥心，刃迎縷解，掐擢胃腎，神施鬼設，形容盡矣。予竊欲以「深刻峭厲」四字括之。試參諸昌黎所云，求其離合於東野，門徑當有所悟入也。同治丁卯十月。

緑棋花龕詞序

往在金陵，嘗與周縵雲侍御論詞。縵老曰：「竹垞言南宋諸家皆宗白石，然竊謂夢窗實本清真，於子何如？」予曰：「白石何嘗不自清真出，特變其穠麗爲淡遠耳。自國初來以玉田配白石，正以得其淡遠之趣。近時諸家又祧姜、張而趨二窗，顧草窗深細而雅，門徑稍寬，或易近似，未見能涉夢窗之藩籬者。此猶白石之於清真矣。」縵老曰：「善。」予曰：「此吾妄言也。凡事必深歷其奥窔而後知其利病，吾於詞雖間喜之，實未嘗致力於此。庸詎知吾以爲如是者，人見以爲不如是邪？」縵老笑曰：「然則姑存其説以俟明者質之，可乎？」迄今十年矣。松郡尟刻意爲詞者，即有之亦以鄙人不工詞，未嘗及也。歲之孟秋，青浦沈鋭卿上舍以其友金陵黄君石瓢緑梅花龕詞寄示，屬序讀之。誠深入白石、草窗、玉田之奥窔者。憶縵老言，因寫前所見以折衷之，倘有以告吾也。光緒戊寅秋分前一日。

跋蕭常續後漢書

此書嚴於書法而略於事跡，雖間採范書及裴松之注，以補陳志之闕，而疏漏反多於陳。列傳分合處，徒取陳書，倒亂其次，往往分所不必分，合所不當合。所載文辭既多删節，又輒以意竄易其字句。陳書有前後異同不能猝定，如卷二延熙十六年大將軍費禕爲魏降人郭循所害，陳志魏三少帝紀及張嶷傳又作「郭脩」，而此據後主傳俱改爲「循」。卷八將軍傅士仁屯公安，陳志孫權、吕蒙傳，楊戲季漢輔臣贊并注俱無「傅」字。錢少詹三國志考異疑其人士姓而仁名，傅爲衍字，而此據關羽傳俱改作「傅士仁」，甚違不知蓋闕之義。又如趙雲傳：張飛欲閉門自守。据裴注引别傳，係江陽長張翼，而誤以爲張飛。董允傳張祇據陳志云許靖兄之外孫也。鞠於靖家，而誤以爲許靖外孫，而鞠於靖其踳駁。皆類此。除以蜀爲正統外，更無他長。末附音義四卷，多從俗識，蓋宋人疏於小學，比比然也。

書艇齋詩話後

曾裘甫艇齋詩話一卷，世罕傳本。上元朱述之大令借抄於塘西勞氏以示予。其言詩每述徐師川、吕居仁之緒論，亦喜徵引出處，然於隗始則不舉燕世家，而舉韓詩；於「遠志小草」則不舉世説，而舉本草；謂老杜「自天題處濕」本詩自天申之，不知易已云「有隕自天」矣。謂山谷「停盃且試聽」，本退之「欲説暫停盃」，不知太白停盃投箸不能發已先之矣。又如以荆公葛溪驛詩，疑夜間不應有蟬鳴。後見説葛溪驛夜間常有蟬鳴，此正與「寒山半夜鍾相類」，不知李義山已有「五更疏欲斷」之語，何必葛溪驛？謂洪慶善注韓退之樹雞詩乖龍事，不取龍城録及雲仙散録，今顧俠君注本正引二書。不知此二書皆王銍僞撰，見墨莊漫録。韓詩固當別有所本，洪氏豈未嘗見二書而缺之者，正其慎耳。又謂東坡「大江東去」詞，「人道是三國周郎赤壁」因陳無己言，不必道三國，自改爲「當日」。按東坡此句固有語病，然過片云「遥想公瑾當年」此，不應復改「當日」，恐傳聞不足據。又其評張文潛潘邠老浯溪詩亦未允，特以居仁愛誦潘作而附和之，然其他臧否頗有可取，以貽錢鼎卿學博刊入藝海珠塵續集，爲談詩家增一枕中鴻寶云。

謝蕙庭贈君獨立圖遺照跋

有高世之志者必有過人之行，有過人之行者必有獨立之操。所謂獨立之操者何也？定識定力是也。其好善也誠，其爲善也果。不以衆著而矜，不以隱微而弛，不以久暫而殊，不以艱困而沮。奉之畢生而絶無沽名釣譽之念，此古之所謂君子。如蕙庭贈君其庶幾矣。其於善也，耳所聞，目所見，志意所及，常恐或遺力所至至焉。力所不至，亦至焉。其言曰：「人生百年，歲月幾何？不乘此未盡之年殫其心力，悔將何及？」烏乎！亮哉！吾尤服其生平。善舉皆推以與人，而卒以布衣終，臨没之屬曰：「我係出城病，故毋以殉難報。」其志與行豈非卓然大丈夫哉？烏乎！於獨立一圖見之矣。嗣君綬之能繼志述事，耿君思泉爲代求題，爰識景仰。光緒庚辰日在南斗。

種花圖記

蓺植之事，非徒以爲玩好也。一花一木，莫不有其體焉，類焉，性焉，質焉。外之可以廣見聞而識物理，内之尤足以陶養性情，蓋惟有主於中，因寄所託，故君子取之。而俗尚夸鄙，或汩於功利，或溺於聲色，則往往笑之，以爲迂僻。蓋警露之鶴與轉丸之蜣，其不相謀如此。金山蔣卓如，年少沉静，不求榮禄，無聲色貨利之好，獨好蓺植花木，於其體類質性究之尤悉。嘗爲種花圖，乞同志題詠，誠風雅士也。抑不知卓如之心，徒以爲玩好而已邪？抑將以此廣見聞而識物理邪？然當今夏四五月間，平湖賊一再闌入邑境，遠近奔逃遷徙紛相藉。比寇退且久，而疑慮觀望，驚色未定。獨卓如時時過予抱甕居，神氣閑暇如平昔。意其性情之得於陶養者深矣。夫居恒不爲功利聲色所惑，臨難不爲死生禍福所動，非中有素定而能然耶？信乎卓如之果託蓺植以自遣，而非徒爲玩好也。必爲君子所取無疑也。雖然其又安知世俗不以爲迂僻而非笑之乎？予題種花圖句有云：「世路方荆榛，君心自蘭芷。」若卓如者，庶使予免失言之誚也夫。

二熊君兄弟合傳

烏乎！天未嘗不生才也。天下未嘗無事也。生才而不與事，相值相值，而不竟其用，天下之不幸與？抑亦斯才之不幸與？竊不解天既生之，而又若限之者，其有意乎？其無意乎？吾於二熊君兄弟而疑之。二熊君者，長其光，字韜之，别自號蘇林；弟其英，字純叔。先世自江西遷青浦，遂占籍焉。曾祖諱綿澤，隱於醫，好施與。祖諱焜，尚俠重然諾。父諱畹蘭。韜之生而目炯炯，動止異常兒。讀書强記，好賈誼之爲人。道光丙午，舉鄉荐。明年成進士，分户部主事。丁父憂，居鄉。己酉，大水，歲饑發振。邑令侵帑逾萬，民多飢死。君憤甚，上書大吏，條陳十六不可解，不報。然令卒以是免官，一邑快之。咸豐癸丑，粤寇竄江寧，閩廣會匪陷據上海，青浦亦有土匪。周立春之亂，巡撫吉勇烈公檄君總團防局。君詰姦籌餉，晝夜不得息。俘馘至，脅從者得减死，當事尤倚重君。乙卯元旦，收復上海，用防勦功加員外郎銜，而君以積勞病卒，年三十九。君性剛而介，其筦局事，雖親故無所假借，以是多觖望。及卒，無以斂，以舊衣繪蟒爲襲，人始服其不私。當庚戌歲，予寓郡西郭外，招君與海寧李善蘭同住，青浦席元章亦頻來。偶論振飢事，元章曰：「求振者，餓鬼爾。如君言，又下餓鬼一等邪？」君怒曰：「人言藉藉，蓋毋置此？」善蘭爲之矍然。純叔幼慧，如君讀劉忠介公人譜而愛之。韜之授以朱子小學。年十二居喪盡禮。已而病軟腳，坐卧一小樓，左圖右史，兄弟相問難，友愛無間。韜之之卒也，純叔年僅十有八，上奉母嫂，下撫兩從子，境困甚。始學爲應制文字，補學官弟子。咸豐庚申，粤寇南竄，君奉母避地辞山，把總祝映奎議結民團擊賊，君與焉。賊至，戰不利，祝死之。君哭曰：「吾有老母，不得與祝君同死。吾負君！吾負君！」所賃廡燬於賊，轉徙兵間，至澱西之韓上村，課六七農家子，饘鬻不給。友人陸日愛饋以米，不受，固與之以太平御覽報。同治壬戌，賊踞石神廟港，築壘固守，以扼澱口。君上方略於統兵者，乘夜夾擊，殲焉。居母喪，吴江陳某聘課其子，且以後事託，未之應。明年陳死，君感其意，移家就焉，訓陳孤卒成立。君潛心宋五子書，主於躬行實踐，不欲徒爲文人，而兢兢於地方利弊，風俗政事。松人困於里甲之役，殷富者每以此破家逃亡。康熙初，婁令李復興創行，均田均役，各邑便之。亂後奸胥復狙行捆束，民大懼。君條陳其害上之。同治十年，勒石永禁。青邑向未立積穀倉，令陳其元謀創建之。君爲悉心籌畫，水旱得有備。吴江東南地窪下，田如在釜底，君請於令，仿明陳瑚法，中開漊四圍築高岸，俾水有蓄洩。君窮不能自存，而不忘經世，類如此。以優行貢候選訓導。光緒丁丑，豫、晋大饑，人相食。江浙好義者議集資助振，君與吳江淩淦慨任其役，馳至豫，自濟源以上及原武、滎澤、獲嘉、鄭林、湯陰、武陟、修武、汲諸州縣，見餓莩載涂車中，男女爲匪人捎販者，纍纍皆無人色。輒對之涕泣，或中夜痛哭不寐值。沁水決口，繼復暴漲，振飢兼行，塞河往來，深山僻野，酷日霪雨，無所避墮，水幾不免。或衣食不繼，蟣蝨滿體髮，至不可梳爬。瘻發於頸，弗復顧如是十閱月，心力告瘁而安之，未嘗言苦。然病已發不可救，竟卒於汲，年四十三。時韜之長子祖詒亦以振事在豫，以其喪歸。當是時，與君先後至豫行振者，皆以爲君之黽勉從事，奮不顧身，其忠誠惻怛，殆不可及。河道總督、河南巡撫據情入奏，得恤如例。豫人感君尤切，私謚惠愍，請建祠以祀焉。烏乎！君兄弟志行卓立，皆欲推其所學以應世，亦既見效矣。乃僅得中年，未大展其用，故吾疑天之生之，而又限之也。抑天雖能生之，而其榮悴修短，聽諸其人，而天不復持其柄邪？雖然，兩君之子皆能世其家學，而祖詒以進士入翰林，亦嘗至豫放振，經歷艱難，今散館以知縣用，其必能體前人之志，以大施於世，則謂兩君不死可也。韜之爲學，喜深思博辨，體究其源流，得失。嘗爲予言音韻之學，有古今傳變有方域漸差，欲作縱橫二表以著其同異之故。其餘若天文、地理、禮、樂、兵、農，皆欲放顧氏春秋大事表例，旁行邪上，畫一爲表，與通典、通考相輔而行。予笑曰：「君年誠壯，柰莫殫莫究何？」君曰：「學問之道，乃天下公事，何必皆出自己。予創此例，後人踵而行之，猶在我也。」陸日愛言君欲放荀悅申鑒、崔實政論作書十篇，未成而卒。予嘗見君雜著一卷，大都考證之文，其駢體主於沉博絶麗。附有弧三角算草，蓋以意設形求其通。變亂後皆不可問。詩未見，嘗聞其自誦送郭福衡七古，仿佛洪稚存太史，蓋學李供奉者也。純叔著有恥不逮齋文稿四卷，畝器草、西浦唱和集、杞憂草若干卷，余蓮村年譜一卷，輯松陵文鈔二十四卷。嘗評五代史分纂，蘇州府志、吴江縣志、青浦縣志。又欲輯道咸兩朝文以繼姚先生春木，國朝文録手鈔成帙，未卒業。祖詒弟穀詒，純叔子芑詒。

盧處士墓志銘

君諱有棠，後改有基，字聯萼，號藹園，又號滋圃，金山人，文肅先生祖瀇次子。以乾隆四十六年辛丑二月二十五日生，以道光十一年辛卯九月十二日卒。娶金氏，後君二十有二日生，殁於道光元年七月二十二日。繼倪氏，嘉慶五年五月六日生，後君百七十日完節。君殁後六年，嗣子某合祔於邑。十六畐先塋之次，狀其遺行乞銘，遂銘之曰：

士困於窶，易儒而賈。既復業儒，抗志皇古。勤學敦行，鄉人式焉。屢試屢蹶，無愠色焉。事父母兄，克孝克友。躬親菽水，爲二人壽。坦懷遇物，無爾詐虞。忠告善道，媿彼面諛。人亦有言，君曰唯唯。改過勿憚，如赴壑水。書法魯公，剛健不疲。詩文秩然，豹死留皮。維道與蓺，君殆兼之。古潛德士，庶幾似茲。鬱鬱佳城，没焉賫志。銘其幽宫，用示後世。

皇清貤封承德郎晋贈奉政大夫翰林院庶吉士加四級仇君墓誌銘

按狀：仇君諱世賢，號少泉，系屬元嘉議大夫、徽州路總管懸十九世孫。先世家歙，高祖志元，國初避兵至松，遂占婁籍。曾祖聖林，祖鳴山。父漢濤，以炳台貴，皇贈奉直大夫。母郁，贈宜人。生四子，伯耕、美，仲殤，叔耕昌，季即君。君家世貧乏，奉直公性伉爽，不問家人生産，貧益甚。郁太宜人時以紡績佐之，命君日市吉貝百錢。每篝燈夜作，母未寢不敢寢。犂明易錢，仍市吉貝，餘負米歸以爲常。奉直公督子嚴，輒予杖，君伏受不得命不敢起。稍長，隨兩兄習業，尤勤。無何，奉直公病篤，日夜禱泣。及没，恐母哀傷，左右排解不須臾離。至娶婦，甚宜於姑，乃喜曰：「庶減吾内顧憂乎！」蓋伯不娶而叔以居隘外徙，獨君夫婦常在側。時郁太宜人晚境稍適，而伯叔先後以病卒。叔娶楊，先没，乃請命炳台。後叔以慰母，時時傷己獨立，然不敢令母見。太宜人年踰八十，寢疾，飲食湯藥廁牏必身親之。病久，舉動需翼抱。夕每數起，惕息無安枕。或思所嗜，雖深夜必求以進。太宜人曰：「汝日有所作，夜宜息，毋太苦。」君唯唯曰：

「母勿憂，兒無所苦也。」如是者六年。居母喪，號哭不解，或勸之，君曰：「某少窮困累吾母，幸衣食粗給而不得遂終養，天乎！天乎！」聞者哀之。君孝友出於天性，侍父母兩兄輒忘其身之所不能爲，與力之所不及。其與人交，富貴貧賤無異。視老弱孤寡不能自存者，必多方以濟之。其訓諸子曰：「心欲平，量欲大，吾非有餘，視昔日則過矣。」吾見人之急而思，吾昔日不自知其淚之所從來也。」有同爲賈者，負君資不責償，或復助之。没後數年，猶有太息，而述其事者。尤敬禮文士，自以少失學，督炳台讀書，從名師遊，稽核程課。以所業質諸耆宿，少進則喜，否則痛懲之。炳台遂以拔萃科觀政户曹，薦北闈，成同治元年進士。先是，咸豐十年，君與三子豫觀咸挈家避寇浦江南，流離轉徙，而豫咸相繼以没，君憂傷致病。聞炳台報，稍喜。且寇氛漸遠，彊摒檔回郡城而病已不可爲。炳台乞假歸，聞訃奔喪。及家而觀，又没矣。君生乾隆五十八年十二月二十二日，没於同治元年八月二十六日，年七十，祔葬於金山鄉二圖李家村奉直公之穆位。封贈如炳台官。光緒四年，大吏舉孝行旌於朝，祠於官配顧先君，□年没，貤贈安人，晉宜人。子四：炳台，嗣叔後，翰林院庶吉士，娶沈；治豫娶周，治觀娶楊，皆九品銜，以侍母疾，刲股得旌；治咸，國學生，娶朱。孫四：炳台子恩福、恩禕；豫子恩禧，皆縣庠生；咸子恩祉，兼祧觀後。曾孫三：光璇，恩禧子；光瓛、光瓚皆恩禕子。女二：一適金山廪貢生張慶恩，一適同邑黄家驊。孫女一，適華亭舉人吴鍾杰，炳台女也。光緒六年，炳台具禮以狀來，曰：「凡炳台之所以狀先考者，皆從其實，無敢有所誣飾。顧十九年來父執僅有存者，敢以請銘。」文虎文章名位不足爲贈君重，而贈君之爲人則固素所知也，故不辭而爲之銘。

銘曰：庸言庸行，言之譾也。體之躬行，何其尟也。乃如之人，庶幾踐也。子孫繩繩，惟先德之勉也。